KB096093

모든
삶은
충분해야
한다

THE GOOD−ENOUGH LIFE
by Avram Alpert

Copyright ⓒ 2022 by Princeton University Press
All rights reserved.

No part of this book may be reproduced or transmitted in any form or by any means, electronic or
mechanical, including photocopying, recording or by any information storage and retrieval system,
without permission in writing from the Publisher.

Korean translation copyright ⓒ 2024 by Antares Co., Ltd.
Korean translation rights arranged with Princeton University Press through EYA(Eric Yang Agency).

The Good-Enough Life

모든
삶은
충분해야
한다

아브람 알퍼트

조민호 옮김

안티레스

| 일러두기 |

- 본문에서 책은 《 》(겹화살괄호), 시·논문·신문·잡지·영화·프로그램 등은 〈 〉(홑화살괄호)로 구분해 표기했다. 단, 미주에서는 영미권 표준인 원서의 표기 방식을 따랐다.

- 국내에 번역 출간된 책은 한국어판 제목으로 표기했고 원서명을 병기했다.

- 본문과 미주의 성서 인용문은 지은이의 출처인 《The Holy Bible: New Revised Standard Version(NRSV, 신개정표준역 성서)》(Oxford University Press, 1989)를 옮긴이가 임의로 번역하지 않고 《개정판 공동번역 성서》(대한성서공회, 1999)에서 해당 구절을 발췌했으며, 본문 문장 구조와 어긋나는 경우 조사만 수정했다. 단, 'God'은 '하느님'으로 표기하되 매번 '하나님'을 병기했다.

- 지은이가 본문과 미주에서 언급하는 소셜 미디어 '트위터(twitter)'는 2023년 7월부터 '엑스(X)'로 명칭을 변경했으나 원서 출간 당시 통용되던 '트위터'로 표기했다. 미주 출처로 명시된 URL도 변경되지 않았으므로 수정하지 않았다.

행복의 원리는 간단하다.
불충분함에 속지 않는 것.

• 버트런드 러셀 •

충분한 삶이란 무엇인가

나는 '위대함'을 열망하곤 했다. 어릴 적 내게 위대함은 '부'를 의미했다. 나는 엄청난 부자가 될 방법을 찾고 싶었다. 처음에는 주식 중개인을 꿈꿨다. 그게 어떤 일인지 잘 알지도 못하면서. 훗날 스포츠에 푹 빠져 있을 무렵에는 유명한 운동 선수가 되면 큰 부자가 될 수 있다고 생각했다. 그래서 프로 농구나 야구나 테니스 선수가 되겠다고 결심했지만, 내게는 그 가운데 어떤 것에도 재능이 없었다.

고등학교를 졸업한 뒤 대학에 들어가고부터는 '부'보다 '명성'이 더 위대하게 느껴졌다. 그에 따라 되고 싶은 것도 바뀌었는데, 소설가가 돼서 상도 많이 받고 세계적으로 명성을 떨치겠노라 다짐했다. 하지만 이내 그게 얼마나 어려운 일인지 깨닫고는 학구적인 삶이 더 안정되리라고 (잘못) 생각해 대학원에 진학했다. 그렇게 열심히 공부해서 명강의로 전세계 강단을 누비는 저명한 교수가 되고 싶었다. 이후 나는 내가 예전에 세웠던 직업적 계획보다 목표 달성에 한층 더 가까워졌다. 그렇지만 특별히 만족스럽거나 행복하지는 않았다.

그리고 지금의 나는 더이상 위대함을 꿈꾸지 않는다. 내가 생각하기에 이런 모든 다양한 삶의 목표는 저마다 다른 가치가 있을 테지만, 기본적으로는 같은 열망, 즉 사회 피라미드 맨 꼭대기에 앉아 있는 최고 엘리트가 되고 싶다는 열망을 공유하는 것 같다. 지난 몇 년에 걸쳐 나는 정상에 올라서야겠다는 욕망이 우리 자신, 우리 관계, 우리 세계, 나아가 우리가 사는 행성인 지구에 독이 된다는 생각을 하게 됐다. 그러면서 어떻게든 이 같은 열망에 맞서고자 애쓰기 시작했다. 최고를 추구하려고 하는 열망이 잘못됐다거나 정상에 서는 일이 매력적이지 않다는 뜻은 아니다. 내가 비행기 일등석에 앉는 것도 싫고, 유명한 교수가 되는 것도 싫고, 이 책이 팔리는 것도 싫다고 말한다면 당연히 새빨간 거짓말이다. 지금도 나는 최선을 다해 이 글을 쓰고 있으며 되도록 많은, 아니 아주 많은 독자가 이 책을 읽고 내 생각에 공감해주기를 열망하고 있다.

내가 지적하려는 핵심은 우리의 욕망을 유도하는 것들이 잘못됐다는 점이다. 뭔가를 잘하려는 욕심에도 잘못이 없고, 성공을 향한 열망에도 아무런 문제가 없다. 내가 강력하게 의문을 제기하고 싶은 대상은 우리 각자가 가진 재능과 역량을 늘 모자란다고 여기게 만들어 끊임없이 경쟁하고 최고를 지향하도록 유도하는 오늘날의 사회 구조다. 앞으로 논의하겠지만, 나는 위대함을 좇지 않고서는 살아남기 어렵다고 종용하는, 멀쩡한 우리를 불행한 사고방식으로 몰아가는 불평등한 사회 구조가 우리 세상에서 벌어지고 있는 수많은 잘못된 것들의 중심에 있다고 생각한다.

구체적으로 무엇이 잘못됐는지는 차차 살피기로 하고, 우선 방금 내가 한 말이 무엇을 의미하는지 대략적인 그림을 그려보기 위해 현재 우리가 직면한 근본적 역설을 떠올려보자. 그 역설은 다름 아닌 우리가 '너무 많으나 부족한' 세상에서 살고 있다는 것이다. 오늘날 우리는 인류 역사상 전례가 없는 생산과 풍요 속에서 살고 있지만, 그래서 넘치고 버려지는 지경이지만, 이 순간에도 수십억 명의 사람들은 제대로 먹지도, 입지도, 치료받지도 못하고 있다. 전체 부가 399조 2,000억 달러에 달하는 이 세계에서 약 34억 명은 여전히 하루 5.5달러 미만의 돈으로 근근이 살아간다. 연간 3,450만 명은 제대로 치료를 받지 못해 사망하고, 900만 명은 굶어 죽는다.[1] 한편 기계화·자동화로 그 어느 때보다 많은 생산을 하고 있지만, 우리는 여전히 바쁘고 쉴 틈이 없다. 유사 이래 이처럼 많은 인구가 지구에 살았던 시절이 없는데도 너무나 많은 사람이 혼자다. 수 세기에 걸친 지식 축적과 과학 발전으로 행복을 누릴 것 같았으나, 가면 갈수록 불안과 우울만 늘어갈 뿐 행복한 사람들은 찾기 어려워지고 있다. 실제로 우울증과 정신질환을 앓는 사람들의 수가 나날이 증가할뿐더러 일상에서 지속적인 우울 장애를 겪는 사람들도 해마다 늘고, 대다수 사람이 불안감과 번아웃 증후군(burnout syndrome)으로 고통받는다.[2]

나아가 지금 우리 세계는 지구 어느 곳이든 여행할 수 있고, 바다 깊숙이 탐험할 수 있고, 우주로도 갈 수 있는 능력과 기술을 갖고 있지만, 바로 그것이 우리 고향 행성의 지속 가능성을 고갈시키고 있다. 매년 우리는 지구가 연간 재생할 수 있는 양의 거의 두 배를 에너지로 사용한다.[3]

이런 동향은 모두 연결돼 있다. 어떤 이들은 너무 많이 갖고 어떤 이들은 너무 적게 갖는 세상을 바라보면서 우리는 자신도 모르게 정상에 오르지 못하면 바닥으로 가라앉는다는 엄청난 심리적 압박을 받는다. 이 같은 세상에서 우리는 자신의 미래가 불안하다 느끼고, 현재 상황에 우울해하며, 동료들에게서 소외감을 느낀다. 이 감정은 경쟁심을 유발해 타인과의 경쟁에서 승리함으로써 위대해지는 것만이 세상에서 살아남을 수 있는 유일한 방법이라고 여기게 만든다. 우리가 환경을 어떻게 훼손하고 있는지는 중요한 사안이 아니다. 그럴 여유가 없기 때문이다. 정작 인류의 생존과 직결하는 문제인데도 말이다.

위대함을 추구하는 것이 초래하는 역설의 이면을 살피려면 그 추구가 어디에서 비롯하는지 이해할 필요가 있다. 우리는 이 책 전반에 걸쳐 이와 관련한 갖가지 이론을 고찰해볼 것이다. 여기에는 모든 인간은 그 본질에서 위계적이고 경쟁적이라는 극단적인 주장도 포함되지만, 내가 먼저 짚고 넘어가고 싶은 부분은 위대해야 한다는 세계관이 삶의 불완전성을 인식하는 태도에서 시작된다는 사실이다. 살면서 사고, 비극, 실패를 경험하지 않는 사람은 없다. 그런데 그때마다 위대함이라는 목소리가 이렇게 속삭인다.

"걱정할 필요 없단다. 우리는 극복할 수 있어. 비록 세상은 흠이 가득하지만, 위대한 인간이라면 그런 흠결 따위 얼마든지 떨쳐낼 수 있어."

그러고는 사람들 가운데 가장 능력 있는 사람, 즉 위대한 사람이 되라고, 그러지 못하면 그런 사람들을 응원하라고, 그들이 세상을 탐구하고 혁신하고 창조하도록 독려하라고 부추긴다. 그러면 우리 생태계의 한계를 뛰어넘어 모두가 번영하는 세상을 만들어갈 수 있을 테다. 하지만 그와 동시에 그들이 막대한 부와 권력을 갖도록 허용해야 한다. 그게 싫다면 너도나도 위대함을 추구하는 세상에서 자신의 위대함을 끊임없이 증명해야 한다. 치열한 경쟁 사회가 형성되는 것이다. 그리고 위대해진다는 것은 한편으로 삶에서 응당 맞닥뜨려야 할 고난을 겪지 않아도 된다는 것, 그래야 마땅하다는 것을 느끼는 일이다. 자신이 부자가 되든, 유명해지든, 뭔가를 만들어내든 간에 결국은 모든 사람의 삶을 개선하는 셈이므로 보상 역시 언제나 정당하다. 위대함 추구의 밑바탕에는 삶의 자연스러운 흐름을 거슬러 그 너머의 만족감과 안정감을 찾으려는 욕망이 자리 잡고 있다. 이 밖에도 많은 욕망이 저마다 위대함을 지향한다. 그러나 동시에 위대함을 갈망하는 것은 우리 자신은 물론 우리가 살아가는 세상의 불안과 역설을 만들어내기도 한다.

오늘날 우리 개인과 사회는 위대함을 추구해야 한다는 세계관에 매몰돼서 문제의식조차 취하기 어렵다. 나는 위대함을 삶의 목표로 삼아서는 안 된다고 생각한다. 반짝이는 겉모습 속에 너무나 많은 불행의 씨앗을 품고 있기 때문이다. 위대함의 반대말을 열등함이라고 할 때 그 격차는 더욱 크게 느껴진다. 위대하지 않으면 모든 것이 하찮게 보일 뿐이다. 위대함을 향해 올라서면 저 위에 더 위대한 누군가가 있다. 아무리 애써도 닿지 않고 아무리 몸부림쳐도 끝이 없다. 이 역설을 어떻게 해결할 수 있을까?

나는 생각하면 할수록 무서운 이 역설에서 벗어날 수 있는 다른 세계관을 제시하고자 한다. 우리 삶과 세상을 바라보는 또 다른 방식이 있다. 그것은 다름 아닌 '충분함'이다. 위대함이 아니라 충분함을 추구하는 것이다. '충분한 삶' 말이다. 나는 이를 더 확장해 '모두가 충분한 삶', '충분한 세상'이라 부르고 싶다. 이 충분함은 '가득 채워진' 충분함이 아니다. 반대로 '최소한의' 충분함도 아니다. 내 기준으로는 적당히 여유롭고 적당히 윤택한, 이 정도면 '충분히 괜찮은' 충분함이다. 나아가 이 '충분함'은 모든 사람이 저마다의 좋음(의미, 온전성, 적절성 포함)과 적절함(양질의 의식주 및 의료 포함)을 충족할 수 있는 충분함이어야 한다.[4] 이것이 삶을 대하는 태도와 세상을 향한 가치관으로서의 '충분함'이다. 더 나아가 인간에게는 환경적·정서적·사회적 욕구가 있으므로 '좋음'과 '충분함'은 늘 서로 연결돼 있다. 다시 말해 세상을 살아가기에 충분치 않으면 우리 삶은 좋을 수 없으며, 세상과의 관계가 좋지 않으면 우리 삶은 충분할 수 없다.

위대함과 마찬가지로 충분함을 추구하는 세계관도 삶의 불완전성을 인식하는 태도에서 시작된다. 하지만 위대함과 달리 충분함은 소수의 엘리트만이 상황을 개선할 수 있다는 주장을 부정한다. 위대함만을 인정하고 지지함으로써 우리는 다른 사람들과 더불어 할 수 있을 만큼 앞으로 나아가지 못하고 있다. 오직 위대한 사람들만이 '가득 채워진' 충분함을 누린다. 위대함이 아니면 열등함이기에 인류 대다수는 각자가 가진 활력과 역량을 펼치지 못하며, 소수의 엘리트에 속하려는 사람들은 자신의 위대함을 증명하려고 경쟁하는 데 시간과 열정을 낭비한다. 우리 주변을 둘러보면 기업이 필요하다는 인력보다 재능과 자격을 갖춘 사람들이 거의 항상 더 많다. 그동안 쌓인 편견과 고정관념을 버리면 역량 있는 사람들의 실업 문제와 과도한 업무 시간으로 인한 우울증 및 삶의 질 저하 문제로 눈을 돌려 77억 인구가 충분한 능력을 고루 발휘하고 협력적으로 일하는 데 초점을 맞출 수 있다. 인류 전체가 위대함이 아닌 충분함을 지향한다면 우리는 적게 일하면서도 더 많은 것을 얻을 수 있다.[5] 행복을 바라보는 관점이 달라져야 한다. 위대한 소수보다 충분한 다수가 행복해야 나 자신도 행복하다는 생각의 변화가 필요하다. 충분함을 추구하는 세계관을 확립하면 자신을 포함한 모든 사람의 물질적 삶과 함께 정신적 삶도 향상할뿐더러 사회적 결속력도 굳고 단단해진다.

우리 자신과 미래 세대를 위한 세상을 만들어가려면 지구가 생산할 수 있는 것보다 더 많이 가져가서는 안 된다. 우리는 자연과 완벽하게 조화를 이루며 살 의무가 없는 만큼 자연을 지배할 권리도 없다. 지구는 영원하지 않다. 끝없이 커지지도 끝없이 재생되지도 않는다. 지구에는 그 나름의 한계와 안정 그리고 물질적 필요가 있다. 지구를 기적 같은 곳으로 만드는 것은 완벽함이 아니라 우리 지구가 인간의 생명을 유지하기에 충분하다는 단순명료한 사실이다. 그렇기에 우리는 이 충분한 지구에서 충분한 삶을 구축해야 한다. 충분한 삶은 우리와 이 행성을 공유하는 수많은 동물과 식물을 포함해 '모든 존재'를 위한 것이다. 그 누구도 삶과 죽음의 순환을 거스를 정도로 대단하지 않다는 사실을 인식할 때, 우리를 둘러싼 모든 상황을 헤쳐나가는 데 수많은 관계와의 연결이 필수적임을 이해할 때, 우리는 인간의 본질적 '상호 의존성'을 받아들이고 넓히는 삶이야말로 가장 의미 있는 삶임을 자각할 수 있다.

충분함과 위대함의 차이점이 하나 더 있다. 충분함을 추구하는 세계관은 우리가 처한 조건의 한계를 완전히 극복할 수 있다고 주장하지 않는다. 모든 삶은 언제나 충분하다. 위대함은 그 위대함을 위해 열등함을 수반하며 필연적으로 반대급부가 있어야 한다. 그런데 아무리 조화로운 사회라도 여전히 실수, 사고, 분쟁, 배신이 일어나고 자연재해를 겪는다. 충분한 세상에는 반대급부가 존재하지 않는다. 누구도 위대함을 내세우면서 고통을 면할 수 없다. 모두가 함께 고통을 완화하고자 애쓴다. 충분한 삶은 보편적으로 유익한데, 왜냐하면 정상에 오르거나 바닥으로 가라앉는다는 불안감과 두려움 속에서 살기보다 모든 사람이 충분히 괜찮은 삶의 즐거움을 만끽할 더 많은 시간과 여류를 가질 수 있기 때문이다. 충분한 세상에서 위대한 삶은 성립하지 않는다. 다만 문제는 불안과 불평등 그리고 생태계 파괴로 점철된 현재 우리 삶은 모두에게 충분하지 않다는 것이다.

이제 나는 위대함을 열망하지 않는다. 위대함이 아닌 모두가 충분한 삶을 만들어가기를 열망한다. 적어도 여러분이 충분함을 추구하는 세계관을 갖는 데 도움을 주고 싶다. 그러기 위해 최선을 다해 이 글을 쓰고 있다. 어쩌면 앞서 고백했듯이 위대해지고 싶은 욕망 때문일지도 모른다. 그러나 이 욕망은 외부의 강요가 아닌 내 내면의 목소리다. 그런 갈망조차 잘못이라고 규정할 수는 없다. 누구에게나 자아실현의 욕구가 있는 법이다.

이 책에서 계속 언급하겠지만, 충분한 삶을 위해서는 개인적 변화와 정치적 변화가 모두 필요하다. 위대함을 종용하는 세상에서 충분함을 추구하고자 노력하는 일은 역설적이게도 상대적 박탈감을 유발한다. 달리 말해 우리에게 주어진 경쟁 조건에서 자신이 충분치 않다는 느낌을 받을 수 있다. 개인의 힘으로 이 체계에서 벗어나기란 어렵다. 그럼에도 불구하고 나는 우리 개인의 세계관이 가장 중요하다고 믿는다. 모든 변화가 여기서부터 출발하기 때문이다. 세상이 어때야 하는지에 대한 우리의 생각이 바뀌지 않으면 체계는 절대로 변하지 않는다. 더욱이 세계 전체가 충분함을 추구하게 하려면 충분한 삶을 사는 한 사람의 영웅만으로는 턱없이 부족하다. 모든 이들이 저마다 좋고 충분한 삶을 누리는 세상을 상상하고, 참여하고, 발전시키기 위해 다 같이 노력해야 한다.

몇 년 전 나는 공개 토론회에서 충분함을 추구하는 세계관을 처음으로 주장했다. 그리고 〈뉴욕타임스(New York Times)〉에 충분한 삶이라는 개념의 철학적·문학적 기원을 설명하는 칼럼을 썼다.[6] 많은 독자가 내 이야기에 공감했다. 특히 '너무 많으나 부족한' 세상, 많은 자원을 소수에게만 쏟아붓는 '불평등'에 지친 사람들이 더욱 그랬다. 그런데 질문도 많았다. 어떻게 하면 충분한 삶을 추구하는 윤리적 가치관을 사회적 정책으로 전환할 수 있는가? 어느 정도라야 충분한가? '충분한' 세상을 만드는 데 성공한다면 결과적으로 '위대한' 성취가 아닌가? 사회 소외층이 혜택을 누리려면 충분함 이상을 추구하는 사람들도 있어야 하지 않는가? 누군가에게는 위대하고 누군가에게는 충분한 삶도 있지 않은가? 동기 부여나 유인은 어떻게 되는가? 어떤 사람이 다른 사람보다 더 뛰어나면 잘못인가? '위대함'이든 '충분함'이든 그저 낱말일 뿐이지 않은가? 아마도 가장 사적인 의견은 다른 사람들에게는 속도를 늦추고 충분한 삶을 받아들이라면서 왜 당신은 그토록 열심히 글을 쓰느냐고 비난한 어떤 작가의 칼럼이었을 것이다.[7] 그때 나는 충분한 삶이라는 개념은 비교적 단순한 가치 집합에 기반을 두고 있지만, 그 논리를 제대로 설명하고 옹호하려면 짧은 칼럼 이상의 것이 필요하다는 사실을 깨달았다. '충분함'이라는 낱말이 내포한 상대성과 모호성 때문에 일테면 '자조'나 '자기합리화' 같은 개념으로 오해할 소지가 있다. 그래서 나는 이 책을 통해 '위대함'에 기반을 둔 사회 질서에서 벗어나 모두에게 '충분한 삶'을 만들어간다는 것이 무엇을 의미하는지 설명하고자 했다.

내가 말하는 충분한 삶에서의 충분함은 상대적인 충분함이 아니다. 이 정도면 충분히 괜찮은 삶을 살고 있으니 하루하루 만족하며 살자는 의미도 아니다. 열심히 살 필요 없다는 뜻은 더더욱 아니다(나는 최선을 다해 이 글을 쓰고 있다는 말을 벌써 두 번이나 했다). 내가 궁극적으로 관심을 두는 '충분함'은 보편적인 충분함이다. "모든 삶은 충분해야 한다"는 의미다. 비록 내 관점은 미국, 중산층, 건강한 신체, 백인, 성과 젠더가 일치하는 남성, 학자라는 주관적 한계 내에서 가장 크게 형성됐고 이를 초월하기란 불가능하지만, 나는 나와 다른 삶의 이야기를 가진 사람들을 보고, 그들에게 듣고, 그 삶을 선입견 없이 받아들이고자 최선을 다했다. 문자 그대로의 보편에는 결코 다다르지 못하더라도 이 책에서 내가 이야기하는 내용이 우리 세계의 다양한 삶을 사는 이들에게 도움이 되기를 열망한다.

나는 이 책에서 독자인 여러분과 대화하듯이 '우리'와 '여러분' 같은 대명사를 의도적으로 계속 사용할 것이다. 때로는 여러분이 내 생각에 동의하고 나와 함께 '모두가 충분한 삶'과 '모두에게 충분한 세상'을 만들어가고자 노력한다고 믿으면서 '우리' 일원으로 간주할 것이다. 내가 이야기하는 내용이 이미 광범위하게 수용되고 있는 신념인 부분에서는 더 일반적인 의미로 '우리'라고 칭할 것이다. 그리고 어떤 때는 이 책을 읽는 여러분을 말 그대로 '여러분'이라고 부르겠지만, 또 어떤 때는 내 관점에 전혀 동의하지 않는 사람이라고 설정해 '여러분'이라고 부르면서 여러분이 내 의견에 동의하도록 설득하려고 애쓸 것이다. 물론 여러분이 내 생각에 전혀 공감하지 않은 채 '나는 그렇게 생각 안 해!' 하며 중간에 이 책을 덮거나 '우리, 여러분이라고 부르지 마!' 하면서도 궁금함과 인내심을 갖고 계속 읽을 수도 있을 것이다. 세상에는 다양하게 생각하는 다양한 사람이 있고, 내가 이 책을 읽고 있는 여러분이 누구인지 알 도리는 없지만, 보다 적극적이고 참여를 유도하는 글쓰기 방식의 이점을 느껴볼 가치는 있다고 생각한다.

제2장에서 제5장까지의 제목, 즉 "우리 자신을 위하여", "우리 관계를 위하여", "우리 세계를 위하여", "우리 지구를 위하여"는 '충분함'이 무엇을 위해 필요한지를 점점 더 확장해나가며 보여준다. 제1장의 제목 "위대함만으로는 충분하지 않은 이유"는 나머지 4개 장과 묶여 이 책의 주제와 연결된다. 달리 말해 위대함이 왜 우리 자신, 우리 관계, 우리 세상 그리고 우리 지구를 위해 충분하지 않은지를 말해준다. 제목에 '위하여'를 붙인 까닭은 이익이 되기 때문이다. 나는 이 책을 우리 자신, 우리 관계, 우리 세계 그리고 우리가 사는 지구를 '위하여' 썼다. 이 책은 위대함에 초점을 맞추는 것보다 더 풍부하고 복합적인 삶의 방식을 만들어가는 것에 관한 이야기다. 각 장은 서로 다르지만 연결된 렌즈를 통해 위대함이라는 이데올로기, 다시 말해 우리 삶이 어떤 위계 구조 최상위에 오르고자 경쟁할 때라야 가치 있다고 규정하는 이데올로기가 얼마나 파괴적인지를 파헤친다. 이 책 《모든 삶은 충분해야 한다》는 우리 안에서, 서로 안에서, 세상 속에서, 자연 속에서, 과연 무엇이 좋은지, 충분한지, 불완전한지 모든 것을 다시 평가하기 위한 철학적 논증이다.

만약 여러분이 이미 충분히 괜찮은 삶의 가치를 공감하고 있다면, 아마도 이 책은 여러분이 그 소중한 가치를 다른 이들에게 더 잘 표현하고, 일관성을 재확인하고, 위대함을 추구하는 세계관과의 제한된 양립성을 이해하는 데 도움이 될 것이다. 만약 여러분이 충분함과 관련한 일부 가치에 공감하면서도 여전히 소수의 위대함이 다수의 충분함을 이루는 최선의 길이라고 믿는다면, 아마도 이 책은 여러분에게 그렇지 않다고 설득하거나 적어도 여러분의 관점을 재고할 수 있는 논리를 제공할 것이다. 만약 여러분이 충분함의 가치를 전혀 인정하지 않거나 공감하지 않는다면, 아마도 이 책을 다 읽을 무렵에는 그와 같은 세계관이 고려할 만한 가치가 있다고 느끼게 될 것이다. 어느 쪽이든 이 책을 읽는 동안 여러분은 나와 함께 충분히 괜찮은 삶이란 무엇인지, 그리고 우리가 그것을 어떻게 달성할 수 있는지 생각하게 될 것이다. 나는 이 책이 내가 이 글을 쓰기 훨씬 오래전부터 시작된 더 넓고 지속적인 대화의 연결 고리가 되기를 소망한다. 모두에게 충분한 삶은 우리가 다 함께 그런 삶을 향으로 나아가고자 노력할 때 가장 의미 있고 복합적이고 역동적으로 진화하기 때문이다.

이 책을 집필하는 과정에서 일어난 갖가지 사건은 인간의 본질적 상호 의존성을 더욱 되돌아보게 했다. 나는 우리 시대 가장 획기적인 변화의 시기로 기억될 코로나19 범유행 초기에 이 글을 쓰기 시작했다. 2020년 5월 미네소타 미니애폴리스에서 아프리카계 미국인 조지 플로이드(George Floyd)가 경찰에 살해당한 사건으로 촉발된 인종 차별 및 국가 폭력 반대 시위가 한창이던 때이기도 했다. 많은 기사와 논평에서 지적했듯이 이런 사건들은 현대 사회의 치부를 여실히 드러냈고, 지금까지 우리 사회가 얼마나 부당하고 불평등한지 미처 인식하지 못했던 사람들에게 진실을 보여줬다.[8] 위대함을 중심으로 세워진 세상은 이미 부유한 사람들의 재산을 수십억 달러나 늘려 줬지만, 나머지 수십억 명의 사람들에게는 적절한 의식주와 의료를 제공하지 못했다. 이는 우연히 생긴 빈틈이 아니다. 다수를 희생시켜 소수에게 보상하는 체계의 직접적 결과다.

독일계 유대인 사상가 발터 벤야민(Walter Benjamin)은 나치를 피해 망명 생활을 하던 중 《역사철학에 관한 테제(Über den Begriff der Geschichte)》(1940)를 썼는데, 그 가운데 한 구절이 내 마음속에 큰 울림을 줬다.

"억압받는 자들의 전통은 우리가 처한 '비상사태'가 예외가 아닌 일상임을 깨우쳐준다."[9]

불평등한 사회 질서가 위대함을 추구하는 과정의 부득이한 소산이라고 간주하든 위대함을 추구하는 데 걸림돌이 된다고 간주하든 간에 그 속에서 형성된 긴장은 절대로 해소되지 않는다. 이 팽팽한 긴장을 깨닫지 못하면 우리 역사 전반에 걸쳐 앞으로도 계속해서 또 다른 긴장으로 이어질 것이다. 위대함이 아닌 충분함만이 이 긴장을 해소할 수 있다. 충분한 삶을 추구해야 비상사태에 종지부를 찍고 새로운 세상에 향한 비전을 찾을 수 있다. 물론 문제는 쉽게 사그라지지 않을 것이다. 여전히 전염병이 창궐할 수 있고, 사고가 일어날 수 있으며, 분쟁과 배신도 벌어질 것이다. 그래도 충분함을 추구하는 사회, 신뢰와 배려 그리고 품위를 잃지 않은 사회는 문제가 발생할 때마다 모두가 노력해 올바른 방향으로 개선해나갈 수 있다.

말할 것도 없이 여러분 중 누군가는 이와 같은 인류에 대한 비전이 감상적이라고 비판할 것이다. 그저 듣기 좋은 소리일 뿐 이 세상이 돌아가는 방식은 그렇지 않으며, 인간은 경쟁을 통해 위계를 찾아가 도록 진화해왔기에 그런 일은 가능하지 않다고 여길 것이다. 더욱이 여러분은 이 비전이 오히려 인간의 진보를 방해한다고 생각할 수도 있다. 한때 무력만 난무하던 인간 사회를 올바른 재능과 노력만 있다 면 누구에게나 열린 시민 문화로 탈바꿈시킨 것도 위대한 소수의 엘 리트 덕분이며 그것이야말로 혁명의 근간이 아니냐고 말이다.

어느 정도는 일리가 있는 반론이지만 조금 더 깊이 파헤쳐보면 그 렇지 않다. '능력주의(meritocracy)'는 이미 수천 년 동안 이데올로기 로 존재해왔지만, 사실 역사에서 위력을 발휘한 것은 위계를 향한 경 쟁보다는 목표를 향한 협력이었다. 대표성 높은 인물들에게 성과가 귀속된 것처럼 기록됐을 뿐이다. 인간이 종으로서 발전해온 것도 소 수의 위대한 사람들이 본의 아니게 공을 독식했을 뿐 모두가 이바지 한 결과였다. 오늘날에도 발전의 밑바탕에는 수많은 드러나지 않는 사람들이 있다. 가장 뛰어난 인물 한 사람만의 성과가 아니다. 애당 초 가능한 일도 아니다. 진보가 매우 다양한 사람들의 다양한 관점이 어우러져 서로 협력하고 성찰하면서 이뤄진다는 증거도 차고 넘친 다.[10] 천재 개인의 역량이 아닌 '집단 지성'이야말로 인류 진화의 원동 력이다.[11] 어떤 한 사람이 모든 것을 다할 수는 없다. 구심점 역할을 할 뿐이다. 물론 그 역할은 매우 중요하다. 다만 거기에 매몰돼 그것 이 전부인 양 여겨서는 안 된다는 얘기다. 으뜸 중의 으뜸인 천재가 나오더라도 그들의 업적은 그동안 누적해온 인류의 지식과 현재의 수많은 조력자에 좌우된다. 알베르트 아인슈타인(Albert Einstein)이든 스티브 잡스(Steve Jobs)든 르브론 제임스(LeBron James)든 마찬가지다. 우리는 이들을 천재라 부르지만, 이들이 혼자서 한 일은 아무것도 없다. 이와 관련해서는 뒤에서 더 자세히 논의할 것이다.

모두가 충분한 삶, 모두에게 더 나은 세상에 도달하려면 단순히 많은 사람의 마음이 필요한 게 아니라 더 많은 이들의 더 좋은 마음이 필요하다. 소수의 개인에게 존경과 관심을 포함한 대부분 자원을 쏟아붓고 '낙수 효과(trickle-down effect)'를 바라는 대신 더 많은 사람이 지속적이고 협력적으로 일할 수 있도록 해야 한다. 분명히 쉽지 않은 일이기에 굳건한 연대와 비억압적 체계를 갖추기 위한 좋은 정책 및 제도가 요구된다. 거듭 말하지만 그 과정에서 크고 작은 실수와 실패가 생길 것이다. 그렇더라도 모두에게 충분히 괜찮은 삶을 만들고자 노력하는 것은 매우 가치 있는 일이다. 그것이 그동안 늘 입으로만 내세워온 자유, 평등, 정의라는 이상에 부합하기 때문이다. 모두가 충분하지 않고서야 어떻게 만인이 자유롭고 평등하고 정의로울 수 있을까?

아마도 여러분은 그게 정말로 가능한지, 인간 사회가 진정으로 모두에게 충분한 삶을 허용할 수 있는지 궁금할 것이다. 이 책에서 나는 우리가 그 일을 가능케 할 수 있을뿐더러 왜 그래야 하고 어떻게 그럴 수 있는지 설명할 것이다. 정작 비현실적인 생각은 모두가 충분한 세상에서 살 수 있다는 희망이 아닌 지금과 같은 세상, 매일매일 모두를 분열시키는 불평등과 혐오와 파괴적인 경쟁 속에서도 여전히

인류의 위대한 문화를 지키며 계속 살아남을 수 있다는 믿음이다.[12]

그런 세상을 만들어갈 수 있는 비밀을 내가 알고 있다고 주장하려는 것이 아니다. 우리가 변화하면 된다는 것이다. 모두에게 충분한 세상은 어느 한 사람이 창조할 수 있는 세계가 아니다. 어느 한 사람의 아이디어로 이끌어갈 수 있는 미래도 아니다. 나는 가장 기본이 되는 목표, 가장 근간이 되는 청사진을 제공할 것이다. 우리 모두에게 충분한 사회적 가치 체계를 구성할 방법에 관해 함께 고민하자는 민주적 제안이다. 이 가치 체계는 모든 이들에게 충분하나 우리 삶이 필연적으로 갖가지 사고와 비극을 수반하며 우리가 주어진 자연 생태계의 자원 내에서 살아가야 한다는 사실을 누구나 인식하는 좋은 세상을 이루기 위한 필수 조건이다. 충분한 세상은 누구는 넘치는데 누구는 부족하거나, 누구는 행복한데 누구는 불행한 세상이 아니다. 이 정도로 충분한 세상, 비교와 경쟁이 없는 세상이다. 그리고 여러분이 섣불리 오해할까 봐 말하지만, 공산주의적 이상을 말하는 것이 아니다.

어쩌면 내가 이 책을 그동안 우리가 당연한 일상이라고 여겨온 모든 것이 뒤집힌 코로나19의 혼란 속에서 쓰기 시작한 게 잘된 일이었던 것 같다. 전세계를 고통과 공포의 도가니에 빠뜨린 세기의 전염병은 인류가 새롭게 각성하는 절호의 기회가 될 수 있다. 위대함을 추구해온 우리 사회에 깊은 의문을 제기하고 모두를 위한 좋음이 과연 무엇인지 이해할 계기를 제공할 수 있다. 위대한 소수가 아닌 모두의 협력과 배려 덕분에 위기를 극복한 것이다. 우리가 건설해나가야 할

모든 삶은 충분해야 한다

충분한 세상이 어떤 모습일지 윤곽을 그려볼 수 있을 것이다. 경험했든 경험하지 못했든 다양한 위기가 앞으로도 계속해서 우리 앞을 가로막을 예정이다. 위기를 겪을 때마다 우리는 개인의 나약함을 목격했고 내가 아닌 우리의 힘만이 위기를 헤쳐나갈 수 있음을 알게 됐다. 이 깨달음을 미래로까지 이어가야 한다. 우리 가운데 그 누구도 혼자서 잘 살아남을 수 없다. 모두가 함께 더불어 살아야만 성장하고 번영할 수 있다. 이 비전은 코로나19가 기하급수적으로 확산하던 2020년 3월 미국 샌프란시스코 지역 환경미화원 애런 마이어(Aaron Meier)의 트위터(@JustMeTurtle) 포스팅에 오롯이 담겨 있다.

나는 청소부입니다. 집에서 일할 수가 없습니다. 내 일은 반드시 완료해야 하는 필수적인 도시 공공 서비스입니다. 새벽이 오기 전에 일어나야 하고 육체적으로 힘든 데다 매우 단조로워서 계속하기 어려운 일입니다.

하지만 요즘은 일하면서 더 큰 자부심과 목적의식을 느끼고 있습니다. 도시 사람들이 창문 밖으로 나를 엿보곤 하는데, 다들 무서워하는 게 보입니다. 우리도 무섭습니다. 무섭지만, 그래도 우리에게는 회복탄력성이 있습니다.

우리 청소부들은 계속해서 쓰레기를 치울 것이고, 의사와 간호사들은 계속해서 환자를 돌볼 것입니다. 괜찮을 겁니다. 우리는 괜찮을 겁니다. 나는 내 도시를 사랑합니다. 나는 내 나라를 사랑합니다. 나는 내 행성 지구를 사랑합니다. 우리가 서로에게 잘하면 이 상황을 반드시 극복할 수 있을 겁니다.[13]

서로가 좋게 잘 대하고 서로에게 충분하면 된다. 서로 너무 많은 것을 요구하지 말고 우리 자신만 이기적으로 지나치게 많은 것을 탐하지 않으면 된다. 인류가 번영하는 데 이 이상은 필요하지 않다.

차례

제1장

위대함으로는 충분하지 않은 이유

너무 적은 사람이 너무 많이 갖고 너무 많은 사람이 너무 적게 갖는 우리의 참담한 현실에 단 한 가지 원인만 있지는 않을 것이다. 이런 문제를 다루는 좋은 책들이 거의 매일 나오고 있으며, 저마다 이 문제가 가진 중요한 측면을 친절히 설명하고 해결 방안을 제시한다. 대개는 엘리트주의, 계급주의, 승자독식주의 같은 특정 가치 체계나 능력주의, 완벽주의 같은 잘못된 약속 또는 인간을 자연의 지배자로 바라보는 오만한 관점에 대한 비판이 주를 이룬다.

나도 이 다양한 비판에 귀를 기울였고, 내 견해를 세우는 데 여러 측면에서 도움을 받았다. 그리고 이 모든 원인을 통합하는 하나의 강력한 가치 체계를 발견했다. 그것이 겉보기에 구별되는 수많은 개인

모든 삶은 충분해야 한다

적·정치적·생태적 가치 체계를 아우르고 있었다. 바로 '위대함'이다. 위대함을 단순히 특정 체제나 신념의 관점에서 바라본다면 우리는 어떤 개인, 집단, 사회, 국가가 상대적으로 월등하고 가치 있다는 생각이 초래하는 더 광범위하고 복잡하면서 서로 연결된 이해관계를 놓치고 만다.

'위대함'이라는 낱말을 선택하면서 나는 '위대한 것'과 '선한(좋은) 것' 사이의 오랜 구분을 확장하고 싶었다.[1] 일찍이 영국 시인이자 사상가 존 밀턴(John Milton)은 그 유명한 대서사시 《실낙원(Paradise Lost)》(1667)에서 '선함'을 '위대함'보다 높은 가치로 규정했다.

"위대하거나 높은 지위보다 선함으로 칭송을 받으리니."[2]

이 구분에서 '위대함'은 우리 삶의 방향을 결정할 힘을 가리키며, '선함'은 윤리와 품위에 따라 행동함을 의미한다. 실제로도 '위대함'과 '선함'은 종종 대립하곤 한다. 위대하다고 평가받는 정치가, 기업가, 예술가가 특별히 선한(좋은) 사람이 아닐 수도 있다. 위대함과 선함이 반드시 연결되는 것은 아니다. 한편으로 국가 차원에서도 역사적으로 위대한 강대국이라고 해서 꼭 선하지는 않았고, 윤리적으로 선한 나라라고 해서 반드시 위대하지는 않았다. 그런데도 여전히 미국은 강대국으로서의 능력을 선함과 연결해 "미국은 선하기 때문에 위대하다"고 주장하며, 어느 나라를 불문하고 정치인들은 자신을 "선량하니까 위대하다"고 포장한다.[3] 달리 말해 그럴 만하니까 권력을 가졌다는 것이다.

물론 위대하면서도 선한 누군가도 존재할 수 있다. 그렇지만 그것은 한 개인의 위대함과 선함일 뿐 모두에게 충분한 세상을 만드는 일과는 상관이 없다. 위대함을 추구하는 가치 체계는 모두가 충분한 삶을 방해한다. 능력주의 관점에서 모두의 충분함을 추구하는 세계관은 얼토당토않게 비칠 것이다. 사람들 대다수는 부와 권력이 특정 민족, 인종, 종교의 우월성에 대한 편견으로부터 나오거나 세습돼서는 안 된다는 데 동의한다. 하지만 그러면서도 정의로운 사회 질서가 누구나 자신의 역량을 펼칠 공평한 기회를 제공하며, 부와 명예 그리고 권력이라는 보상으로 동기를 부여한다고 믿는다. 나아가 위대한 몇몇 사람들을 지원하고 독려하는 체계가 그들의 성과를 촉진함으로써 이른바 '낙수 효과'를 가져와 결국 모든 사람이 더 나은 세상에서 살 수 있다고 여긴다.

이 종교에 버금가는 믿음에는 나름의 논리가 있으며, 그에 따르면 우리는 모두 위대한 사람들의 수혜자다. 우리는 위대한 스포츠 선수와 연예인들의 뛰어난 재능을 볼 수 있고, 위대한 예술가와 음악가들의 걸작을 접할 수 있으며, 위대한 과학자와 기업가들의 발명품을 이용할 수 있다. 이는 부인할 수 없는 사실이다. 그러나 나는 이 책에서 시종일관 줄기차게 위대한 소수의 승리에 집중하는 행태가 왜 궁극적으로 다수를 희생시키고 사회의 결속과 자연 세계를 훼손하면서 모든 이들의 삶에 해악을 끼치는지 증명하고자 애쓸 것이다. 쉽지 않은 논의이므로 차근차근 구체적으로 풀어가려면 시간이 좀 걸리겠지만, 주요 논점은 위대함이 '제로섬(zero-sum)' 게임인 데 반해 충분함은 '비제로섬(non zero-sum)' 게임이기에 모두가 이익을 볼 수 있

모든 삶은 충분해야 한다

다는 것이다. 아무리 능력 있는 개인이나 국가라도 서로 경쟁하면 승자와 패자가 생길 수밖에 없다. 위대하다고 여겨지는 사람들과 열등하거나 평범하다고 분류되는 사람들 사이의 격차는 절대로 줄어들지 않는다. 하향식 진보가 품고 있는 역설이다. 누군가에게 상황이 좋아지면 다른 누군가에게는 상대적으로 더 나빠진다. '평균'이라는 주술 때문에 마치 모두가 좋아졌다고 느낄 뿐이다. 기본적인 필요가 충족되더라도 모두를 위한 충분함은 모두를 위한 선함(좋음)과 같지 않다. 사람들은 아직도 개선될 삶을 향한 희망에서 소외돼 있으며, 자신의 삶을 위한 의미 있는 발언 기회도 얻지 못하고 있다.[4] 부가 넘쳐나는 세상에서 가난하게 사는 수십억 인구가 여전히 방치돼 있다. 평균의 눈가림 속에서 보편적 진보는 허울뿐인 이상이 됐다. 위대함이라는 낱말로 집약할 수 있는 성장, 개발, 발전 등은 인류의 보편적 진보를 보장할 유의미한 대안이 아니다. 어느 한쪽만 툭 튀어나오는 최고를 추구하기보다 인류 절대다수의 충분함과 적절함을 두루 충족하는 방안에 모든 초점을 맞춰야 한다. 권력의 전당이 불협화음으로 가득 채워질까 봐 두려워하지 말고, 모든 이들의 모든 욕구를 충족할 수 없음을 온전히 인식하면서, 대다수 사람을 의미 있게 조직하고 통합하고 존중할 수 있는 체계를 마련해야 한다.

영국 정치가이자 사회학자 마이클 영(Michael Young)은 자신이 창안한 '능력주의' 개념을 비판하면서 그것이 초래할 세상이 어떤 곳일지 보여줬다. 그는 능력주의가 제공한다는 '기회균등'이 사회적 이동성을 확대하기보다 오히려 완전히 고착시킨다고 설명했다.

"기회균등이란 사회의 계층 사다리를 올라갈 기회가 아닌 모든 사람이 자신의 타고난 덕과 재능, 인간 경험의 아름다움과 깊이를 감상할 수 있는 모든 역량, 삶의 잠재력을 '지능'과 상관없이 발전시켜야 한다는 의미다."[5]

한마디로 모두가 사회 발전에 이바지할 능력을 보여줘야 한다. 그렇지 않으면 자격을 잃고 도태하더라도 할 말이 없다. 내가 이해하기에 이런 평등은 충분함의 극대화, 즉 '충만한 삶'을 의미하는 게 아니라 소외당하고 무시당하는 비극적 차원을 포함해 지금 그 삶은 자업자득이니 감사하라는 뜻으로 읽힌다. 마이클 영이 추구해야 한다던 세상, 사람을 먼저 생각하고 친절과 공감을 컴퓨터 코딩이나 돈 버는 일만큼 육성할 가치가 있는 재능으로 간주하는 세상, 부와 명예와 권력을 위한 게 아니어도 자신과 타인의 삶을 풍요롭게 할 수 있는 재능이라면 무엇이든 소중하게 여기는 그런 세상은 지금 우리의 현실을 보면 상상조차 하기 어렵다.

내가 위대함을 넘어 모두가 충분한 세상을 만들어나가야 한다고 말할 때, 그 의미는 우리가 사랑하는 것들을 위해 노력하기를 포기해야 한다는 뜻이 아니다. 최고가 되려면 반드시 경쟁에서 이겨 누군가를 밟고 올라서야 한다는 생각이 삶의 다른 가치 있는 것들과 잠재력을 무시하게끔 만들어 올바른 열정을 잠식할 수 있다는 의미다. "그는 위대한 아버지야", "그녀는 위대한 선수야", "이 책은 위대해"처럼 '위대함'이라는 낱말을 쓰지 말자는 뜻도 아니다. 나는 엄청난 위업을 묘사하고자 이 최상급 형용사를 사용하는 데 전혀 반대하지 않는다. 내

모든 삶은 충분해야 한다

가 강력하게 반대하는 것은 위대함이라는 이름으로 소수의 사람에게 만 집중하고 과하게 보상하면서 부러우면 너희도 위대해지라고 자극 하는 케케묵은 섭리론, 대부분 인간 존재의 다양한 가치와 역량은 무 시해버리는 사회 구조와 잘못된 세계관이다.

이와 같은 생각에 관해 나와 이야기를 나눴던 어떤 사람들은 굳이 위대함을 넘어서는 개념을 수립하려고 노력하기보다 위대함을 더 확 장해 다시 정의하면 되지 않느냐고, 즉 위대함을 서로 잘 대하고, 서 로의 능력을 존중하고, 서로가 번영하도록 돕는 개념으로 재정의하 면 되지 않느냐고 물었다. 온당한 물음이기에 나도 여러분이 이 책 에서 내가 하려는 일을 위대함의 재정의로 이해하고 싶다면 막지는 않을 것이다(실제로 그럴 수도 없다). 그렇지만 내 고집 말고도 내가 위 대함을 재정의하고 싶지 않은 까닭이 있다. 앞서 몇 차례 언급했듯 이 충분함은 위대함을 능가하는 개념이 아니기 때문이다. 내가 말하 는 충분한 삶은 모두에게 충분히 괜찮은 삶이지 완벽하게 충만한 삶 은 아니다. 다시 말해 우리가 살면서 겪게 되는 피할 수 없는 사고, 실 수, 비극을 그대로 품는 삶, 세상은 불완전하다는 사실을 전제로 하 는 충분한 삶이다.

우리가 아무리 세상과 우리 자신과 서로를 향상할 수 있어도 위대 해지지는 못할 수 있는 그런 충분함이다. 내가 이 책에서 모두가 추 구해야 한다고 주장하는 충분히 괜찮은 세상은 모든 사람이 저마다 삶의 의미와 목적을 찾는 좋은 삶을 누리면서도 세상의 불완전함을 온전히 인식하는 세상이다. 서로의 고유한 역량을 있는 그대로 바라보고, 서로의 결점을 편견 없이 인정하며, 사회 구조가 모두의 충분함을 위해 작동하고, 모든 인류가 자연 세계의 흐름에 따라 살아가는 세상이다. 우리는 살면서 여전히 슬픈 일, 힘든 일, 외로운 일을 겪을 것이고, 짝사랑의 애달픔과 배반의 고통과 자연재해의 무서움을 경험할 것이다. 세상은 결코 완벽한 위대함에 이를 수 없다. 하지만 모두에게 충분히 괜찮을 수는 있다. 그리고 반드시 그렇게 돼야 한다.

충분함의 철학적 기원

충분히 괜찮고 충분히 좋다는 의미의 '충분함'이라는 낱말을 철학 용어로 사용할 수 있겠다고 생각한 계기는 다른 많은 철학자와 마찬가지로 아동 발달과 가족의 심리적 관계를 연구한 영국 정신분석학자 도널드 위니콧(Donald Winnicott)을 통해서였다. 그는 저서 《놀이와 현실(Playing and Reality)》(2005)을 통해 "충분히 좋은 어머니" 개념을 제시하면서, 좋은 부모는 완벽하고 위대한 부모가 아니라 "평범한 부모"라고 정의했다.[6] 그에 따르면 충분히 좋은 부모는 구체적이고 실질적인 역할을 한다. 아이가 '절대적 의존기(영아기)'일 때는 높은 수준의 민감성으로 아이의 모든 본능적 욕구를 충족시킨다. 달리 말해 아이가 태어나 충분한 삶을 향해 나아가는 첫 단계에서는 아이의 생존을 위한 부모의 끊임없는 보살핌이 요구된다. 이는 영아기에 가장 취약하도록 설계된 인간 진화의 독특한 특성 때문이다.

모든 삶은 충분해야 한다

그런데 아이가 생애 처음으로 외부 세계를 인지하고 독립된 존재로서 자신을 경험하는 '상대적 의존기(유아기)'에는 아이의 내적 감각과 내적 환경이 성장해 현실을 수용할 수 있도록 아이에 대한 몰두에서 벗어나야 한다. 이 시기에도 계속해서 아이를 영아 다루듯 하면 정신적 성장에 문제가 발생할 수 있다. 하지만 아이를 끊임없이 돌보고 챙기려는 강력한 욕구와 유혹을 뿌리치기 어렵다. 완벽함과 위대함을 충분함으로 오인하는 순간이다. 그래야 충분할 것 같다는 유혹이다.[7] 물론 부모라면 누구나 아이를 위해 모든 것을 주고 싶고 우리가 할 수 있는 것보다 더 많은 것을 해주고 싶다. 그래도 그 유혹을 떨쳐내야 한다. 부모와 아이 모두의 충분한 삶을 가로막기 때문이다. 부모는 압도적인 시간과 에너지를 고갈한다. 아이는 "실패를 다뤄서 성장하는 능력"을 상실한다. 도널드 위니콧에 따르면 무엇보다도 상대적 의존기 때 형성되는 실패 극복 능력은 아이의 창의력에 커다란 영향을 미친다.[8] 현실에 많은 어려움이 있다는 인식이 우리의 상상력과 창의력을 촉진한다. 아이에게 너무 많은 것을 주는 부모는 결국 아이가 이런 중요한 능력을 키우지 못하게 만든다.

나는 충분함이 평온함과 어려움을 모두 가진 상태라는 도널드 위니콧의 생각에 깊이 공감한다. 충분함은 우리의 불안과 부담을 덜어주는 한편 끊임없이 사랑하고 보호받으려는 우리의 본능적 열망을 되돌아보게 해준다. 충분함은 우리가 마음속에서 느끼는 불안감을 해소하면서도 완벽함을 추구할 때마다 자신과 다른 이들에게 가할 압박을 인지하도록 작동한다. 충분함의 이와 같은 역설적 양상을 이해하면 우리가 서로에 대한 의무를 포기하지 않은 채 바람직한 관계를 이어갈 유의미한 방식을 찾을 수 있다.

도널드 위니콧의 연구는 우리가 충분함을 이야기할 때 단순히 물질적 문제에만 국한하지 않는다는 사실도 보여준다. 미국 사회심리학자 로이 바우마이스터(Roy Baumeister)와 마크 리어리(Mark Leary)가 유명한 논문 〈소속의 필요(The Need to Belong)〉(1995)에서 주장했듯이 인간은 "지속적이고 긍정적이며 중요한 인간관계를 형성하고 유지하려는 보편적 필요"를 추구한다.[9] 두 사람에 따르면 인류 역사는 물질적 관점으로만 이해할 수 없기에 이 필요는 '욕구' 수준까지 올라간다. 확실히 인간은 의식주 없이 생존할 수 없지만, 이들이 제시한 '소속감 가설(belongingness hypothesis)'처럼 우리는 서로 없이 물질적 필요를 충족할 수 없으며 인류 번영의 충만함도 기대할 수 없다.[10] 이와 궤를 같이하는 여러 연구는 유엔(UN)이 '인간개발지수(human development index)'를 구성하는 요소를 재고하게 했다. 이에 따라 물질적 재화뿐 아니라 사회적 관계를 형성하고, 상상력과 창의력을 발전시키고, 이성을 자유롭게 사용할 수 있는 능력도 인류 발전과 삶의 질 향상의 척도가 됐다.[11]

이렇듯 충분함을 지향해야 한다는 생각을 나 혼자만 해온 것은 아니다. 나는 더욱 설득력 있는 사례를 만들고 충분한 삶이 무엇인지에 관한 비전을 세우고자 다양한 사상가와 사회 운동에 주목했다. 하지만 내 생각은 기존의 일반적인 경로에서 조금 벗어나 있다. 자기계발 분야의 일부 작가들은 우리 욕망을 변화시킬 개인의 역량에 초점을 맞춘다. 주로 덜 원하고 실패를 기꺼이 받아들이는 개인 윤리를 제공한다.[12] 미국 저널리스트 에이다 칼훈(Ada Calhoun)은 우리의 위기가 "기대를 내려놓음으로써" 가벼워질 수 있고, 작가이자 블로거 마크 맨슨(Mark Manson)은 더 재미있는 표현으로 "신경 끄기의 기술"을 배우면 인생이 편안해진다고 조언한다.[13] 나쁜 조언도 아니고, 사실 꽤 좋은 조언이지만, 현실적으로 그것을 어렵게 만드는 사회적·정치적 맥락을 바꾸지는 못한다.[14]

개인의 변화가 사회 운동으로 확산할 때라야 그 파급 효과로 모든 삶이 바뀔 수 있다. 2021년 현대 중국의 상업주의 성공 윤리에 저항하는 반문화로 널리 퍼진 '탕핑(躺平, lying flat, 평평하게 드러눕는다는 뜻으로 중국 정부의 경제적 폭거에 좌절한 젊은이들이 차라리 가만히 누워서 아무것도 욕망하지 않겠다는 심정을 표현한 용어_옮긴이)' 운동에서 볼 수 있듯이 사회적 행동으로 이어져야 변화를 이끌어낼 수 있다.[15] 혼자 느끼고 혼자 달라진다고 세상이 변하지는 않는다. 수많은 자기계발서에서 권고하는 개인의 변화가 기존 사회 구조와 분위기를 쇄신하는 데까지 이르지 못하면 결국 아무런 효과도 기대하기 어렵다. 욕망을 내려놓고 포기해야 할 때를 아는 것도 개인의 삶에서 매우 중요한 변화이나, 모두에게 의미 있고 품위 있고 물질적·정신적으로 충분한 삶에 대한 비전을 제시하지는 못한다.[16] 더욱이 전체가 변화해야 한다는 진실과 그 어려움을 언급하지 않으니 시간이 흘러서도 똑같은 세상을 바라보며 다시금 변화하지 못한 원인을 자신에게서 찾게 만든다.

위대함을 넘어서려는 오랜 역사

위대함을 옹호하는 사람들이 흔히 말하듯 모든 사람에게 충분한 세상을 만드는 일은 역사에 길이 남을 만한 어려운 과제다. 게다가 인간의 본성에도 어긋나 보인다. 어떤 이들은 인간이 꿈꾸는 성공은 철저히 개인적이라고 말한다. 우리의 타고난 이기심 자체가 공동의 목표를 이루는 데 극복할 수 없는 커다란 걸림돌 같다. 에이다 칼훈이나 마크 맨슨이나 나도 얼마든지 개인의 승리를 위한 송가를 쓸 수 있다. 우리 대신 막강한 힘을 모아 우리를 이끄는 사람들은 늘 존재해왔다. 독일 사회학자이자 정치학자 로베르트 미헬스(Robert Michels)는 이를 '과두제의 철칙(iron law of oligarchy)'이라고 불렀다.[17] 아무리 민주적인 조직이라도 소수의 엘리트가 다수를 지배하는 게 변하지 않는 철칙이라는 것이다.

하지만 역사에서 인간 사회는 과두제 경향을 보인 만큼 모두를 위한 적절함과 충분함을 끊임없이 추구하는 모습도 보였다. 실제로 초기 인류는 정교한 '평등주의(equalitarianism)' 문화와 체제를 발전시켰고, 이는 지금도 우리 유전자 속에 흐르고 있다. 미국 생명과학자이자 인류학자 크리스토퍼 보엠(Christopher Boehm)이 설명한 것처럼 이 계보는 무려 500만 년 전으로 거슬러 올라가는데, 그때 특정 아프리카 유인원 집단은 평등한 계층 사이에 "정치적 연합을 형성함으로써 우두머리 지도자들의 권력을 약화"했다.[18] 적어도 이 선사 시대 유인원 선조 이래 우리는 위대함을 기반으로 한 위계와 순응을 인정하

　　　　　　　　　　　　　모든 삶은 충분해야 한다

면서도 만인을 존중하는 평등주의 가치를 잃지 않았다. 인류 역사는 하나의 줄기를 따라 흐르지도 않고 거기에 얽매이지도 않는다. 어느 정도는 위계와 경쟁이 있더라도 우리에게는 평등과 협력을 지향할 태생적 능력이 있다.

'경제학의 아버지'라 불리는 영국 정치경제학자이자 도덕철학자 애덤 스미스(Adam Smith)는 《도덕감정론(Theory of Moral Sentiments)》(1759)에서 인간 행동에 동기를 부여하는 이 두 가지 지평 사이의 분열과 관련해 중요한 설명을 제시했다. 위대함을 향한 욕망의 기원을 바라본 그의 관점은 오늘날 내 견해와는 다른데, 적어도 이 저작에서는 그렇게 나타난다. 나는 욕망의 기원을 고통에서 벗어날 수 있다는 희망으로 보지만, 애덤 스미스는 사랑받고자 하는 열망으로 본다.

"인간은 본성적으로 사랑받기를 원할 뿐 아니라 사랑스러운 존재가 되기를 열망한다. 자연스럽고 올바른 사랑의 대상이 되기를 갈망한다."[19]

그리고 살면서 우리가 끊임없이 보게 되는 광경은 위대한 사람들이 사랑을 받는 모습이다.

"지위가 높고 출중한 사람은 온 세상의 주목을 받는다. 모든 이들이 그를 바라보고 싶어 하며 그의 일거수일투족이 자연스럽게 영감을 가져다주는 기쁨과 환희가 되기를 상상한다."

그럴수록 불안과 부담이 증가할 것을 알면서도 이런 모습을 보면서 우리는 계속 위대함을 추구한다.

"위대함은 선망의 대상이 되고, 인류가 그것을 추구하는 과정에서 겪을 모든 굴욕, 모든 수고, 모든 불안을 보상한다."[20]

그런데 '사리사욕(self-interest)'을 강조한 애덤 스미스의 경제 이론에 대해 사람들이 일반적으로 가정하는 내용과 달리 정작 그는 맹목적인 부와 위대함 추구를 좋은 것으로 여기지 않았다.

"부자와 권력자를 존경하고, 거의 숭배하고, 가난하고 비천한 사람들을 경멸하거나 적어도 무시하는 성향은 우리의 도덕적 감정을 부패시키는 가장 크고 보편적인 원인이다."[21]

애덤 스미스에게 위대함은 고통으로부터의 탈출이 아니라 어쩔 수 없이 짊어져야 할 부담처럼 보인다. 그러나 그의 이론을 끝까지 따라가다 보면 우리는 위대함을 정당화하는 기본 개요가 최대 다수의 고통을 감소시키는 어떤 것임을 알 수 있다. 결국 애덤 스미스는 우리 도덕의 오염을 우려하면서도 여전히 위대함을 받아들이고, 위대함을 추구하는 것이 왜 우리에게 유리한지에 관한 이론(지금의 자본주의)을 발전시키게 된다. 근본적 발상은 비록 위대함이 사회에서 존중과 보상을 완벽하게 분배하지는 못하더라도 그 혜택을 다른 사람들에게 재분배하는 "보이지 않는 손(invisible hand)"이 있다는 것이다.[22] '보이는 손'은 사회 계층의 정상에 오르려는 욕망을 부추겨 우리를 망치지만, '보이지 않는 손'으로 우리의 도덕적 품위는 회복된다. 소수의 위대한 자들이 정상에 오르는 부담을 오롯이 떠맡기에 우리는 모두 더 나아질 수 있다는 것이다.

위대함을 넘어서는 데 따르는 어려움 앞에서 애덤 스미스는 굴복한다. 그는 위대함이 어떻게 부패하는지 보면서도 우리에게 반드시

모든 삶은 충분해야 한다

그것을 넘어서라고 밀어붙이지는 않는다. 우리가 위대함을 추구하다 타락하지 않고 어떻게든 우리에게 유리한 쪽으로 이용할 수 있기를 바라면서 그는 파우스트식 거래를 성사시킨다. 나는 위대함으로 인한 타락을 대가로 얻는 우발적 이익보다 우리가 더 나은 일을 할 수 있다고 주장하고 싶다. 우리는 서로의 손을 합친 '공동의 손(collective hands)'으로 위대함의 타락을 막을 수 있다.

나는 충분한 삶과 충분한 세상을 추구하는 것이 위대함보다 삶의 동기 부여가 되지 않는다는 생각에 동의하지 않는다. 어떤 이들은 모두에게 충분함을 보장하는 세상이 되면 대다수 사람이 타인의 노고로부터 이익만 취하는 게으른 무임승차자가 되리라고 걱정한다. 물론 그런 일이 일어날 수도 있다. 완벽한(위대한) 세상이 아니라 충분한 세상이기에 그렇다. 충분함은 불완전함을 포용한다. 완벽한 세상이 아닌 충분한 세상을 목표로 하고 있음을 기억하자. 우리가 삶의 동기를 잃게 되리라는 것은 모든 사람에게 적절하고 충분한 세상을 만들고자 애써온 인류의 깊은 열정을 무시하는 처사다. 모두가 사랑과 보살핌을 받고 품위를 유지하는 평등하고 정의로운 공동체를 이루기 위한 열망은 이미 수백만 년에 걸쳐 이어져 내려왔다. 인류 역사에서 엄청난 동기를 부여한 집단행동, 즉 대규모 정치 혁명과 비폭력 사회 운동은 그와 같은 공동체를 보장하는 것과 관련이 있었다. 언뜻 보기에는 충분함을 추구하는 것이 위대함을 추구하는 것보다 덜 고무적으로 느껴질 수 있지만, 정의와 평등을 성취하고, 삶에서 우리 스스로 목소리를 내고, 피할 수 없는 위기에 함께 맞서는 일은 인간이 경험한 가장 오래된 열정이다. 우리가 일단 그런 세상을 확보하더라도 당연히 이 열정을 유지할 동기를 가져야 할 것이다. 차이점은 소수의 위대한 사람들을 무작정 기다리기보다 우리 모두 적극적으로 나서야 한다는 데 있다.

기회조차 얻지 못하는 사람들

그래도 나는 애덤 스미스가 위대함의 매력을 논할 때 그 밑바탕에 무엇이 있는지 잘 이해하고 있다. 나도 누구 못지않게 위대함의 매력을 민감하게 느낀다. 나는 어릴 적 부모님의 공동 양육권에 따라 필라델피아 외곽 도시 젠킨타운(Jenkintown)과 필라델피아 변두리 마을인 이스트 마운트 에어리(East Mount Airy)를 오가며 자랐다. 나는 필라델피아 교외의 공립학교에 다녔기 때문에 내 세계관 대부분은 가장 큰 집, 가장 고급스러운 자동차, 가장 높은 연봉 같은 미국 교외 지역 주민의 꽤 표준적인 이상향에서 영향을 받을 수밖에 없었지만, 결과적으로 그러지는 않았다.

공동 양육권을 언급한 이유는 부모님이 이혼했기 때문이다. 두 분은 랍비학교에서 만나 결혼했지만, 내가 태어나고 몇 년 지나지 않아 헤어졌다. 아버지는 지역 유대 교회에 남았고, 어머니는 종교학과 여성학 교수가 됐다. 부모님은 이후 각각 재혼했다. 아버지는 필라델피아 공립학교에서 장애가 있는 아이들을 돌보는 사람과, 어머니는 유아 교육 및 자선 활동을 하는 사람과 재혼했다.

내 주변에는 사회적 지위를 추구하기보다 공동체와 연대를 지향하는 삶을 선택한 사람들이 많이 있었다. 부모님이 이혼하신 직후에는 경제적 여유가 없었으나 그다음부터는 괜찮았고, 나는 두 중산층 집을 오가며 별 탈 없이 성장했다. 하지만 나는 내 주변의 많은 부를 목격하며 자랐고, 애덤 스미스가 묘사한 것과 같은 위대함에 대한 욕망이 가장 부유한 사람들의 자녀들에게로 향하는 모습도 똑똑히 볼 수 있었다. 그 부자들의 집에는 최첨단 가전제품과 최고의 놀이 시설이 있었고, 해변에서 호화로운 휴가를 보냈다. 이웃의 다른 아이들은 차라리 부잣집 친구들 부모님이 모는 멋진 자동차로 드라이브를 즐기거나, 그들과 함께 칸막이가 있는 비싼 자리에서 좋아하는 스포츠 경기를 구경하는 게 가장 신나는 일이었다. 이런 내 주변 환경은 최고의 삶이란 부자들의 삶이라는 사회적·문화적 세뇌 일부에 불과했다. 부모님은 내게 할 만큼 했지만, 열 살 무렵 내 욕망은 경제 계층의 최정상을 향하고 있었다.

내가 다섯 살 때 할아버지와 할머니는 모두 돌아가셨지만, 외가 쪽으로 이모와 외삼촌들이 있어서 그리 외롭지는 않았다. 큰외삼촌은 알루미늄 포일로 포장한 버터를 보여주면서 자기 회사가 세계 최초로 도입한 방식이라고 자랑했었다. 그의 말은 사실이었고, 환경에는 좋지 않았으나, 그의 은퇴를 앞당기는 데는 좋았다. 큰외삼촌은 내가 열세 살이 될 무렵 돌아가셨고, 우리 앞으로 약간의 재산을 남겼다. 많은 돈은 아니었지만, 훗날 어머니와 내가 스페인어도 배울 겸 코스타리카로 여행을 떠나기에 충분했다.

나는 교외 주민의 이상향과 일치하는 듯한 그 여행을 호화로운 것으로, 해변의 꿈같은 휴가로 상상했다. 하지만 어머니가 당신과 아들을 위해 예약한 프로그램은 수도 산호세(San José)에 본부를 둔 중앙아메리카개발연구소(ICADS)의 사회 정의 연구 코스였다. 여기서 우리는 노동 계급 가족과 함께 강좌에 참여하면서 내가 살던 지역에서는 별로 언급되지 않던 '세계화(globalization)'라는 것을 구체적으로 배울 수 있었다. 그로부터 불과 1년 뒤인 1999년 시애틀에서 세계무역기구(WTO)에 반대하는 시위가 벌어졌다. 나는 그곳에 있었다. 시위가 일어났을 때 청년 급진주의자로서 이름을 알리게 된 나는 친구들의 부유한 부모님들로부터 이런 말을 들었다.

"너희 사람들은 도대체 길거리에서 뭘 하고 있었던 거냐?"

경제적 위대함에 대한 내 믿음이 깨지게 된 계기가 바로 코스타리카 여행과 시애틀 시위였다. 이미 부유한 사람들이 더 큰 부자가 되도록 설계된 이데올로기를 방해하려고 애쓰는 시위 현장에서 나는 정말로 우리가 거리로 뛰쳐나온 "너희 사람들"임을 실감했다.[23]

고등학교 때부터 나는 시위에 뛰어들었고, 학교에서 '더이상 감옥은 없다(No More Prisons)' 동아리도 만들어 활동했지만, 학생연합을 결정하는 데는 실패했다. 이후 나는 내 세계관을 근본적으로 재확립해준 두 조직인 보스턴의 공정경제연합(UFE)과 필라델피아 자선단체 아트생츄어리(Art Sanctuary)에서 인턴으로 일하는 과분한 특권을 누렸다. 공정경제연합에서 나는 사회학자이자 경제 정의 운동가 벳시

레온다르 라이트(Betsy Leondar-Wright)와 정책학자 척 콜린스(Chuck Collins)의 지도로 부의 분배 문제와 그것을 어떻게 변화시켜나갈지 배웠다. 아트생츄어리에서는 교육자이자 사회 운동가 로렌 캐리(Lorene Cary)의 지혜롭고 자상한 조언을 통해 예술 공동체 단체가 무한한 재원 없이도 어떻게 사람들 삶에 영향을 미칠 수 있는지 알게 됐다. 이 같은 경험에 한껏 고무된 나는 돈벌이 대신 지적 생활에 모든 에너지를 쏟았다. 글을 쓰기 시작했고, 역사와 철학을 읽으며 대학의 야간 강좌를 들었다. 나는 할 수 있는 한 더 많이 배우고, 더 많이 여행하고, 더 많이 쓰고 싶었다. 돈 많은 주식 중개인이 아닌 교양 있는 작가가 되고 싶었다.

이때 나는 깨닫지 못했지만, 오늘날 우리의 정신문화를 좀먹는 실수 가운데 하나를 저질렀다. 나는 물질적 부를 비판하면서도 여전히 위대함에 집착하고 있었다. 작가가 되고 싶었으나, 내가 되고 싶은 작가는 좋은 작가도, 훌륭한 작가도, 모두의 충분한 삶을 위한 지혜를 선사하는 작가도 아니었다. 나는 유명한 작가가 되고 싶었다. 작가라는 직업, 글 쓰는 일 자체가 아닌 작가로서 명성을 얻어 사회 계층의 최정상에 오르고 싶었던 것이었다.

물론 이는 부자가 되는 것, 일테면 막대한 부를 쌓으려고 지구를 약탈하는 석유회사 경영자가 되는 것과는 매우 다르다. 그렇지만 자신을 다른 사람들과 비교해 우위를 점하겠다는 발상은 똑같다. 무엇으로 포장하든 위대함을 향한 욕망일 뿐이다. 부자가 되는 것과 유명한 작가가 되는 것은 둘 다 피라미드 꼭대기에 올라서는 것과 관련이 있다. 피라미드의 존재를 부정하거나 피라미드를 파괴해야 한다는 생각 근처에도 가지 못하는 발상이다.

미국 작가이자 문학평론가 윌리엄 더레저위츠(William Deresiewicz)가 그의 책《예술가의 죽음(The Death of the Artist)》(2020)에서 주장한 바와 같이 이 피라미드는 대부분의 창의적인 유형을 압도하고 있다. 현재 사회 구조는 소수에게만 보상하고 나머지는 자투리를 차지하기 위해 싸우도록 내버려둔다. 올라서거나 주저앉거나, 유명해지거나 잊히거나 둘 중 하나다. 작가나 예술가로서 인정받고 싶은 그나 나 같은 사람들은 이 피라미드를 올라갈 수밖에 없다. 우리가 사는 이 사회에서 나는 내가 쓴 책이 인정받고 상을 받기를 바라지 않을 수 없다. 이 분야에서 구할 수 있는 몇 안 되는 직업을 얻는 일이 거기에 달렸기 때문이다. 밑바닥에서 짓밟혀 죽느니 차라리 무너져가는 피라미드라도 꼭대기까지 오르는 게 낫다. 그러나 오늘날 지적인 일을 할 수 있는 선택지가 그것뿐이라면 우리의 상황은 충분함과는 너무 동떨어져 있는 것이다.

만약 여러분이 '글쎄, 스타가 괜히 스타겠어? 정말로 최고니까 스타겠지'라고 생각한다면 잠시 멈춰 서서 퓰리처상을 받은 시인 도널드 저스티스(Donald Justice)가 한 말을 떠올려보자.

"몇몇 좋은 작가들이 세상에서 잊히는 이유에 대해 여러 분석 가능한 원인이 있다고 하지만, 사실 그것들이 무엇이든 간에 여전히 불분명하다. 분명한 것은 명예의 법칙이 언제나 무작위로 작동한다는 사실 뿐이다."[24]

명문 대학을 나온 사람들, 베스트셀러 순위 상위권에 있는 작가들, 카네기 홀(Carnegie Hall) 무대에 오른 음악가들이 실제로 재능이 있는지 없는지는 문제가 아니다. 진짜 문제는 이것이다. 기회가 부족한 세상에서 소수의 작가, 학자, 예술가만을 반복해서 인정하면 다른 사람들은 기회를 얻지 못한다. 그것은 경쟁도 아니다. 경쟁처럼 보이는 무한 순환이다. 내부 잔치다. 사다리 걷어차기다. 글쓰기를 예로 들면, 글로써 세상을 설명하고 변화시키려는 작가의 순수한 열망을 가로채 희소한 보상을 두고 끊임없이 투쟁하는 체제 속으로 던져버리는 셈이다. 충분한 보상을 받는 사람들 일부는 뛰어난 재능을 가졌다. 하지만 재능이 있어도 기회조차 얻지 못하는 사람들 또한 부지기수로 많다.

물질 경제와 지위 경제

더 평등하고 존엄한 세상을 보고 싶어 하는 사람들 가운데는 사회적 지위나 명예에 큰 관심을 두지 않는 대신 주로 물질 경제 관점에서 우리가 처한 문제를 바라본다. 그들은 소수에게 부와 권력을 집중하게 만드는 현재의 경제 체제가 잘못됐다고 말한다. 제4장에서 자세히 논의하겠지만, 나도 이 같은 문제의식에 대체로 동의한다. 다만 내가 우려하는 부분은 경제 체제를 개선하는 것만으로는 충분치 않다는 점이다. 피라미드 꼭대기에 부를 집중하는 방식과 관련한 경제 개념은 애덤 스미스의 논리를 따라갈 때 우리 세계관의 다른 요소에도 중요한 결과를 가져온다. 이 부분을 제대로 이해해야 한다. 우리의 참담한 상황은 비단 물질적 부의 문제로만 국한돼 있지 않다. 사회에서 누가 목소리를 내고, 누가 명예를 얻고, 누가 존중과 관심을 받는지에 관한 불평등 문제이기도 하다. 설령 모두가 물질적으로 평등한 사회를 이루더라도 우리는 여전히 소수만 권력을 갖고 존중받는 세상에서 살고 있을지 모른다.

그리고 비록 모두가 충분하더라도 소수는 충분함을 넘어 흘러넘치는, 즉 소수만이 이른바 '지위재(positional goods)'를 확보한 세상 역시 불평등하긴 마찬가지다. 지위재란 희소하거나 다른 대체재보다 선호도가 높은 재화로, 소유한 사람의 사회적 지위를 높인다. 호화 주택, 별장, 개인 섬, 최고급 자동차, 희귀 음식 같은 것들이 지위재에 속한다. 지위재의 위력은 독점성에서 나오는데, 결국 경제적 불평등과 사회적 불안정을 초래한다. 마이클 영도 능력주의를 비판하면서 이 문제를 신랄하게 풍자했다. 그가 설정한 가상 사회에서 모든 사람은 동일한 소득을 취하지만, 소수의 지능이 높은 사람들에게는 남몰래 거의 무한한 혜택과 특전이 주어진다. 이는 상상 속에서 펼쳐지는 광경이 아니다. 실제 역사에서도 늘 볼 수 있던 행태다. 공산주의 이데올로기 아래 인민의 물질적 불평등을 줄이는 데 어느 정도 성공한 소련도 소수의 엘리트 계급은 계속해서 막대한 권력과 특권을 누렸다.[25] 굳이 과거 역사를 들추지 않아도 우리 주변을 보면 내 이야기가 무슨 의미인지 알 것이다.

모든 삶은 충분해야 한다

지위재와 관련한 일반적인 개념은 기원전 4세기 아리스토텔레스(Aristoteles)로까지 거슬러 올라가 찾을 수 있다. 그는 일찍이 《정치학(Politika)》에서 "재산의 불평등"과 "명예의 불평등"을 모두 언급했다.[26] '지위재'라는 용어 자체는 1976년 영국 경제학자 프레드 허쉬(Fred Hirsch)가 창안했다. 그의 주요 통찰은 물질 경제와 지위 경제 사이에 위험한 연결 고리가 존재한다는 것이다. 그가 분석하기에 지위재는 특정 유형의 희소한 물질적 자산은 물론 전문 직업 분야에서의 직급과 권한 그리고 주요 정보에 접근할 자격 등 비물질적 자산도 포함한다. 사회가 물질적으로 상향 평준화하더라도 여전히 지위 격차가 줄어들지 않으면, 삶의 질은 일반적으로 향상했으나 계속해서 소수의 누군가에게 더 큰 보상과 권력이 부여되면, "역동적 성장 과정으로 불평등이 완화하기는커녕 오히려 더욱 고조된 분배 투쟁"이 일어난다.[27]

물질적 성장이 제대로 분배되지 않는 이유 중 하나는 지위재를 차지해 더 우위에 서려는 쟁탈전이 벌어져 성장으로 인한 균형 효과를 기대할 수 없기 때문이다. 어떤 쟁탈전은 부동산 시장처럼 큰돈이 드는 분야에 대한 정책 정보 접근권과 관련이 있다. 실제로 일반적인 필요를 요구하지 않는 고급 학위나 비싼 자격증을 확보해 그와 같은 자격을 갖추려는 시도도 끊이지 않는다. 그러나 아무리 물질적 성장(부채 포함)이 확대되고 더 많은 사람에게 기회의 문이 열리더라도 지위재는 늘 한정돼 있다. 모두가 들어갈 만큼 많은 문도 없다.

이런 양상은 사람들이 물질적 부를 위한 수단으로 지위 권력을 추구하거나, 지위 권력을 위한 수단으로 물질적 부를 추구하는 사회 분위기를 조성한다. 당연히 이는 사회 전체에 악영향을 미친다. 프레드 허쉬가 지적했듯 부동산 가격이 높은 뉴욕이나 런던 같은 대도시에서의 삶이 지위재가 되면서 그런 곳들에 터전을 마련할 수 있는 물질적 부를 확보하기 위한 쟁탈전이 일어난다. 교사, 예술가, 배관공 등 도시에서 활동하는 사람들은 외곽으로 밀려나지 않기 위해 더 많이 일하거나 그 자리에서 더 높은 지위에 올라야 하는 저마다의 투쟁을 강제당한다. 배관공들에게 이는 온라인 리뷰 별 다섯 개를 받기 위해 연중무휴 서비스를 제공하고 끊임없이 고객의 관심을 받아야 한다는 것을 의미할 수 있다. 교사와 예술가들에게는 소수에게만 허용되는 종신 재직권을 얻고자 분투하고 일류 갤러리와 지속적인 관계를 유지하기 위한 인맥 구축에 온 힘을 쏟아야 함을 뜻할 수 있다.

그러나 모든 사람이 그와 같은 자기희생에 부응할 수 없는 데다 그렇게 하기를 바라지 않을 수 있고, 설령 이를 악물고 노력한다고 한들 그 소수에게만 열린 문에 들어가려는 수많은 그럴 만한 사람들이 존재하기 때문에, 지위재 쟁탈전은 사회 모든 분야에서 필연적으로 불만과 불평등을 증가시킬 수밖에 없다. 개인에게는 자신이 선택한 분야의 지위 경제에서 비합리적 계급 투쟁을 시작할지 말지에 대한 합리적 선택권만이 남는다. 프레드 허쉬는 "아무리 허용된 수가 적더라도 사람들은 자신이 제외된다는 생각을 하지 않기에 결국 모든 사람이 뛰어들 수 있다"고 설명하면서,[28] "그러나 한 개인에게 가능한 일이 모든 개인에게 가능한 일은 아니며, 비록 모두가 같은 재능을 가졌어도 한정된 기회의 문을 모두가 통과하는 것은 불가능하다"고 지적했다.[29] 심지어 우리 부모님 세대에는 충분히 좋았던 직업 세계조차 경쟁이 심화하면서 위협을 받고 있다. 오늘날 하고 싶은 일, 갖고 싶은 직업은 충분함만으로는 이룰 수 없는 것들이 돼버렸다. 충분해도 최고가 아니면 뜻을 이루기 어려운 세상이다. 실제로는 충분함이 차고 넘치는데도 여전히 충분치 않다고 간주하는 세상, 최고임을 증명하려고 학위나 자격증을 몇 개씩 취득했는데도 여전히 직업이 없는 상태로 살아야 하는 세상이다. 우리의 행복이 물질적·지위적 피라미드 정상에 오르는 것으로 좌우되는 이와 같은 사회 구조가 바로 내가 계속 말하고 있는 '위대함'의 실체다.

그런데 프레드 허쉬가 처음 생각한 지위재 개념은 이 책에서 내가 적용한 범위보다는 제한적이었다. 예를 들면 그는 가부장주의, 인종주의, 장애인 차별이 특정 정체성을 가진 사람들에게 상대적으로 더 높은 지위를 부여하도록, 또는 그렇게 여기도록 함으로써 지위재로 기능할 수 있다는 사실을 인지하지 못했다. 아프리카계 미국 사회학자이자 민권 운동가 W. E. B. 듀 보이스(W. E. B. Du Bois)는 이를 백인들에게만 지급되는 "공적이고 심리적인 임금"이라고 불렀다.[30] 결과적으로 백인들의 생각보다 더 큰 비용이 든 임금이었다. 이 지위재 덕분에 백인들은 경제 민주화를 이루려는 인종 간 연합 전선을 막을 수 있었다. 아울러 프레드 허쉬는 지위재가 사회적 존중에 어떤 영향을 미치는지, 특별한 재능이 없더라도 사회의 일부 사람들이 이른바 '주목 경제(attention economy)'에서 왜 중요한지 고려하지 않았다. 이 같은 한계에도 불구하고 그의 지위재 개념은 두 경제, 즉 '물질 경제'와 '지위 경제'의 기본 윤곽을 이해하는 데 커다란 도움이 된다. 경제학자로서 프레드 허쉬의 저작 대부분은 경제에 관한 것이지만, 그는 놀라운 지점에서 이런 결론을 내리고 있다.

"사회적 도덕성의 뒷받침이 없다면 우리는 머지않아 사회 조직의 명확한 한계에 직면할 것이다."[31]

이 경고를 무시해서는 안 된다. 나는 우리를 뒷받침할 사회적 도덕성이 존재한다고 믿는다. 그것은 다름 아닌 모두를 위한 충분한 삶의 기반이 되는, 우리 대부분이 지지하고 공유하는 가치다. 수 세기 전 애덤 스미스가 굴복한 위대함으로 세상의 품위가 손상된 이래 사회적 도덕성이 회복되지 못하고 있다는 프레드 허쉬의 말은 옳다. 지금 우리가 사는 세상에서도 여전히 위대함을 추구하는 일은, 사회적 도덕성에 어긋나더라도, 피라미드 논리에 입각한 사회 질서 아래에서 묵인될뿐더러 장려된다. 그렇기에 우리가 되찾아야 할 사회적 도덕성은 사회 체계에 피라미드가 아닌 새로운 논리를 제공하는 사회 변혁을 동반해야 한다. 이 새로운 논리가 모두에게 충분한 것이 일부에 위대한 것보다 훨씬 좋고 가치 있다는 사실을 증명할 것이다.

잃어버린 아인슈타인들

더 논리적인 가치 체계에 도달하려면 삶의 모든 영역에서 위대함의

모든 삶은 충분해야 한다

가치에 대한 신화를 극복해야 한다. 성공이 실제로는 운과 우연에 크게 좌우된다는 사실을 알면서도 우리는 여전히 암묵적으로든 명시적으로든 정치, 경제, 스포츠, 예술 등 모든 분야에서 위대한 재능을 지닌 사람들이 지원과 보상을 받아야 한다고 여기는 경향이 있다. 그들의 성과가 '낙수 효과'를 가져온다고 믿기 때문이다. 꼭 경제적 효과가 아니더라도 모든 것은 위에서 아래로 흐른다는 문화적 인식이 우리 마음속에 깊게 뿌리 박혀 있다. 우리가 위인의 등장을 바라는 까닭도 알베르트 아인슈타인 같은 과학자들, 토니 모리슨(Toni Morrison) 같은 작가들, 프리다 칼로(Frida Kahlo) 같은 예술가들의 위대한 재능이 세상을 이롭게 한다고, 이런 위대한 사람들을 발굴해 지원하면 그들의 노력으로 사회 전체가 더 위대해진다고 전제하기 때문이다.

그런 것도 같다. 어떤 분야에서든 누군가 최고 중 최고, 아니 최고 중 몇 가지라도 이룬다면, 세상 사람 모두가 그들의 발견, 발명, 업적 덕분에 이득을 보지 않을까? 하지만, 거듭 강조하지만, 그런 체제는 일부 사람들에게 이익이 될 수는 있어도 궁극적으로는 훨씬 더 많은 것을 앗아간다. 제프 베이조스(Jeff Bezos)의 행성 간 개발 계획을 생각해보자. 그는 자신의 막대한 부를 이용해 인류에게 이익이 될 다른 일을 해낼 수 있다고 역설했다. 현재 성장 속도로 볼 때 우리 행성 지구는 곧 생태적 한계에 부딪히게 될 것이다. 2018년 제프 베이조스는 이에 대응하기 위해 가장 시급한 일은 다른 행성이나 위성을 식민지화하는 것이라고 주장했다.[32] 이후에는 기후 변화 위기로부터 지구를 구하겠다고 공언했고, 아마도 아마존(Amazon) 비즈니스 모델에 지장이 없는 한 계속해서 그렇게 할 것이다.[33] 그리고 다른 이야기지만 그의 우주 탐사 계획은 자선 사업이라기보다는 위성, 관광, 광물 등 잠재적으로 수익성이 높은 이른바 '우주 경제' 기회를 포착하는 데 중점을 두는 듯 보인다.[34]

이 대목에서 특별히 흥미로운 점은 제프 베이조스가 주장한 우주 경제로 얻을 수 있는 이익이다. 태양계 자원을 통해 1조 명의 인구를 부양할 수 있고, 그의 말에 따르면 우리는 "인류가 1조 명이 있다고 할 때 1,000명의 아인슈타인과 1,000명의 모차르트를 갖게 될 것"이다.[35] 그는 위대한 기업가로서 더 많은 위대한 과학자와 예술가를 창출할 인구 생산에 관심이 있으며, 그의 발상에 비춰볼 때 지구의 나머지 인류는 이 새로운 수천 명의 위인이 이룩하는 성과에서 이득을 볼 것이다.

그렇지만 여기에는 오류가 있다. 가장 눈에 띄는 오류는 미국 경제학자 라즈 체티(Raj Chetty)와 연구팀이 '기회균등 프로젝트(Equality of Opportunity Project)'에서 명확히 입증한 부분이다. 지구상에는 이미 잠재적으로 수천 명의 '잃어버린 아인슈타인들(lost Einsteins)'이 있다. 우리가 그들은 다른 데서 찾는 이유는 그들이 존재하지 않아서가 아니라, 그들이 가난한 사람들이거나 혁신가가 될 만한 지원을 받지 못한 여성 또는 유색 인종이기 때문이다.[36] 미국 진화생물학자 스티븐 제이 굴드(Stephen Jay Gould)도 수십 년 전에 이 문제를 시적으로 표현했다.

"나는 아인슈타인의 두뇌가 얼마나 무겁고 복잡한지에는 관심이

모든 삶은 충분해야 한다

없다. 같은 재능을 가진 사람들이 목화밭과 작업장에서 피땀 흘리며 일하다가 죽었다는 것에는 확실히 관심이 있다."[37]

내가 보기에 제프 베이조스는 이 점을 깨닫지 못하는 것 같다. 아무리 생산 인구가 늘어도 지금의 사회 구조가 유지되는 한 더 많은 아인슈타인을 놓치게 될 뿐이다.

그러나 내 주장은 라즈 체티와 같지 않다. 그와 연구팀은 모든 아이의 재능을 증진해 혁신가로 양성해야 한다는 대안을 내놓았다. 나도 그런 노력이 중요하다고는 생각하지만, 단순히 우리가 잃고 있는 혁신가들에게만 초점을 맞추면 더 중요한 핵심을 놓치게 된다. 혁신은 파괴와 마찬가지로 가치 중립적인 용어다. 버니 샌더스(Bernie Sanders)와 도널드 트럼프(Donald Trump)는 모두 저마다 정치적 혁신가라고 부를 수 있으나 이 같은 표현이 그들의 정치를 설명해주지는 못한다. 진짜 중요한 것은 혁신이 품은 가치다. 알베르트 아인슈타인 자신이 말했듯이 "과학은 목적을 창출할 수도 없고, 목적을 심어줄 수도 없으며, 기껏해야 특정 목적을 달성하기 위한 수단만 제공할 뿐"이다.[38] 요컨대 과학은 도덕이 필요하다.

1949년 5월 미국 사회주의 월간지 〈먼슬리리뷰(Monthly Review)〉 창간호에 실린 칼럼 "왜 사회주의인가?(Why Socialism?)"에서 아인슈타인이 한 말이다. 이 칼럼에서 내가 주목한 부분은 그가 역설한 사회주의 경제 확립이 아니다. 그 밑바탕이 된 그의 도덕적 추론이다. 그는 이렇게 썼다.

"교육은 개인의 타고난 능력을 향상하는 것 외에도 현재 사회에서 권력과 성공을 미화하는 대신 동료애와 책임감을 키워주고자 노력해야 한다."

아인슈타인 자신은 세상이 아인슈타인을 미화하는 데 반대했다. 그는 자신의 다음 위대함을 찾기보다 과학자들이 어떻게 하면 경쟁 심리를 극복하고 지구의 보편적 이익을 증진하기 위해 함께 노력할 수 있는지에 더 큰 관심을 두었다. 그는 잃어버릴지 모를 아인슈타인들을 염려하지 않았다. 그는 인류 전체가 잃어버릴지 모를 자원과 에너지를 우려했다. 재능을 보이는 극히 일부 사람들에게만 집중되는 자원, 잠재적 재능을 갖춘 사람들의 힘은 끌어내지 못하는 에너지.

아인슈타인의 위대함을 깎아내리자는 것이 아니다. 아인슈타인을 위대하게 만든 사람들, 아인슈타인에 앞서 위대한 발견과 성과를 물려준 선대 과학자들, 아인슈타인이 연구를 수행하는 데 영향을 미친 사람들, 아인슈타인에게 연구 장비를 제공한 사람들, 아인슈타인이 사용한 펜과 노트와 휴지통을 만든 사람들, 그 밖에 아인슈타인과 관계된 주변 모든 '평범한' 사람들의 공헌이 아인슈타인의 위대함을 가능케 했음을 이해해야 한다는 것이다. 확신컨대 아인슈타인 자신도 자신의 과학 연구가 도덕적 목적에서 일탈하지 않도록 해준 수많은 보이지 않는 사람들의 노고를 이해했다. 나아가 인간의 본질적 상호 의존성으로 인해 누구라도 충분함 삶을 살 수 있어야 한다는 사실을 인식했다. 특허 사무소 하급 심사관으로 일하면서도 열심히 연구와 논문 작업을 계속해나갈 수 있었던 그의 동력은 위대함이 아닌 충분함이었다.

모든 삶은 충분해야 한다

번아웃을 막는 길

이 시점에서 분명히 해둘 것이 있다. 아마도 이 책의 논지에서 가장 큰 저항에 부딪히는 부분일 것이다.[39] 대부분 사람은 제프 베이조스가 왜 재산이 많은지 이해한다. 그의 위대함이 막대한 부라는 보상을 안겨줬다. 그런데 아인슈타인은 그 위대함에 비하면 물질적 보상이랄 게 별로 없었다. 아인슈타인의 업적으로 부자가 된 사람은 많지만 정작 아인슈타인은 살아생전 이렇다 할 부를 얻지 못했다.

아인슈타인처럼 위대한 사람에게 합당한 보상을 제공하지 못하는 세상, 그런 삶이 충분하다고 할 수 있을까? 그렇다면 나는 마하트마 간디(Mahatma Gandhi)나 마틴 루터 킹(Martin Luther King Jr.) 같은 인물들도 보상을 받지 못했으니 위대하지 않다고 여기는 걸까? 더 강력한 사례도 있다. 한번은 지역 사회 공동체를 이끄는 인물에게 이메일을 받았는데, 그는 내게 이렇게 묻고 있었다.

가난한 사람들을 돕는 일을 매일 하는 사람들이 있습니다. 청소해주고, 빨래해주고, 정리해주고, 음식을 차려주고, 아이들 육아와 숙제도 돕고 있습니다. 그리고 매일 시간을 내서 이웃들의 의견을 듣고, 모여서 회의하고, 어떻게 하면 더 나은 공동체를 만들 수 있는지 고민하고 실천합니다. 이들을 그저 충분히 좋은 사람들이라고 해야 할까요? 위대한 사람들 아닌가요?

짧은 대답은 이렇다. 당연히 위대하다. 내가 반대하는 위대함은 사회 피라미드를 구조화하는 체제로서의 위대함이다. 누가 봐도 위대한 삶을 사는 사람들을 부정하거나 폄훼하려는 것이 아니다. 나는 이 불평등한 세상에서 우리 삶의 조건을 개선하기 위해 일반적인 기대치보다 훨씬 더 많이 일하고 크게 노력하는 사람들에게 의존해야 할 수 있음을 이해하고 인정한다. 그들은 저마다 위대하다고 할 수 있는 사람이다. 하지만 내가 여러분에게 던지고 싶은 질문은 이것이다. 계속해서 그런 식이어야 할까? 누구는 그저 살기 위해 열심히 일하고, 누구는 최고가 되고자 앞서 나가고, 누구는 그런 사람들에게 의지하는 그런 삶이 바람직할까? 내가 위대해지지 못하면 다른 이들의 위대함에라도 기대야 하는 그런 세상이 앞으로도 계속돼야 할까? 그것이 최선일까? 확실히 짚고 넘어가자면 내 논지에서 자꾸 오해를 사는 사람들, 피라미드와 상관없이 선하고 이타적인 삶을 사는 이들은 위대한 사람들이 맞지만, 그들은 내가 비판하는 그 위대함을 지향하는 사람들이 아니다. 다시 말해 피라미드 꼭대기에 올라서고자 위대해지려는 사람들이 아니다. 이들은 우리 모두의 존엄과 품위를 위해 살았거나 살아가고 있으므로 오히려 내 논지에서 충분함, 모두가 충분한 삶, 충분한 세상과 연결된다. 그렇기에 이제부터라도 여러분은 내가 이 책에서 위대함을 말할 때 이들을 떠올리지 않기를 바란다. 부디 헷갈리지 않기를.

이와 같은 맥락에서 논의를 조금 더 넓혀보자. 사회 정의를 추구하는 과정에서도 개인의 위대함과 마찬가지로 '위대한 사회 체계'를 향한 정치적 노력은 문제를 초래할 수 있다. 우리는 전세계에 걸쳐 모

모든 삶은 충분해야 한다

두가 존엄하고 평등한 삶을 만들기 위해 온 힘을 기울이면서도 정작 자신과 주변 사람들의 삶은 피폐하게 만드는 혁명적 리더들을 본다. 계속되는 정치적 투쟁 속에서 패배는 곧 권력의 활개를 용인한다는 것을 의미하기에 견디기 어렵고, 이것이 자신들의 역할을 다하지 못했다는 도덕적 죄책감으로 돌아와 신체적·정신적 에너지를 소진하게 되는 번아웃 증후군으로 이어진다.[40] 우리는 이런 모습을 갖가지 사회 운동에서 거의 매일 목격한다. 이 또한 위대함 추구의 병폐라고 할 수 있다. 이를 극복하는 길은 개인이 스스로 더 무거운 부담을 떠안고 더 강하게 밀어붙이는 것이 아니라, 더 많은 대중을 사회 운동에 참여시켜 변혁의 짐을 서로 분담하는 방법을 찾는 데 있다. "대의에 동참하고 권력에 맞서 싸우다가 불타버리자!" 같은 구호는 좋은 슬로건이 아니다. 작가이자 사회 정의 운동가 에이드리언 마리 브라운(Adrienne Maree Brown)은 자신의 블로그에서 이렇게 말했다.

"지금의 나는 번아웃으로 내 나머지까지 모두 불타버리기를 바라지 않는다. 억지로라도 내 삶에 주의를 기울여서 몸과 마음을 추스르고 싶다. 지쳐 있는 우리가 서로의 노력을 이어나가는 방법을 배웠으면 좋겠다."

그녀는 기러기 떼가 V자 대형으로 비행할 때 하는 행동을 '이어나가기'라고 표현했다. 기러기 떼는 선두 기러기를 기준으로 수십 마리가 V자를 이루며 비행하는데, 맨 앞에 있던 기러기가 지쳐서 뒤처지면 뒤에서 날던 기러기가 선두 자리를 이어나간다. 그렇게 목적지에 도착할 때까지 대형을 유지한다.

"맨 앞에서 바람을 거스르고, 방향을 잡고, 속도를 조절하는 일은 매우 고되다. 우리는 모두 자신의 위치를 고수해야 하며, 모두가 함께 끝까지 나아가기 위해 때로는 서로 자리를 교대해 유지한 대형을 이어나가야 한다."[41]

그녀의 말처럼 활동가들 역시 잠재적 역량을 지닌 훨씬 더 많은 평범한 사람들이 서로 짐을 분담해 힘을 이어나갈 수 있도록 해야 한다. 그것이 번아웃을 막는 길이다. 리더가 필요 없다는 뜻은 아니다. 리더십은 기술이며, 어떤 사람이 다른 사람보다 더 걸맞은 자질을 지녔을 수도 있다. 그렇지만 리더십은 소수의 사람만 실천해야 할 기술이 아닌 더 많은 사람이 공유해야 할 기술이다. 누구나 리더가 될 수 있고 그래야 한다. 능력과 의지를 보이는 사람들에게 리더십 구조를 늘 개방함으로써 사회 운동은 금세 번아웃되는 리더의 위대함보다 모든 구성원이 교대로 리더 역할을 이어나갈 수 있는 충분함에 의존할 수 있다.

이 관점은 미국 민권 운동이 제시해온 오랜 교훈 중 하나다. 이 시민 사회 운동은 카리스마 넘친 리더들의 모습으로 기억되곤 하지만, 동시에 각계각층 흑인들의 광범위한 노력을 기반으로 펼쳐졌다. 역사학자이자 사회학자 찰스 페인(Charles Payne)에 따르면 민권 운동의 이런 측면은 마틴 루터 킹 같은 카리스마 리더들보다 엘라 베이커(Ella Baker)와 셉티마 포인셋 클라크(Septima Poinsette Clark) 같은 여성 민권 운동가를 통해 명확히 이해할 수 있다.

"이들은 자신의 삶을 좌우할 외부의 결정에 목소리를 낼 권리를 주장했고, 평범한 모든 남성과 여성이 이를 효과적으로 수행할 능력을 개발할 수 있다고 확신했다. 나아가 이들은 하향식 조직 구조와 그와 같은 조직을 이끄는 사람들에게 회의적이었으며, 기존 리더십이 자주 초래하는 자기중심주의를 강력히 비판했다."[42]

그렇다고 찰스 페인이 마틴 루터 킹을 비판한 것은 아니다. 그 또한 "자기중심주의를 극복하고자 부단히 애쓴 지도자 가운데 한 사람"이었다.[43] 어쨌든 이와 마찬가지로 충분한 삶을 위한 사회 운동을 설계하고 추진하기란 쉽지 않다. 에이드리언 마리 브라운의 지적처럼, 대의가 너무 중요해서 멈추지 못하고 번아웃에 빠져 그간의 노고가 물거품이 되기 전 속도를 늦추는 일이 가장 어렵다. 도널드 위니콧의 '충분히 좋은 부모'와 같이 '충분히 좋은 리더'는 사회 운동이 꾸준히 힘을 이어나갈 수 있도록 강약의 균형을 배워야 한다. 우리가 어떤 소수 리더들의 리더십과 업적을 위대하다고 표현할 수는 있겠으나 그들에게만 의존해서는 안 되며, 그들 역시 스스로 모든 짐을 지겠다는 사명감, 즉 번아웃만이 기다리는 잘못된 위대함을 지향해서는 안 된다. 그와 같은 태도는 위대함의 이데올로기를 무너뜨리고 건설해야 할 모두가 충분한 세상에 방해가 될 뿐이다.

춥고 외로운 할렐루야

'위대한 사회 체계'와 관련한 문제는 오랜 논쟁으로 남아 있다. 다음 장에서 위대함에 맞서온 여러 사회 운동과 더불어 위대함 이데올로기의 역사를 살필 것이다. 위대함은 대부분 사회 질서의 표준 패러다임이다. 위대함은 신분제, 계급주의, 엘리트주의, 능력주의 등을 정당화하는 데 이용된 이데올로기다. 위대함을 근간으로 한 사회 질서에 맞서 그동안 많은 사상가와 활동가들이 모두가 존엄하고 평등한 세상을 만들기 위해 여러 대안을 제시해왔다.

그런데 충분한 삶을 향한 이 같은 도전의 부작용 중 하나는 우리 스스로 새롭게 자격을 갖춘 엘리트, 즉 사회가 재구조화해야 할 새로운 위대한 사람으로 인식하게 했다는 것이다. 우리는 이를 초기 불교와 기독교 그리고 마르크스주의와 같은 사회 운동에서 찾을 수 있다. 이 움직임들은 권력에 대한 저항의식과 세상을 평등하게 재창조하려는 열망에서 시작했으나 시간이 갈수록 저마다 새로운 권력 파벌과 새로운 형태의 위계를 만들어냈다. 일부 불교도는 '카스트(caste)'에 반대하며 모든 사람이 평등하다고 주장했지만, 다른 불교도는 폭압적인 왕권에 영합했고, 불경을 외면서도 사찰 노예들을 부려 땅을 경작했다. 나사렛 예수와 제자들은 제국의 불평등과 폭력에 맞서 싸웠지만, 이후 기독교도는 지난 2,000년 동안 가장 폭압적이고 불평등한 왕국들을 세웠다. 마르크스주의자들은 자유롭고 평등한 세상을 꿈꿨지만, 시간이 흘러 공산주의 이상을 내세운 지도자들은 역사상 최악의 악당들이라고 할 만큼 잔인하고 폭력적이고 탐욕스러웠다.

충분한 세상을 위한 이론과 실제 사이의 격차가 생기는 것은 드문 일이 아니다. 20세기 공산주의 추종 국가와 세력의 명백한 실패를 되

모든 삶은 충분해야 한다

돌아보며 오늘날 대다수 보수주의 정치인들은 이 사실을 이용해 모든 평등주의 운동은 '필연적으로' 또 다른 권위주의를 낳는다고 폄훼한다. 평등을 이야기하면 공산주의자라는 프레임을 씌우기도 한다. 그러나 그들은 '경제학의 아버지' 애덤 스미스 또한 자본주의 체제를 "지구가 모든 주민에게 균등하게 나뉘었더라면 이뤄졌을 생활필수품을 공평하게 분배"하는 수단으로 상상했다는 사실을 기억해야 한다.[44] 하지만 유감스럽게도 자본주의는 애덤 스미스가 바라던 결과를 제대로 실현하지 못했다. 세상은 여전히 불평등하고 불공평하다.

누구나 불평등한 상황이 잘못임을 알고, 모두가 충분한 삶이 바람직하다는 사실을 인식하는데, 왜 우리는 그런 세상을 만들지 못하는 걸까? 대답 가운데 하나는 단순히 엘리트들의 지배를 벗어나기가 굉장히 어렵다는 것이다. 권력을 가졌다는 의미는 권력을 붙잡아둘 체제를 구축할 수 있다는 뜻이다. 그리고 그간의 사회 운동이 헛수고였다고는 할 수 없지만, 엘리트 지배 체제를 위축시킨 만큼 우리 내부의 위대함 추구를 자극한 것도 사실이다.

그래도 우리는 이런 움직임들이 충분함을 추구하다가 멀어지게 된 방식에서 교훈을 얻을 수 있다. 모름지기 가장 흔한 실수는 인간은 본래 실패를 피할 수 없는 존재임을 이해하지 못한 채 위대함으로 완벽한 인간과 완벽한 세상을 달성할 수 있다고 믿은 데 있다. 캐나다 싱어송라이터이자 시인이자 소설가 레너드 코헨(Leonard Cohen)은 "사랑은 승리의 행진이 아니라 춥고 아주 외로운 할렐루야"라고 노래했다. 위대함을 넘어서고자 했던 사회 운동 대부분이 스스로 승리의 행진을 하고 있다고 믿음으로써 위대함을 복제하는 데 그치고 말았다. 그들은 축복과 구원의 유토피아를 상상했다. 하지만 그것은 잘못된 이상이었다. 영국 철학자이자 정치사상가 이사야 벌린(Isaiah Berlin)은 이 점을 명확히 이해했다. 제2차 대전이 끝나고 몇 년 뒤 그는 이렇게 썼다.

"만약 누군가 인류를 영원히 정의롭고 행복하고 창의적이고 조화롭게 만들 해결책이 있다고 정말로 믿는다면, 그것을 이루는 데 아무런 비용도 들지 않을 것이다. 대가가 너무 커서 무엇으로도 지불할 수 없기 때문이다."[45]

그런데도 그 대가를 기꺼이 치르겠다는 사회 운동은 결국 부지불식간에 스스로 위계를 형성하게 된다. 과거의 엘리트 지배 체제를 전복시킨다는 명목 아래 자신들이 새로운 엘리트가 되는 권력 회로를 구조화하는 것이다. 위대함은 그렇게 복제된다. 위대함을 넘어서는 일은 과두제의 철칙을 유지한 냉소주의로는 달성할 수 없으며, 실패한다고 해서 우리 앞에 영원한 디스토피아만 기다리는 것도 아니다. 위대함을 넘어서려면 레너드 코헨 같은 깨달음이 있어야 한다. 그가 노래한 사랑처럼 위대함도 우리의 칭송을 받을 만한 가치가 있지만, 위대함 그 자체가 내포한 한계를 직시해야 한다. 그렇다. 춥고 외로운 할렐루야. 이것이 위대함을 넘어서는 충분함의 지혜다.

모든 삶은 충분해야 한다

모두를 위한 충분한 삶

지금쯤이면 여러분도 더는 오해하지 않으리라고 믿지만, '충분함'은 '아무래도 괜찮음'과 동의어가 아니다. 충분함은 어떤 상황도 참고 포기하고 받아들이는 것을 의미하지 않는다. 물론 충분함은 인간이라면 누구나 겪을 수밖에 없는 고난과 고통을 인정하는 데서 출발하지만, 그것이 전부가 아니다. 충분함은 차오름을 수반한다. 다만 차올라 넘치면 충분함이라고 할 수 없다. 충분함을 철학적으로 사유한 사상가들은 미국 작가이자 민권 운동가 제임스 볼드윈(James Baldwin)의 표현처럼 충분함이 두 가지 상반된 요구를 충족해야 하는 개념이라고 이해한다. 충분함은 "어떤 유감이나 원한 없이 삶을 있는 그대로 받아들이는 것"임과 동시에 "결코 불의를 일상으로 받아들이지 않는 평등함"이다.[46]

충분한 삶은 실패를 기꺼이 인정하고, 그런데도 충분하다는 사실에 감사하며, 실패를 딛고 일어나 모두의 평등과 존엄을 요구한다. 세상이 충분하므로 우리도 서로에게 충분한 사람이 돼야 한다. 이는 굴복이 아니다. 현실을 순순히 받아들임으로써 불만과 결핍으로 인한 자기파괴를 방지하되 자신과 타인을 위한 더 나은 삶, 모두에게 의미와 접근과 활기가 충만한 세상을 새롭게 상상하라는 요청이다. 마땅히 우아하고 섬세해야 할 세상에서 우리 모두의 운명과 상호 의존적 관계로 이어진 우리 존재가 누구인지 생각하라는 요청이다. 나아가 우리 삶을 지탱하는 일상적 노동에서부터 우리를 편안한 안식

처로 이끄는 일상적 친밀감에 이르기까지, 우리 세상의 온갖 가치가 위대함의 이데올로기 때문에 하찮게 치부되고 있음을 인식하라는 요청이다.

다음 장에서 이와 같은 모든 요청이 서로 어떻게 연결돼 있는지 살필 것이다. 스스로 충분한 사람이 되기 위해서는 타인과의 충분한 관계가 필요한데, 이는 결국 우리 모두와 우리가 공유하는 지구 전체의 충분한 관계를 돕는 사회 정책의 필요로 연결된다. 인간은 자연적·사회적 세계를 형성하며 진화하므로 각각의 관계는 다른 관계에도 영향을 미친다. 이렇게 연결된 우리 삶의 영역들에서 두루 충분한 세상을 만들려면 다음 조건을 충족해야 한다.

충분한 개인으로서 우리는 자신의 한계를 수용하고 겸손해야 한다. 그와 동시에 우리는 목소리를 낼 권리, 평등하고 존엄할 권리, 우리 각자가 모두 세상에 이바지하고 있음을 인정받을 권리를 강력하게 요구해야 한다. 우리가 품어야 할 열망은 사회 피라미드 꼭대기에 올라서겠다는 게 아니라, 피라미드 정상에 서는 게 중요하지 않은 세상을 만들겠다는 것이어야 한다. 우리는 각자의 덕을 모두의 충분함을 위해 더불어 노력하는 역량에서 찾을 것이다. 당연히 크고 작은 실패를 맛볼 수 있다. 실패 가능성을 흔쾌히 받아들이고 아무렇지 않게 앞으로 나아가다 보면, 우리가 얼마나 창의적이고 적응력이 뛰어난지, 우리가 얼마나 세상의 복잡성에서도 안정적일 수 있는지 알게 될 것이다.

복잡성에 안정적으로 대처하는 데는 우리가 서로의 사회적·정서적 요구를 충족하는 방법을 배우는 과정이 포함된다. 우리는 자신의 행복이 사회 피라미드 최상위에 의존하지 않는 세상을 만들고자 하기에, 성공을 위해 서로를 압박하지 않는 관계를 맺을 수 있다. 게다가 우리는 인간이라면 누구나 다른 사람을 배신하고 아프게 할 수 있음을 알기에, 완벽한 친구나 동반자를 바라는 대신 상식적 수준에서 서로 이해하고 보살펴주는 관계를 형성할 수 있다. 타인에 대한 기대감은 이기심을 먹고 자라므로, 자기 자신을 조금만 더 내려놓으면 우리는 이런 일상의 현실에 기반을 둔 서로의 관계를 바람직하게 유지할 평범한 노력과 배려의 가치를 더 잘 이해할 수 있다. 거창하게 생각할 이유가 전혀 없다. 우리는 오해와 충돌에 대비할 비극적 감각과 잠재적 균열 따위 대수롭지 않게 여기는 가벼운 마음을 동시에 가질 수 있다.

우리 개인이 모두, 아니 사회가 주목할 수준의 다수라도 이렇게 변화하면 사회 체계는 우리가 바라고 지향하는 관계를 지지하는 쪽으로 바뀌게 될 것이다. 때때로 우리는 개인의 집합이 사회라는 사실과 사회 체계를 이루는 모든 정책이 사회 변화에 발맞춰 달라진다는 사실을 잊곤 한다. 우리가 바뀌면 세상도 바뀐다. 그런데 이렇게 바뀌게 되는 사회 체계는 여러 측면에서 고도화한 '사회민주주의(social democracy)' 거버넌스와 유사해 보이지만, 피라미드가 무의미해지고 계속 협력적인 정치적·사회적·경제적 진보를 요구한다는 점에서 사회민주주의를 초월한다. 이 같은 사회 모델에서 우리는 정치 권력과 시장 점유를 두고 치열한 경쟁을 벌이는 행태를 혁신하고자 굳이 위대한 정치가와 기업가와 활동가들을 기다리지 않는다. 그 대신 우리는 위대함의 이데올로기에서 벗어난 사람들의 되찾은 에너지를 다 함께 활용해 모두에게 평등한 혜택을 가져다줄 더 진보한 형태의 사회 체계를 만들기 위해 노력할 것이다. 유토피아가 아니다. 완벽한 평등이나 경계가 없고 조화로운 세상을 만들어야 한다는 주장이 아니다. 여전히 불완전하지만, 여전히 삶의 오류와 실패는 계속되겠지만, 그에 아랑곳하지 않고 '우리'라는 집단의 힘으로 완충함으로써 인간의 가치와 품위를 유지할 수 있는 사회가 가능하다는 주장이다.

그렇지만 인간도 자연 속 존재이기 때문에 자연 상태에 대한 깊은 이해 없이 이런 진보를 이루기란 불가능하다. 인류의 진화는 위계 구조 최상위층만 살아남는 방식으로 흘러가지 않는다. 인간은 미래를 떠올릴 줄 아는 유일한 존재다. 우리는 미래 세대에게 물려줄 협력적 역사의 계승자들이다. 미래에도 똑같은 가치를 전하기 위해 우리는 과학이 이미 알고 있는 것들, 즉 지구상 어떤 집단도 인류보다 뛰어나지 않은 동시에 인류도 자연을 능가할 수 없다는 사실을 문화적으로 이해할 필요가 있다. 우리는 이 사실을 자꾸 망각한다. 인간과 자연이 공생하는 충분히 좋은 체제를 구축할 수 있다. 자연은 얼마든지 망가뜨릴 수 있고 언제든지 복구할 수 있는 완벽한 세계가 아니다. 자연 생태계는 인류 역사와는 비교하지 못할 만큼 잔혹한 세월을 견뎌왔다. 그래도 자연은 여전히 놀랍고 강인하다. 지구는 지금도 생명이 살아가기에 충분하며 우리는 아직 우주의 다른 어떤 곳에서도 지구와 같은 행성을 발견하지 못했다. 그러나 이 소중한 우리 행성은

모든 삶은 충분해야 한다

특정 자원과 기후 조건에서만 우리를 계속 생존할 수 있게 할 수 있다. 이 조건 안에서 우리가 살아갈 수 있다는 것은 자연이 충분함을 유지하고 있음을 의미하지만, 그 충분함은 지구가 무한히 착취할 대상이 아니라는 사실을 끊임없이 인식하고 그에 따라 행동할 때라야 가능하다.

충분한 삶을 살기 위해서 위대해질 필요는 없다. 삶이 가치 있으려면 뭔가에 능숙하고 탁월해야 한다고 몰아붙이는 사회는 우리가 충분히 좋은 삶을 누릴 가능성을 무너뜨린다. 위대함의 이데올로기는 우리 자신, 우리 관계, 우리 세계, 우리 지구를 훼손한다. 이 파괴적인 이데올로기를 넘어선다고 해서 충분함이 위대함으로 바뀌지는 않을 것이다. 충분함의 종착지는 위대함도 완벽함도 아니다. 그래서 충분함에는 끝이 없다. 충분함은 늘 여지가 있고 늘 차오르는 상태다. 채우기만 하면 위대하고 완벽할 것 같은 그 여지를 있는 그대로 받아들이는 상태다. 충분한 삶을 위해 우리는 우리 자신의 불완전함을 부드럽게 포용하고 오히려 다행으로 여기면서 모두의 충분함을 헤아린다.

충분한 삶을 추구하는 우리는 진보의 동력을 상실하지 않는다. 모두가 충분한 세상이 될 때까지 위대함의 이데올로기에서 떨어져 나온 사람들과의 협력을 통해 계속해서 새로운 힘을 얻는다. 그렇게 모두가 충분한 세상을 달성하더라도 진보는 사라지지 않는다. 세계는 여전히 불완전하고 우리는 여전히 불완전함을 포용할 것이기에 우리 세상은 영원토록 앞으로 나아갈 수 있다. 이것이 충분함이다. 더 적

은 불안과 더 많은 의미, 더 적은 방관과 더 많은 배려, 더 적은 불평
등과 더 많은 민주적 협력, 더 적은 파괴와 더 많은 자연과의 조화가
충분함을 이뤄가는 요소들이다.

모든 삶은 충분해야 한다

제2장

우리 자신을 위하여

어떤 사람이 되기를 열망해야 할까? 삶에 관한 이 근본적 질문에 답하고자 우리는 의식적이든 무의식적이든 다양한 요인을 떠올린다. 유전적·환경적 영향에 따른 우리 개인의 기질과 성향, 우리 가족, 우리 종교와 철학, 우리 친구와 동료, 우리의 사회적·경제적·정치적·문화적 구조와 규범 등이 그런 요인들이다. 그리고 그 모든 요인은 서로 연결돼 있다. 일테면 우리 가족은 우리가 따르든 거부하든 우리의 종교적 성향에 영향을 미칠 수 있다. 종교는 우리의 경제적 이해관계와 사회적·문화적 변화에 영향을 받아 천천히 바뀔 수 있다.

그런데 오늘날 이 모든 요인을 넘나들면서 우리의 열망에 가장 강력한 영향력을 행사하는 것은 위대해지라는 압박, 즉 우리의 잠재력을 극대화해 해당 분야에서 최고가 되라는 압박이다. 이 압박은 어디에서 올까? 앞서 나는 위대함을 향한 욕망이 고통에서 벗어날 수 있다는 희망에서 비롯한다고 언급했다(애덤 스미스는 사랑받고자 하는 열망이라고 여겼다). 하지만 위대함을 추구하려는 욕구는 개인적 압박, 문화적 압박, 경제적 압박, 정치적 압박 등이 뒤섞여 더욱 복잡해진다. 이 장에서는 위대함을 두고 경쟁하게 만든 철학적 개념을 살피면서, 반대로 평등주의적 대안을 모색하는 적극적인 철학 체제도 있음을 여러분에게 보여줄 것이다.

내가 철학에 초점을 맞추는 이유는 철학이야말로 충분한 삶의 개념을 뒷받침하는 학문이기 때문이다. 철학에도 수많은 분야가 있지만, 일반적으로 철학은 "어떻게 살아야 하는가?"라는 질문과 가장 근원적인 관련이 있는 학문이다. 물론 우리가 어떤 철학을 선택하든 우리는 그 가치를 현실에서 실현하기 위한 문화적 노력과 함께해야 한다. 철학은 우리가 '좋은 삶'이라고 여겨야 하는 것이 무엇인지, 특히 경제적 이익이 우리 삶의 가치와 직결한다는 믿음의 근거가 정당한지를 놓고 논쟁한다. 사실 지금까지 살폈듯이 충분함을 가로막는 사회 구조의 한계를 고려할 때 개인의 독립적 노력은 무의미해 보일 수 있다. 그러나 한편으로 그와 같은 개인이 모여 사회를 이루므로, 비록 우리 개인이 할 수 있는 일에 한계가 있더라도, 우리가 어떻게 살아야 하는지에 대한 감각을 형성하는 데 도움이 될 올바른 열망을 정의하는 일은 여전히 중요하다. 그 올바른 열망이 살면서 우리가 해야 할 올바른 행동의 정신적 지평이 될 것이다.

모든 삶은 충분해야 한다

모두에게 충분한 삶이라는 이상은 우리 개인이 삶의 목표를 모든 사람에게 적절하고 충분한 세상을 지향하고 그런 세상의 일원이 되는 쪽으로 정하도록 요구한다. 여기서 중요한 점은 그 이상이 개인인 우리를 독려한다는 것이다. 모두가 충분하려면 개인이 충분해야 한다. 한마디로 우리가 달라져야 한다는 뜻인데, 더 높고 원대한 목표를 위해 우리 자신의 의지와 욕망을 포기하라는 의미는 아니다. 개인의 이익 경쟁을 동력 삼아 경제 성장을 도모하는 사회 체계에 반기를 들라는 이야기다. 오늘날 개인의 가치는 경제적 가치를 얼마만큼 창출하느냐에 지독할 정도로 초점이 맞춰져 있다. 심지어 문화, 예술, 스포츠, 지식 가치도 돈으로 환산한다. 이런 체제는 우리 자신을 경제적 도구로만 정의하게 만든다.[1] 이와 같은 지극히 제한된 요구로부터 자유로운 충분한 세상에서 우리는 이익 때문이 아닌 정말로 하고 싶은 일을 추구할 수 있다. 그것으로 충분하기 때문이다. 그저 충분히 괜찮은 게 아니라 우리의 능력과 열정을 추구하기 위한 정신적·정서적 욕망을 적극적으로 충족시키는 충분함이다. 물론 누누이 말했듯 충분한 세상이라도 여전히 불완전하다. 아무도 하고 싶어 하지 않은 일이지만 사회에서 꼭 필요한 노동 분야가 아직 남아 있을 것이다. 그 노동을 무작정 누군가에게 전가하기보다 노동의 합당한 대가를 보상함으로써 균형을 유지하는 공평한 분배가 우리 모두의 사회적 부담이 될 것이다.[2]

이는 충분한 삶의 추구가 분명히 우리 개인에게 영향을 미치는 일이면서도 단순한 개인적 자기계발이 아닌 이유다. 반쯤 깨우침을 주고 반쯤 격앙하게 만드는 책《신경 끄기의 기술(The Subtle Art of Not Giving a F*ck)》(2016)에서 마크 맨슨은 이렇게 쓰고 있다.

"그래서 우리에게는 신경 끄기가 필수다. 신경 끄기야말로 세상을 구할 것이다. 그러기 위해서는 세상이 엉망진창이라는 것과 그래도 괜찮다는 것을 받아들여야 한다. 왜냐하면 세상은 여태 그래왔고, 앞으로도 그럴 거니까."3

그의 논지는 무조건 신경을 끊고 살자는 게 아니라 중요하지 않은 일에 에너지를 낭비하지 말자는 것이다.

"인생에서 마주하는 모든 것이 아니라 중요하지 않은 모든 것을 향해 '꺼져'라고 말한다. 진짜로 중요한 것에 쓰기 위한 신경은 따로 남겨놓는다. 친구, 가족, 목표, 퇴근 후 맥주 한잔, 그리고 혹시 휘말릴지 모를 소송을 위해."4

무의미하고 소모적인 것에 연연하지 말고 의미 있고 가치 있는 것에 집중하라는 그의 조언은 귀담아들을 만하다. 하지만 마크 맨슨이 제시하는 신경 꺼야 할 목록에는 몇 가지 분명한 문제가 있다. 모두 현실에서 여러분이 원하는 것들과 관련이 있기 때문이다. 그것들은 모두 연결돼 있어서 여러분 혼자 신경 끈다고 달라질 게 없다. 그 이후도 없다. 그의 거침없는 입담에 잠깐이나마 속이 후련해질 수는 있겠지만, 신경 끄라는 임무 이후의 임무가 없기에 개인과 사회의 연결로 이어지지 않는다. 우리에게는 더 크고 넓은 임무가 있어야 한다. 그래야 세상을 바꿀 수 있다. 나만 마음 편하면 된다는 발상은 자기위안에 지나지 않는다. 나 좋자고, 나와 상관없다고, 내게 중요하지

모든 삶은 충분해야 한다

않다고 "꺼져"라고 외칠 때 그 꺼지라는 대상이 타인에게는 중요한 것일 수도 있다. 우리는 혼자서 삶을 살지 못한다.

우리에게는 살아있는 존재의 어려움에 관한 그의 지혜를 사회의 비전으로 전환하는 윤리 체계가 필요하다. 우리가 하늘 아래 모든 인간은 평등하다고 믿기 때문이든, 인간의 경제적 상호 의존성 때문이든 상관없다. 어떤 이유를 끌어오든 간에 우리는 모두 충분해야 한다. 나는 이를 이중적 의미를 동시에 갖는 '충분한 보편주의(good-enough universalism)'라고 부른다. 이는 충분히 좋은 것에 대한 보편주의지만, 완벽한 보편을 지향하는 보편주의는 아니다. 충분한 보편주의는 개인과 집단의 다양성을 존중하는 '다원주의(pluralism)'를 부정하지 않는다. 다만 우리 자신의 충분함에 더해 타인의 충분함까지 고려하는 것이다. 충분한 보편주의는 모두가 자신의 고유한 개성, 역량, 잠재력을 활용해 모두에게 충분히 좋은 세상을 만들려는 노력과 관련이 있다. 이를 위해 우리가 이미 알고 있는 사회의 좋은 측면, 즉 협력, 연결, 배려의 미덕에 의존할 수 있으나 강요되지는 않는다. 충분한 보편주의는 완벽하게 위대한 유토피아 건설이 목표가 아닌, 서로가 충분하면서도 불완전성은 인정하는 세상을 추구하므로 '절대성(absoluteness)'이라는 개념은 수용하지 않는다. 이를 우리 개인의 세계관으로 미리 설정해두면 모두의 적절함과 충분함에 대한 규범적 지평을 확립하는 데 큰 도움이 된다.

내가 이 장에서 살필 덕윤리(덕론), 불교 철학, 아프리카-아메리카 철학 등은 모두 이 같은 규범적 지평을 다루고 있다. 이들 사상은 우리 삶이 가장 능력 있고 성공한 사람들의 사회적 기여에 좌우되는 게 아니라, 한 사람 한 사람의 삶과 노력이 어우러져 의미 있는 세상을 이룬다는 급진적인 생각을 제시한다. 미국 NBC에서 인기리에 방영했고 지금도 넷플릭스(Netflix)에서 스트리밍되고 있는 TV 시트콤이자 도덕극 〈굿 플레이스(The Good Place)〉를 통해 우리는 덕이 교육 가능하다는 사실과 모두가 번영해야 개인도 번영할 수 있다는 사실을 배울 수 있다. 불교 철학에서 우리는 비록 사는 동안 고통을 피할 수는 없지만, 고통을 줄일 가장 좋은 방법은 인간의 본질적 상호 의존성을 포용하는 것임을 배울 수 있다. 아프리카-아메리카 철학을 통해 우리는 위대함을 넘어서는 일이야말로 삶의 투쟁이며, 투쟁의 끝은 새로운 위계 구조가 아닌 모두의 적절함과 충분함 그리고 불완전함의 보편적 확립이라는 사실을 배울 수 있다.

여러분이 아직 마음을 열지 않은 상황이라면 내가 이 이야기를 본격적으로 시작하기 전부터 '개인이 남이 아닌 자신의 행복에 집중하는 것은 당연하며, 모두의 충분함 운운하는 발상이 오히려 공허할 뿐'이라고 못마땅해할지도 모르겠다. 그러나 실제로는 그렇지 않은 경우가 대부분이다. 행복이 심리적 요소임을 전제할 때 행복 심리에 관한 수많은 연구는 사익 추구가 개인의 삶에 행복을 주지 못한다는 사실을 이미 과학적으로 증명했다. 우리는 성공하고 부유해지면 행복해지리라고 믿으면서 끊임없이 자신을 채찍질한다. 하지만 대개의 연구는 성취가 그저 깨진 컵에서 새는 물임을 보여준다. 우리 욕망은 본래 한계가 없어서 더 많이 취할수록 더 많은 것을 바란다. 끝없는 곡선을 따라 끝없이 이어지는 또 다른 성취를 향해 달려갈 수밖에 없다. 그에 반해 공동의 성취는 훨씬 오래간다.[5] 그리고 사익을 추구하려는 경향이 꼭 우리의 본성 때문이라고만 할 수는 없다. 개인의 위대함을 종용하는 사회 체계 탓이 더 크다.

태초에

구약성서 '창세기'는 하느님(하나님)이 "아직 모양을 갖추지 않고 아무것도 생기지 않은" 세상에 어떻게 빛과 어둠, 하늘과 땅, 육지와 바다 등을 창조하셨는지에 관한 이야기로 시작한다. 하느님(하나님)은 뭔가를 창조할 때마다 당신의 작품을 평가하셨다. 어떻게 보셨을까? 그 모든 것이 완벽하다고 보셨을까? 위대하다고? 굉장하다고? 아니었다. 그 어느 것도 그렇게 평가하지 않으셨다.

"하느님(하나님)께서 보시니 참 좋았다."[6]

히브리어로 쓰인 원전에서도 'בוֹט(tov, 토브)'는 특별히 다른 의미를 담고 있지 않다. '좋은', '충분한'이라는 형용사로 쓰였고, 그렇게 유지해도 능히 좋고 충분하다는 뜻이었다.[7]

이런 맥락에서 몇몇 인류학자와 고고학자들은 지금으로부터 약 1만 년 전 지구 일부 지역에 살던 초기 인류의 삶은 참 좋았다고 주장한다. 그때도 고통과 고난은 있었지만, 생계와 여가를 유지하기에 모든 면에서 충분히 좋았다. 인류학자 마셜 살린스(Marshall Sahlins)는 그 시기를 '원초적 풍요 사회(original affluent society)'라고 불렀다. 먹을거리가 풍성해 상대적으로 해야 할 일이 적었고, 사회적 규범도 여유로운 삶을 유지하는 데 맞춰져 있었다. 하루 평균 노동 시간은 몇 시간에 불과했으며, 나머지 시간은 여가 활동, 놀이, 의식 등에 썼다.[8] 수렵 채집 사회에서의 삶은 오늘날과 비교하면 충분하지 않을 수 있지만, 어떤 면에서는 '원초적 충분 사회'였다.

아담과 하와는 여전히 이 세상에 살고 있다. 그들은 땅의 작용과 의미에 무지하면서도 땅의 혜택을 누린다. 어떤 설명에 따르면 선과 악을 알게 해주는 나무 열매를 먹을 때 그들은 기본 생계를 유지하고자 고되게 노동할 필요가 없는 원초적 충분 사회를 벗어나게 된다. 어떤 학자들은 에덴 동산 이야기가 수렵과 채집이라는 비교적 수월한 생계 유지 활동에서 곡물 경작이라는 힘든 노동으로 전환한 과정을 비유한 것이라고 설명한다.[9] 아담은 선악과를 먹은 대가로 다음과 같은 형벌을 받는다.

"너는 아내의 말에 넘어가 따먹지 말라고 내가 일찍이 일러둔 나무 열매를 따먹었으니, 땅 또한 너 때문에 저주를 받으리라. 너는 죽도록 고생해야 먹고 살리라."[10]

이제 땅은 더는 풍요롭지 않을 것이다. 인류는 보상을 얻기 위해 끊임없이 분투해야 할 것이다. 미국 정치학자이자 인류학자 제임스 C. 스콧(James C. Scott)이 지적했듯이 이 새로운 '희소성의 사회(society of scarcity)'가 위계 구조를 형성한 무한 제로섬 게임의 기원이었다.[11] 생존을 위해 경쟁할 수밖에 없는, 위대함을 강요당하는 사회는 여기서 탄생했다.

동서양을 막론하고 철학사 대부분은 이 두 가지 관점을 사이에 둔 투쟁의 역사였다. 한편에는 인류가 더 단순하게, 자연과 조화를 이루고, 덜 걱정스럽게 살면서, 다음 큰일을 모색해야 한다는 요구가 있었다. 우리는 이 관점을 고타마 싯다르타(Siddhartha Gautama), 장 자크 루소(Jean-Jacques Rousseau), 헨리 데이비드 소로(Henry David Thoreau)와 같은 사상가들에게서 찾을 수 있다. 다른 한편에는 지구상에서 개인의 유일한 목표는 인간 한계를 넘어 위대하고 강력해지는 것이어야 한다는 믿음이 있었다. 이 관점은 공자(孔子), 플라톤(Platon), 애덤 스미스와 연결될 수 있다(이런 연결이 딱 들어맞는다고 할 수는 없겠지만, 이 두 관점을 일반적으로 이해하는 데는 도움이 될 것이다).

그런데 단순함을 추구하는 전자의 사고방식으로는 세상 모든 사람이 얼마든지 스트레스 없이 한가롭고 만족스러운 삶을 살 수 있는데 왜 군이 완벽해지고자 애쓰면서 노동의 고통과 온갖 불안을 내려놓지 못하는지 이해할 수 없었다. 반면 위대함을 추구하는 후자의 사고방식으로는 인간의 잠재력이 무한한데도 왜 더 능동적으로 세상에 도전하지 않고 무감각해지려는지 이해할 수 없었다. 전자에게 수렵 채집 사회로부터의 이탈은 행복을 걷어찬 인류의 비극적 몰락이었다. 후자에게는 인류가 자연의 짧은 서사시를 끝내고 인간의 소명이라는 참된 길로 들어선 행복한 전환이었다.

하지만 이 두 선택지 또는 둘 중 하나의 선택지는 제3의 선택지, 즉 인류가 충분히 좋은 존재가 되는 더 나은 방법을 모색할 수 있다는 사실을 모호하게 만든다. 우리는 몰락 이전의 한가로움과 만족스러움을 갈망할 필요도 없고, 영원히 달성하지 못할 위대함으로의 전환을 위해 끝없이 노력할 필요도 없다. 아무리 갈망하고 노력해도 골문은 늘 그만큼 뒤로 물러날 것이다. 그 대신 우리는 최소한 앞서 '창세기' 사례에서처럼 우리가 "태초에" 어떻게 지냈는지를 떠올리며 앞으로 나아갈 방향의 본보기로 삼을 수 있다. 모름지기 이 책을 읽는 여러분 앞에 과거의 수렵 채집 사회가 기다리고 있지는 않을 것이다. 그렇지만 새로운 형태의 충분함은 그와 비슷하면서도 현대 사회에 걸맞은 한가로움과 만족감을 선사할 수도 있다.

바보야, 경제만 문제가 아니야[12]

이 새로운 형태의 충분함을 이루는 데 가장 큰 걸림돌은 타인보다 더 많은 돈을 갖고 싶어 하는 데 있다. 여기서 주목할 부분은 다름 아닌 부의 의미인데, 이는 상대적 개념으로 다른 사람들보다 부유해지고 싶다는 '상대적' 욕망이다. 이 욕망은 탐욕스러운 소수에게만 한정되지 않는다. 다시 말해 비교 대상이 존재하는 한 부를 향한 욕망은 사그라지지 않는다. 어디에 눈을 둬도 비교할 사람이 있기에 경제적 이해관계가 계속해서 좋은 삶을 바라보는 우리의 비전을 형성한다.

영국 출신 미국 경제학자이자 사회철학자 케네스 볼딩(Kenneth Boulding)은 이를 '경제학 제국주의(economics imperialism)'라고 불렀다.[13] 미국 정치학자 웬디 브라운(Wendy Brown)을 위시한 사회과학자들은 '신자유주의(neoliberalism)'의 병폐로 봤다.[14] 기본적인 생각은 경제학에서 말하는 인간의 경제적 합리성 대부분 삶의 가치를 독점하고 있다는 것이다. 대표적인 예로 정부는 정책 방안을 고려할 때 국민의 삶에 문자 그대로 가격을 매긴다. 미국의 경우 1960년대 후반에서 1970년대 초반 리처드 닉슨(Richard Nixon)과 제럴드 포드(Gerald Ford) 행정부는 개인 삶의 가치를 약 20만 달러로 책정했다. 1967년 영화배우 제인 맨스필드(Jayne Mansfield)가 탑승한 승용차가 미끄러지면서 앞서 서행하던 트럭 뒤쪽 아래로 깔려 들어가는 사고가 발생했다. 안타깝게도 그녀는 그 자리에서 사망했다. 이후 그 같은 사고가 재발하는 것을 방지하기 위해 트럭 밑면에 바를 의무적으로 설치하는 방안이 제기됐다. 분석가들은 수치를 집계해 바를 추가하면 연간 180명의 목숨을 구할 수 있다고 보고했다. 그러나 이 정책은 권고 사항에 그쳤다. 돈으로 환산 시 "구할 수 있는 생명의 가치가 3,600만 달러인 데 반해 모든 트럭 제작 공정에 바를 추가하는 비용은 3억 1,000만 달러"로 효용이 떨어진다는 이유에서였다.[15] 그래서 어떤 이들은 삶의 가치를 수치화하는 것은 매한가지이나 그나마 민주당이 공화당보다는 높게 쳐주니, 민주당에 투표하면 더 많은 안전 정책을 추진해 우리 생명을 더 구할 수 있다고 주장하기도 한다.[16]

그런데 경제적 가치가 다른 가치 체계보다 우위를 차지하는 행태는 비단 이런 정책뿐만이 아니다. 웬디 브라운이 지적했듯이 교육 분야, 언론 분야, 심지어 우리가 연애와 사랑을 바라보는 방식도 경제적 측면이 많은 부분을 좌우하고 있다. 무슨 공부를 할지, 어느 학교에 갈지, 어떤 일을 할지, 누굴 뽑을지, 누구와 사랑할지 등 삶의 거의 모든 결정이 경제적 이해관계와 얽혀 있다.

이와 같은 사회 분위기 속에서 우리의 열망은 어디로 향할까? 아마도 부인할 수 없는 한 가지는 임금이 더 많은 직업에 더 많은 사람이 몰리는 경향일 것이다. 나는 프린스턴대학교에서 학생들을 가르치면서도 매번 내가 직업 예비 학교에서 일하고 있다는 느낌을 받는다. 비록 학생들 가운데 상당수가 불평등을 싫어하고, 가족의 압박에서 벗어나길 바라고, 사회에서 의미 있는 사람이 되고 싶어 하지만, 결국에는 돈 많이 준다는 곳을 찾아 취업한다. 내 수업을 들었던 학생 중에 발레를 배울 만큼 부유한 집안에서 태어났으나 사회 불평등 문제에 불만이 많고 미셸 푸코(Michel Foucault)의 사상에 관심이 많았던 학생조차 졸업 후 매년 20만 달러를 벌지 못한다면 뭐하러 아이비리그(Ivy League)에 다니겠느냐고 내게 반문한 적이 있다. 물론 모든 학생이 돈만 목표로 삼지는 않는 데다, 졸업 후 경제적으로 독립하고 싶어 하는 저소득층 학생들이나 가족의 빚 문제로 고통받는 학생들을 이해하지 못하는 바도 아니다. 하지만 내가 근본적으로 환기해주고 싶은 부분은 불평등 문제는 개인의 탓이 아니기에 소수의 노력으로 해결할 수 없다는 것이다. 문제를 일으키는 요인을 뿌리째 뜯어고쳐야 한다.

학생들도 내 생각에 전적으로 반대하지는 않았다. 내가 오늘날 우리가 겪는 불안과 스트레스와 불평등의 근본 요인이 무엇인지, 왜 우

모든 삶은 충분해야 한다

리가 생각과 행동을 모아 더 충분한 세상을 만들기 위해 애써야 하는지, 왜 그것이 인류가 삶을 지속할 유일한 해결책인지 설명할 때, 학생들은 모두 나를 뚫어지게 쳐다보며 내 말 한마디 한마디에 고개를 끄덕였다. 모두의 마음을 꿰뚫어 볼 수는 없었지만, 대다수 학생은 충분한 삶이 의미하는 바를 이해했고, 그렇게 살기를 바랐으며, 저마다의 가치관과 관심사에 부합하는 일을 찾고 싶어 했다.

사회 체계가 우리 모두를 우리의 바람과 다른 방향으로 내모는 것이다. 지금도 나는 학생들이 대형 IT 기업이나 대형 증권사 인턴십에서 살아남고자 무자비한 경쟁의 폭력을 견디는 모습을 본다. 대기업들의 불평등과 불공정은 "좋은 기업을 넘어 위대한 기업으로"라는 가슴 뛰는 대의 속에서 교묘히 희석된다. 이들 기업은 막대한 기부금으로 선한 영향력을 부각할 수 있고, 대규모 고용 창출로 정당성을 확보할 수 있다. 경제적 생산 활동 경험을 제공함으로써 개인의 자아실현에 필요한 자질과 재능을 시험해볼 장을 마련해준다는 명분도 있고, 기업 활동 자체가 사회 전체의 경제 성장에 이바지한다는 굳건한 자본주의 이데올로기도 있다. 경쟁의 최전선에서 타인을 밟고 올라섰다는 일부 사람들의 죄책감도 사실 느낄 필요가 없는 것이고 스스로 정당화할 필요도 없다. 모든 것이 능력인 세상에서 능력이 있어 돈을 번다는 데 비난할 사람도 없고, 오히려 도덕적으로도 합당한 욕망이자 만고불변의 원칙으로 널리 장려된다. 다른 생각이 문제이지, 돈 벌겠다는 생각은 전혀, 아무런 문제가 없다.

가히 종교라 할 수 있는 경제 논리가 지난 수십 년 동안 급격히 강화한 것 같지만, 사실 그 뿌리는 오래전 이미 자리를 잡아놓은 상태였다. 그래도 생각보다 먼 과거로까지 뻗어 있지는 않다. 독일 사회학자 막스 베버(Max Weber)는 통찰력 넘치는 고전《프로테스탄트 윤리와 자본주의 정신(Die Protestantische Ethik und der Geist des Kapitalismus)》(1905)에서 물질적 이익이 좋은 삶과 결합한다는 생각은 불과 몇 세기 전에 촉발한 사고 혁명이라고 설명했다. 이 책에서 막스 베버는 미국 정치가이자 과학자이자 사상가 벤저민 프랭클린(Benjamin Franklin)의 여러 글을 인용하며, 그가 절약과 경제적 이익을 지혜와 연결하는 경향이 있다고 지적했다. 확실히 역사를 통틀어 인간은 부와 권력을 추구해왔지만, 그 차이점이라면 과거 문화에서는 부유한 것과 좋은 것을 분리해 사리사욕을 지혜롭지 못하다고 바라본 데 반해, 벤저민 프랭클린은 둘 사이의 근본적 관계에 주목했다는 것이다. 프랭클린에게 지혜로움은 1페니를 절약하고 1페니를 버는, 돈을 저축하고 돈을 버는 일이었다.[17]

벤저민 프랭클린이 글을 쓰고 있던 그 무렵 애덤 스미스도《국부론(Wealth of Nations)》(1776)을 통해 이 관점을 뒷받침하는 도덕적 논리를 제시했다. 그의 논점은 매우 간단명료했다. 모든 인간은 주변에 돈이 많아질수록 더 잘 살 수 있으므로 경제 성장은 도덕적 의무라는 것이었다. 그는 돈을 버는 게 삶의 유일한 가치라고는 말하지 않았지만, 그것이 최고의 가치라고 제안함으로써 판도라의 상자를 열어젖히는 데 일조했다.[18] 바야흐로 부가 최고의 가치로 떠올랐기에, 이제 다른 모든 것, 인간의 삶마저도 경제적 가치라는 명목 아래 평가를

모든 삶은 충분해야 한다

받게 됐다.

그렇다고 이 견해에 논쟁의 여지가 없는 것은 아니며, 모든 사람이 매 순간 이런 식의 경제적 합리성에 사로잡혀 있는 것도 아니다. 우리가 다른 가치를 중시해 경제적인 의미와 전혀 또는 거의 관련이 없는 일을 하는 경우도 많다. 우리는 그래도 사랑하기에 결혼하고, 위기의 순간이 닥치면 뒤돌아볼 것도 없이 가진 것보다 더 많은 것을 아낌없이 내놓는다. 우리는 설령 보수가 적더라도 간호, 돌봄, 교육 분야처럼 사회적으로 가치 있다고 믿는 직업을 선택한다. 그러나 경제적 경쟁에서 벗어나면 그에 따른 불이익을 즉각적으로 경험하게 된다. 마음 편히 공익을 추구할 수가 없다. 2018년 미국 전역에서 공립학교 교사들이 대규모 시위를 벌였다. 주된 요인은 교육 당국의 공립학교 지원 예산 삭감이었다. 이 때문에 웨스트버지니아 같은 주의 공립학교 교사들은 그렇지 않아도 박봉인 급여를 쪼개 매년 1,000달러 이상을 수업 용품 구매에 썼다.[19] 지난 20년 동안 계속해서 감소한 교사들의 실질 임금도 문제였다.[20] 공익에 헌신한다는 사명감으로 공립학교 교사라는 직업을 선택했으나 임금 격차가 커도 너무 컸다. 교사 연봉은 동일한 교육 수준과 연차의 다른 직업과 비교해 17%나 적었다.[21] 이 같은 불평등은 교사들의 사기 저하, 번아웃, 이직을 초래하고 급기야 미래 세대가 잠재력을 키우고 발전시킬 기회를 박탈하는 결과로 이어지게 된다.[22]

자금 지원이나 임금 인상은 반쪽짜리 해결책일 뿐이다. 핀란드의 사례에서 볼 수 있듯이 공교육 종사자들이 충분함을 느낄 수 있도록 해야 한다. 핀란드는 일반적으로 전세계에서 가장 훌륭한 공교육 체계를 갖춘 국가로 평가받는다. 임금은 핀란드 교사들이 미국 교사들보다 약간 더 높은 수준이지만, 이들은 기본적으로 평등주의에 입각한 사회 혜택을 온전히 누리고 교사라는 직업에 대해서도 높은 사회적 인정을 받는다. 그래서 핀란드 교사들은 직업 만족도가 매우 높고 충분한 삶을 살 수 있다.[23] 핀란드를 유토피아라고 할 수는 없고, 세상에 유토피아는 존재할 수 없지만, 적어도 사회가 공익을 중시해 교사와 같은 직업을 존중하고 국민이 공유할 사회적 재화를 공평하게 분배한다는 것은 우리 삶의 가치를 경제적 가치로만 소급하지 않는다는 의미다. 스스로 지구상에서 가장 위대한 국가라고 여기는 미국 같은 나라들은 부와 권력 추구가 최고의 열망이어야 한다는 경제 논리의 요구와 통제에서 어떻게 벗어날 수 있을까? 그리고 이 논리가 핀란드 같은 국가마저도 침식하고 있는 현실에서 어떻게 그동안 지켜온 사회적 가치를 유지해나갈 수 있을까?[24]

덕의 귀환

철학적 관점에서 이 같은 질문에 답하기 위해 기원전 4세기 아리스토텔레스의 덕윤리를 20세기에 부흥시키고자 시도한 철학자들이 있다. 대표적인 인물이 알래스데어 매킨타이어(Alasdair MacIntyre), 마이클 왈저(Michael Walzer), 마이클 샌델(Michael Sandel)이다.[25] 여기

모든 삶은 충분해야 한다

서 나는 이 부흥 시도를 비교적 자세히 논의할 텐데, 왜냐하면 아리스토텔레스 덕윤리가 희망적이긴 하지만 위대함을 경제적 측면에서만 바라볼 뿐 우리 삶 전반에 걸친 종합적 문제로까지는 나아가지 못하는 모델의 한계를 보여준다고 생각하기 때문이다.

아리스토텔레스는 《니코마코스 윤리학(Ethika Nikomacheia)》에서 덕을 가르칠 수 있는 '습관'으로 봤다. 교육과 사색을 통해 누구나 선한(좋은) 행동을 "습관으로 만들어나갈 수" 있다.[26] 아리스토텔레스에게 덕은 부유함과 아무런 관련이 없다. 아리스토텔레스의 덕윤리는 경제적 성장보다 도덕적 성장을 우선시하는 지혜의 전통 일부였다. 그리고 도덕적 성장은 절제와 용기 같은 덕의 완성에 중점을 둔다. 이 미덕들은 '부족함'과 '지나침' 사이의 '중용'에서 찾을 수 있다. 절제가 부족하면 방탕해지고 절제가 지나치면 무감각해진다. 방탕함이나 무감각함은 '절제'가 아니다. 용기가 부족하면 비겁해지고 용기가 지나치면 무모해진다. 비겁함이나 무모함은 '용기'가 아니다. 그렇기에 "절제와 용기는 지나침과 부족함으로 파괴되고 중용으로 보존"된다.[27] 이를 표로 정리하면 다음과 같다.

부족함	중용	지나침
무감각	절제	방탕함
비겁함	용기	무모함

아리스토텔레스는 덕을 이루려면 많은 훈련이 필요하다고 말했다. 덕은 중용이고, 중용은 부족함과 지나침의 중간인 까닭에 선한(좋은) 사람이 되기란 쉬운 일이 아니다. 각각의 부족함이나 지나침마다 "중간을 알아내기가 쉽지 않기 때문"이다. "화를 내거나 돈을 쓰는 일은 누구나 쉽게 할 수 있지만, 적절한 만큼, 적절한 때, 적절한 동기에서, 적절한 방식으로 하는 것은 누구나 할 수 있는 일도 아니고 쉬운 일도 아니"다. 따라서 중용을 취하는 것은 "드문 일이고, 칭찬할 일이며, 고귀한 일"이다.[28] 그런데 여기서 우리가 기억해야 할 부분은 아리스토텔레스가 공공연한 귀족이었다는 사실이다. 물론 그가 당대 권력 지배층을 옹호하지는 않았으나 그 또한 가장 위대한 '아리스토스(aristos, 귀족)'가 되려면 '크라토스(kratos, 권력)'가 있어야 한다고 여긴 그 시대의 귀족이었다. 그는 완벽한 덕에 이르지 못하는 인간의 한계를 인정하면서도 그런 삶이 우월한 만큼 우리가 할 수 있는 모든 노력을 기울여 위대함에 다가서야 한다고 역설했다.

"그러나 우리가 인간으로서 인간의 일만 생각하고 필멸할 존재로서 필멸의 일만 생각하라고 조언하는 이들을 따라서는 안 되며, 우리가 할 수 있는 한 우리 자신을 불멸로 만들어 우리 내면의 최선에 다가서도록 온 힘을 기울여야 할 것이다."[29]

하지만 아리스토텔레스의 귀족주의적 성향에도 현대 도덕철학과 정치철학자들은 그의 생각이 신자유주의의 거센 물결을 저지하는 데 도움이 될 수 있다고 주장한다. 한 가지 직접적인 이유는 아리스토텔레스가 물질적 부를 추구하는 데 비판적이었기 때문이다. 그는 삶의 궁극적 목표는 물질적 진보가 아닌 공동체의 번영에 있다고 강조했다. 더 특별한 이유는 아리스토텔레스가 우리에게 삶 각각의 부분이 어떤 고유한 목표를 가졌는지 생각해보는 목적론적 사고방식을 권고했다는 점이다. 아리스토텔레스가 말한 삶의 목표는 우리가 서로 의견을 교환할 수 있어도 삶의 모든 영역에서 똑같이 하나일 수 없는 목표다. 일테면 우리는 교육의 목표가 더 나은 시민을 육성하는 데 있는지 아니면 각자의 삶을 더 깊게 들여다보는 데 있는지 논쟁할 수는 있지만, 모두가 똑같이 돈 버는 데 있다고 입을 모아 말할 수는 없다. 그것은 교육의 목표가 아닌 경제의 목표다. 경제의 목표가 교육의 목표를 잠식해버리는 셈이다. 사태가 이 지경으로 흘러 경제적 가치가 다른 모든 삶의 가치를 압도하기에 이르자 마이클 왈저는 '영역(sphere)'이라는 개념으로, 알래스데어 매킨타이어는 '실천(practice)'이라는 개념으로 목표 분리를 시도했다.[30] 기본 발상은 각각의 '영역' 또는 '실천'으로 독립적인 가치 척도를 구성한다는 것이다. 예를 들면 외과 의사로서 최선은 수술을 최고로 잘하는 데 있지 수술을 빠르게 많이 해서 병원에 막대한 수익을 가져다주는 데 있지 않다. 마이클 왈저는 이를 "영역 간에 좋은 울타리가 좋은 사회를 만든다"고 표현했다.[31]

마이클 샌델(Michael Sandel)은 세계적으로 인기를 끈 책《정의란 무엇인가(Justice)》(2009)에서 이 같은 사회 비전에 관한 사례를 매우 구체적으로 설명했다. 그는 악기 플루트(flute)를 분배하는 문제를 예로 들어 아리스토텔레스의 목적론에 대한 논의를 시작한다. 누가 최고의 플루트를 받아야 마땅할까? 아리스토텔레스에 따르면 플루트를 가장 잘 연주하는 사람, 즉 위대한 플루트 연주자가 받아야 한다. 플루트가 존재하는 목적은 훌륭한 음악을 만들어내는 데 있으니, 그 목적에 가장 잘 부합할 사람이 최고의 플루트를 갖는 게 당연하다는 것이다. 얼핏 맞는 말 같고, 결과적으로도 삶의 '시장화(marketization)'를 막을 수 있는 정의로운 분배 같다. 아주 뛰어난 품질의 플루트가 있었는데 더는 생산되지 않는 상황을 가정해보자. 당연히 가격이 솟구친다. 마이클 왈저가 말한 '영역'이 무너지면 이 희소한 플루트는 값을 가장 비싸게 부른 사람에게 돌아갈 것이다. 그렇지만 아리스토텔레스의 덕윤리 관점에서는 여전히 최고의 플루트 연주자에게 돌아가야 한다. 정치도 마찬가지다. 누가 통치권을 쥐어야 할까? 누가 우리를 통치해야 할까? 정치의 목적은 시민의 좋은 삶에 있으므로, 가장 부유한 사람이 아닌 우리를 행복으로 이끄는 데 가장 뛰어난 사람이 통치권을 가져야 한다.[32] 시민 개인에게 주어진 사명은 무엇을 추구하든 최고가 되고자 노력하는 것이다. 돈을 벌기 위해서가 아니라 존재의 목적을 위해, 가장 높은 목표를 달성하기 위해 자신이 선택한 분야에서 최고가 돼야 한다.

따라서 아리스토텔레스의 목적론은 필연적으로 차별을 수반한다. 마이클 왈저의 관점에서는 영역 내에서 어느 정도 불평등이 허용됨을 의미한다. 그는 우리가 "서로 다른 영역마다 서로 다른 분배의 자율성을 갖고 있으며, 서로 다른 영역에서 서로 다른 사람들의 서로 다른 결과가 정의로운 사회를 만든다는 사실을 인식한다"고 주장했

모든 삶은 충분해야 한다

다.[33] 그렇다면 여기에도 아리스토텔레스의 윤리학처럼 귀족주의적 감각이 담겨 있다고 할 수 있다. 위대함이 피치 못할 불평등을 초래하고, 가장 위대한 사람들이 각각의 '영역'과 '실천'에서 최선봉에 설 수밖에 없는 이유를 목적론이 변호하고 있는 셈이다. 내가 앞 장에서 지적했듯이 이는 우리를 물질 경제에서 멀어지게는 하지만, 그 대신 우리를 지위 경제에 갇히게 만든다. 그리고 프레드 허쉬가 경고했듯 이 지위 경제에서 경쟁이 벌어지면 결국에는 물질 경제에서도 불평등이 발생한다.

이 같은 변화 양상이 처음부터 명확히 드러나진 않을 것이다. 최고의 플루트를 최고의 연주자에게 분배하는 사례처럼 기본적인 덕윤리 주장은 무척 타당하게 들린다. 우리는 최고의 플루트가 부잣집 장식용으로 쓰이기보다 연주되기를 바라고, 정치인들이 경제 논리가 아닌 공동선을 따르기를 원한다. 그러나 이런 형태의 덕윤리는 그것이 확립하고자 한 최종 목적을 초기화하는 역설적 상황에 직면한다. 왜 그런지 이해하려면 간단한 질문만 하면 된다. 최고의 플루트 연주자는 어떻게 찾을 수 있을까? 훌륭한 정치인은? 이 질문에 곧바로 답하기란 어렵고, 모든 영역에서 최고를 찾으려고 노력하면 할수록 덕윤리로 해결할 수 있다는 경제적 문제가 다시 수면 위로 올라온다.

최고의 연주자를 찾는 공통된 방법은 무엇일까? 다름 아닌 '교육'과 '경쟁'이다(여기서 나는 최고의 플루트 연주자를 찾는 과정을 실질적으로 묘사하기보다 일종의 사고 실험으로 설명할 텐데, 이 영역에만 국한하는 게 아니라 일반적으로 모든 영역에서 최고의 인재를 육성하고 그에 따른 보상을 제공하는 사회 체계에 대한 논증으로 생각하면 될 것이다). 우리 사회는 플루트 연주를 배우고 싶어 하는 사람이라면 누구라도 가르친다. 자질이 있는 사람은 전문 학원이나 학교에 들어갈 수 있으며, 그곳에서 두각을 나타내면 일류 오케스트라에 입단해 직업으로서 플루트 연주자가 될 수 있다. 확실히 그런 것 같다. 하지만 "플루트 연주를 배우고 싶어 하는 사람이라면 누구라도 가르친다"는 '교육'의 일반적인 양상을 살펴보자. 자질은 무엇으로 판가름할 수 있을까? 세상에 존재하는 모든 사람이 플루트 연주법을 배울까? 그리고 모두가 똑같은 수준의 교사에게서 배울 수 있을까? 플루트 연주법이 아리스토텔레스가 설명하는 덕처럼 가르칠 수 있는 것이라면 교사의 자질도 영향을 미치지 않을까? 사회과학자들이나 세간의 상식은 교육과 훈련이 중요하다고는 하나 타고난 자질과 재능은 대체할 수 없다고 말한다.[34] 그런데 교육과 훈련 없이 어떻게 타고난 재능을 알 수 있을까? 대부분 음악 교육은 아주 일찍 시작되며, 그 어린 나이에 자기가 하고 싶어 하는 일을 확신하는 사람은 거의 없다. 플루트 연주자로서의 재능을 타고난 사람이 그 사실을 모른 채 삶의 첫 20년 동안 요리사나 발레리나가 되고 싶어 한다면 어떻게 될까? 그래서 열심히 노력했는데 재능이 부족해 요리사나 발레리나가 되지 못했고, 정작 플루트는 손에 쥐어보지도 않았다면 어떻게 될까?

이 부분을 인정하고 답해보자. 그렇다. 우리는 사전적 의미로 최고의 플루트 연주자를 찾지 못한다. 그래도 어떤 계기로든 플루트 연주법을 배운 사람들 가운데서 우리는 확실히 최고의 연주자를 찾을 수

모든 삶은 충분해야 한다

있다. 이 정도도 꽤 크게 양보한 것이지만 지금으로서는 충분히 공정하다고 할 수 있겠다. 이제 연주를 시작해보자. 우리는 저마다 생각하는 최고의 플루트 연주자들을 꼽을 수 있다. 그들이 한자리에 모인다. 자, 누가 세계 최고의 플루트를 손에 쥘 것인가? 누가 세계 최고 오케스트라의 플루트 수석 연주자가 될 것인가? 누가 플루트 연주자 중 가장 높은 연봉을 받을 것인가? 내로라하는 플루트 연주자들이 모두 나와 경연을 펼친다. 한 사람씩 무대에 오른 이들이 엄격하고 투명한 평가를 받는다. 그리고 마침내 우승자가 결정된다. 우리 앞에 최고의 플루트 연주자가 서 있다. 사건 종결이다.

　그러면 끝일까? '경쟁'이라는 전제로 다시 시작해보자. 경쟁이 우리의 잠재력을 촉진해 최고의 결과를 도출한다는 실질적 증거는 없다. 실제로 어떤 연구에 따르면 경쟁은 오히려 우리가 하고 싶은 일, 이 사례에서는 플루트 연주 실력을 키우는 데 방해가 된다. 우승이라는 '외부 목표'에 초점을 맞춰 우승하기 위한 다른 요소를 부각하게 만들기 때문이다.[35] 최고를 찾아내려는 과정에서 어느 순간 최고의 플루트 연주자 이야기는 사라지고 없게 되는 것이다. 이제 우리는 최고의 플루트 연주자가 아닌 최고의 '경쟁자'를 찾고 있다. 이 둘은 서로 다르다. 최고가 아닌데 우승할 수도 있기 때문이다. 아이들을 대상으로 한 그림 그리기 실험에서 경쟁에 참여한다는 말을 들은 그룹 아이들은 서로 앞다퉈 하나같이 평범하지만 보기에 좋은 그림을 그렸다. 대조 실험군인 그냥 그림을 그리면 된다는 말을 들은 그룹 아이들은 느긋하고 즐겁게 그림을 그렸고, 그 결과물은 서로 제각각이면서 저마다 개성이 흘러넘치는 그림이었다.[36] 어떤 그림을 최고라고 봐야 할까? 그 기준은 무엇일까?

경쟁에서 이기는 것과 탁월한(위대한) 것은 다르며, 이 구별은 매우 중요하다. 문제의 핵심이 자질이나 재능에 있지 않은 데다, 충분한 삶을 추구하려는 우리의 목표가 누군가의 재능을 깎아내리거나 제한하는 게 아니라는 사실을 떠올려주기 때문이다. 나아가 개인의 솜씨나 우수함 사이에도 차이가 있고, 위대함이나 최고 사이에도 차이가 있다. 실력은 누군가 잘하면 누군가 못하는 제로섬이 아니다. 누구든지 훌륭한 플루트 연주자가 될 수 있다. 굳이 가장 뛰어난 한 사람 또는 소수에게 최고라는 영예를 부여하고 보상할 까닭이 없다. 마이클 왈저의 발상처럼 '영역'을 나누고 그 경계에 '좋은 울타리'를 친다 한들 영역 내에서도 차별이 일어날뿐더러, 물질 경제를 지양해도 지위 경제는 그대로 남아 있기에 불평등은 그대로 유지된다. 훌륭한 플루트 연주자가 될 수도 있는 잠재력을 갖춘 사람들로 가득한 세상에서 물질적이든 지위적이든 보상을 해줘야 할 소수를 어떻게 선택할 수 있을까? 실제로는 뛰어난데 경쟁을 잘하지 못해 최고가 되지 못한 사람들은 어떻게 바라봐야 할까?

전통적인 덕윤리 관점에서는 "글쎄, 사실은 그 부분이 핵심인데" 할 수도 있을 것이다. 무리 가운데 최고의 플루트 연주자나 최고의 정치가가 되는 게 무슨 의미가 있느냐면서 덕윤리는 이렇게 반문할 것이다. 최고의 플루트 연주자라면 경쟁 따위는 신경도 안 쓰지 않는 가? 미국 시인이자 사상가 랄프 왈도 에머슨(Ralph Waldo Emerson)의

모든 삶은 충분해야 한다

표현처럼 "세상 속에서 세상의 의견에 따라 살기도 쉽고 고독하게 자기 생각대로 살기도 쉽지만, 위대한 인간은 군중 속에서도 참으로 우아하게 홀로 독립적인 태도를 유지하는 사람"일 테니 말이다.[37]

멋진 말이고 적당한 지적이지만, 실제 우리 현실이 그런지 따져봐야 한다. 잠깐 정치인만 떠올려봐도 그들이 공동선에 관심이 있고 그럴 만한 인물인지와는 상관없이 카메라와 마이크 앞에서 자신의 견해를 얼마나 매력적으로 말할 수 있는지가 현실에서는 가장 주효하게 작용한다. 플루트 연주자는 어떨까? 연습할 때는 신들린 듯 감동적으로 연주하더라도 막상 무대에 올라서는 극도로 긴장해 제 실력은커녕 실수만 거듭한다면, 그보다 못하지만 여유롭고 자신감 있는 다른 연주자에게 눈길을 돌릴 수밖에 없지 않을까? 아무리 악기 연주를 즐기고 실력이 뛰어나도 경쟁하기를 싫어하는 사람들은 그 길을 계속 나아가지 못하고 중도에 포기할 가능성이 크다. 이런 현상은 특히 스포츠 분야에서 비일비재한데, 미국 소아청소년과 의사이자 유소년 스포츠 연구자 찰스 A. 폽킨(Charles A. Popkin)에 따르면 유년기부터 한 가지 스포츠에서 두각을 나타내 전문 선수로 활동한 아이들이 제일 먼저 그만뒀고, 성인이 됐을 때 운동을 멀리하는 경우도 많았다.[38] 경쟁이 재능을 몰아낸 것이다.

경쟁이 벌어지는 순간부터 결과에 영향을 미치는 불평등도 시작된다. 예를 들어 일과를 마칠 때마다 보상을 받는다면 하루하루 최선을 다하기가 훨씬 나을 것이다. 플루트 연주자 자리를 얻지 못한다는 것이 가족을 부양할 수 없게 된다는 의미라면 훨씬 더 어려워질 것이다. 음악계에서 최고의 실력과 영향력을 갖춘 교사에게 개인 교습을 받을 만큼 부유하거나, 콩쿠르에 참가할 기회가 많거나, 경쟁의 불안 감을 완화해줄 심리 치료를 정기적으로 받거나, 돈과 상관없이 대중 앞에서 연주에 집중할 수 있는 무대를 자주 경험한다면, 최고의 플루트 연주자가 되기가 훨씬 수월할 것이다. 물론 돈이 모든 것을 해결 해준다고는 할 수 없고, 오히려 부모가 부자라서 힘들게 플루트 연주 자가 되는 대신 다른 유망한 직업을 찾으라고 종용할지도 모르는 데 다, 돈만 지원하고는 나 몰라라 할 수도 있으며, 아니면 완벽해지기 를 바라는 마음이 지나쳐 심리 치료마저 통하지 않는 불안을 유발할 여지도 있다. 한편으로 경쟁에서는 밀렸으나 수년 동안 포기하지 않 고 꾸준히 연습해, 정식 등용문을 통과하지 못했는데도 우연한 계기 로 실력을 인정받아 최고의 플루트 연주자라는 영예를 획득할 수도 있을 것이다. 누가 어떻게 될지 알 수 없다. 이런 체제에서는 변수가 너무 많아서 아무도 확신할 수가 없다.

이와 같은 요인을 고려하면 우리가 앞서 양보하고 넘어간 '교육' 문 제로 돌아가서 무엇이 잘못됐는지 확인할 수 있다. "플루트 연주를 배우고 싶은 사람이라면 누구나 가르친다"는 '기회균등'을 의미한다. 기회균등은 차치할 수 없는 문제다. 아리스토텔레스주의자들 가운데 누구도 이의를 제기하지 않을 것이다. 그들 역시 최고의 플루트 연주 자를 찾으려면 이 문제를 해결해야 한다고 말할 것이다. 그런데 여기 서 문제가 발생한다. 최고를 추구하라는 윤리 체계가 기회균등을 위 한 운동에 녹아들 수 있을까? 직관적으로 봐도 그렇지 않다. 귀족주

모든 삶은 충분해야 한다

의가 유효한 사회에서는 필연적으로 귀족에 해당하는 집안의 자녀들에게 엄청난 이점을 제공하기 때문이다.[39] 마이클 영의 능력주의 풍자에서 볼 수 있듯이 온전한 능력주의로 갈 수 있는 유일한 길은 아이들을 가족으로부터 분리하는 것뿐이다. 그래야 철저히 능력에 기반을 둘 수 있다. 최고의 플루트 연주자와 최악의 연주자가 세상의 눈으로 볼 때 똑같은(거의 똑같은) 보상을 받고 똑같은(거의 똑같은) 사회적 지위와 가치를 가지지 않는 한, 귀족 자녀들은 무슨 일을 하든 더 나은 교육과 지원을 받을 수 있다. 이것이 모두가 똑같은 기회를 확보하고 능력에 따라 스스로 삶을 열어간다는 '기회균등'이 애초에 불가능한 이유 중 하나다. '기회'부터가 이미 불평등하며, 기울어진 운동장에서 승리했던 사람들이 계속해서 자녀들에게 더 많은 기회를 주게 된다.[40] 최고에 대한 추구와 그에 따른 보상이 언제나 최고를 향하는 것은 아니다. 처음부터 유리한 환경에 있던 소수의 사람이 최고가 되거나, 최고가 아닌데 최고라고 인정받거나, 실제 성과보다 더 큰 보상을 얻음으로써 나머지 대다수의 방대한 잠재력이 낭비되는 왜곡된 사회 체계를 제공할 뿐이다.

최고를 추구하고 탁월함에 보상하는 가치 체계는 제대로 작동하지도 못할뿐더러 정신적 피해마저 초래한다. 지난 몇 년 동안 수많은 메타 분석으로 완벽주의 성향이 심리적 고통을 수반한다는 사실이 드러났다.[41] 최근에는 영국 사회심리학자 두 사람이 그간의 연구 결과를 다음과 같이 요약했다.

"완벽주의자들은 점수든 지표든 타인의 인정이든 간에 자신의 할

수 있는 최상의 결과를 달성했다는 사실을 확인해야만 한다. 이들은
실수나 실패를 내면의 약점이나 무능력과 동일시하기 때문에, 이런
욕구가 충족되지 않으면 곧바로 정신적 혼란 상태에 빠진다."[42]

그 결과 번아웃, 불안감, 우울증, 섭식 장애가 일어난다.[43] 그리고
대부분의 심리적·사회적 현상과 마찬가지로 이 같은 압박은 인종, 계
층, 젠더 집단마다 다르게 나타난다.[44] 이 장을 마무리할 때 더 자세
히 논의하겠지만, 이 때문에 우리의 충분한 자아를 익사시키는 완벽
주의 흐름을 되돌릴 방법은 그리 간단하지 않다.

그래도 시도해봐야 한다. 지금까지 살핀 일반적인 통찰로 우리의
열망에 변화를 가져올 체계를 그려볼 수 있다. 귀족주의, 능력주의,
심지어 덕윤리를 대신해 우리에게 필요한 철학은 위계 구조 속 경쟁
에서 개인의 지위를 높이도록 독려하는 철학이 아니라, 우리가 무엇
을 하든지 물질적·사회적 자원을 협력적으로 늘려서 우리 역량을 향
상하도록 격려하는 철학이다. 우리가 새롭게 정립할 목표는 개인의
성공도 완벽한 세상도 아닌 그저 우리 모두 충분히 즐겁게 살아갈 수
있는 충분한 세상을 만드는 것이다. 충분한 세상에서 우리의 약점과
결점과 불완전함은 메울 수 없는 구멍이 아니며 있는 그대로의 자연
스러움으로 이해될 것이다. 그렇게 충분한 세상을 만들고 난 다음 우
리는 그런 세상이 미래에도 계속 이어지도록 열망하고 노력할 것이
다. 우리는 다음과 같은 몇 가지 방법을 통해 충분한 세상을 이루고
발전시킬 수 있다.

모든 삶은 충분해야 한다

- **적절한 인물이 적절한 위치에 있는지 확인함으로써:** 우리는 각자의 재능이나 전문성을 부인하지 않을 것이다. 최고를 추구한다는 명목으로 사회 구조를 왜곡하는 체제에서 벗어나고자 노력할 뿐이다.
- **더 많은 관심이나 찬사를 받는 사람들을 충분히 그럴 만하다고 인정하는 동시에 그들이 운이 좋았거나 다른 이들보다 나았던 상황 덕분에 그런 위치까지 이를 수 있음을 인식함으로써:** 그렇기에 우리는 특별히 그들에게만 과도한 영예와 보상이 주어지는 데 반대할 것이다. 우리는 플루트가 완성되고 연주되는 데 이바지한 사람들, 나무를 베거나 금속을 채굴하는 사람에서부터 무대를 청소하고 관리하는 사람에 이르기까지 이 모든 과정과 결과에 좋은 영향을 미친 모든 사람이 저마다 공로를 인정받고 충분한 삶을 사는 데 동의할 것이다.
- **아리스토텔레스의 "덕은 가르칠 수 있는 습관"임을 기억함으로써:** 우리는 우리가 추구하는 미덕인 '충분함'을 서로가 서로에게 가르치면서 계속 전파하고, 리더십을 발휘하는 위치에 있는 사람들에게 끊임없이 이를 상기시키며, 모두가 마땅히 존중받아야 할 인간으로서 자신의 충분한 역할을 다할 수 있도록 격려할 것이다.

충분한 세상에서는 최고가 돼야 한다는, 위대해져야 한다는 압박감 없이 모두가 자신만의 방식으로 재능과 열망을 추구할 수 있다. 우리는 불안감을 떨쳐내고, 편향된 보상으로 발생하는 사회적 분노와 시기를 제거하고, 불평등으로 인한 사회 체계의 혼란을 약화할 것이다. 리더, 특히 정치 지도자들은 범접할 수 없는 엘리트 귀족이 아

닌 공동선을 위해 최선을 다하는 사람들로 여겨질 것이기에 그들의
전문성에 대한 존중은 더욱 높아질 것이다. 비록 누가 일등 플루트
연주자인지, 누가 최고의 지도자인지 공식적으로는 알 수 없게 되겠
지만, 적어도 비교급으로 최악의 연주자나 리더를 설정해 고통을 주
는 일은 일어나지 않을 것이다.

능력주의, 위대함 이데올로기

충분한 세상을 구상한다고 해서 덕윤리를 배제한다는 뜻은 아니
다. 덕의 교육 가능성에 대한 핵심 통찰을 유지한 채 아리스토텔레스
의 고전 덕윤리가 내포한 귀족주의적 요소를 버린다는 의미다. 마이
클 샌델의 최근 연구는 능력주의 비판을 토대로 덕윤리를 계속 재조
명하고 있다는 점에서 특히 강력하다. 이는 또 다른 미국 현대 철학
자 콰메 앤서니 아피아(Kwame Anthony Appiah)의 유사한 책에서도
볼 수 있다. 지금까지 덕윤리 분석은 왜 우리가 물질 경제와 지위 경
제 모두를 염두에 둬야 하는지, 왜 우리가 '경제'라는 삶의 한 가지 영
역에만 치중하면 충분하지 않은지 보여줬다. 그중에서 마이클 샌델
의 능력주의 비판은 위대함에 대한 일반적 비판을 더욱 확장해 유능
한 소수를 찾으려는 집착이 어떤 방식으로 우리의 개인적·관계적·사
회적 삶을 분열시키는지 생각해보게끔 했다.

우리는 이들 현대 철학자들의 생각을 자세히 살펴볼 필요가 있다.

모든 삶은 충분해야 한다

결과적으로 나는 이들 또한 위대함 추구 모델에서 아직 벗어나지 못했다고 여기지만, 이들이 설명하는 위대함 추구의 한계만큼은 오늘날의 불평등한 사회 체계를 이해하는 데 큰 도움이 된다. 이들의 생각과 주장을 여러분에게 소개하면서 몇 가지 비판적인 언급을 할 테지만, 내 비판은 어디까지나 능력주의에 대항하는 이들의 철학에 힘을 보태기 위한 것이다. 달리 말하면 나도 이들과 같은 전장에서 함께 나아가고 있다. 어쨌든 내가 보기에 샌델과 아피아는 피라미드 꼭대기에 오른 사람들을 과도하게 보상하는 능력주의 논리의 심각한 오류를 찾으면서도 성공 서사의 우연한 행운 중 일부는 필연적인 것으로 받아들이는 듯하다.

마이클 샌델이 최근에 쓴 책《공정하다는 착각(The Tyranny of Merit)》(2020)은 능력주의가 본연의 사명뿐 아니라 정의의 차원에서도 실패하는 이유를 깊이 있고 논리정연하게 탐구한다. 내가 여기서 주장하는 내용에 매우 부합하는 책이다. 이 책에서 그는 사전적 의미의 능력주의적 이상에 공감하고 꽤 일리가 있다고 지적한다. 그는 미국 속담처럼 모든 이에게 트로피를 주는 것이 아니라 일을 잘할 수 있는 사람에게 일을 맡겨야 한다는 분명한 사실을 높게 평가한다. 그리고 능력주의의 도덕적 논리도 높게 평가한다. 능력주의는 모든 사람이 자신의 재능을 자유롭게 추구해야 하며 그 결과로 얻는 보상은 무엇이든 정당하다고 말한다.

그러나 마이클 샌델은 단순히 불평등이 그와 같은 사회 체계를 달성하기 어렵게 만들기 때문에 능력주의의 결함이 드러나는 것은 아니라고 설명한다. 그에 따르면 능력주의는 불평등을 치유하는 개념이 아니라 오히려 불평등을 정당화하는 근거로 이용된다. 모두에게 자신의 재능을 보여줄 공정한 기회가 있다면, 그 재능에 따라 차등적으로 보상을 받는 것도 당연히 공정하다고 할 것이다. 여기서 그는 이 공정한 불평등이 과연 정당한지, 즉 불평등한 부와 권력 체계를 확립하고자 애쓰는 사회를 정당하다고 할 수 있는지 의문을 제기한다. 그가 볼 때 그런 사회가 가능한 까닭은 재능과 노력의 가치를 잘못 판단하기 때문이다. 기본적으로 재능은 유전의 산물이자 노력의 산물인데, 비록 노력의 가치가 높다고는 하나 일차적인 '유전자 복권'이 없다면 불충분할 것이다. 나아가 그는 노력을 기울일 수 있는 역량조차 유전자와 양육 환경에 뿌리를 두므로, 노력할 능력 역시 유전적 행운과 환경적 행운에 좌우된다고 꼬집는다.

지위 경제에 대한 프레드 허쉬의 관점은 앞서 언급한 아리스토텔레스의 "명예의 불평등"과도 관련이 있다. 아리스토텔레스와 프레드 허쉬의 영향을 받은 마이클 샌델은 물질 경제와 지위 경제 모두에 엄청난 불평등을 초래한 사회의 모습에 심각한 우려를 표하고 있다.

"정상에 오르는 사람은 스스로 잘나서 그런 것이라는 능력주의적 오만에 의문을 제기해야 한다. 능력이라는 이름으로 옹호돼온, 그러나 분노를 퍼뜨리고 정치에 해를 끼치며 사회를 갈라놓은 부와 존중의 불평등에 이의를 제기하는 것도 포함한다."[45]

이는 현재 우리의 사회 체계를 바로잡기 위해서는 "분배적 정의(distributive justice)"뿐 아니라 다른 철학자들과 더불어 샌델이 "기여

모든 삶은 충분해야 한다

적 정의(distributive justice)"라고 부르는 것에도 초점을 맞춰야 함을 의미한다.[46] 인간으로서 우리는 물질적 필요를 충족하는 것만으로는 충분하지 않다. 우리는 세상에 의미 있는 기여를 할 수 있어야 한다. 우리가 존재하는 모든 영역에서 목소리를 낼 수 있어야 한다. 마이클 샌델은 기여적 정의를 달성하면 "사회적 존중을 받는 일에서 역량을 개발하고 발휘하며, 널리 보급된 학습 문화를 공유하고 동료 시민들과 공적인 문제에 대해 숙고하는 등, 위대한 부를 쌓거나 명망 있는 지위를 얻지 못한 사람들도 품위 있고 존엄한 삶을 살 수 있는 광범위한 조건의 평등"으로 이어진다고 역설한다.[47]

지면을 빌려 마이클 샌델의 학문적 업적과 그가 제시한 공동선을 지향하는 정의로운 사회 비전에 깊은 감사를 표하고 싶다. 그리고 제4장에서 논의하겠지만, 나는 특히 대학 입시의 폐단과 위선을 약화하기 위해 추첨제를 도입하자는 그의 제안에 동의한다. 하지만 위대함의 병폐로까지 맥락을 넓히지 않고 능력주의에만 국한하면 현재 우리가 겪는 문제 대부분이 그대로 방치될 수 있다는 점에서 의구심이 남는다. 샌델의 초점은 거의 전적으로 미국과 미국 시민을 위한 공동선 창출에만 맞춰져 있다. 설령 미국이 그런 사회가 되더라도 패권 국가로서 지위를 고수하려고 할 때 그 사회 체계를 잘 유지할 수 있을까? 국가 차원에서 능력주의를 무효화해도 국제 경쟁 속에서 다시 고개를 내밀 위험이 있다.

더욱이 그는 자연 생태계의 한계와 관련한 위대함의 문제도 다루지 않았다. 공동체주의자인 샌델은 정치적으로 진보에 속하지만,

미국 보수주의 경제학자 오렌 캐스(Oren Cass)의 "생산적 다원주의(productive pluralism)"를 지지한다. 캐스는 경제 정책 입안자와 경제학자들이 복지에 집착하면 옳지 못하다고 했는데, 국가와 시민의 번영은 소비자가 아닌 생산자의 기여에서 나오기 때문이라는 것이다. 샌델은 '기여적 정의'를 캐스의 '경제적 기여'와 연결해 우리 자신을 경제적 기여자보다 소비자로 인식하는 태도에 대한 우려를 공유한다. 그러나 캐스가 기후 변화로 인한 생태계 파괴 문제에 미온적이고, 그의 주장이 반이민 정서를 부추긴다는 비판에 대해서는 크게 관심 두지 않았다.[48]

내가 이미 밝힌 것처럼 '위대함'이라는 낱말은 아무 잘못이 없다. 따라서 샌델이 그의 강연이나 책에서 '위대함'이라는 용어를 사용하는 데는 전혀 문제가 없다. 다만 그가 말하는 "위대한 부와 명망 있는 지위"를 가진 사람들과 공동선 사이의 관계가 정확히 무엇을 의미하는지는 불분명하다. 부와 명예에 집중하는 사회 체계가 분배적 정의와 기여적 정의 모두에 해롭다는 것이 전반적인 관심사라면, 어떻게 "위대한 부"를 "광범위한 조건의 평등"과 조화시킬 수 있을까?[49] 마이클 샌델의 대안은 우리가 삶에서 얻게 되는 보상이 마땅히 그럴 만한 게 아니라 운명의 은혜나 행운에서 비롯함을 인식하는 데 의존하는 것처럼 보인다. 그는 책의 결론 부분에서 이렇게 썼다.

"우리 운명의 우연성을 생생히 인식하면 일정 수준의 겸손함이 고취된다. 그와 같은 겸손함은 우리를 갈라놓는 가혹한 성공 윤리에서 벗어나게 해준다. 이는 능력주의의 폭정을 넘어 덜 악의적이고 더 관

모든 삶은 충분해야 한다

대한 삶으로 우리를 이끈다."[50]

나는 그의 이런 감상을 매우 고맙게 생각한다. 그렇지만 샌델이 성공 그 자체가 아닌 오늘날의 잘못된 성공 윤리를 비판하고 있다는 점에 주목할 필요가 있다. 성공의 우연성을 인식하면 정말로 사람들이 다음처럼 만족할지는 알 수가 없다.

"그래요, 위대한 부와 명망 있는 지위를 갖는 사람이 나였을 수도 있음을 알지만, 특별한 이유 없이 당신이 그 사람이었을 수 있다는 것도 알아요. 그래도 당신이 내 존엄성을 인정해줘서 썩 좋은진 모르겠지만 계속해서 삶을 누리고 있고, 사회적인 문제에 대해서도 내가 뭔가 말할 수 있다는 데 감사하고 있어요. 걱정할 필요 없어요."

우리에게는 우연성에 대한 인식 이상의 것이 필요하다. 분배적 정의와 기여적 정의를 보장하는 실질적인 실행 방안과 그런 세상으로 우리를 안내할 일련의 개인적 열망이 필요하다. 요컨대 성공에 겸손해지는 것도 중요하지만 그것만으로는 충분하지 않다. 성공은 그 자체로 좋은 것이고, 우리 모두를 위한 충분함과 적절함을 보장하는 세상을 만드는 데 도움이 된다. 다만 그 성공은 개인의 부나 권력이 아닌 충분한 세상을 이룩하는 규범적 지평의 목표가 돼야 한다. 부와 권력을 이토록 중시하는 세상에서 우리 욕망을 변화시키기란 쉽지 않으며, 때때로 위대함의 위력과 유용에 환상을 품는 일이 있어도 너무 자책할 필요는 없다. 계속해서 생각을 바꾸려고 노력하면 된다. 나는 우리가 우리 자신의 열망을 위대함에서 충분함으로 돌리고자 부단히 애쓰면 언젠가 우리 사회 체계의 중심 이데올로기가 충분함으로 바뀔 수 있다고 믿는다. 역사에서도 알 수 있듯이 이데올로기는 그렇게 현실로 구현되는 것이다. 여러분 개인의 변화에서 시작해 주변으로 이어지고 사회적 변화로 확산하면 마침내 정치적·사회적·문화적·경제적 정책이 바뀌게 되는 것이다.

겸손함을 강조하는 대안이 우려스러운 또 한 가지 이유는 행운에 감사하는 것과 불공정한 행태를 실제로 바꾸는 것 사이에 이렇다 할 연관성이 없어서다. 이 부분은 콰메 앤서니 아피아의 능력주의 비판도 크게 다르지 않다. 그는 《속박된 거짓(The Lies That Bind)》(2019)에서 정치적·경제적 질문보다 삶의 가치 문제에 집중한 마이클 영의 관점에 주목하지만, 대체로는 마이클 샌델의 주장과 유사한 논증을 펼친다. 능력주의 비판의 원조라 할 수 있는 마이클 영은 모든 사람이 자신의 지능을 증명할 기회가 아닌 삶에서 의미 있고 가치 있는 것이라면 무엇이든 함양할 동등한 기회를 강조한다. 그가 주장한 세상은 일테면 친절함을 지능만큼이나 중요하게 여기는 "다원적 가치"의 세계다.[51] 아피아는 이 생각이 "돈키호테식 발상"으로 들릴 수 있다면서도 결국 이것이야말로 "윤리학의 중심 과제"에 대한 답이라고 주장한다. 다시 말해 '좋은 삶'이란 무엇인지에 대한 답변이라는 것이다. 그는 우리의 좋은 삶이 "타고난 재능과 더불어 성장하는 역사적 상황과 중요한 선택 앞에서 내리는 결정의 교차점"에 있다고 말한다.[52] 그러나 개인의 삶은 저마다 다르고 구체적이므로 모든 인간이 얼마나 잘사는지 평가할 일반적 척도는 될 수 없다. 아피아는 "인간의 가치에는 단일 척도가 없다"고 썼다.[53]

모든 삶은 충분해야 한다

샌델과 마찬가지로 아피아도 능력주의의 기본 개념과 평등을 위한 잠재력을 높게 평가한다. 그는 능력 중심 사회에서 한때 특정 정체성을 가진 사람들에게 남겨졌던 일부 직업이 이제 "자격을 갖춘 사람들에게 일반적으로 제공되는 모습을 볼 때"라고 주장한다.[54] 그렇지만 그 의미가 늘 명확하진 않다고 지적한다.

"다음 아인슈타인을 준비하려면 물리학의 다음 위대한 돌파구를 마련하는 데 어떤 재능이 필요한지 알아야 한다. 우리가 미리 그 점을 알았다면 다음 아인슈타인은 필요하지 않았을 것이다."[55]

아피아 역시 능력주의 자체가 아닌 능력주의가 오용되는 행태에 집중한다. "위대한 부와 명망 있는 지위"가 없는 세상이 아니라 그것이 좋은 삶의 필수 조건은 아닌 세상을 그리고 있다. 그는 "부와 명예라는 사회적 보상이 불가피하게도 불평등하게 분배되는 이유는 그것이 개인의 능력에 따라 자신의 역할을 다하도록 하는 유일한 방법이기 때문"이라고 설명하는 한편, 보상에서 제외된 사람들 또한 인간의 기본적 존엄성을 인정받아야 한다고 주장한다. 그리고 정치적·경제적 불평등에 관해서는 샌델보다도 관심이 덜해서 도덕적 평등만을 언급할 뿐이다.

"목표는 위계 구조를 없애서 모든 산을 소금 평원으로 바꾸는 것이 아니다. 사회적 존중의 순환은 언제나 더 나은 소설가, 더 중요한 수학자, 더 수완 있는 사업가에게 유리할 것이다. 그러나 우리가 도덕적 평등이라고 부를 것들을 제공하기 위해 규정, 규범, 제도 등을 개정하는 일은 여전히 시급한 집단적 노력으로 남아 있다."[56]

아피아의 주장은 능력주의 사회의 병폐에 초점을 맞춘 샌델과 근본적으로 동일한 관점에서 시작된다. 그런데 마지막까지 정치적·경제적 불평등의 실질적이고 현실적인 문제는 논의하지 않는다. 오히려 우연성에도 불구하고 그럴 수밖에 없으며 그래야 한다고까지 말한다. 능력주의적 주장의 문제점을 살피는 데 능력주의의 문제점은 언급하지 않는다. 그렇기에 아피아 자신이 말한 것처럼 위계 구조의 논리성과 적절성을 인정한 채 우리 삶의 비전에 어떤 문제가 있는지 따로 설명해야 한다. 정작 위계 구조가 수많은 불공정한 결과의 근원인데도 말이다.

아피아의 논거는 세 가지 가정에 기초하는데, 꽤 광범위하므로 자세히 들여다볼 필요가 있다. 첫 번째 가정은 인간 행동을 촉진하려면 차등적인, 즉 불평등한 보상이 필요하다는 것이다. 아마도 그는 행동의 유인을 위해 '매우 제한된 불평등'은 허용해야 한다고 말하는 듯하며, 그런 경우라면 나도 기꺼이 동의할 수 있다. 하지만 유인과 관련한 나머지 주장은 그가 과연 평등에 관심이 있는지 의아하게 만든다. 어쨌든 그의 유인과 불평등을 연결한 이후 논증 내용은 이야기가 길어지니 여기서 멈추고, 아피아가 불평등한 보상을 말할 때 더 자세히 설명할 것도 없이 근거로 내세운, 탁월함을 장려하는 세간의 일반적 믿음을 생각해보자. 실제로 이 믿음은 굳이 많은 증거를 제시하지 않아도 사람들의 이해를 구하는 데 어려움이 없을 것이다. 아무리 애써도 발전하지 못하고 아무것도 얻지 못한다면 누가 열심히 살려고 할까? 아무것도 달라지지 않을 텐데 내가 뭐하러 아침 일찍부터 일어나

모든 삶은 충분해야 한다

이 책을 쓰고 있을까? 행동의 유인이 있어야 할 것이다.

아피아는 마이클 영의 글을 인용해 이렇게 설명한다. 그가 그린 세상에서 우리는 부와 명예의 유인 때문이 아니라 부와 명예 자체를 위해 행동한다. 아피아는 부와 명예에도 불평등이 있어야 한다고 말하는 것 같은데, 그렇지 않으면 유인으로 기능하지 않을 것이기 때문이다. 그러나 행동 자체가 유인으로 작용한다면 유인이 왜 중요한지가 불명확해진다.

아무래도 이 설명은 '다소' 유토피아적으로 들린다. 내가 볼 때 우리가 하는 일에 약간의 보상, 약간의 추가적인 인정이나 돈을 얻을 수 있다는 제안은 합리적인 것 같다. 그러나 만약 그렇다면 우리는 어떤 종류의 활동에 유인을 부여해야 할까? 앞서 만나본 애런 마이어 같은 환경미화원이나 가난한 이웃을 돌보는 사람들에게 특별한 존경심을 보내거나 물질적 보상을 주고 싶을 수도 있다. 이 대목에서 우리는 실제 인간 행동에 동기를 부여하는 요소가 부나 명예만이 아님을 떠올릴 필요가 있다. 아피아도 부인하지 않았듯이 우리는 저마다 중요하게 여기는 매우 다양한 가치를 추구하고자 일한다. 우리는 애런 마이어처럼 자기 일이 "필수적인 도시 공공 서비스"라고 생각하기에 공중위생 분야에서 일할 수 있다. 그토록 중요한 일을 하는 환경미화원이니 더 많은 보수를 받아야 해서가 아닌, 환경미화원으로서 가치를 추구할 만큼 충분한 보수를 받는 한 그 일을 할 수 있다.

내가 인간 행동의 유인에 대한 아피아의 논리에 당혹스러움을 감추지 못하는 까닭이 이 부분에 있다. 아피아는 한편으로는 사람들에게 동기를 부여하려면 불평등한 명예와 보상을 제공해야 한다면서 다른 한편으로는 보상에서 제외된 사람이라도, 성공과 실패에 상관없이, 모두의 존엄성을 보장해야 한다고 말한다. 이율배반이 아닐수 없다. 양립 불가능한 논리다. 한쪽을 강화하면 다른 한쪽은 약화하지 않는가? 사회적 존중과 보상 체계에서 제외됐을 때도 존엄할수 있는 근거로 아피아는 '도덕적 평등'을 들고 있는데, 그 도덕적 평등을 이루기 위한 '물질적 평등'과 '지위적 평등'에 대해서 더 숙고해봐야 할 것 같다.

이제 아피아의 두 번째 가정을 살펴보자. 그는 어떤 직업에서든 사회적 존중은 '언제나', '더 나은' 사람들에게 돌아간다고 봤다. 나는 이미 플루트 연주자 사례에서 이 가정이 왜 사실이 아닌지, 왜 '더 나은' 사람들이 그 과정에서 길을 잃을 수 있는지 보여줬다. 도널드 저스티스의 말을 다시 인용해야겠다.

"몇몇 좋은 작가들이 세상에서 잊히는 이유에 대해 여러 분석 가능한 원인이 있다고 하지만, 사실 그것들이 무엇이든 간에 여전히 불분명하다. 분명한 것은 명예의 법칙이 언제나 무작위로 작동한다는 사실 뿐이다."[57]

현실에서 실제로 더 재능 있는 사람이 더 많은 존중을 받는 것은 아니다. 지금 이 책을 읽고 있는 여러분도 자신이 인정하는 사람들보다 나을 게 별로 없으나 더 많은 관심과 존중을 받는 사람들을 목록으로까지 정리할 수 있을 것이다. 어떤 이들은 그들의 권력이나 특권 덕분에 더 뛰어나다는 평가를 받을 수 있다. 어떤 정치인들은 그저 "잘

생겼거나 키가 크거나 매력이 있다는 이유"로 유권자의 마음을 얻어 선거에서 이겼을 수도 있다.[58] 그 어느 쪽도 실제 재능이나 능력과는 별다른 관련이 없다. 이런 식으로 주목을 받는 똑같은 사람들에게 계속해서 칭찬을 퍼붓기보다 우리가 아직 모르는 누군가가 훨씬 더 뛰어날 수 있다는 사실을 인정하고, 그 사실을 앞으로의 사회·경제·정치·문화 등 가치 체계에 반영할 방법을 모색해야 한다.

아피아의 세 번째 가정은 위계 구조의 반대가 '소금 평원'이 아니라는 것이다. 그의 말처럼 "더 나은 소설가, 더 중요한 수학자, 더 수완 있는 사업가"가 더 많은 보상을 받을 수 있다. 다시 말해 우리는 사회에서 어느 정도 차별을 받을 수 있다. 아피아나 샌델이 보기에 위계 구조는 '제거'의 문제가 아니다. 두 사람의 논리를 확장해보면 우리는 이 문제가 물질적·지위적 재화가 한정된 세상에서 누가 인정받고 누가 인정받지 못하는지와 관련한 우연성을 인식하는 '제한'의 문제임을 알 수 있다. 그리고 이 논리를 마지막까지 따라가면 이 책의 내 논리, 즉 우리의 열망을 이 같은 우연성에 기댄 소수의 위대한 사람, 피라미드 꼭대기에 올라서야 한다는 목표에서 우리를 포함한 모두에게 충분한 삶과 세상을 만드는 쪽으로 연결할 수 있다. 우리가 그 일을 잘 해낸다면, 아마도 우리는 저마다 인정받을 자격을 획득할 것이다. 그렇다고 너무 많은 것을 기대하진 말자. 그 정도면 모두가 충분하니 여러분도 충분하다. 그리고 그런 세상을 향한 동기를 스스로 부여하고자 멀리 내다볼 필요도 없다. 그냥 TV를 켜고 지금 무슨 일이 일어나고 있는지 보면 된다.

위대함을 뛰어넘는 덕

2016년 시즌 1을 시작으로 2020년 시즌 4로 종영한 〈굿 플레이스〉는 철학자들과 코미디 작가들이 모여 위대함을 넘어선 세상이 어떤 모습일지 보여준 TV 시트콤이자 도덕극이다. 이제 그 이야기를 해볼 텐데, 여러분이 이 프로그램을 안 봤어도 내가 대략 설명하니 크게 상관은 없을 것 같지만, 만약 스포일러가 마음에 들지 않는다면 잠시 책장을 덮고 먼저 시청하기를 권한다. 시즌 4까지 있어서 분량이 꽤 되지만 시간이 아깝지 않고, 여의치 않다면 시즌 1만 보고 와도 된다 (그럴 수 없겠지만). 재미는 둘째 치고 내용도 무척 심오해 많은 것을 생각해보게 해준다. 괜찮다. 나는 얼마든지 기다릴 수 있다.

이야기는 주인공 네 사람 엘리너(Eleanor), 치디(Chidi), 타하니(Tahani), 제이슨(Jason)을 중심으로 펼쳐진다. 이들은 죽었고, 자신들이 지금 사후 세계 '굿 플레이스(Good Place)'에 있다고 여긴다. 이곳의 수장 격인 마이클(Michael)이 살아생전 좋은 사람들만 오는 곳이라고 설명했기 때문이다. 그러나 알고 보니 네 사람 모두 사실은 악마 마이클이 설계한 '배드 플레이스(Bad Place)' 실험 속에 있던 것이었다. 그곳에 있는 다른 주민들도 모두 연기자 악마들이었다. 배드 플레이스는 인간을 육체적으로 괴롭히는 고전적인 고문방식에 흥미를 잃은 마이클이 새롭게 고안한 일종의 지옥이었다. 이 네 사람을 이곳에 몰아넣고 감정적·정신적으로 서로 영원히 상처를 주고 상처를 받는 모습을 즐겁게 구경하는 게 마이클의 궁극적 목표였다.

모든 삶은 충분해야 한다

중심이 되는 인물은 미국 제약회사 판매사원 출신의 '엘리너'인데, 그녀는 처음부터 자신이 굿 플레이스에 올 만한 사람이 아님을 알고 있다. 사는 동안 온갖 이기적인 행동과 거짓말로 사람들을 괴롭혔던 그녀는 뭔가 오류가 생겨 이곳으로 잘못 왔고 원래 배드 플레이스에 있어야 한다고 생각하지만, 배드 플레이스가 사람들이 고통스럽게 비명을 질러대며 영원히 고문당하는 곳임을 알게 되자 어떻게든 자신의 실체를 들키지 않으려고 발버둥친다.

'치디'는 세네갈계 호주 윤리학 교수 출신으로 엘리너의 소울메이트(soulmate)다. 굿 플레이스에서는 소울메이크끼리 2인 1조씩 생활하기에 엘리너와 함께 행동하지만, 첫 만남부터 자신의 정체를 고백한 엘리너 때문에 갖은 고난을 겪게 된다. 못되고 이기적인 엘리너를 교화하고자 동서양 도덕철학을 총동원해보지만, 뜻대로 되지 않자 괴로워한다. 생전에 그는 늘 완벽주의적 성향 탓에 심각한 우유부단으로 주변 사람들을 고통에 빠뜨렸던 인물이다.

'타하니'는 파키스탄계 영국 사교계 자선사업가 출신 여성이다. 옥스퍼드대학교를 나와 모델로도 활동했고, 늘 화려한 옷차림과 입담으로 좌중을 사로잡는다. 그렇지만 내면에는 동생 카밀라(Kamilah)에 대한 열등감으로 가득 차 있다. 자선 활동도 이타심이 아니라 오로지 동생을 이겨서 인정받고 싶은 이기심 때문이었다.

타하니의 소울메이트 '제이슨'은 대만 수도승 출신으로, 항상 입을 굳게 다문 채 묵언 수행을 하고 있다. 굿 플레이스에서는 '지안유'라는 이름으로 불린다. 그런데 그는 사실 수도승과는 아무 관련이 없었고 이름도 가짜였다. 미국 플로리다 잭슨빌(Jacksonville)에서 댄서 겸 DJ로 지내며 마약을 팔고 강도질을 벌이던 범죄자 제이슨이었다. 게다가 대만 사람도 아니었고 필리핀계 미국인이었다.

'마이클'은 네 사람에게 굿 플레이스라고 속인 배드 플레이스의 감독관이다. 처음에는 인간 모습을 한 천사 같은 존재로 묘사되지만, 무려 200년 동안 견습 생활을 한 끝에 드디어 자신의 지옥을 만들고 관리하게 된 악마다. 사람을 정신적으로 고문하기 위해 배드 플레이스를 설계했으나 엘리너에게 실체를 들키면서 800번이나 실험을 리부트한다. 네 사람의 기억을 거듭 지워가면서 영원한 정신적 고통을 주려고 했지만, 완벽하다고 믿은 실험이 번번이 실패하자 전전긍긍하다가 점차 인간성을 갖게 된다. 시즌 2에서부터 극적으로 변화하는데, 특히 엘리너가 도덕적으로 성장하는 모습을 보고 인간을 바라보던 관점이 바뀌게 된다. 나중에는 주인공들과 함께 사후 세계 개혁에 앞장설 정도로 자신을 희생하면서 진짜 인간이 된다.

〈굿 플레이스〉는 한마디로 살아생전 착하게 살았던 사람들만 올 수 있는 '좋은 곳'에 떨어진 주인공들이 '나쁜 곳'으로 쫓겨나지 않고자 착한 사람이 되기 위해 노력하는 과정에서 벌어지는 소동을 그린 작품이다. 이들은 선함(좋음)이 진정으로 무엇을 의미하는지 깨달으면서 굿 플레이스에 머물 만큼만 선함을 배우겠다는 엘리너의 본래 의도를 뛰어넘게 된다. 이들은 인간을 '선인과 악인', '승자와 패자', '자격 있는 자와 자격 없는 자'로 나누는 사회 체계가 개개인 삶의 잠재력과 가치에 대한 근본적 오해에서 비롯함을 깨닫는다.

모든 삶은 충분해야 한다

그렇게 결국 이들은 함께 힘을 모아 천국과 지옥에 반란을 일으키고, 더는 '굿 플레이스'나 '배드 플레이스' 없이 우리 스스로 도덕을 깨우쳐 더 나은 사람이 될 수 있도록 하는 새로운 체계를 만들어낸다. 이 체계에서 모든 사람은 자신을 계속 발전시킬 기회와 지원을 받는다. 잠재력을 끝까지 발휘하면 진짜 '굿 플레이스'로 이동해 자신의 의미 있는 일을 추구하는 데 필요한 시간을 영원히 갖는다. 사교계 명사였던 타하니는 다양한 육체노동을 배운다. 천방지축이던 엘리너는 철학 공부를 계속한다. 굿 플레이스는 보상의 장소가 아니라 우리 모두에게 주어질 수 있는 시간의 선물이다. 시즌 4 제12화 마지막 장면에서 치디는 엘리너에게 이렇게 말한다.

"우리가 처음 만난 날부터 찾던 게 이거였어. 시간. 굿 플레이스란 그런 거였나 봐. 실은 장소도 아니지. 그저 사랑하는 사람들과 함께할 충분한 시간을 갖는 거야."

좋고, 충분하다는 것이 완벽함이나 끝없는 행복은 아니다. 네 사람이 마침내 본연의 '굿 플레이스'에 도착했을 때, 이들은 이곳이 언제나, 항상, 영원히 좋은 곳이어서 모두에게 의미 없고 가치 없고 좀비 같은 세상임을 깨우치게 된다. 그래서 굿 플레이스를 의미 있게 만들려면 약간의 제한이 필요하다는 사실을 발견한다. 이제 누구나 굿 플레이스에서 충분한 시간을 보낸 뒤 '특별한 문'을 통과해 우주에서의 시간을 끝낼 수 있다. 굿 플레이스에 영원히 있지 않아도 된다는 사실을 앎으로써 그곳에 있는 동안 더 행복할 수 있다. 같은 화 엘리너의 "휴가는 끝이 있기에 특별한 것"이라는 말처럼 우리 삶을 특별하게, 충분하지만 너무 과하지 않게 만들어주는 진실은 모든 삶이 언젠가는 반드시 끝난다는 데 있다.

〈굿 플레이스〉가 전하는 메시지를 온전히 받아들이려면 심각한 인격적 결함이 있는 네 사람과 도저히 구원받을 수 없어 보이는 악마가 선함(좋음)을 판단하는 사후 세계의 체계를 전복하고 개선한다는 플롯을 이해해야 한다. 이 드라마는 과거나 현재에 한 일을 기준으로 사람을 판단하기보다 미래에 발전할 수 있도록 격려할 수 있는 교육적이고 창의적인 방법을 찾는 것이 바람직하다고 제안한다. 배경은 사후 세계이지만 현실을 말하는 것이다. 네 사람이 제 역할을 해나가는 이유는 이들이 그 일의 적임자이거나 유일한 사람이어서가 아니다. 이 서투른 네 영웅을 인류의 구원자로 묘사하는 장면은 어디에도 없다. 서로를 향상하고 서로의 삶을 더 좋게 만들 수 있어서 그렇게 한 것이다. 윤리학자인 치디조차도 완벽한 결정을 내리려는 노력을 멈추도록 배워야 했다. 그의 모습에서 우리는 위대함의 실현이 아닌 모두가 함께 더불어 발전하는 방법을 모색하는 게 훨씬 중요함을 배울 수 있다. 여러분이 그 씨앗을 심을 수 있다. 우리 삶은 누가 최고이고 누가 최악인지를 판가름하는 게임이어서는 안 된다. 모두가 각자의 잠재력을 최대한 발휘할 수 있도록 서로 거드는 게임이어야 한다. 사회적 동물인 우리 인간은 하나의 사회 체계를 공유하면서 살기 때문에, 그 체계가 우리 모두에게 충분하고 적절할 때라야 가장 잘 작동한다.

그리고 놀랍게도 이 드라마에 영감을 준 철학 중 하나가 아리스토텔레스였다. 드라마 종영 후 〈뉴욕타임스〉 인터뷰에서 제작자 마이클 슈어(Michael Schur)는 좋은 삶이 무엇인지 답할 수 있느냐는 질문에 "그럼요, 당연하죠"라고 농담처럼 대답한 뒤 이렇게 말했다.

"우리가 찾은 게 정답인진 모르겠지만, 어쨌든 드라마는 그 부분에 명확한 견해를 밝혔고 그건 아리스토텔레스 덕윤리에 가까웠죠."

이어서 그는 다음과 같이 설명했다.

"우리는 실패를 계속할 운명이기 때문에, 중요한 건 우리가 모든 일에 옳아야 한다는 것이 아닙니다. 중요한 건 우리가 계속 노력한다는 거죠. 실수하면 사과하고 또 다른 걸 시도하면 됩니다. 이 드라마는 삶에서 진정한 승리는 완벽한 덕을 이룰 수는 없어도 이 점을 염두에 두고 어제보다 조금이라도 더 나은 사람이 되고자 계속 노력하는 것임을 보여주고 있습니다."[59]

엄밀히 말하면 아리스토텔레스의 덕윤리와 약간 다르긴 하다. 아리스토텔레스는 특유의 귀족주의적 관점에서 소수의 위대한 사람은 완벽한 덕을 달성할 수 있다고 봤다. 그렇긴 하지만 다른 철학 사상과 마찬가지로 아리스토텔레스의 덕윤리도 얼마든지 진화할 수 있고 현대적 시각에서 재해석할 수 있다. 위계를 뛰어넘는 덕윤리가 필요하다. 우리가 실패할 수 있음을 인식하고, 개인으로서의 한계나 역사적 조건 때문에 그럴 수 있음을 인정하면서, 모두에게 교육의 기회와 혁신의 기회 그리고 격려의 자격을 오롯이 제공할 새로운 윤리 체계가 필요하다.

그러나 아직 덕윤리의 많은 부분은 여전히 덕에서마저도 우리를

'낙수 효과'로 인도한다. 최고의 리더, 최고의 교사, 최고의 예술가가 확실히 존재한다고 설정함으로써 모두가 그들의 생각과 혁신으로부터 혜택을 입으리라고 가정한다. 〈굿 플레이스〉는 바로 그런 체계가 '좋은 곳', 즉 '좋은 환경'이나 '좋은 조건'에 속하지 않는 모든 사람에게 고문으로 작용한다고 풍자한다. 이와 같은 체계에서는 소수의 엘리트가 거의 무한한 자원을 확보할 뿐 나머지 사람들은 날마다 서로에게 상처를 주면서 남을 밟고 생존하기 위해 고군분투해야 한다. 물론 우리는 엘리트들의 창의력과 통찰력이 발휘되는 순간을 진심으로 즐기고 감사할 수도 있지만, 최고가 아니라는 자격지심과 세상이 우리에게 그 정도면 충분하다고 세뇌하는 울타리 안에서, 고전적 덕윤리가 관심 두지 말라고 치부한 경제적 문제 속에서, 아등바등 살아내야 한다.

'충분함'의 덕윤리는 더 종합적으로, 더 넓고 더 깊고 더 가치 있는 삶의 기준을 우리에게 제시할 수 있어야 한다. 그것은 다름 아닌 완벽함과 위대함을 향한 불안감을 사라지게 하고 개인의 온전한 재능과 열정을 추구해 본질적인 기쁨을 얻게 해주는 세상에 관한 윤리다. 그 충분한 세상은 귀족주의적 요구가 무효가 되고, 아예 인지조차 하지 못하고, 그 대신 새로운 창조적 힘이 번성하는, 유전자 복권이나 천부적 재능과 상관없이 모두가 적절하고 충분한 삶의 질을 누리는 세상이다.

있는 그대로의 세상

 어쩌면 그런 세상은 한편으로는 너무 좋아서 현실이 될 수 없을 것 같고, 한편으로는 우리가 가진 이미 좋은 것들을 박탈할 듯 보이기도 한다. 나는 어쨌든 우리가 아직 시도해보지 않았으므로 현실이 됐으면 좋겠다. 그런데 우리는 왜 아직까지 시도해보지 않았을까? 굿 플레이스 같은 세상이 상대적으로 누군가가 어떤 분야에서 더 재능 있다는 사실을 인정하지 않는다고 여겨서일까? 당연히 르브론 제임스는 나보다 농구를 훨씬 더 잘한다. 아마 앞으로도 계속 그럴 것이다. 그쪽 재능이 나보다 월등하기 때문이다. 그의 재능을 펼칠 수 있도록 해주는 교육 체계와 농구 선수로서의 직업 가치와 더불어 그가 그런 재능을 타고난 데 아무런 보상이 없는 것이 무슨 의미가 있을까? 더욱이 그의 뛰어난 경기 능력을 볼 수 없는 세상이라면 그 누가 살고 싶을까?[60]

 자신의 재능을 향상하고자 부단히 애쓰고, 그동안 발견하지 못했던 재능을 찾기 위해 노력하는 것을 누가 뭐라고 할 수 있을까? 내가 잘못됐다고 비판하는 것은 우리의 행복이 그와 같은 특별한 재능에 달려 있다고 종용하는 지금의 세상이다. 이 세계의 위대함 추구를 지지하는 사람들은 쉽게 동의하기 어렵겠지만, 마치 진리인 양 시도 때도 없이 회자하는 낙수 효과와 소수의 탁월한 사람들이 나머지 전체를 먹여 살린다는 이론은 여태껏 제대로 증명된 적이 없다. 오히려 우리의 현재 사회 체계는 가치를 너무 협소하게 분배하고 있다. 코로나19 범유행이 한창이던 2020년 초반에는 감염 여부를 확인하는 검사를 받는 데도 부나 명성이나 권력이 필요할 정도였다. 정작 영웅이라고 할 수 있는 사람들은 저임금 간호사와 요양사와 간병인과 배달원 같은 '필수 인력들'이었는데도 말이다.[61]

특정 영역에서 위계 구조 최상위에 올라서는 것이 덕에 이르는 길이라면, 각자의 영역에서 나름의 의미와 가치를 인식하는 능력은 아무짝에도 쓸모없다. '충분함' 덕윤리 체계에서는 우리의 관심이 주어진 영역이나 실천의 탁월함에 있지 않다. 영역과 실천의 '상호 의존성'을 온전히 이해하는 데 있다. 르브론 제임스가 NBA에서 자신이 재능을 마음껏 펼칠 수 있는 까닭은 농구 경기장을 지은 사람들과 경기장까지 연결된 공공 도로를 건설한 사람들은 물론 대중교통 운전자, 교통경찰, 출입구 경비, 경기장 관리인, 환경미화원, 매점 점원, 매점에서 판매하는 옷과 식품을 만든 사람들, 선수 트레이너, 의료진, 관중 등 도무지 헤아릴 수 없을 만큼 수많은 사람의 영역과 실천이 있는 덕분이다. 충분한 삶과 충분한 세상은 르브론 제임스 같은 인재의 재능마저 평준화해 보통 사람들과 똑같이 만드는 것을 의미하지 않는다. 모두의 모든 재능을 의미와 가치로 연결된 하나의 거대하고 광활한 거미줄로 보는 것이다. 각각의 노드(node)에서 충분히 자신의 역할을 다하고 서로가 아무런 위계 없이 인정하는 '있는 그대로의 세상'이다.

이를 가장 설득력 있게 보여주는 사람이 바로 르브론 제임스 자신이다. 나이키(Nike)의 TV 광고 캠페인 '르브론: 비기닝스(LeBron:

모든 삶은 충분해야 한다

Beginnings)'에서 그는 성공하려면 끔찍한 상황을 견뎌내야 한다는 세상의 생각에 정면으로 도전한다. 르브론 제임스는 오하이오 애크런(Akron)의 낡은 공동 주택에서 미혼모인 어머니와 살았다. 틀에 박힌 아메리칸 드림을 말하려는 듯 광고는 어린 시절의 그와 비슷한 환경에서 생활하는 어린이들을 비춘다. 그리고 그의 내레이션으로 이어진다.

"우리는 늘 한 운동 선수의 초라했던 시작 이야기를 듣죠. 그들이 가난이나 비극에서 벗어나 역경을 이겨낸 방법, 아메리칸 드림을 담아낸 결단의 이야기라고나 할까요. 그들이 특별하다는 걸 알려주는 이야기여야 하죠."

그러고는 화면이 바뀌어 그가 체육관에 들어오고, 관중석 맨 앞자리에 앉더니 카메라를 응시하며 이렇게 말한다.

"하지만 정말로 특별한 게 뭔지 알아요? 만약 보잘것없는 시작이 없었다면."[62]

핵심은 빈곤에서 벗어나는 게 아니다. 애초에 빈곤이 없어야 하는 것이다. 물론 르브론 제임스가 살면서 한 모든 일이 이런 비전에 부합하진 않았고, 그의 스폰서 기업 나이키가 평등하고 정의로운 세상을 만드는 데 특별히 이바지한 것도 아니다. 그렇지만 나는 이런 시도가 바람직하다고 생각한다. 현실을 규정하는 낡은 가치를 바꾸기 위해 계속해서 노력해야 한다.

모두가 충분한 삶을 살더라도 과거 위대한 사람들의 희생과 업적이 불명예스러워지는 것은 아니다. 우리가 지금 민주주의 국가에서 산다고 해서 과거 왕권 국가 위인들의 위대함을 무가치하다고 할 수 있을까? 르브론 제임스처럼 고난과 역경을 극복하고 자기 분야에서 성공한 사람들은 인정받아 마땅하다. 하지만 그게 성공하지 못한 사람들이 고개를 푹 숙이고 있어야 할 명분은 될 수 없다. 르브론 제임스도 그들 중 한 사람이 될 수 있었다. 우리는 충분한 기회가 없어서 날개조차 펴지 못하고 사라져간 사람들이 얼마나 많은지 알지 못한다. 같은 맥락에서 우리는 개인의 삶에 다른 뭔가가 잘못돼서, 자신의 특별한 재능을 너무 늦게 깨달아서, 또는 프레드 허쉬의 표현처럼 인재 수요보다 공급이 많은 '사회적 한계(social limits)'로 인해 기회가 있었는데도 능력을 발휘하지 못한 사람들이 얼마나 많은지 모른다. 르브론 제임스가 우리를 바라보며 내레이션했듯이, 보잘것없이 시작하는 상황 자체가 사라져야 하며 모든 사람이 충분한 삶을 누리도록 보장해야 한다.

충분한 세상을 만드는 일은 아무리 위대한 개인이라도 그것이 더 넓은 사회 체계의 산물임을 인식하는 일이기도 하다. 영국 경제학자 마리아나 마추카토(Mariana Mazzucato)는 흥미로운 연구 결과를 통해 아이폰(iPhone)이 탑재한 모든 기술, 멀티 터치 스크린, 마이크로 하드 드라이브, GPS, 시리(Siri) 등이 수십 년 동안의 공공 투자가 없었다면 나오지 못했음을 확인해줬다.[63] 위대한 스티브 잡스를 비롯한 애플(Apple)의 모든 사람이 한 일은 이런 기술을 소비자 친화적이고 세련된 디자인으로 통합한 것이다. 그 위업을 폄훼하려는 게 아니다. 사회 전체의 참여 없이는 불가능한 일임을 지적하는 것이다. 설령 애플의 초기 투자자가 되지 못했어도 후회하지 말고 어떤 방식으로든 여러분의 기여가 포함돼 있다는 사실을 기억하자. 그저 보상을 얻지 못했을 뿐이다.

그동안 전통적인 덕윤리는 경제적 가치에 치중한 신자유주의적 문제를 영역으로 제한한 뒤, 그 경계에 울타리를 둘러 모든 것을 정의하는 한편 영역 내에서만큼은 위계가 가능한 체계를 만들고자 노력했다. 그러나 그것만으로는 문제 전반을 해결하진 못했다. 위대함 추구 모델을 그대로 유지함으로써 여전히 더 큰 보상을 얻기 위해서는 탁월해질 수밖에 없었다. 신자유주의 시대에서 이 체계가 더 공고해졌고 더 확산하고 있는 상황은 덤이다. 플라톤이 말한 철인이나 마이클 영이 풍자한 IQ 125 이상의 리더들이 우리 사회를 통치하더라도 우리는 더 나은 일을 할 수 없을 것이다. 마이클 왈저는 "좋은 울타리가 좋은 이웃을 만든다"라는 속담을 응용해 "좋은 울타리가 좋은 사회를 만든다"고 했지만, 애당초 좋은 울타리가 좋은 이웃을 만든 것도 아니었다. 좋은 이웃은 서로를 존중하고 본질적 상호 의존성을 인정할 때 형성된다. 좋은 울타리는 이웃집에 불이 났을 때 도움은커녕 방해만 된다. 불이 더 활활 타오르게 하고 여러분 집으로까지 옮겨붙게 만드는 불쏘시개가 될 뿐이다.

반면 위계를 버린 충분함의 덕윤리는 우리 열망에 관해 심오한 통찰을 제공한다. 이 윤리 체계는 우리가 모두의 존엄과 품위를 위해 함께 노력해나갈 충분한 자격을 부여한다. 그리고 우리가 그런 노력과 비례해 충분함의 덕윤리 체계도 굳건해진다. 양쪽은 서로 역동적인 관계다. 우리는 개인의 완벽함 추구에서 모두를 위한 충분함 추구로 열망을 전환함으로써 자신도 충분히 위대해질 수 있다. 이것이 엘리너가 굿 플레이스에서 배워가는 내용이다. 도덕적 습관을 바꾸는 것만으로는 충분하지 않았다. 동시에 그녀는 자신의 주변을 그 습관이 뿌리내릴 곳으로 만들어야 했다. 그렇기에 충분함의 덕윤리는 우리 각자가 혼자서 추구할 별개의 탁월함 영역을 구축하는 게 아니라 물질적·정신적 충분함의 상호 의존적 체계를 수립하고자 함께 노력할 것을 촉진한다.

보장되지 않는 만족

덕윤리가 경제적 가치의 과도한 영향력에 제동을 걸고자 위대함을 영역으로 제한하는 데 집중했다면, 오늘날 새롭게 인기를 얻고 있는 불교 철학은 우리 열망을 아예 외적인 성공으로부터 멀찍이 떨어뜨리려고 애썼다. 대체로는 동양(이 표현이 탐탁지는 않으나 내가 있는 위치에서 해가 뜨는 방향으로)의 종교적 수양 방식과 관련해 요가나 명상의 인기가 급상승하면서 자연스럽게 학문적 관심으로 이어졌다. 일테면 미국의 경우 2012년부터 2018년 사이 요가를 하는 사람들은 두 배 늘었고, 명상을 하는 사람들은 세 배로 늘었다. 미국 인구의 약 10%, 즉 무려 3,500만 명이 요가나 명상 중 하나를 생활화한 것이다.[64] 게다가 이는 비단 미국에서만 일어나고 있는 현상이 아니다.

모든 삶은 충분해야 한다

그런데 오늘날 이 많은 사람이 수행하는 대중적 형태의 요가나 명상은 힌두교나 불교 역사에서 일반적으로 행해지던 것들이 아니었다. 19세기 후반까지만 해도 수행자 대다수는 종교적 통찰을 완성하는 데 일생을 바친 승려나 고행자들이었다. 이 같은 수양 방식이 일반인들로까지 확대된 계기는 과학기술 발전에 힘입어 급격히 팽창하던 유럽 '식민주의(colonialism)'를 향한 저항이었다. 사찰이 무분별하게 파괴되고, 전통이 무시되고, 피지배를 강요받으면서 이 금욕과 인내의 수양 방식이 대중의 몸과 마음에 가르침을 보존하는 수단으로 변화했고, 나아가 지나친 세속적 물질주의와 서구 중심의 냉혹한 합리성에 대처하는 방법으로 널리 퍼지게 됐다.[65]

언뜻 봐도 이런 수양 방식은 기존 덕윤리가 유지한 위대함 추구 모델과는 반대되는 것으로 보인다. 명상은 호흡을 통해 몸과 마음을 일치시키고, 물질주의적 관심을 떨쳐내고, 욕망을 버리고, 자기 자신과 타인을 사랑하는 법을 배우는 수행법이다. 확실히 그렇다. 하지만 여기서 염두에 둬야 할 부분은 이와 같은 '실천'이 개인이 속한 문화적·사회적 범위를 벗어나진 않는다는 사실이다. 식민지 시대 제국에 저항하는 수단이라는 새로운 의미를 띤 것처럼 당대의 상황과 환경에 맞춰 변화하긴 하지만, 오늘날에도 여전히 위대함을 지향하는 문화적 테두리 내에서만 입맛대로 응용되고 있다.

예를 들어 마크 맨슨의 《신경 끄기의 기술》에서 그가 이 문제를 어떻게 바라보는지 살펴보자(그를 괴롭히려는 게 아니라 그의 세계관이 우리의 논지에서 도움이 되기에 그렇다). 맨슨은 책 초반부에 영국 철학자 앨런 와츠(Alan Watts)를 언급하는데, 동양 철학과 서양 심리학을 융합하고 대중화해 매우 중요한 철학자로 평가받는 인물이다. 말 그대로 동양과 서양의 사상적 교두보 역할을 한 철학자이며, 심오하고 복잡한 생각을 명확하고 감동적인 방식으로 전달했다. 나는 대학 시절 그의 책《불안의 지혜(The Wisdom of Insecurity)》(1951)와《선의 길(The Way of Zen)》(1957)로 불교와 도교를 처음 접했고, 이후 내 삶에도 깊은 영향을 미쳤다.

와츠에 따르면 우리의 이른바 자기계발을 위한 전략 대부분은 역효과를 낳는다. 일테면 우리는 자꾸 불안해질 때 이를 극복하기 위해 긍정적으로 생각하려고 애쓴다. 달리 말해 부정을 긍정으로 제압하고자 든다. 그러나 실제로는 긍정적인 경험을 하고 싶어 하는 욕망 자체가 부정적인 경험이다. 반대로 부정적인 경험을 오롯이 받아들이는 것이 긍정적 경험이다. 와츠는 우리가 불안을 밀어내지 않고 그대로 포용할 때 비로소 안정을 찾을 수 있다고 말한다(지금도 이 말은 내 '고등학교 때 들었더라면 좋았을 말들' 목록 맨 위에 있다). 그는 이를 '역노력의 법칙(law of reversed effort)' 또는 '역효과 법칙(backwards law)'이라고 불렀다. 그가 보기에 이는 동양의 선(禪)이나 도(道) 사상 못지않게 기독교적인 사고방식과도 맞닿아 있었다. 와츠는 신약성서 복음서마다 등장하는 다음 구절을 인용해 이를 설명했다.

"누구든지 제 목숨을 살리려는 사람은 잃을 것이며 제 목숨을 잃는 사람은 살 것이다."[66]

마크 맨슨은 애쓰지 말고 살라는 자신의 주장에 다음과 같이 투덜

거리는 가상 독자의 목소리를 언급하고는 앨런 와츠의 역효과 법칙과 연결한다.

"난 카마로(Camaro)를 사려고 돈을 모으고 있어. 굶어가며 해변용 몸을 만들고 있고, 비싼 복근 운동 기구도 샀어. 게다가 호숫가 큰 집에서 살기를 꿈꿔왔어. 그런데 이런 것들에 신경을 끄라고 하면, 맙소사, 그러면 난 아무것도 이룰 수가 없잖아!"[67]

이에 대한 그의 대답은 그런 것들을 포기하라는 게 아니라, 역효과 법칙의 '역효과'가 곧 신경 끄기의 역방향 작용이므로 원하는 것을 얻으려면 반대로 하라는 것이다. 불안을 수용하면 자신감이 생기고, 두려워도 바른말을 하면 신뢰를 얻으니 성공에 가까워질 수 있다는 이야기다. 와츠에게 역방향 법칙은 심리적 안정에 관한 것이었으나, 맨슨은 그 개념을 물질적 성공을 향한 우회 수단으로까지 확장한다.

"신경을 덜 쓸 때 오히려 능력을 발휘한 경험이 있을걸? 성공에 무심한 사람이 실제로 성공하는 경우가 얼마나 많은데!"[68]

물론 마크 맨슨의 이 말은 우리가 단순히 신경만 끄면 바라는 바를 성취하리라는 의미는 아니다. 그는 진심으로 독자들이 실패와 고통을 받아들임(신경 끄기)으로써 그 부정적 경험을 극복하기를 바라고 있다. 그러면 때로는 실패가 성공으로 바뀔 수 있다는 말을 한 것이다. 살면서 실패를 경험하겠지만, 그 실패에 신경을 끄면 마침내 성공에 이를 수 있다는 뜻이다. 하지만 불교 철학 본연의 가르침은 이와 조금 다르다. 우리 자신을 위한 참된 가치로서의 실패를 되새겨주는 것이며, 다음번 성공을 위한 마음 다지기 수단이 아니라, 실패 역시 누구나 받아들여야 할 인간의 타고난 운명이고, 그 실패 자체가 좋은 삶을 구성하는 하나의 요소임을 깨우쳐주는 것이다.

앨런 와츠가 워낙 광범위한 영향을 미쳤기에 그의 사상을 재해석한 인물로 마크 맨슨만 있는 것은 아니다. 오늘날 많은 이들이 '동양의 지혜'를 현대 자본주의 시장 경제의 치열한 경쟁 속에서 살아남는 데 도움이 되는 교훈으로 여긴다. 슬로베니아 철학자 슬라보예 지젝 (Slavoj Žižek)은 막스 베버에 빗대어 자신이 "도교 윤리와 글로벌 자본주의 정신"이라고 부르는 내용을 진단하기도 했다.[69] 그렇지만 그가 '놓아주기'라고 표현한 것도 전반적인 개념은 마크 맨슨과 궤를 같이한다. 지젝은 기업 단체 요가나 명상 등의 '실천'이 증가하는 현상을 추적했는데, 불교와 도교를 비롯한 동양의 지혜가 사회 정의를 위한 힘이 될 수 있다는 점을 기꺼이 인정하면서도 '역효과 법칙' 같은 것들의 철학적 구조가 물질적 성공과 개인의 성취를 위한 노력을 지속하게 해주는 정당성을 제공한다고 결론 내렸다. 그에게도 요가나 명상은 위대함을 향한 열망을 제어하는 방법이 아닌 그 길을 덜 불안하게 해주는 수단일 뿐이다.

상황이 이렇다고 해서 그 탓을 식민주의, 근대화, 자본주의 등으로만 돌리는 것도 꼭 들어맞진 않는다. 역사에서도 불교도와 도교도 가운데 일부는 다른 인간 집단과 마찬가지로 막대한 부와 권력을 추구하기도 했다. 그 이유가 불교와 도교 철학에 사상적 결함이 있기 때문은 당연히 아닐 것이다. 자신들 멋대로 받아들이는 사람들의 문제다. 어떤 사상이나 지혜든 실천 양상에만 초점을 맞추면 본래의 깊은

모든 삶은 충분해야 한다

뜻을 헤아리기 어렵고, 우리가 배우려는 충분한 삶과 관련이 있는 많은 내용을 놓치게 된다. 다시 논지의 중심을 잡기 위해 우선은 불교 철학부터 살핀 뒤 도교 철학으로 넘어가기로 하자.

불교 철학은 우리가 사는 세상과 우리 삶이 어떻게 어우러지면 충분히 좋을 수 있는지 이해하는 데 필요한 몇 가지 근본적 통찰을 제공한다. 초기 불교 경전 가운데 일부는 덕을 추구하며 고결하게 사는 것은 소수 엘리트의 몫이라는 아리스토텔레스의 덕윤리와 정면으로 충돌한다. 불교, 브라만교, 카스트 사이의 역사적 관계는 매우 복잡한 데다 이 책의 논점과 맞지 않으므로 여기서 자세히 다루진 않겠다.[70] 어떤 불교 경전에서는 붓다가 된 고타마 싯다르타가 브라만(Brahman, 카스트에서 가장 높은 사제 계급_옮긴이)으로 태어난 사람들만 '붓다(Buddha)', 즉 '깨달은 자'가 될 수 있다는 전통적 생각에 반대하는 모습을 보여준다. 대표적으로 '앗살라야나경(Assalāyana Sutta)'이 있는데, 언제 쓰였는지는 알 수 없고 대략 아리스토텔레스가 활동하던 시기와 비슷할 것으로 추정된다. 그 내용 중에 브라만 여러 사람이 한자리에 모여서 "고타마가 모든 카스트의 청정을 강론한다"는 것이 사실인지를 두고 토론하는 대목이 나온다.[71] 정확히 아는 사람이 없자 그들 중 앗살라야나가 붓다를 찾아가 정말로 그렇게 가르치는지 묻는다. 이에 붓다는 그렇다고 대답하면서 그 이유를 제시한다. 지금의 우리 관점에서는 당연한 사실, 모든 인간은 평등하며 브라만의 유전적 실체가 없다는 것, 그리고 아마도 가장 중요한 진실, 즉 출신 계급이 높든 낮든 누구나 도덕적 또는 비도덕적으로 행동할 수 있

다고 설명한다. 이후 앗살라야나는 붓다의 제자가 된다.[72]

　붓다는 왜 모든 사람에게 이와 같은 개방성을 설파했을까? 모름지기 그 한 가지 이유는 팔리어(Pali)로 '두카(dukkha)'라고 부르는 개념에 대한 논리적 추론의 결과일 것이다. 두카는 흔히 '괴로움'이나 '고통'으로 번역되나 '불만족' 또는 '불충분'에 더 가까운 뜻이다.[73] 일반적으로 알려진 것처럼 우리 삶이 매 순간 고통으로 가득 차 있다는 뜻은 아니다(물론 그렇게 연결할 수는 있다). '두카'가 '고통'으로 경솔히 번역되면서 불교가 지나치게 비관적인 사상이라는 그릇된 시각이 생겼다. 오히려 불교 철학은 '쾌락의 한계'에 관한 깊은 통찰을 담고 있다.

　삶이 우리에게 쾌락을 줄 수 있는지에 대한 의구심은 서양 철학에서도 드물지 않게 제기됐다. 일테면 아리스토텔레스는 "즐거워지는 일은 가능하다"고 말하면서도 쾌락을 정의하는 데는 무척 신중했다. 그에 따르면 쾌락과 행복은 동일한 개념이 아니며, 모든 쾌락이 선도 아니다. 우리는 삶에서, 심지어 쾌락적인 활동이라고 부를 만한 순간에서도 여전히 불만족스럽고 불충분할 수 있다. 아리스토텔레스에게 쾌락은 그 자체로 목적이 아니라 도덕적 삶의 활동에 수반하는 것이고, 그 활동을 '완전하게' 해주는 것이다. 다시 말해 진정한 쾌락은 "완전한 도덕적 활동의 징표이며 그 어떤 부정적 감정도 허용하지 않는 상태"다.[74] 더 쉽게 설명하자면 도덕적 행위가 수반한 즐거움이 이질적인 다른 즐거움으로 방해받지 않을 때 그 '활동'이 쾌락이다. 따라서 우리는 도덕적 활동에 몰입할 때 쾌락을 경험하게 된다. 그렇기에 살면서 우리가 때때로 쾌락을 상실하는 까닭은 쾌락 자체와 관련

　　　　　　　　　　　　　　　모든 삶은 충분해야 한다

이 있는 게 아니라 그 활동을 하지 않아서다. 아리스토텔레스는 오늘날 우리가 '수확 체감(diminishing returns)'이라고 부르는 개념과 유사한 논리를 제시하는데, 우리가 처음 뭔가를 하거나 볼 때 우리에게 즐거움을 주는 것은 "새로움에 대한 마음의 활동을 자극하는 데서 비롯하며 그 즐거움은 다음번부터는 경감"된다.[75]

반면 붓다는 쾌락을 다른 관점으로 바라보는데 다소 급진적이다. 그는 쾌락은 그 자체로 불충분하다고 설파한다.

"세존께서 말씀하시기를, 감각적 쾌락은 밖에서 오고 잠깐의 즐거움은 있으나 이내 흩어지니 공허와 번뇌만이 가득하다."[76]

쾌락이 번뇌로 가득하다니, 이게 무슨 뜻일까? 불교 철학은 인간의 미묘한 심리, 즉 '집착'에 주목한다. 우리가 쾌락으로 인해 번뇌에 빠지는 이유는 쾌락이 우리를 집착하게 만들기 때문이다. 우리는 보고, 듣고, 느끼고, 냄새 맡고, 맛보고, 생각하는 모든 활동을 포함해 우리를 즐겁게 하는 것들을 경험할 때마다 반복해서 그런 경험을 계속하고 싶어 한다.[77] 불교 철학 관점에서 삶은 우리를 압도할 정도로 쾌락적이다. 어디든 쾌락이 있고, 우리는 쾌락을 갈망하며, 쾌락에 중독된다. 아무리 채워도 채워지지 않는 쾌락을 향한 집착이 공허와 번뇌를 초래한다. 영원히 채울 수 없으므로 아리스토텔레스가 생각한 '완전한' 활동이 아니다. 쾌락을 경험하면 할수록 더 많은 쾌락을 원하게 된다. 그래서 쾌락은 괴롭다. 불충분하기 때문이다. 이제 '두카'가 왜 '불만족(불충분)'인지 이해했을 것이다. 그리고 왜 불교 철학이 우리의 논지에서 중요한지도 눈치챘을 것이다. 위대함에 대한 집착도 불만족을 낳을 뿐이다. 번뇌를 몰고 올 뿐이다. 우리가 피라미드 꼭대기에 올라섰다고 생각하는 그 순간 다시 불만족과 불충분의 연쇄 반응이 시작된다. 위대함에 집착하는 한 우리는 진정한 쾌락도, 마음의 평안도, 그 무엇도 제대로 유지하지 못할 것이다.

나나 여러분의 경험은 말할 것도 없고, 오늘날 벌어지는 모든 행태에 비춰볼 때 이 문제에 대한 해석은 아리스토텔레스보다 고타마 싯다르타가 옳았다. 《불교는 왜 진실인가(Why Buddhism Is True)》(2017)라는 흥미로운 책을 쓴 미국 진화심리학자 로버트 라이트(Robert Wright)는 불교 철학의 통찰이 어떻게 '자연 선택(natural selection)'의 효과와 연결되는지 설명했다. 자연 선택의 목적이 우리 유전자를 다음 세대에 전파하는 것이라면 반드시 두 가지가 필요하다. 첫째, 우리는 생명을 유지하고 번식에 도움이 되는 활동에서 쾌락을 얻어야 한다. 둘째, 그런 활동은 우리가 계속해서 실행하도록 더 큰 만족을 추구할 만큼 불만족스러워야 한다.[78] 결국 우리의 생존은 끊임없이 만족을 추구하면서도 불만족스러운 데 달렸다. 자연 선택의 결과로 우리는 애초에 만족할 수 없음을 오롯이 인정하기보다 어리석게도 반복적인 쾌락 추구로 고통을 경험하는 존재가 됐다.

로버트 라이트는 불교가 삶의 근본적 문제를 이해할뿐더러 우리에게 '마음 챙김(mindfulness, 마음 관찰이라고도 함_옮긴이)' 명상이라는 해결책까지 제시했으므로 "불교는 진실"이라고 여겼다. 마음 챙김 수행법을 설명하는 '마하사티파타나경(Mahāsatipatthāna Sutta, 대념처경/大念處經)'에서 붓다는 괴로움의 원인과 소멸 방법에 관해 설파한다. 이

모든 삶은 충분해야 한다

는 삶의 '네 가지 깊은 진실', 즉 '사성제(四聖諦, Four Noble Truths)'라고 불리는 불교의 핵심 교의인 '고집멸도(苦集滅道)'를 말한다.

'고(苦)'는 앞서 언급한 '두카'로, 태어나고 늙고 병들고 죽는 우리 삶 그 자체가 '괴로움(고통/불만족/불충분)'이라는 진실이다. 그리고 여기에는 우리가 이미 살폈듯 '쾌락'도 포함된다. '집(集)'은 팔리어로 '사무다야(samudaya)'이며 괴로움의 원인이다. 괴로움이 마음속 집착에서 비롯함을 알지 못하는 어리석음 때문에 번뇌와 갈등이 계속 쌓이게 된다. '멸(滅)'은 '니로다(nirodha)', 괴로움의 원인이 소멸한 상태를 말한다. 괴로움의 원인인 집착을 깨달아 삶의 괴로움에서 벗어난 해탈의 경지다. '도(道)'는 '마르가(marga)'인데 '멸'을 위한 길을 의미한다. 다시 말해 '열반(涅槃, nirvana)'에 이르는 방법이다.

이 '도'가 '여덟 가지 올바른 길'을 뜻하는 '팔정도(八正道, Noble Eightfold Path)'다. '정견(正見, right view, 올바른 관점)', '정사유(正思惟, right thought, 올바른 생각)', '정어(正語, right speech, 올바른 말)', '정업(正業, right action, 올바른 행동)', '정명(正命, right livelihood, 올바른 생활)', '정정진(正精進, right effort, 올바른 노력)', '정념(正念, right mindfulness, 올바른 마음 챙김)', '정정(正定, right concentration, 올바른 집중)'이 그것이다. '여덟 가지라고 해서 어느 것 하나만 달성하면 되는 게 아니라 각각의 길이 반드시 다른 일곱 가지 길로 이어져야 하고 결국 하나가 돼야 한다.

'마음 챙김'은 주로 '정념'에 관한 수행법이나 다른 '올바른 길'에도 영향을 미친다. 붓다는 마음 챙김으로 집착을 이겨낼 수 있다고 가르쳤다. 이 명상은 인간이 숨을 들이쉬고 내쉬는 존재라는 간단한 인식에서 시작된다. 우리가 지금 숨을 쉬고 있다는, 당연하지만 평소 잘 생각하지 않는 사실에 집중하는 것이다. 그렇게 수행을 거쳐 일련의 호흡법을 단계별로 배우고 나면 일상에서도 이 호흡법에 따라 생활할 수 있다. 어떤 철학자들은 이 명상법이 고전적 맥락이나 현대적 맥락 모두에서 잘 작동한다고 주장한다.[79] 우리 마음속 집착이나 불안을 떠올리지 않고 호흡에 집중하면 자신을 객관적으로 대상화하는 데 도움이 될 수 있다. 그러면 우리는 철저히 현재에 머물게 되고, 과거의 속박과 미래에 대한 갈망에서 한 걸음 물러나 자신을 돌아볼 수 있을 것이다. 마하사티파타나경의 마지막 부분에 이르면 붓다는 명상을 통해 우리가 쾌락이라고 여기는 것보다 더 큰 느낌을 받을 수 있다고 말하는 듯 보인다.

"행복도 버리고 괴로움도 버리고, 아울러 그 이전에 이미 기쁨과 슬픔을 없앴으므로 괴롭지도 즐겁지도 않으며, 평온하게 마음 챙긴 올바른 의식 흐름이 청정한 제4선(fourth jhāna)에 들어 머문다. 수행자들이여 이를 일러 올바른 사마디(samādhi, 삼매/三昧, 주관과 객관과 그 경계마저 사라져 나와 세상이 하나가 된 물아일체의 경지_옮긴이)라 한다."[80]

명상으로 이를 수 있는 최고의 단계인 제4선은 그저 상상만 해도 확실히 엄청나게 좋은 느낌일 것 같다. 하지만 그와 동시에 본연의 고전 불교에서 이야기하는 궁극의 자기완성, 즉 '열반'은 정말이지 아무나 닿을 수 없는 최정상의 경지처럼 보인다. 과연 우리 같은 일반

모든 삶은 충분해야 한다

인들이 '고'를 떨쳐내고자 '집'을 깨우쳐 '멸'에 이르는 '도'를 수행할 수 있을까? 엄두조차 나지 않을 것이다. 그래도 앨런 와츠 같은 인물의 노력으로 순수한 의미의 불교는 아니더라도 우리가 시도해볼 수 있는 세속화한 불교 철학은 확보할 수 있었다. 해탈과 열반까지는 이르지 못하더라도 우리가 충분한 삶, 충분한 세상을 만드는 데 큰 도움이 될 철학 말이다. 비록 쉬운 깨달음은 아니겠지만, 그 깨달음 너머 우리에게 행복을 가져다줄 집착 없고 불안 없는 삶이 있다. 그러나 여기까지면 좋을 텐데 선을 넘어버린 측면도 있다. 그 핵심을 잘못 이해한 채 불교의 마음 챙김 수행법에 심취한 몇몇 사람들이 명상만 제대로 할 수 있다면 불교가 위대한 삶과 같은 것을 제공해준다고 목소리를 높이게 된 것이다.

여러분은 거기에 현혹되지 말고 지금 내가 설명하는 불교 철학과 충분한 삶의 연결 맥락에만 집중하자. 이 책에서 나는 불교의 학문적 맥락, 즉 불교 철학을 다루므로 기독교와 비교되는 불교의 구원론(그렇게 표현할 수 있다면)은 관심사가 아니다. 이는 내게 영향을 준 철학자들도 마찬가지였다. 팔리어 불교 경전의 학문적 해석에 일생을 바친 영국 불교학자 스티븐 콜린스(Steven Collins)는 불교 철학이 개인에게 놀랄 만큼 좋은 삶을 경험하게 해준다고 거듭 강조하면서도 불교는 근본적으로 개인을 위한 가르침이 아니라고 역설했다. 붓다의 가르침은 끝없이 우주를 에워싸고 순환해온 힘과 원리에 관한 것이자, 그 속에서 사람들끼리 서로 연결돼 마찬가지로 순환하고 있는 우리 삶의 체계에 관한 것이다. 이것이 불교에서 말하는 '삼사라

(saṃsāra, 윤회/輪廻)'와 '카르마(karma, 업/業)'다.

나와 여러분이 올바른 수행자이고 나와 여러분의 고통이 어느 정도 줄어든다면 분명히 나와 여러분 개인에게 좋은 일일 것이다. 그렇지만 '나'와 '여러분'은 모두 '자기원인'인 존재가 아니다. 달리 말해 '스스로 존재하는' 존재자가 아니다. 이는 '나'와 '여러분' 외에 다른 '모든 사람'과 '모든 생명체'도 마찬가지다. 우리 개인은 우리 자신을 생성하고 존재하게 하는 존재자들 그리고 우리가 존재하게 할 존재자들의 순환 고리에서 절대로 분리될 수 없다. 그렇기에 나와 여러분 그리고 타인의 괴로움은 개인의 괴로움이 아니라 있는 그대로의 괴로움, 우주 전체의 괴로움이다. 끊임없이 이어지고 순환하기에 더는 생명이 존재하지 않는 한 끝나지 않으며, 생명 자체가 앞으로 나아가게 만드는 불만족(불충분)의 산물이기 때문이라도 끝나지 않는다. 세상이 존재한 순간부터 그랬고 앞으로도 그렇다. 이 결핍이 세상을 움직이게 하는 힘이자 원리다. 따라서 우리 개인이 아무리 사적인 결핍을 채우려고 해도 채울 수가 없다. 세상이 언제나 불충분하기 때문이다.[81] 그런데 이 끝나지 않는 결핍의 순환을 순환하게 하는 동력이 있다. 다름 아닌 우리의 열망이다. 열망이 사라지는 순간 세상은 멈춘다. 그때가 비로소 끝이다. 역설적으로 들리겠지만, 불교 철학은 우리에게 결코 완벽해질 수 없는 세상을 나아지게 하고자 열망하라고 요구한다. 동력이 상실되면 끝이기에.

불교 철학 논의를 시작할 때로 돌아가면, 그래서 카스트에 대한 비판은 '불만족(불충분)'이라는 개념과 관련이 있다. 일부 불교도는 카스

모든 삶은 충분해야 한다

트에 맞서 싸웠고, 때로는 자신들의 교의 내에서 또 다른 형태의 카스트를 만들어내기도 했지만, 적어도 내가 아는 한 불교 경전 대부분은 충분한 삶에 관한 속 깊은 교훈을 제공한다. 우리 삶에는 언제나 불만족스럽고 불충분한 요소가 있다. 이를 결핍이라고 한다면 그 결핍은 영원히 해소될 수 없지만 개선될 수는 있다. 그리고 나는 여러분과 연결돼 있기 때문에, 여러분이 자신의 부정적 감정을 극복하도록 돕는 것은 나 자신의 부정적 감정을 극복하는 것만큼이나 중요하다. 게다가 나와 여러분 모두는 타인과 연결돼 있기 때문에, 우리의 부정적 감정은 개인의 감정을 넘어 세상이 우리에게 영향을 미치는 방식을 좌우한다.

그러므로 세상 자체를 나아지게 해서 모두가 충분한 삶을 살 수 있어야 우리도 충분한 삶을 살 수 있다. 우리 삶은 그렇게 세상과 어우러져 순환한다. 불교 철학의 이 미묘한 세계관은 우회 경로로 욕망을 실현하고자 정면으로 마주하는 욕망은 포기하라는 의미가 아니다. 아무리 기가 막힌 꼼수를 써도 우리 삶에서 불만족스럽고 불충분한 부분은 사라지지 않는다는 진실을 깨달아야 한다는 것이다. '신경 끄기의 기술'은 우리 개인의 감정을 긍정적으로 유지해줄 수 있다는 점에서 많은 도움이 될 수 있다. 즉, 우리 자신에게 필요한 세계관이다. 하지만 여기에 더해 우리에게는 또 하나의 미묘한 세계관이 더 필요하다. 다름 아닌 모두가 충분한 삶을 사는 세상을 만들고자 타인에게도 관심을 쏟는 '신경 쓰기의 기술'이다.

투쟁에서 탄생한 철학

아리스토텔레스는 귀족이었다. 고타마 싯다르타는 왕자였다. 나는 미국 교외 중산층 가정에서 태어나 자랐다. 이미 충분히 좋은 삶을 살아봤다면 충분한 삶에 대해 생각해보기가 더 쉬울지도 모르겠다. 그러나 빈곤 속에서, 폭력 속에서, 절망 속에서, 투쟁 속에서 자란 사람들에게 충분한 삶은 누군가가 이렇게 조언하는 것처럼 들릴 수도 있다.

"나는 엄청난 고난과 역경을 견뎌내고 정상에 섰다. 올라와서 보니 이제 알겠다. 너희는 이럴 필요가 없다."

'벨 훅스(bell hooks)'라는 필명으로 더 잘 알려진 아프리카계 미국 문화평론가이자 작가이자 사회 운동가 글로리아 진 왓킨스(Gloria Jean Watkins)는 자신처럼 미국 남부의 인종 차별과 빈곤과 가부장적 권위 속에서 자란 흑인들에게 때때로 불교의 가르침은 이렇게 들릴 수 있다고 말했다. 1992년 한 인터뷰에서 벨 훅스는 그동안 얼마나 많은 사람이 불교의 가르침을 특정 기득권만을 위한 '포기의 미덕'으로 몰아갔는지 설명했다.

"뭔가를 포기하려면 그 전에 뭔가를 갖고 있어야 한다는 겁니다. 그러니까 불교의 가르침은 물질적 특권과 안락함에 사로잡힌 사람들에게나 해당한다는 거예요. 흑인 지인들이 우리 집에 와서 이 이야기를 듣고는 '어떤 안락함을 포기하라는 거지?' 합니다. 흑인들에게 불교는 배타적이었어요. 그 덕분에 대부분 흑인이 '나와는 상관없는 일

모든 삶은 충분해야 한다

이네' 한 거죠."[82]

 그래도 굴하지 않고 그녀는 미국의 베트남 침공에 대항해 반전 운동가로 활동한 바 있는 틱낫한(Thich Nhat Hanh)과 같은 승려들에게서 불교 철학의 참된 의미를 찾았다. 틱낫한은 사회로부터 철저히 단절된 개인의 수행만을 강조하는 불교가 아니라, 세상의 전쟁과 정치와 경제의 고통을 함께 줄여나가는 연민의 윤리로서 '참여 불교'를 주창했다. 이 현대 불교는 삶의 필연적 불충분에 대한 철학도 아니고, 소수 기득권의 포기에 대한 철학도 아니었다. 그것은 아프리카계 미국 철학자 레너드 해리스(Leonard Harris)의 말을 빌리면 "투쟁에서 탄생한 철학"이었다.[83] 벨 훅스는 '사랑과 현존'이라는 새로운 윤리를 정립하기 위해 가부장제, 자본주의, 인종주의에 대한 자신의 비판적 사상과 틱낫한의 불교 철학을 접목했다. 그렇게 마련된 윤리 체계는 삶의 결핍과 불충분에 대항하는 투쟁의 밑거름이 됐다. 그녀에게 불교는 "모든 사람이 온전하게 잘 살고, 모두가 빠짐없이 속하는 세상을 만들어가는" 투쟁의 철학이었다.[84]

 벨 훅스는 아프리카계 미국인들이 부패한 미국 사회에서 평등한 일부가 될 수 있다는 이상을 비판한 아프리카—아메리카 철학의 오랜 전통에 서 있는 인물이다. 그렇지만 그 궁극적 목표는 인종과 상관없는 모두의 충분함을 향하고 있다. 제1장에서 언급한 W. E. B. 듀 보이스 같은 사상가들은 아프리카계 미국인들이 백인들의 위대함 추구에 동참하기보다 만인의 투쟁을 이끌어달라고 호소했다. 그는 흑인들의 소외가 오히려 모두를 위한 사회 변혁의 필요성을 확실히 인식하는 계기가 돼야 한다고 주장했다. 1926년 6월에 열린 NAACP(전미 흑인지위촉진협회) 연례 회의에서 그는 내가 생각하기에 가장 세련된 방식으로 위대함을 추구하는 행태를 비판하면서 충분한 삶에 대한 비전을 제시했다.

여러분이 오늘 밤 갑자기 완벽한 미국인이 되는 상황을 가정해봅시다. 피부색도 하얗게 바래고, 여기 시카고의 색깔 장벽도 기적적으로 사라진다고 말입니다. 자, 이제 여러분에게도 부와 권력이 생겼습니다. 여러분은 무엇을 원하겠습니까? 당장 무엇을 갖고 싶은가요? 힘 좋은 자동차를 사서 쿡 카운티(Cook County)로 달려갈 건가요? 노스 쇼어(North Shore)에서 가장 비싼 집을 살 건가요? 로터리클럽(Rotary Club)? 라이온스클럽(Lions Club)? 아니면 그보다 더한 게 뭐가 있을까요? 멋지고 눈에 띄는 옷? 최고급 저녁 식사? 가장 비싼 지면에 광고라도 할 건가요?

여러분이 알고 있던 것을 모두 떠올려봐도 사실은 진정으로 바라던 것들이 아님을 바로 깨닫게 됩니다. 아마도 보통 백인 미국인들보다 더 빨리 깨달을 것입니다. 우리가 미국에서 겪어봤듯이, 우리에게는 천박하고 화려한 것들에 일종의 혐오감이 있는 데다, 정말로 아름다운 세상이라면 어떤 모습이어야 할지 이미 그려봤기 때문입니다. 우리에게 참된 마음이 있고, 제대로 볼 수 있는 눈이 있고, 솜씨 좋은 손이 있고, 다정한 마음이 있음을 아는 세상, 확실히 완벽한 행복은 아니겠지만 계속 노력할 수 있고, 피하지 못할 괴로움이 있고, 희생과 기다림이 있는, 아무리 그렇더라도 사람이 알고, 사람이 만들고, 사람이 깨닫고, 사람이 사람의 삶을 만끽하는

모든 삶은 충분해야 한다

세상을 우리가 그렸지요. 그것이 우리 자신과 미국 모두를 위해 만들고 싶은 세상이지요.[85]

귀족이나 왕자가 자신의 특권을 포기하는 것도 무의미한 일은 아닐 것이다. 하지만 듀 보이스처럼 억압당하고 소외당하던 사람이 테이블 상석을 제안받고도 이렇게 말하는 것은 전혀 다른 맥락일 것이다. "고맙지만 사양하겠습니다. 애당초 테이블 자리가 이런 식으로 배치된 게 문제인 것 같군요."

듀 보이스는 여기서 앞으로 더 나아가 억압의 역사는 위대함의 자리 교체를 유도하는 게 아니라 과거와 다른 새로운 가치로 인도한다고 역설했다. 자신의 피할 수 없었던 삶의 비극을 앙갚음이나 쟁취가 아닌 본질의 문제로 이해하고, 그것을 인류에 대한 창조와 배려의 개념으로 확장함으로써 투쟁의 길을 모두의 충분함을 향한 길로 재설정했다.

물론 듀 보이스가 아예 위대함의 매력에 유혹을 느끼지 않았다는 뜻은 아니다. 우리가 그렇듯이 그도 초기에는 유혹을 받았다. 어떤 연설에서 자신의 "재능 있는 10분의 1(Talented Tenth)"이라는 개념을 설명할 때인데, 10%의 흑인이 나머지 인류를 개선하리라는 희망을 이야기하다가 나온 표현이었다. 그리고 1903년 이를 책으로 엮으면서 "다른 모든 인종과 마찬가지로 흑인종도 비범한 인물들에 의해 구원받을 것"이라고 썼다.[86] 그러나 이후 조금씩 자신의 세계관이 바뀌었거나 본래 그런 생각이 아니었음을 인식한 듯하다. 1948년 그는 그때의 "재능 있는 10분의 1" 연설문을 수정해 다시 발표했는데, 여기서 당시 자신의 사고방식이 엘리트주의에 물든 것이었음을 고백했다. 백인 엘리트주의를 타파하려는 과정에서 역설적으로 흑인 엘리트주의가 슬그머니 그의 정신을 오염시킨 것이었다. 어쨌든 그의 목표는 흑인의 각성에서 모든 이들의 각성으로 변화했고, 이는 모두가 충분한 삶을 누릴 자격이 있다는 신념으로 발전했다. 근본적인 세계관 전환 없이 엘리트주의만 물고 늘어지면 평등이 아닌 다른 양상의 엘리트주의를 초래해 투쟁의 본질을 잊고 단절된 계층을 만들 가능성이 크다는 사실을 깨우쳤다.

그렇지만, 현실적으로 어쩔 수 없었으리라고 이해하지만, 그는 청년층들의 처지를 대변할 때마다 수 세기에 걸친 억압 때문에 기회조차 잡을 수 없었던 젊은이들에게 재능을 펼칠 장을 제공해야 한다고 주장했다. 그런 뒤 이제부터 아프리카계 미국인 사회의 주요 과제는 모든 사람이 "재능과 노력에 따라 일할 수 있도록" 정치적 조건을 바꿀 국제적인 연합 기구를 마련하는 데 집중해야 한다고 강조했다.[87] 그렇게 수립된 "이끄는 100분의 1(Guiding Hundredth)" 프로젝트는 전세계에서 과거 식민지에 속했던 사람들 3만 명으로 구성된 특별 위원회 수립으로 이어졌고, 개인의 탁월함을 모든 세계 모든 인종의 보편적 복지로 확대함을 목표로 삼았다. 달라진 것은 그의 관점이 흑인에서 모든 인종으로 넓혀졌다는 사실뿐이었다. 엘리트주의는 그대로 남았다. 급기야 그는 "위계 구조 최상위층에 의존해야 할 때도 있다"고 말하기도 했다.[88]

모든 삶은 충분해야 한다

나는 이 맥락이 다른 의미로 확장될 수 있음을 경험했다. 충분한 삶에 관한 공개 강연을 마쳤을 때 한 흑인 여성이 내게 다가와 이렇게 말했다. 몇 분 동안 대화를 나눴는데 주요 장면은 이랬다.

"좋은 말씀 잘 들었고 선생님이 하려는 일도 고마우나, 흑인들, 특히 흑인 여성들은 충분함만으로는 안 돼요. 우리는 위대해져야만 합니다."

나는 그 말의 의미를 재빨리 깨달았지만, 나도 모르게 기계처럼 준비된 대답을 했다.

"맞아요, 비단 백인의 문제는 아니지요. 벨 훅스나 듀 보이스 등 여러 사람이 있습니다. 흑인 사상을 발전시킬 이론적 자원이…."

그녀는 내 말을 끊었다.

"흑인 사상을 말하는 것도 아니에요. 매일매일 흑인 여성으로 살아가는 걸 말하는 겁니다."

그때 나는 더 고민하겠다는 약속 말고 달리 대답할 말이 없었다.

이후 나는 그 순간을 계속 떠올리면서 그녀의 생각을 헤아리고자 애썼다. 고민하겠다는 약속은 지킨 셈이다. 이제 나는 이 책에서 고민한 결과를 밝힌다. 처음에 나는 그녀가 단순히 페미니즘적 시각에서 내 이야기를 오해한 것으로 생각했다. 더욱이 당시 내 태도에 문제가 있었다. 나는 그녀가 내게 질문을 한다고 여겼지 주장을 한다고는 미처 생각하지 못했다. 그래서 그녀의 말을 듣기보다 답변하는 데 몰두했다. 직업병인지, 말은 내가 한다는 무의식에 사로잡혀 다른 사람들의 말을 주의 깊게 듣고 언제든지 내 생각을 고칠 준비를 해야 한다는 사실을 잊었다. 나는 그녀의 생각을 더 구체적으로 이해하기 위해 잘 듣고 잘 질문했어야 했다. 돌이켜보면 그녀 또한 위대함 추구를 지양해야 한다는 내 주장의 전체적인 틀에 대해서는 크게 반대하지 않았다.

그녀는 크게 두 가지 측면을 지적한 것 같다. 하나는 평등을 위한 투쟁에서 때로는 불가피하게 권력이 필요하다는 것이다. 이는 듀 보이스의 "이끄는 100분의 1" 후기 양상에서 드러난 생각이었다. 또 하나는 별다른 노력 없이 사회적 성공을 거두는 사람 대부분은 백인이라는 것이다. 바이파크(BIPOC, 백인을 제외한 흑인, 토착민, 유색 인종을 일컫는 용어_옮긴이), 트랜스젠더, 성소수자, 극빈층 남성과 여성 그리고 인종과 젠더를 막론한 모든 장애인은 백인 중산층과 상류층보다 훨씬 적은 보상을 얻기 위해서라도 더 큰 노력을 기울인다.[89] 아프리카계 미국 저널리스트이자 작가 타네히시 코츠(Ta-Nehisi Coates)는 이 같은 불평등이 어떻게 미국 흑인들의 평범한 생활마저도 가로막는지 격앙된 논조로 비판했다.

"비범한 개인을 육성하는 데 관심이 있다면, 아프리카계 미국인들에게 초인이 되라고 촉구하는 것은 훌륭한 조언이다. 그러나 평등한 사회를 만드는 데 관심이 있다면 그것은 끔찍한 조언이다. 흑인 자유 투쟁의 목표는 초도덕적이고 초인류적인 위대한 인종을 육성하는 게 아니다. 그저 모든 사람이 평범한 인간으로 살아갈 권리를 얻는 것이다."[90]

요컨대 그때 그녀는 위계나 위대함을 옹호한 것이 아니었다. 그녀는 내가 강연에서 인종, 젠더, 민족 등 모든 차별 문제에 관해서는 논의하지 않은 탓에 위대함을 무너뜨릴 만큼 충분하지 못했다는 사실을 깨닫게 하려고 했던 것이었다.

아프리카계 미국 정치평론가이자 작가 헤더 맥기(Heather McGhee)는 전미도서상을 받은 책 《우리의 합(The Sum of Us)》(2021)에서 인종 차별을 주제로 탁월한 논증을 펼쳤다. 이 책에서 그녀는 인종 차별이 모든 시민에게 남부럽지 않은 충분한 삶을 제공해야 할 미국의 역량을 어떻게 망가뜨렸는지 이해하기 쉬운 사례를 들어 설명한다. 그중에서 가장 중심이 되는 사례는 '공공 수영장 물빼기'다. 1930년대에서 1950년대 초까지 미국 도시에는 공공 수영장이 많이 있었다. 하지만 모두 백인 전용이었다. 도시마다 경쟁적으로 더 넓고 더 멋진 수영장을 만들었고, 어떤 도시에는 최대 1만 명까지 물놀이를 즐길 수 있는 수영장이 있었다.[91] 민권 운동가들의 지속적 노력으로 1950년대 중반에 이르러 인종 차별 규제가 풀림에 따라 이제 공공 수영장은 모두에게 개방됐는데, 일부 백인들이 앙심을 품고 염산을 붓는 등 계속 문제가 발생하자 많은 도시에서 아예 수영장 물을 빼고 시멘트를 채워버렸다. 수영장을 안 쓰면 안 썼지 흑인들과는 섞이기 싫다는 것이었다. 나는 충격을 받았다. 이 책을 읽기 전까지는 그런 일이 있었는지도 몰랐다. 아마도 오늘날 대부분 사람도 몰랐을 것이다. 헤더 맥기는 이처럼 노골적이고 무도한 인종 차별은 인종불문주의라는 명분에 밀려 지하로 숨어들었지만, 여전히 백인 기득권층을 중심으로 보편적 복지를 위한 세금에 반대하는 등 정책 결정에 부정적 영향을 미치고 부의 재분배를 막는 주된 요인으로 작용한다고 꼬집는다. 일찍이 미국을 대표하는 흑인 작가 제임스 볼드윈은 이렇게 호소한 바 있다.

"백인 해방의 대가는 흑인 해방이다. 도시에서, 마을에서, 법 앞에서, 그리고 정신의 완전한 해방이다."[92]

불평등한 세상에서 억압받고, 소외되고, 평가절하된 사람들에게 이와 같은 해방을 달성하는 일은 생존 그 자체의 문제일 것이다. 그렇기에 최고가 되기 위한 피라미드 꼭대기가 아닌 그저 살기 위한 수단으로 위대함을 추구해야 한다고 느낄 수도 있다. 이해한다. 그렇지만 위대함은 규범적 목표가 될 수 없다. 타네히시 코츠의 말대로 투쟁의 목표가 위대한 인종의 육성을 향해서는 안 된다. 위대함은 억압의 조건일 뿐이다.

투쟁에서 탄생한 충분함의 철학은 이런 억압의 조건들이 우리 개인의 능력과 노력을 바라보는 척도를 바꾸게끔 유도한다는 사실을 알려주는 동시에, 그렇게 바뀐 척도가 충분함 이상을 측정하도록 허용하지 말라고 경고한다. 때때로 이 교훈은 자신의 위대함을 내세우는 흑인 남성 지도자들에게 대응해야 했던 흑인 여성들을 통해 구현됐다. 미국 역사상 가장 저명한 아프리카계 미국 여성 학자이자 민원 운동가 애나 줄리아 쿠퍼(Anna Julia Cooper)는 입버릇처럼 자신을 "흑인 국민의 대표"라고 칭하던 군인이자 노예제 폐지론자 마틴 딜레이니(Martin Delany, 남북전쟁 당시 북군 장교로서 활약했고 소장까지 진급함_옮긴이)가 자기 방에 들어갈 때면 "모든 흑인종이 들어가네"라고

모든 삶은 충분해야 한다

읊조리곤 했다고 1886년 집필 중이던 에세이에서 언급했다. 이 에세이는 1892년 《남부의 목소리(A Voice from the South)》라는 제목의 책으로 출간됐다. 이 책에서 쿠퍼는 그의 행태를 "햇볕이 내리쬐는 산 꼭대기를 가리키면 포이보스(Phoibos, 그리스 신화 태양신 아폴론의 별칭_옮긴이)가 깊은 계곡도 따뜻하게 해준다는 것이 증명되는가?"라고 썼다. 정말로 흑인 국민의 상황을 알고 싶다면 힘들게 일하고 있는 흑인 노동자들을 찾아야 할 것이다.

"그제야 온 산과 계곡이 햇볕을 받아들이고 있음을 알 것이다."

그런 뒤 쿠퍼는 마틴 딜레이에게 결정타를 날린다.

"오직 흑인 여성만이 언제 어디로, 논쟁의 여지가 없는 존엄함으로, 조용하게, 사나움 없이, 거창할 것도 없이, 특별한 뒷배도 없이, '모든 흑인종이 나와 함께 들어간다'고 말할 수 있는 것이다."[93]

1세기가 지난 1970년 엘라 베이커는 1950년대 초부터 1960년대 말까지 이어진 민권 운동에서 자신의 역할을 회고한 인터뷰를 통해 '위대한 리더' 모델의 한계를 지적했다.

"억압받는 사람들이 리더에게 의존하는 현상은 늘 불리하게 작용했어요. 지도자가 일반 대중보다 언론에 의해 선택받는 경우가 많았거든요."[94]

사회 여론을 주도하는 언론이 리더들의 평판을 손쉽게 좌우하고, 어떤 때는 리더십에 치명적 흠집을 내던 행태를 말한 것이다. 언론은 언제나 민권 운동 현장에서 남성 지도자들이 투쟁을 이끄는 것처럼 묘사했지만, 그녀에 따르면 "50년대와 60년대의 민권 운동을 주도한

쪽은 여성"이었다.[95] 그러면서도 엘라 베이커는 미래의 리더들에게서 희망을 봤다.

"지도자라는 위치에서 이익을 탐하기보다 기회를 얻지 못한 흑인들을 대변하려는 젊은 예비 리더들을 보면서 나는 또 새로운 희망을 품습니다."[96]

아마도 그녀는 에이드리언 마리 브라운 같은 오늘날의 젊은 리더들에게서 용기를 얻었을 것이다. 브라운은 이제 자신과 같은 젊은 유색인종 여성이 애나 줄리아 쿠퍼나 엘라 베이커의 시대에는 남성들에게만 국한됐던 리더 역할을 능히 맡고도 남는 시대에 살고 있다. 브라운은 카리스마 넘치는 리더라는 매력이 성장 배경이나 사회적 정체성과 상관없이 누구에게나 강력할 수 있다는 사실을 일찍부터 깨달았다. 그녀는 이 매력을 "카리스마염(charismitis)"이라는 일종의 심리적 질환으로 표현했다.[97] 기회만 주어진다면 누구나 걸릴 수 있는 염증이다. 그런데 어떤 사람들에게는 고통이 아니라 약이다. 브라운은 자신이 처음으로 인정받았을 때의 느낌을 '치유'였다고 설명한다.

"그것은 내게 치유였다. 나는 안경 쓴 뚱뚱한 얼간이 계집애에서 멋진 소녀로 변신했다! 눈부신 뚱녀! 개쩌는 뚱녀! 안경 쓴 괴짜 뚱녀!"[98]

그녀 특유의 익살을 담은 자신만만한 표현이지만, 이 치유는 그녀가 활동을 이어가는 동안 조금씩 불안과 번아웃으로 나타났다. 브라운은 자신이 치유라고 여겼던 카리스마가 리더의 신체적·정신적 에너지를 소진하게 만드는 요인임을 알아차렸다. 그녀는 대규모 집회

모든 삶은 충분해야 한다

를 이끌 때나 주요 기부자 모임에 참석할 때면 여전히 자신만의 카리스마를 발산하지만, 그것은 어디까지나 모두를 위한 사회 운동에서 자신의 그런 매력이 긍정적 자원으로 쓰일 수 있다고 판단했을 때다. 자신의 이야기를 위대함으로 승화하려는 게 아니었다. 브라운은 자신이 깨우친 교훈을 이렇게 요약했다.

"혼자서 뭔가를 성취해야만 하고 최고의 아이디어를 떠올려야 하는 사회에서는 고독과 멸종만이 기다릴 뿐입니다. 모두가 이기려고만 한다면 정말이지 아무도 이길 수가 없어요."[99]

위대함 게임의 또 한 가지 위험은 이길 때마다 그렇게 올라선 위치를 정당화하고 지키려고 하게 된다는 점이다. 충분히 위대했던 마틴 루터 킹은 생애 마지막까지도 보편적 '보장 소득(guaranteed income)' 개념을 정책에 반영하고자 자신이 이룬 성공을 발판 삼아 위대함을 넘어서는 운동을 전개하고자 애썼다.

"오늘날 우리 사회의 경향은 우리의 풍요로움을 중산층과 상류층의 과식한 입에 그들이 구역질할 때까지 계속 밀어 넣는다는 것입니다. 민주주의가 더 넓은 의미를 띠려면 이 불평등을 조정해야 합니다. 도덕적으로뿐 아니라 지능적으로도 그래야 합니다. 우리는 낡은 사고에 집착해 인간의 삶을 낭비하고 타락시키고 있습니다."[100]

물론 지극히 타당한 주장이지만, 삶의 낭비와 타락을 끝내는 길은 사람마다 다를 것이다. 이 장에서 언급한 인물들의 개인적 차이점이 보여주듯 개인의 충분한 노력은 절대적으로 보편적일 수 없다. 사람마다 각자 의미가 다를 것이며, 이를 향한 우리의 길도 다양할 것이다. 그토록 다르겠지만, 벨 훅스의 말을 반복하자면 그래도 결국에는 "모든 사람이 온전하게 잘 살고, 모두가 빠짐없이 속하는 세상을 만들어가는" 하나의 임무로 귀결된다.[101]

모두가 빠짐없이 속한 세상을 만드는 일은 각자인 우리가 인간관계에서 서로를 어떻게 대해야 하는지와 관련한 질문을 제기하기도 한다. 여러분이 삶에서 충분함을 추구할 때 다른 사람의 충분함은 어떻게 헤아려야 할까? 충분한 관계란 어떤 모습일까? 충분함의 규범적 지평은 우리 자신을 사랑하고 타인을 배려하는 능력에 유의미한 변화를 가져다줄 수 있을까?

다음 장에서 나는 충분함이 꽃피울 수 있는 세상을 만들기 위한 단계로 지금의 위대함 문화를 형성하고 유지하는 사회적 규범을 살핀 뒤 이런 규범이 충분한 인간관계의 비전과 어떻게 충돌하는지 살필 것이다.

모든 삶은 충분해야 한다

제3장

우리 관계를 위하여

충분한 삶에 관한 책을 쓰면서 내 친구나 가족에게 이 주제를 놓고 대화를 시도하는 일은 꽤 어색했다. 대부분은 '충분함'이라는 의미와 가치에 대해서는 이해하면서도 그것이 삶의 모든 측면을 담을 수는 없다고 우려했다. 자신들이 충분한 친구나 가족보다는 낫지 않느냐고 반문하기도 했다. 어떤 친구는 아내를 어떻게 생각하느냐 물어서 "충분하지"라고 대답했더니 답답하다는 눈빛으로 "네 아내에게는 절대로 그렇게 말하지 마"라고 했다. 내가 우리 두 사람 관계를 그럭저럭 괜찮다고 여기는 것으로 보는 눈치였다. 나를 불쌍하게 생각하는 것같기도 했다.

그런 구어체의 충분함은 내가 여기서 말하는 개념이 아니다(이 책이 철학서임을 떠올릴 필요가 있다). 우리의 사회적·정서적 욕구를 충족시키는 충분한 삶은 더 확장된 개념으로 이해해야 한다. 일테면 캐나다 철학자 킴벌리 브라운리(Kimberly Brownlee)는 내가 제1장에서 언급한 미국 사회심리학자 로이 바우마이스터와 마크 리어리의 소속감 연구를 바탕으로 "신체적 친밀감, 상냥한 손길, 상호적 포용, 상호적 놀이, 신체적·정신적 보살핌, 동료애, 유대감, 관계를 지속할 유의미한 기회" 등 그와 같은 욕구를 목록화했다.[1]

그렇다면 이런 의미에서 '충분한 관계'는 서로 의미 있고 강력한 연결을 약속하므로 '좋은 관계'다. 우리의 본질적 필요와 서로의 열망이 충족되므로 '충분'하다. 거창하고 연극적인 몸짓보다 일상의 관심과 배려가 더 중요한지 서로 아는 데다, 피할 수 없는 고난과 고통 속에서도 굴하지 않고 함께 살아남아 더불어 헤쳐나갈 것이기에 더욱 '충분'하다.

브라운리는 충분한 관계의 본질에 관해 더 중요한 통찰력도 제공하고 있다. 그녀는 '관계'와 '시간'이야말로 가장 분배하기 어려운 자원이라고 말한다. 모든 사람이 어떤 한 사람과 어울리고 싶어 하거나, 모든 사람이 어떤 한 사람을 따돌리려는 상황을 생각해보자. 브라운리는 모든 사람이 저마다 인간관계에 이바지할 수 있는 유의미한 뭔가를 갖고 있으며, 모든 사람은 누군가를 따돌릴 때 그 행위가 사회적 관계에 부정적 영향을 미친다는 사실을 안다고 지적한다.[2]

그녀가 설명한 문제는 위대함을 추구하는 행태에서 볼 수 있는 모습들과 매우 유사하다. 너무 많은 사회적 자원(특히 관심과 배려)이 너

모든 삶은 충분해야 한다

무 적은 사람들에게 돌아가고, 대다수 사람이 이바지한 것들은 너무 쉽게 무시된다. 탁월한 누군가를 데려온다고 해서 우리가 갑자기 만족스러운 사회생활을 하게 될 리 만무하다. 그리고 실제 현실에서 우리 대부분은 지금도 그렇고 앞으로도 별로 좋아하지 않는 사람들과 함께 보낼 수밖에 없다. 사회생활에서 관계란 본래 그런 것이다. 인간관계의 잔인함이라면 잔인함일 테지만, 그게 좋을 리 없겠지만, 우리가 함께 시간을 보내고 싶지 않은 사람들에게도 어느 정도 관심을 가져야 하는 것이 인간관계의 진실이며 그 자체로 사회생활의 일부다.[3]

위대함 추구 모델은 우리가 우리 자신의 위대함을 추구하면 사회 위계 구조상 높은 위치를 확보할 수 있을뿐더러, 결과적으로 우리 자신뿐 아니라 사회 전체의 복지에 기여하게 된다고 말한다. 그래서 어떤 분야에서든 최고가 되려고 노력해야만 전체 공익을 향상하는 효과로 이어진다고 주장한다. 앞서 나는 이와 같은 열망의 강요가 실제로는 불리하게 작용해 과도한 부담과 불안을 초래하고, 우리 스스로 생각하는 가치와 일치하지 않는 척도 때문에 모두가 충분하고 적절한 삶을 추구할 역량을 박탈한다고 강조했다. 이를 인간관계로 연결하면, 우리가 관계에서 위대함을 추구할 때마다 우리 자신에게 가하는 압박을 다른 사람에게도 가하게 된다. 즉, 위대함 모델이 쌍방향으로 확대돼 압박의 총합도 두 배가 된다. 우리와 대등한 위치에 있는 사람이라야 바람직한 관계를 형성할 수 있으므로 친구, 동료, 배우자, 자녀를 함께 피라미드 꼭대기로 향하도록 밀어붙인다. 이제부터는 만족할 만한 성과가 나오지 않으면 우리 자신은 물론 상대방도 고통스럽다. 그저 좋은 사람과 좋은 친구가 되면 되는데, 우리도 모르게 최고를 지향하는 최고의 관계를 바라고 있다. 그럼으로써 좋은 친구와 최고의 친구가 도대체 어떤 차이인지, 충분한 관계와 위대한 관계가 도무지 뭔지 모르겠는 인지 부조화 상태에 빠지고 만다.

위대함은 우리 자신이나 우리 관계에서 다르게 나타나긴 하지만, 어쨌든 두 경우 모두 고난을 극복하려면 정상에 오르는 일을 최우선 가치로 삼으라고 종용하는 세상의 산물이다. 그리고 다른 측면에서 보면 완벽한 관계에 대한 우리의 이상이 사회 위계 구조를 정당화하는 듯하다. 우리가 사랑을 가장 완벽하고 절대적이고 최선인 짝을 찾기 위한 탐색이라고 믿는다면, 사랑도 이럴진대 우리 자신, 우리 일터, 우리 사회, 심지어 우리 자연 생태계에서 위대한 뭔가를 찾아야 한다는 생각을 무엇으로 막을 수 있을까? 사람들이 저마다 추구하는 위대함의 종류는 조금씩 다를지라도 관계 속에 서로에게 필연적으로 영향을 미친다.

위대함 추구는 삶에서 맺게 되는 관계의 유형에 따라 다양한 방식으로 나타난다. 예컨대 부모와 자식 관계에서 위대함 추구는 자녀를 사회의 위계와 지위 경제에서 높은 위치를 확보한 사람으로 만드는 데 있다. 부모라면 누구나 자녀가 경쟁 체제를 뚫고 많은 보상을 얻을 수 있는 자리를 차지하길 원한다. 그렇기에 아이들이 최고만 될 수 있다면 뭐든지 자신들을 희생하면서까지 지원하려고 노력한다. 그래야 부모 노릇 제대로 하는 훌륭한 부모라고 생각한다. 그런데 문

모든 삶은 충분해야 한다

제는 그와 같은 훌륭한 부모가 되고자 노력하면 할수록 자신들에게 너무 많은 압박을 가하고 자녀를 향해서도 너무 비현실적인 기대감을 품게 된다는 것이다. 이는 부모 자신과 아이들 모두의 충분한 삶을 방해한다.

예를 하나 들어보자. 하버드를 목표로 공부하던 어떤 패기만만한 여학생이 있었다. 평소 학업 성적이 좋았는데도, 부모 특히 아버지는 딸아이에 대한 기대감이 과할 정도로 높아서 매일 같이 응원을 빙자한 압박을 줬다. 그러던 어느 날, 아랫동네에 사는 같은 학교 남학생 아버지가 아들의 하버드 입학을 돕기 위해 하루 4시간만 자면서 라틴어와 비올라를 가르친다는 소문을 들었다. 그러자 그녀는 잠만 쿨쿨 잘 자는 아버지가 원망스러웠다. 그러다가 1년 뒤 그 친구가 하버드 입시에서 떨어졌다는 소식이 전해졌다. 수천 명이나 되는 지원자 중에서 너무나 많은 학생이 라틴어를 잘하는 데다 비올라 실력도 전문 연주자 수준이었단다. 아버지와 아들은 깊은 실의에 빠졌다. 아버지는 아들을 위해 최선을 다했고, 아들도 남들에게 없는 나름의 특권을 누렸더랬다. 여학생 쪽도 떨어지긴 매한가지였다. 그 아버지도 딸아이와 똑같이 실의에 빠졌다. 네 사람 모두 자신들을 실패자라고 느꼈다.[4]

혹시 여학생과 남학생 중 한 사람이 하버드 입학에 성공했다면 그 아이는 기대감으로부터 자유로워질 수 있었을까? 모든 인생이 그렇듯 이 아이들의 삶은 충분하지 않을 수 있고, 사고나 비극이 일어나지 않을 수 없으며, 쟁취가 아닌 우연의 결과일 수 있고, 노력과 상관없는 한순간의 실수로 흠집이 날 수도 있다. 하지만 대학에 들어가도 "해라", "이뤄라", "올라서라" 하며 끝없이 울려 퍼지는 머릿속 목소리는 사라지지 않는다. 나는 누구이고 무엇으로 삶의 의미와 가치를 찾을지는 고민할 겨를이 없고 능력주의 사회에서 어떻게 싸워 이길지에만 골몰해야 한다. 완벽함에 대한 공포의 물벼락은 갑자기 쏟아지는 게 아니라, 어려서부터 부모와의 관계 속에서 조금씩 젖어들어 어른으로 성장해서는 사회적 관계를 통해 온몸을 흠뻑 적시게 되는 것이다. 이 무의식의 공포는 매우 심각해 우울증과 불안감은 물론 각종 정신질환을 일으킨다.[5]

그래도 우리 가운데 많은 이들은 인간관계에 가해지는 압박과 불안이 능력주의로 대표되는 위대함 추구 문화가 초래한 문제임을 알고 있다. 더욱이 우리가 자신을 대하는 방식과 마찬가지로 우리는 이 관계 문제의 핵심을 공유하고 있다. 우리는 스스로 최고의 부모, 친구, 동료, 연인이 아니라고 생각함으로써 우리 관계를 최악으로 몰고 갈 수 있다. 우리가 최고, 완벽함, 위대함, 탁월함 같은 것들만 생각하지 않으면 최악으로 전락할 하등의 이유가 없다. 우리의 관계는 그냥 충분하면 된다. 우리는 우리를 왕자나 공주로 떠받들어주는 엄마나, 언제나 "다해줄게!" 부모나, 아주 이따금 축구 연습장에 데려다주는 아빠를 굳이 구별할 필요가 없다. 우리는 우리를 위해 목숨을 바칠 수 있는 친구와 2년에 한 번씩 연락 줘서 안부를 물어주는 친구를 굳이 구별할 필요가 없다. 우리는 서로에게 위대해질 아무런 까닭이 없다. 그 대신 우리는 전혀 다른 목표를 서로에게 권유할 수 있다. 서로가 좋고, 행복하고, 어떤 때는 나쁘고, 어느 때는 함께 슬프고, 그러다가 다시 좋고 행복할 수 있는 충분한 세상을 함께 만들어가자고 말이다.

우리는 서로를 피폐하게 만드는 소모적이고 경쟁적인 관계 대신 서로에게 어떤 존재가 되고 싶은지 다시 생각해볼 수 있다. 우리는 충분한 부모, 자식, 친구, 연인이 되는 일도 분명히 쉽진 않지만, 적어도 이 관계가 남들과 비교할 대상은 아님을 깨우칠 수 있다. 나는 비로소 나와 가족, 친구, 동료, 제자들과의 관계가 내 인생에서 충분하다고 여길 수 있었는데, 위대함을 향한 수많은 유혹에 온전히 저항할 수 있게 되면서부터였다. 스스로 신체적·정신적 건강 상태를 살피고 번아웃에 빠질 만큼 나 자신을 혹사하지 않자 자연스럽게 마음이 홀가분해지고 타인을 바라보는 시선도 관대해졌다. 내가 사랑한다고 여기는 사람들의 단점을 순순히 받아들였고, 반대로 내 단점도 솔직히 인정하면서 모쪼록 이해해달라고 부탁했다. 나는 정직해지려고 결심했고 정직하게 행동하고자 부단히 애썼다. 나는 평소보다 더 큰 배려가 필요한 순간을 인지하게 됐고, 그럴 때면 특별한 관심을 제공하거나 요청했다. 나는 나 혼자서 내가 직면한 모든 문제를 해결할 수 있다고 더는 생각하지 않게 됐다. 그렇다고 그럴 때마다 무작정 도와달라고 요구하지는 않았다. 나는 나와 내 주변 사람들의 필요와 요구가 일치한다는 확실한 판단이 섰을 때만 이해관계를 생각했다. 나는 기회가 있을 때마다 나와 관계 맺고 있는 사람들에게 위대함을 추구하고자 애쓰지 말고 모두에게 충분한 세상을 만들어가는 데서 의미와 가치를 찾자고 설득했다.

방금 나는 나 자신을 빗대어 위대함에서 초연해지는 방법과 그 결과를 무척 간단하게 서술했는데, 쓰고 보니 뭔가 자신 없다는 불안감이 엄습해온다. 내가 정말로 위대함으로부터 자유로워졌을까? 설마 내가 해탈의 경지에 오른 걸까? 부끄러워도 솔직히 말하자면 여전히 그렇지 않다. 아마도 죽을 때까지 그러려고 애쓰다가 삶을 마감할 것이다. 그걸 알면서도 노력할 테고 여러분도 그러기를 바라는 것이다. 인간관계에서 위대함은 불균형한 열망이 허우적거리는 춤이다. 이 춤을 추려면 엄청난 에너지가 소요된다. 불필요한 움직임과 지나친 기대감으로 쉽게 피곤해지기만 하면서 끝까지 제대로 된 춤동작은 취할 수 없는 완전한 부조화다. 이에 반해 충분한 관계는 춤처럼 보이지 않는다는 점에서는 비슷하지만 유쾌함과 따뜻함이 묻어나오는 일종의 율동이며, 이따금 서로 동작이 꼬이지만 그래도 같은 동작을 취하려고 서로 재빨리 자세를 바로잡는 부드러움과 가벼움의 불완전한 조화다. 이 관계는 서로 존중하고 감사하고 보살핌을 받는다는 느낌이 들게 해준다. 내가 친구와의 관계나 아내와의 관계가 충분하다고 말할 때의 충분함이란 이런 관계를 일컫는다. "우리 사이가 이 정도야!"인 것이다.

낭만적인 이야기

제2장에서 나는 덕윤리, 불교 철학, 아프리카-아메리카 철학을 사

례로 들어 충분함이라는 목표를 우리 자신에게 어떤 식으로 적용할 수 있는지 살폈다. 이 장에서는 충분함이 우리 관계와 어떻게 연결되는지를 내 개인의 이야기, 문학의 이야기, 영화의 이야기 같은 '이야기'로 풀어볼 것이다. 왜 이야기일까? 우리 삶 자체가 이야기이기 때문이다. 우리가 맺어나가는 관계, 우리가 되고 싶은 사람, 우리가 하고 싶은 일 등은 모두 이야기를 통해 이뤄진다. 그리고 우리는 서로를 어떻게 대해야 하는지 상대의 이야기를 듣고 자신의 이야기를 말하면서 그 해답을 찾는다. 철학과 마찬가지로 이야기도 시간의 흐름 속에서 상황과 맥락이 변화함에 따라 그 의미가 조금씩 바뀐다. 이제 나는 여러분과 함께 이야기가 위대함을 추구하는 관계의 문제점과 충분함을 추구하는 관계의 가치를 이해하는 데 어떤 도움을 줄 수 있는지 살피려고 한다.

발터 벤야민은 《이야기꾼(Der Erzähler)》(1936)이라는 에세이에서 '정보'와 '이야기'를 확연히 구분했다. 그는 급격히 증가한 정보 유입과 유통 때문에 사람들이 자신의 경험을 명확히 성찰할 수 없게 됐다고 지적했다. 성찰이 부족하니 공유 또한 제대로 이뤄지지 않는다. 벤야민에 따르면 정보는 즉각적인 앎의 욕구만 충족해줄 뿐 아무런 지혜도 제공하지 못한다. 오직 이야기만이 경험과의 통합 과정을 통해 지혜로 확장된다. 우리는 이야기를 통해 서로의 경험을 되돌아보고 공유할 수 있다. 정보는 실시간으로 소비될 뿐 이야기처럼 시간을 초월할 수 없다.

벤야민은 이야기의 역할에 '조언'이 포함된다고 말했다. 그러면서도 단순히 이야기를 듣는 것만으로는 지혜를 얻을 수 없다고 못 박았다. 이야기에서 지혜를 얻는 과정의 중심에는 일종의 역설이 있다.

"조언은 질문에 대한 답변이라기보다 이제 막 펼쳐질 이야기의 지속과 관련이 있다. 조언을 구하려면 먼저 자신의 이야기를 전달할 수 있어야 한다."[6]

다시 말해 우리는 우리 자신의 삶을 이야기할 수 있을 때라야 이야기가 전해주는 지혜를 들을 수 있다. 더욱이 우리 자신이 지금 어디에 서 있는지 모른다면, 지혜를 얻더라도 우리 삶에 접목할 방법이 없을 것이다. 따라서 우리는 스스로 가능성을 열어주기 위해 우리 자신의 이야기를 분석할 필요가 있다.

내 이야기부터 해보자. 나는 내 과거에 비춰 발터 벤야민의 생각이 사실임을 알았다. 나는 어릴 적 부모님의 이혼이 내가 나이 들어 연애하고 싶어질 때 어떤 영향을 미칠지 나 자신에게 자주 이야기하곤 했다. 아니나 다를까, 혈기왕성한 젊은 시절 나는 친구들을 짜증 나게 하면서까지 내가 생각하는 연애 이야기를 떠벌렸다. 사랑하는 짝을 만나면 나는 절대로 그녀를 떠나지 않고 무조건 최선을 다하겠다고 했다. 그러면 이혼 가정에서 자란 내 아픔이 치유되리라고 생각했다. 그래서 나는 더 깊이 생각할 겨를도 없이 조금만 호감이 생기면 연애를 시작했고, 관계가 오래가지 않을 것 같다는 생각이 들 때도 억지로 사랑의 감정을 쥐어짜면서 관계를 유지하고자 부단히 애썼다. 하지만 내 뜻대로 된 적은 없었다. 관계는 어김없이 깨졌고, 그때마다 나는 자존심에 상처를 입었다. 돌이켜보면 나는 오만했고, 나만

모든 삶은 충분해야 한다

의 위대한 연애를 꿈꿨으며, 나만 끈을 놓지 않는다면 얼마든지 관계를 이어나갈 수 있다는 착각에 빠져 있었다. 심지어 나는 연인과 헤어지는 상황에서도 나만 생각했다. 일테면 상대방이 나 말고 다른 남자와 만나고 있음을, 나를 배신했음을 알게 됐을 때, 나는 머릿속이 무너지는 느낌을 받으면서도 그녀에게 이렇게 말했다.

"그래, 나는 괜찮아. 용서할 수 있어. 그러니 한마디만 해줘. 나 괜찮은 사람이었지?"

내가 스스로 들려주던 치유라는 이름의 이기적이고 왜곡된 이야기는 스위스 태생 영국 철학자 알랭 드 보통(Alain de Botton)이 쓴 사랑에 관한 여러 글에서 잘 나타난다. 그는 우리 가운데 많은 이들이 "우리의 모든 필요를 충족하고 우리의 모든 열망을 만족할 완벽한 존재가 있다는 낭만적 관념"에 사로잡혀 있다고 이야기한다. 여기에 나는 내가 그랬듯이 우리가 때때로 우리 자신을 그런 완벽한 존재라고 생각한다고 덧붙이고 싶다. 알랭 드 보통은 성공적인 관계를 지속하려면 상대방을 장밋빛 안경으로 보지 말고 인간 존재의 불완전성을 기꺼이 받아들여야 한다고 조언한다.

"모든 인간은 우리를 좌절케 하고, 분노케 하고, 짜증 나게 하고, 화나게 하고, 실망케 할 것이며, 우리 자신 또한 어떤 악의도 없이 그들을 똑같이 대할 것이라는 비극적이면서도 희극적인 관점을 가져야 한다."[7]

나는 나와 나 자신이 형성해나갈 수 있을 것 같은 관계의 유형에 대한 낭만적인 이야기를 계속해서 스스로 만들어냄으로써 세상 모든 관계의 필연적 한계를 말해주는 지혜를 차단하고 있었다. 내가 그처럼 굴곡진 연애관을 갖고 있던 시절, 친구들은 내게 이런저런 속 깊은 조언을 해줬지만, 내가 나쁜 이야기, 즉 어디에도 없는 관계를 향한 잘못된 이야기만 늘어놓은 탓에 조언을 받아들이지 못한 것이다.

그렇더라도 여러분은 이렇게 생각할 수 있을 것이다. 사랑에 빠진 그 순간만큼은 인생에서 가장 완벽한 때라고 할 수 있지 않을까? 큐피드(Cupid)의 화살에 맞는 순간 좁디좁은 자아의 굴레에서 벗어나 사랑의 결합이라는 위대함에 흠뻑 빠져들지 않는가? 이 역시 내가 내게 말하고 있던 또 다른 이야기였다. 기원전 4세기까지 거슬러 올라가는 아주 오래된 이야기다. 우리는 플라톤의 대화편 《향연(Symposion)》에서 그 이야기를 찾을 수 있다. 아테네 비극 작가 아가톤(Agathon)이 마련한 향연에서 당대 지식인들이 사랑을 논한다. 이때 참석자 중 한 사람인 희극 작가 아리스토파네스(Aristophanes)가 이런 이야기를 한다. 먼 옛날 남성과 여성을 모두 갖춘 존재들이 있었다. 그들의 몸은 둥그런 모양이었는데, 팔다리는 넷이고 머리는 반대 방향으로 남녀 얼굴이 있는 하나였다. 완벽한 피조물인 그들은 매우 강했고 야심도 대단해서 급기야 신들을 공격하기에 이르렀다. 결국 보다 못한 제우스(Zeus)가 이들의 몸을 반으로 잘라 둘로 만들었다. 잘린 부분은 살가죽을 한곳으로 당기고 모아 단추로 붙이니 배꼽이 됐다. 이때부터 인간들은 자신의 반쪽이던 존재를 그리워하며 살았다. 그리고 운이 좋으면 자신의 반쪽과 다시 만날 수 있었다. 우리는 반으로 갈라진 영혼이다. 서로를 애달파하며 다시 하나의 몸과 영

모든 삶은 충분해야 한다

혼이 되고 싶어 하는 존재들이다. 사랑은 잃어버린 자신의 반쪽에 대한 그리움이다. 다시 완벽해지고 싶은 열망이다.[8]

기원전 1세기 로마 시인 오비디우스(Ovidius)는 서사시《변신 이야기(Metamorphoses)》에서 비슷한 이야기를 이렇게 노래했다. 초라한 행색의 두 나그네가 프리기아(Phrygia) 지방을 여행하면서 무려 천 집의 문을 두드리며 하룻밤 쉬어가기를 청했으나 아무도 거들떠보지 않다가 딱 한 집만이 문을 열어 이들을 맞이했는데, 산기슭에 집과 갈대로 지붕을 인 작은 오두막이었다. 그곳에는 늙은 농부 필레몬(Philemon)과 아내 바우키스(Baucis)가 살고 있었다. 두 사람은 손님을 대접하고자 정성을 다했지만, 너무 가난해서 식탁에 차린 음식은 보잘것없었다. 그래도 자신들이 가진 가장 좋은 것들로 낸 식사였다. 그런데 무슨 영문인지 한 병밖에 없는 포도주가 잔에 따를 때마다 가득 찼다. 이 이상한 광경을 본 노부부가 두려워하면서 대접이 소홀해 그런 줄 알고 유일한 가축인 거위를 잡으려 하니 두 나그네가 빛나는 모습으로 정체를 드러내며 만류했다. 이들은 나그네로 변신한 유피테르(Jupiter, 제우스)와 메르쿠리우스(Mercurius, 헤르메스)였다. 이들의 친절함과 선함에 감복한 유피테르가 무례하고 야박한 프리기아 인간들을 홍수로 벌하겠다면서 두 사람은 산꼭대기로 올라가 화를 면하라고 했다. 노부부가 시키는 대로 산에 오른 뒤 아래를 내려다보자 마을은 모두 물에 잠겼고 자신들의 오두막만 남아 있었다. 잠시 후 유피테르가 말했다.

"의로운 노인이여, 의로운 남편에게 어울리는 아내여, 너희가 원하는 것을 말하라!"

그러자 필레몬이 대답했다.

"청컨대 신관이 되어 신전을 지키게 해주소서. 그리고 저희 두 사람이 화목하게 살아온 만큼 한날한시에 죽어서 제가 아내의 무덤을 보지 않게 해주시고, 또 아내의 손에 제가 묻히는 일이 없게 해주소서."

그 즉시 노부부가 살던 오두막은 화려한 신전으로 바뀌었고, 두 사람은 그곳에서 신관으로 살다가 함께 죽었다. 유피테르는 이들이 죽자 떡갈나무와 보리수로 변하게 했다.⁹

이와 같은 신화 속 이야기를 가장 잘 표현한 문장이 아마도 영화 〈제리 맥과이어(Jerry Maguire)〉(1996)의 유명한 대사 "당신은 나를 완성해"일 것이다. 이런 사랑을 찾고 싶지 않은 사람이 어디 있을까?

그렇지만 우리는 미국 저널리스트이자 심리상담가 로리 고틀립(Lori Gottlieb)의 이야기에 주목할 필요가 있다. 그녀는 큰 화제를 모은 책 《그 남자랑 결혼해(Marry Him)》(2011)에서 완벽한 배우자만 찾다가 세월을 보내고 결국에는 싱글맘이 된 자신의 이야기를 솔직담백하게 풀어나간다. 그녀의 연애는 늘 불만족스러웠고 늘 성에 차지 않았다. 시간이 흘러 자신의 연애 생활을 되돌아보던 그녀는 그동안 '그 한 사람'을 찾는 데만 골몰해 충분히 좋은 남자 여럿을 놓쳤고, '그 한 사람'은 끝내 만나지 못한 채 남편 없는 자신과 아빠 없는 아이만 남게 됐음을 깨닫는다. 그녀는 자기 또래 다양한 독신 여성들을 인터뷰하면서 그들 대부분이 과거를 후회하고 있다는 사실, 파티에서 만

모든 삶은 충분해야 한다

난 가장 섹시한 남자와 하룻밤을 보내는 대신 친구가 10년 전 소개해 줬던 그 남자와 결혼했더라면 더 행복했을 거라고 생각한다는 사실을 알게 됐다. 로리 고틀립은 이렇게 결론 짓는다.

"결혼은 열정의 대축제가 아니다. 결혼 생활은 아주 사소하고 일상적이며, 때로는 지루한 비영리사업을 운영하기 위해 맺은 파트너십에 가깝다. 물론 좋은 의미로 말하는 것이다."[10]

참고로 《그 남자랑 결혼해》의 부제는 "충분함 씨에게 정착하기(The Case for Settling for Mr. Good Enough)"다. 영화 〈싱글즈(Singles)〉(1992)에서 배우 브리짓 폰다(Bridget Fonda)가 분한 재닛 리버모어(Janet Livermore)의 대사처럼, 재채기할 때 옆에서 최소한 "몸조심해"라고 말해주는 사람이면 충분한 것이다. 그리고 고틀립은 이 책을 집필하던 중 '충분한 결혼'이라는 개념을 창안한 미국 사회학자 폴 아마토(Paul Amato)의 연구를 우연히 접했는데, 그는 부부가 이혼할 확률이 서로 정말 미워하는 사람들보다 결혼 생활에 약간의 불꽃이 부족한 사람들에게서 훨씬 높다는 사실을 발견했다. 아마토에 따르면 쉽게 만족하지 못하는 사람들은 이혼하고, 재혼하고, 다시 이혼하는 경향이 있다. 첫 번째보다 두 번째 결혼 때 이혼까지 이르는 기간이 더 짧았고, 세 번째부터는 비슷했다. 게다가 자녀가 있는 경우 부모가 불화나 싸움으로 이혼한 아이들보다 불꽃이 튀지 않는다는 이유로 이혼한 아이들이 더 높은 우울증 확률을 보였고, 어른이 됐을 때 연애관에도 비슷한 영향을 미치는 것으로 드러났다. 평가 척도도 제시했다. 자신의 결혼 생활을 7점에서 8점 정도로 평가한다면 나름대로 최선을 다하고 있는 것이며, 아무리 생각해도 이 점수가 안 나온다면 누구와 살아도 만족할 수 없을 것이다.[11]

하지만 로리 고틀립 자신도 인정한 것처럼 '정착'이 특별히 명확한 개념은 아니다. 불충분함의 여지를 남겨두기 때문이다. '충분함 씨'에게 정착하기로 한 이후라도 여전히 '혹시 이 사람이 아니었다면 더 나은 삶을 살진 않았을까?' 하는 생각이 문득문득 떠오를 수 있다.[12] 이와 같은 감정의 양립은 '충분함'이 실제로 무엇을 의미하는지 더 강력하고 견고한 이해가 필요하다는 방증이다. "몸조심해"라고 말해주는 가장 기본적인 충분함의 기준을 충족하는 사람과, 말 그대로 본래 하나의 몸과 영혼이었다고 느낄 만큼 완벽하게 맞는 사람 사이에 뭐가 있을까?

플라톤과 오비디우스의 이야기로 돌아가보자. 확실히 '충분한 관계'라고 하면 서로 하나 되기를 바라는 간절한 열망과 관련이 있는 듯 보인다. 나도 아내와 뜨겁게 포옹할 때 제리 맥과이어의 표현대로 나를 완성해주는 사람처럼 느껴져서 절대로 놓고 싶지 않고, 어떤 때는 정말이지 한 몸이 되고 싶다는 마음에 한껏 분위기를 잡으며 "우리 합체할까?" 하고 귀엣말로 속삭이기도 한다. 그렇게 잠시나마 은유적으로 한 몸이 되기도 하지만, 부인하지 못할 진실은 우리 두 사람 가운데 누구도 진짜 합체는 원하지 않는다는 것이다. 나나 아내나 자신만의 개성, 취향, 혼자 있는 시간, 서로 다른 취미, 친구, 추구하는 가치 등을 포기하고 싶지 않다. 여러분도 마찬가지겠지만, 결혼 생활의 충분함은 부부가 완벽하게 하나가 되기를 원해서 이뤄지는 게 아

모든 삶은 충분해야 한다

니다. 우리는 굳이 완벽하지 않더라도 충분한 관계라고 할 수 있는 관계가 뭔지 알고 있다. 우리에게는 서로 또 따로 아름다운 순간이 있었고, 앞으로도 가끔 있을 테고, 못 견디게 힘든 날도 있었고 있을 것이며, 그래도 충분할 것이다. 그러니 이제 우리 삶의 다른 요소들도 탐구해야 한다.

낭만적인 이야기 대부분은 '시간'을 무시한다는 공통된 문제점이 있다. 심리상담가들이 말하는 지속적인 관계의 자연스러운 밀물과 썰물, 우리 뇌의 지극히 정상적인 화학적·전기적 상호 작용에 따른 의식의 변화 같은 것들을 말하는 게 아니다.[13] 낭만적 이야기란 애초에 역사가 아닌 신화나 전설 차원에서 만들어졌다는 뜻이다. 미국 문헌학자이자 문학사가 에리히 아우어바흐(Erich Auerbach)는 이 차이를 다음과 같이 설명했다.

"신화나 전설의 이야기는 너무 매끄럽게 진행된다. 불확실함은 없다. 모든 교차적 상황, 모든 갈등, 모든 우연, 모든 사건, 모든 부수적 이해관계가 하나의 주제를 향해 빈틈없이 연결되며, 크고 작은 혼란을 초래할 만한 요소는 생략되거나 아예 언급되지 않는다. 이에 반해 역사적 이야기는 지나치게 복잡하고, 흐름이 끊기며, 모순적이고, 혼란스럽게 진행된다."[14]

멋지고 용감한 왕자는 그저 멋지고 용감하고, 착하고 예쁜 공주는 그저 착하고 예쁘다. 중간은 없다. 피곤함에 찌들어 얼굴이 누렇게 뜬 왕자, 늦잠 자고 부스스한 머리로 일어난 공주, 계속되는 모험에 지쳐 짜증 내는 왕자, 책을 읽지 않아서 아는 게 없는 공주의 모습

등은 나오지 않는다. 결혼한 두 사람이 "오래오래 행복하게 잘 살았다"고 하면 그만이다. 이따금 말다툼도 할 수 있고, 육아 문제로 티격태격할 수도 있으며, 세월이 흘러 더는 멋지고 예쁘지 않을 수도 있지만, 시간은 딱 거기에서 멈춘다. 그런데 우리는 모든 불편한 현실과 모순되는 완벽함이나 위대함에 대한 막연한 비전을 세워두고 있기 때문에, 이런 이야기를 현실적으로 파고든다거나 역사적 상황과 연결해 실망감을 느끼고 싶어 하지 않는다. 사람이라면 지칠 수도 있고, 짜증 낼 수도 있고, 힘을 낼 수도 있고, 기분을 풀 수도 있다. 상대방이 지쳤거나 짜증 낼 때 그대로 받아들여 자신의 감정에 녹이기보다, 그 지침과 짜증의 원인을 헤아려주고 공감해주는 노력쯤은 할 수 있다. 서로 함께한 시간이 늘면서 겪은 경험을 교훈 삼아 서로에 대해 더 많이 알아가고 더 많이 이해해줄 수도 있다. 어제의 불꽃이 조금 약해졌다는 생각이 들면 원료를 넣어 다시 불꽃을 일으키면 된다. 그러는 동시에 원료가 소진될수록 불꽃은 사그라든다는 엄중한 진실을 떠올려야 할 것이다. 아울러 함께할 시간이 계속 줄어들고 있다는 진실도 깨우쳐야 한다. 우리의 관계 이야기는 신화가 아니다. 우리는 관계를 신화가 아닌 역사로 들여다봐야 한다. 말 같지도 않은 영원한 하나 됨이 아닌 오해와 실수, 이해와 개선으로 가득 채우는 관계를 탐구해야 한다.

이것이 바로 '충분한 관계'의 본질적 의미다. "지루한 비영리사업을 운영하기 위해 맺은 파트너십" 정도의 충분함이 아니다. 물론 재치 있는 표현이긴 하지만 너무 자조적이고 너무 수동적이다. 충분한 관

모든 삶은 충분해야 한다

계에는 능동적인 노력이 요구된다. 행복의 신화와는 아예 거리가 멀고 불행한 역사를 답습할 까닭은 없지만, 양쪽 모두를 교훈 삼으면 충분한 관계를 위한 노력에 도움이 될 수 있다. 우리의 사랑은 낭만과 현실이 약간씩은 필요하다. 약간의 이상적인 비장함이나 황홀함도 필요하고, 약간의 일상적인 관심과 배려도 필요하다. 나아가 우리는 우리 자신이 반려자에게 완벽한 사람이 아니고, 반려자 또한 우리 자신에게 완벽한 사람이 아님을 항상 잊지 말아야 한다.[15] 우리는 서로에게 충분한 존재가 돼야 하며, 서로의 충분함을 온전히 수용해야 한다. 그럼으로써 계속 노력해나갈 수 있는 여지를 남기고, 그 노력을 가치 있게 하면서, 이따금 정말로 경이로운 순간을 서로에게 선사하는 것이다.

순환의 여행

〈굿 플레이스〉의 철학 조언자 중 한 사람인 미국 정치철학자 토드 메이(Todd May)는 윤리적 인간이 되려면 우리와 다른 사람들 모두 의미 있는 삶을 살아야 한다는 인식이 필요하다고 지적했다. 이 인식을 따라 살면 그가 표현한 '온전한 삶(decent life)'으로 이어지는데, 이는 내가 이 책에서 설명하고 있는 '충분한 삶'과 크게 다르지 않다.[16] 그리고 충분한 관계는 삶을 의미 있게 해주는 것들의 요구 사항에 균형을 맞추고자 열심히 노력함을 뜻한다. 자녀가 위대해지는 데만 초점을 맞추는 부모는 온전한 삶보다 뭔가 더 높고 거창한 삶을 그리면서 이 균형을 망각하곤 한다.

이 균형을 맞추기가 매우 어렵다는 것은 10여 년 전 중국계 미국 법학자 에이미 추아(Amy Chua)의 논란이 많았던 책《타이거 마더(Battle Hymn of the Tiger Mother)》(2011)에 잘 드러난다. 자신의 훈육법을 회고록 형식으로 풀어 쓴 이 책에서 에이미 추아는 두 문화, 즉 그녀가 느슨하게 '중국' 모델과 '서양' 모델이라고 부른 문화 사이에 낀 부모로서의 경험을 자세히 설명한다(문화적 고정관념의 한계는 어느 정도 인정한다). 그녀에 따르면 중국 모델에서는 학업 성취와 뛰어난 악기 연주가 어린 시절의 유일한 목표이며, 매일 이어지는 연습, 엄격한 규칙, 단호한 처벌이 이 멋진 목표를 달성하기 위한 수단이다. 반면 서양 모델에서는 자녀의 즐거움과 정서적 안정이 우선이다. 아이들이 뭔가를 훌륭히 해낸다면 분명히 멋진 일이지만, 그러지 못해도 문제 삼지 않는다.

나아가 에이미 추아는 더 큰 위대함을 지향하는 서양 모델조차 중국의 기준은 충족시키지 못한다고 덧붙인다. 아이들이 테니스 같은 체육 분야에서 두각을 나타내거나 어떤 분야에서든 이른바 '자기최적화'를 잘하기를 바란다면 요점을 놓치는 것이다. 중국 부모는 자녀가 스스로 어떻게 자신을 최적화할지에는 관심이 없다. 그들은 자녀가 무엇이 될지에만 관심을 두며, 아이들의 의지와는 상관없이 부모의 기준을 충족시키기 위해서라면 무엇이든 마다하지 않는다. 에이미 추아가 자신의 두 딸에게 철저히 금지한 것들에는 "친구 집에서

　　　　　모든 삶은 충분해야 한다

자는 것, 아이들끼리만 노는 것, 텔레비전 보는 것과 컴퓨터 게임 하는 것, 정규 수업 외의 활동을 마음대로 정하는 것, A보다 낮은 점수를 받는 것, 피아노와 바이올린 외에 다른 악기를 연구하는 것, 체육과 연극 외의 수업에서 1등을 놓치는 것" 등이 있다. 유일하게 1등을 놓쳐도 된다고 허용한 분야가 "체육과 연극"인 것이다.[17] 스파르타식 훈육법이 아닐 수 없다. 스테로이드를 사용한 훈육의 위대함이다. 아이들은 최고가 돼야 하고 부모는 자녀가 완벽해질 때까지 무한히 헌신해야 할 뿐만 아니라, 아이들은 부모가 정한 위대함의 유일한 기준을 충족해야 한다.

《타이거 마더》가 출간된 후 책을 요약한 보도자료가 〈월스트리트저널(Wall Street Journal)〉에 실렸는데, 출판사에서 홍보 효과를 노렸는지 독자들이 매우 민감하게 반응할 만한 대목만 선별해 편집한 내용이었다. 아니나 다를까 인터넷판 기사 댓글이 단숨에 7,000개 넘게 달리면서 설전이 벌어졌다. 사실 이 책은 그녀가 한 일에 대한 자화자찬이 아니었다. 말 그대로 '전투찬가(battle hymn)'였고, 그녀가 패배한 전투도 있었다. 에이미 추아는 두 딸을 사회 피라미드 꼭대기에 앉을 수 있는 사람으로 만들 방법을 두고 그야말로 전투를 벌였고, 자신의 시도가 둘째 딸 룰루(Lulu)에게는 전혀 통하지 않는다는 사실을 알게 됐다. 책의 절정을 이루는 장면에서 이들은 러시아로 여행을 떠나는데, 고급 레스토랑에서 에이미 추아는 룰루에게 캐비어(caviar)를 먹으라고 강요한다. 그 순간 엄마의 억압에 참아온 룰루의 분노가 한꺼번에 폭발해 사람 많은 레스토랑에서 소리를 지르며 컵을 깨고 울음을 터뜨린다. 이 사건으로 큰 충격을 받은 추아는 중국식 훈육법의 한계를 깨닫고 돌아오는데, 이때 역설적이게도 중국의 부모님에게서 벗어나고자 미국에 이민한 아버지를 떠올리게 된다. 그녀는 자신의 딸들과 그런 망명 생활을 반복하고 싶지 않았다. 많은 독자가 에이미 추아를 옹호하게 된 데는 그녀의 최종적인 깨달음이 있었다. 그들은 그녀가 자신의 훈육법을 스스로 칭찬하기 위해서가 아닌 파묻기 위해 책을 썼다고 이해했다.

그러나 이 같은 어조 변화는 훈육의 방식이 바뀌었음을 반영할 뿐 그녀가 추구하던 목표가 달라졌음을 의미하지는 않는다. 에이미 추아는 이야기의 마지막 부분에서 여전히 딸들이 완전한 성공을 이루길 원하며 그 과정에서 자신을 원망하지 않길 바란다고 쓰고 있다. 둘째 딸 룰루의 성향이 달라서 자신의 방법이 통하지 않았다는 것이다. 하지만 많은 성공한 사람들이 에이미 추아처럼 집요하게 밀어붙이는 부모 밑에서 자라지 않았다는 사실이 말해주듯, 방법과 목표 사이에는 실질적인 상관관계가 없다. 그녀의 첫째 딸 소피아(Sophia)처럼 압박을 받으면 더 분발해서 잘하려는 아이들도 있고, 룰루처럼 누가 억지로 시키면 반발심만 커지는 아이들도 있다. 어떤 아이들은 오히려 부모가 방치해서 자신의 재능을 마음껏 펼치기도 하며, 또 어떤 아이들은 일찍부터 위대함을 부추기는 사회 체계에 적응한 나머지 평범한 삶을 받아들인 부모에게 반항하기도 한다.

에이미 추아의 훈육법이나 다른 양육 방법을 놓고 정작 우리가 던져야 할 질문은 그것이 어떤 보상과 처벌을 활용하는지(이 질문도 중요

모든 삶은 충분해야 한다

하긴 하다)를 넘어 목표가 정확히 어디를 향하는지다. 불행한 가정은 자녀가 성공할 때까지 밀어붙이거나 아이들 자신이 주도하게 하는 등의 명확한 방향이 없다. 그리고 충분한 부모라는 도널드 위니콧의 통찰에 대해서도 아직 문화적으로 확실히 수용하지 못하고 있다. 완벽함의 부담을 덜어준다고는 하나 뭔가 부족한 것 같고 자녀에게 신경 쓰지 않는 것 같아서 불안하다. 사실 충분한 부모가 되는 일도 커다란 노력이 필요한데 말이다. 존재감 없는 방치형 부모도 그렇고, '호랑이 엄마' 에이미 추아에게도 충분한 부모가 되기 위한 일종의 자제심이 필요하다. 자녀 양육에서 충분함은 '더 할 수 있어도 덜 하려는' 노력을 요구한다. 달리 말해 넘치지 않을 만큼 지원하고 모자란 것 같아도 참는 노력이 필요하다. 이 복잡한 균형을 맞추는 과정에서 아이들은 자신의 성공만이 아닌 더불어 사는 윤리를 배우게 된다. 평범한 즐거움 속에서 행복을 찾는 것, 어려워도 협력하며 살아야 한다는 것, 기쁨이 있으면 슬픔도 있다는 것, 길을 내기도 하고 길을 따르기도 하는 창의력과 적응력이 모두 중요하다는 것, 자신에게 없는 재능과 덕을 가진 사람들에게 늘 감사해야 한다는 것, 수학이나 글쓰기나 피아노 연주를 잘하는 일은 수많은 인간 성취의 하나일 뿐이라는 것, 타인을 희생시켜 자신의 목표를 추구하면 안 된다는 것, 자신의 능력이나 특권을 사회 계약에 따라 타인에게 도움이 되는 방향으로 활용해야 한다는 것, 자신이 겪는 고통마저도 사회 계약으로 묶인 다른 사람들이 같은 고통을 겪지 않도록 하는 데 힘을 보탤 수 있다는 것 등을 배울 수 있다.

나는 에이미 추아가 《타이거 마더》를 통해 자신과 두 딸의 이야기를 허심탄회하게 들려주고, 책을 읽은 다른 부모들에게 다양한 생각 거리를 제공해준 데 깊은 감사를 표하고 싶다. 하지만 모든 이야기가 그렇듯 발터 벤야민의 설명처럼 이야기로 조언을 주고받는 흐름의 핵심은 서로가 올바른 곳에 있어야만 제대로 말하고 들을 수 있다는 사실이다. 추아의 이야기는 성공과 실패라는 대립항으로 구성돼 있으므로 그녀의 조언은 동일한 대립항을 설정한 사람들에게게만 유효하며 방법 차원에 갇혀 있다. 목표는 중국 모델을 따를 것인지 서양 모델을 따를 것인지 양자택일이 아니다. 모든 삶의 이야기는 성공과 실패로만 나뉠 수 없다. 승리나 패배가 아닌 모두의 충분함을 위해 투쟁하는 주인공의 이야기가 될 수도 있다. 나는 아이들에게 이 점을 가르쳐야 한다고 생각한다.

웃음 이론

완벽함과 위대함으로 가는 길은 싸움과 눈물로 가득하지만, 충분함의 길은 온전한 삶으로 이끄는 유머러스한 경로를 제공하기도 한다. 지금까지 나는 충분한 삶을 살려면 인생에 어느 정도의 고통과 비극은 있음을 인식해야 하고 그마저도 충분함에 포함된다고 수차례 강조했다. 그런데 이 부분을 강하게 설득하려다 보니 우리 삶의 즐겁고 행복한 순간들이 희석되는 듯해서 걱정된다. 그렇지 않을뿐더러,

모든 삶은 충분해야 한다

오히려 충분한 삶이 선사하는 희극과 즐거움을 간과한다면 큰 실수이자 심각한 오해를 초래할 것이다. 충분함을 깨닫는 것이야말로 우리가 활짝 웃을 수 있는 이유다.

웃음에 관한 일반적인 이론 중 하나는 제3대 샤프츠베리 백작(Third Earl of Shaftesbury)인 영국 철학자 앤서니 애슐리 쿠퍼(Anthony Ashley Cooper)의《공통의 감각, 재치와 유머의 자유에 관한 에세이(Sensus Communis, An Essay on the Freedom of Wit and Humor)》(1709)에서 찾을 수 있으며, 이른바 '이완 이론(Relief Theory)'이라고 불린다. 유머와 웃음에 관한 연구로 유명한 미국 철학자이자 종교학자 존 모리얼(John Morreall)에 따르면 웃음은 증기 보일러의 압력 완화 밸브처럼 우리 신경계의 긴장을 이완하는 역할을 한다.[18] 즉, 웃음은 억압이나 불안 때문에 생긴 부담스러운 정신적·감정적 에너지를 방출할 수 있게 해준다. 웃음의 심리적 이완 기능에 주목해 이를 구체화한 인물은 오스트리아 정신분석학자 지그문트 프로이트(Sigmund Freud)다. 그는 웃음으로 개인의 무의식에 억눌려 있던 감정이 방출되면서 정서적 긴장감이 해소되고 안도감을 되찾게 된다고 주장했다. 그러면서 한 예로 미국 소설가 마크 트웨인(Mark Twain)이 동생의 죽음을 유머로 승화시킨 이야기를 들려줬다. 마크 트웨인은 동생이 철도 공사를 하던 중 폭발이 일어나 하늘로 날아갔고, 그가 다시 땅으로 내려왔을 때는 반나절 치 일당만 받고 누워 있었다고 썼다. 프로이트에 따르면 우리는 이 이야기를 읽고 웃게 되는데, 마크 트웨인의 동생을 불쌍히 여기는 감정적 빚을 진 상태에서 이야기가 유머러스하게 끝나면 자신도 모르는 사이 그 감정에서 해방되기 때문이다. 이때 나오는 웃음이 이와 같은 감정적 빚의 해방을 표현하는 것이다.[19] 프로이트가 억압된 성적 욕망과 농담의 관계를 이해하는 방식도 이와 유사하다. 성적인 유머는 성적 욕구가 억압되지 않아도 되는 상황을 만들어낸다. 농담이 성적 욕구를 해소해준다기보다는 성적 욕구를 무의식적으로 억압하면서 쌓인 부정적 에너지를 방출한다고 이해하면 될 것이다. 내가 생각하기에 프로이트의 유머 이론은 꽤 잘 들어맞지만, 웃음의 기능을 더 확장해 웃음이 위대함을 추구하면서 생긴 부담스러운 정신적·감정적 에너지를 방출한다는 개념까지는 이르지 못했다.

애덤 맥케이(Adam McKay) 연출, 윌 페렐(Will Ferrell) 주연의 스포츠 코미디 영화 〈탈라데가 나이트: 리키 바비의 발라드(Talladega Nights: The Ballad of Ricky Bobby)〉(2006)가 이와 관련한 좋은 교훈을 보여준다. 〈탈라데가 나이트〉는 미국 자동차 경주 역사상 가장 위대한 나스카(NASCAR, 전미스톡자동차경주협회) 레이서가 되는 한 인물의 이야기다. 주인공 리키 바비는 앞서 에이미 추아의 딸들과는 정반대 상황에서 자랐다. 아버지 리스(Reese)는 리키의 어린 시절 훈육은커녕 아예 나타나지도 않았다. 그러다가 리키가 열 살이 되던 해 학교 행사인 '진로의 날(Career Day)' 때 제멋대로 돌아온다. 리키로서는 처음 만난 아버지였다. 행사장에서 리스는 잔뜩 허세에 차서 학생들에게 멋지다는 게 무엇인지 일장 연설을 늘어놓는다. 그 와중에 선생님을 모욕하다가 결국 쫓겨나는데, 또 제멋대로 아들을 두고 떠나기 전 리키에

모든 삶은 충분해야 한다

게 한마디 말을 남긴다.

"1등 아니면 꼴찌다."

이 말은 에이미 추아가 딸들에게 금지한 "체육과 연극 외의 수업에서 1등을 놓치는 것"과 일맥상통한다. 그런데 리키는 아버지가 자신에게 해준 유일한 이 말을 마음속에 깊이 새긴다. 리키는 정말로 그렇게 한다. 15년 뒤 레이서가 된 그는 1위를 하거나, 1위를 하지 못할 것 같으면 일부러 충돌사고를 내서 꼴찌로 들어온다. 리스는 추아와 달리 이 말 말고는 아무것도 한 게 없는데도 리키에게 거의 똑같은 영향을 미친다. 그러던 어느 날 강력한 프랑스 레이서 라이벌 장 지라드(Jean Girard)가 등장한다. 리키는 장을 이기지 못하고, 이후 계속된 부진으로 레이싱 팀에서 해고된다.

직업과 아내와 친구들 모든 것을 잃은 리키는 어머니 루시(Lucy)와 다른 곳으로 이사해 피자 배달부로 일한다. 그렇게 그의 인생이 바닥으로 주저앉을 무렵 루시가 남편 리스를 불러들여 아들의 재기를 도와달라고 부탁한다. 리키는 아버지에게 자신을 망치게 한 주문 "1등 아니면 꼴찌"라는 말을 왜 했는지 따져 묻는다. 이에 리스가 당황해하면서 이렇게 대답한다.

"아, 이런 제기랄, 리키, 그때 난 그냥 약에 취해 기분이 붕 떠서, 당연히 말 같지도 않은 소리지. 2등이 될 수도 있고, 3등이 될 수도 있고, 4등이 될 수도 있어. 젠장, 심지어 5등이면 뭐가 어떻냐고!"

리키는 자신이 아버지가 되는 대로 던진 말도 안 되는 말을 인생 신조로 삼아 살아왔다는 사실을 깨닫고 큰 충격을 받는다. 그렇지만 이 대목에는 리키가 재기해 1위를 탈환하리라는 관객의 기대감(감정적 에너지)을 방출케 하면서도 허를 찌르는 유머 코드가 있다. 곧이어 관객도 그런 기대감이 얼마나 어리석은지 깨닫게 된다. 반전이라면 반전일 수 있는 이 장면이 웃긴 이유 중 하나는 그토록 진지하게 수용한 조언이 마약쟁이의 헛소리였다는 데 있지만, 이 유머는 깊은 울림도 담고 있다. 1등이라는 위대함을 향한 욕구에서 리키는 물론 관객도 해방되는 것이다. 영화의 결말로 이어지는 장면에서 이제 리키는 굳이 1위에 연연하지 않는다. 경주장에서 장 지라드와 다시 마주한 리키 바비는 그에게서 "뛰어난 레이서에게 패하는 것을 마지막으로 은퇴하려고 한다"는 말을 듣는다. 두 사람은 최선을 다해 격렬히 경주를 펼치다가 마지막 바퀴에서 둘 다 자동차가 뒤집히며 박살이 난다. 잠시 후 차에서 빠져나온 두 사람은 힘겹게 일어나 서로 쳐다보고는, 이번에는 달리기로 결승선을 향해 뛰기 시작한다. 그리고 사이좋게 실격당한다. 위대함의 어리석음을 비웃는 것도 충분한 삶의 기쁨 가운데 하나다. 그래서 저 유명한 코미디언이자 희극 작가 래리 데이비드(Larry David)도 틈만 나면 이렇게 외친 게 아니었을까?

"아주 괜찮아, 좋아, 좋아, 아~~~~~주 좋아!"

선한 사마리아인의 역설

아랍계 미국 시인이자 작가 나오미 쉬하브 나이(Naomi Shibab Nye)

모든 삶은 충분해야 한다

는 시 〈유명한(Famous)〉에서 이렇게 읊었다.

나는 유명해지고 싶다.
미소 띠며 길을 건너는 사람들에게,
식료품점에서 달라붙는 아이들에게,
미소로 화답하는 사람으로.[20]

나는 그녀가 줄을 선 채 이 시를 쓰는 모습을 상상한다. 그녀는 임시직으로 아이들을 가르치고, 자녀를 키우고, 시간을 쪼개 글을 쓰면서 힘든 하루하루를 보낸다. 그녀의 인내심은 이제 몇 가닥 남지 않았고, 얼른 집으로 돌아가 식사를 준비해야 한다. 그녀는 박봉의 식료품점 점원을 향해 느리게 움직이고 있는 줄 어딘가에 서 있다. 만약 그녀가 코로나19 상황에서 시를 쓰고 있다면, 이 단순한 쇼핑으로 자신을 큰 위험에 빠뜨릴지도 모른다. 한 아이가 만지지 말라는 사탕을 뜯는다. 다른 아이들도 따라 한다. 어쩌면 바이러스를 퍼뜨릴 수도 있다. 막대 사탕을 빨다가 놓쳐 얼굴에 달라붙는다. 아이들은 그녀의 압박감과 두려움을 이해하지 못한다. 티격태격하던 아이들이 끈적거리는 손으로 그녀의 옷자락을 잡거나 다리를 껴안는다. 천진난만한 얼굴들로 그녀를 올려다본다.

그녀의 감정적 에너지는 둘 중 한 가지 방식으로 분출될 수 있다. 그녀는 폭발할 수 있다. 아이들 엄마나 점원에게 분노를 표출할 수 있다. 아니면 웃을 수도 있다. 그녀는 그렇게 노력하고, 글을 쓰고,

유명해지도록 스스로 압박하며 켜켜이 쌓아둔 에너지를 그저 피식 웃음으로써 발산할 수도 있다. 그녀는 웃음을 택한 것 같다. 어쩌다 보니 자신의 삶을 평범함과 온전함으로 유지할 수 있게 한 놀라운 힘 덕분에, 그녀는 그런 상황을 그저 재미있다고 여기면서 미소로 화답할 수 있는 여유를 갖게 됐다.

장난꾸러기 아이들에게 미소 짓는 일마저도 대단한 성취처럼 여긴 다면 쓸쓸할 것이다. 그러나 위대함을 추구하는 문화에서는 이와 같은 작은 배려조차도 점점 더 어려워진다. 여유를 잃기 때문이다. 작은 배려심도 우리의 사교성에 큰 영향을 미친다. 모두가 대단하고 위대해지려는 데만 집착하고 삶 전반의 일상적인 상호 의존성을 무시한다면, 우리는 함께 세상을 공유하는 잘 모르는 사람들은 물론 평소 우리와 매우 친밀한 사람들에게도 부지불식간에 각박한 마음을 품게 될 것이다.

미국 사회심리학자 존 달리(John Darley)와 대니얼 뱃슨(Daniel Batson)은 프린스턴신학교 대학원생들을 대상으로 흥미로운 실험을 진행한 뒤 그 결과를 논문으로 발표했다. 이들은 신약성서 '누가복음'에 나오는 '선한 사마리아인' 이야기를 현실적으로 따져보고 싶었다. 이야기는 이렇다. 어떤 사람이 여행 중 강도를 만나 죽기 직전까지 얻어맞고 옷과 짐을 몽땅 뺏겼다. 그렇게 길거리에서 쓰러져 사경을 헤매고 있는데 마침 한 제사장이 그를 봤으나 그냥 피해서 지나갔고, 그 뒤 레위인도 모른 척하며 지나쳤다. 이후 이교도인 사마리아 사람이 그를 발견해 상처를 보듬고 주막에 데려가 돌봐주다가 이튿날 길

　　　　　　　　모든 삶은 충분해야 한다

을 떠나며 주막 주인에게 돈을 더 주면서 그를 잘 돌봐달라고 당부했다. 이들 중 과연 누가 진정한 이웃이라고 할 수 있을까? 명백히 사마리아인일 것이다.

달리와 뱃슨은 제사장과 레위인이 그를 돕지 못한 까닭은 선하지 않아서가 아니라 종교 문제 때문이라는 이론을 제기했다. 그에 반해 "사마리아인은 어차피 종교적으로 버림받은 사람"이었기 때문에 종교적 입장을 초월해서 도움을 줄 수 있었다는 것이다.[21] 다른 행동을 유발하는 상황적·성향적 변수가 있다는 논리인데, 여러분은 어떻게 생각하는가? 나는 아무리 생각해도 사마리아인의 행동이 옳은 것 같다. 종교적으로 버림받은 것과 종교로 인해 행동하지 않은 것 사이의 논리적 연관성이 없어서 두 사람의 관점은 다소 의심스럽다. 하지만 어쨌든 달리와 뱃슨은 다른 설명도 제시했다. 사마리아인은 공동체의 삶에서 덜 중요한 존재이므로 시간 여유가 더 많았으리라는 것이다. 이 또한 모호한 주장이지만, 이를 근거로 선한 사마리아인이 될 수 있고 없고의 두 가지 가능한 가설, 즉 '선한 의도'와 '시간적 압박'으로 논지를 이어갔다.

두 사람은 어떤 설명이 더 일반적일 수 있는지 확인하고자 대학원생들에게 꽤 멀리 떨어진 강의실로 가서 선한 사마리아인 비유를 주제로 강의하라는 과제를 부여했다(이들은 실험인 줄 몰랐다). 캠퍼스를 가로질러 가는 도중 마주치게 될, 몸을 비틀거리거나 기침을 심하게 하는 등 많이 아픈 것처럼 연기할 사람을 배치해서 이들의 반응을 살피려는 것이었다. 세 가지 변수도 준비했다. 강사들을 보내기 전 어떤 이들에게는 강의를 시작할 시간이 촉박하다고 했고, 어떤 이들에게는 약간 여유가 있다고 했으며, 어떤 이들에게는 충분하다고 했다. 결과는 놀라웠지만 예상치 못한 정도는 아니었다. 시간이 충분했던 강사들은 63%가 도움을 주기 위해 가던 길을 멈췄고, 약간 여유가 있던 쪽은 45%, 촉박한 쪽은 10%만 멈춰 섰다.[22] 도와줘야 한다는 생각(선한 의도)은 모두가 같았으나 시간적 압박이 결과에 직접적 영향을 미친 듯 보였다. 심지어 평소 남을 잘 돕기로 평판이 남달랐던 강사들도 시간이 촉박하다는 말을 듣고는 재빨리 지나쳐갔다.

그런데 논문에서 달리와 뱃슨은 시간적 압박이 가장 심했던 대학원생들, 즉 시간이 가장 촉박했던 이들 가운데 10%가 도움을 주고자 기꺼이 멈춰 선 까닭에 대해서는 아무런 언급도 하지 않았다. 열에 한 사람이 패턴을 깬 이유는 무엇일까? 이 부분은 두 사람이 처음에 제기한 종교 문제를 위계 문제로 옮겨서 생각하면 흥미로운 지점을 찾을 수 있다. 달리 말해 제사장과 레위인은 사마리아인과 종교도 다르지만 사회 계층도 달랐다. 사마리아인은 이른바 소외 계층이었다. 지난 반세기 동안의 연구는 "가난하거나 가난을 경험한 사람들이 부유한 사람들보다 서로 돕는 '상호 부조(mutual aid)'에 더 익숙"하다는 사실을 일관되게 보여줬다.[23] 그렇다면 그 열에 아홉 사람은 상호 부조에 익숙하지 않은 부잣집 사람들이었고, 유일한 한 사람은 가난한 사람이었나? 달리와 뱃슨이 묻지 않았기에 우리는 결코 알 수 없다.

하지만 이 설명 역시 완전히 만족스럽지는 않다. 달리와 뱃슨이 연구를 수행하던 때와 비슷한 시기에 프레드 허쉬, 로이 해러드(Roy

모든 삶은 충분해야 한다

Harrod), 스태판 린더(Staffan Linder) 같은 경제학자들은 한 가지 이상한 현상을 바라보면서 의아해하고 있었다. 풍요의 증가가 여가의 감소로 나타났기 때문이다.[24] 이들은 당혹스러웠다. 그때까지만 해도 경제 성장으로 부유해지면 사람들에게 더 많은 여유가 생기리라는 인식이 지배적이었기 때문이다. 사람들은 여유를 즐기는 대신 더 열심히 일하고 있었다.

이 현상을 분석한 결과 이들은 서로 강화하는 두 가지 기제를 발견했다. 첫 번째는 소비 기회의 증가가 소비 가치 극대화에 대한 압박감을 가중한다는 사실이다. 즐길 것들이 너무 많아지면 무엇을 즐겨야 할지를 어떻게 선택해야 할까? 일테면 넷플릭스 같은 스트리밍 서비스에서 무엇을 볼지, 또는 그 전에 어떤 서비스에 가입할지 선택하는 경우를 들 수 있을 것이다. 선택의 폭은 매우 넓어진 반면 여가는 제한돼 있기 때문에, 우리는 그 시간 동안 최상의 콘텐츠를 시청함으로써 선택의 질을 극대화해야 한다. 이를 미국 사회심리학자 배리 슈워츠(Barry Schwartz)는 '선택의 역설(Paradox of Choice)'이라고 불렀다. 선택지가 많아지면 많아질수록 선택하기가 더 어려워진다. 선택은 분명히 자유에 해당하는데, 선택의 어려움으로 오히려 자유를 박탈당하는 느낌마저 든다. 더욱이 선택에는 책임이 따르기에 잘못된 선택을 할까 봐 불안해지기도 한다.[25] 그리고 이 첫 번째 기제는 두 번째 기제로 인해 더 복잡해진다. 경제가 점점 더 '승자독식(winner-take-all)' 모델로 흐름에 따라 여가는 노동 시간과 경쟁해야 한다. 얼마든지 제한된 여가를 즐길 수 있고, 넷플릭스에서 뭘 볼지 선택하는 문제와 씨름할 수도 있지만, 그런 시간에도 머릿속 반쯤은 하고 있던 일 또는 해야 할 일을 떠올리거나, 여유만 더 있었다면 과감히 매수했을지 모를 주식(아마도 넷플릭스)을 생각하고 있다. 소파에 앉아 있을 때도, 음식을 먹을 때도, 심지어 잠자리에 들어서도 도무지 생각을 멈출 수가 없다. 누구나 다 마찬가지다. 피라미드 꼭대기에 있는 사람들은 자신의 지위를 놓치지 않으려고 더 오랜 시간 일하고, 바닥에 있는 사람들은 생존을 위해 더 위험한 환경에서 더 많은 일을 하고 있다. 두 가지 기제가 끊임없이 서로 압박을 가한다. 역설적인 데다 안타깝게도 우리는 여가를 위해 더 열심히 일하는 동시에 그렇게 확보한 여가를 낭비하지 않으려고 선택의 골머리를 앓으면서 계속되는 자기부정에 시달린다. 이 책의 내 기조대로 표현하자면, 경제적 위대함을 추구함으로써 여가의 자유를 얻으려는 노력은 부유해지는 데는 도움이 될지 몰라도 삶은 비참하게 만든다.

다시 돌아가서, 이런 분석이 달리와 뱃슨의 연구와는 어떻게 연결될까? 프레드 허쉬는 서로 친한 사이의 우정과 달리 개인이 낯선 사람을 도울 때 얻을 수 있는 이점은 즉각적이지 않다는 데 주목했다. 예컨대 길거리 노숙자에게 약간의 금전적 도움을 주는 사회적 행동은 비용이 적게 든다고 한들 기부한 사람에게는 즉각적이고 확실한 보상이 거의 없다. 따라서 그 행동은 보상과는 무관하며, 여기서 보상은 더 많이 가진 사람이 더 적게 가진 사람을 돕는 유인이 되지 못한다. 이때의 유인은 '가치'다. 도움이 필요한 형편에 놓인 사람을 돕는 행동은 가치 있다는 판단에 따른 것이다. 프레드 허쉬는 즉각적인

모든 삶은 충분해야 한다

보상을 경제 행위의 유인으로 보는 관점이 놓친 핵심을 이렇게 지적했다.

"모든 개인은 단편적으로 손실을 보는 다수와의 거래에서보다 자신들과 이해관계에 있는 소수와의 거래에서 더 많은 이익을 얻는다."[26]

우리는 낯선 사람을 도운 대가로 보상을 받지 못하더라도 그 행동이 도덕적으로 충분하다는 사실을 안다. 도덕적 충분함은 우리가 1달러(또는 할 수 있는 모든 도움)를 건네면서 잃게 되는 이익보다 훨씬 더 큰 가치 있다. 경제적 합리성만이 시장의 동력은 아니다. 프레드 허쉬는 이렇게 말했다.

"선한 사마리아인이 시장의 실패를 치유한다."[27]

그러나 마찰이 일어난다. 비극적인 비율의 역설이다. '승자독식' 사회는 더 많은 패자를 양산하고, 그 때문에 더 많은 '상호 부조'가 필요하지만, 모두가 승자독식 모델의 틀 속에 갇혀 있어서 그 자리에 없거나 기꺼이 돕지 못한다. 그래서 '선한 사마리아인' 이야기를 위계 문제나 지위재 문제로는 연결하지 못한 프린스턴신학교 심리 실험이 있던 시점에 신기하게도 경제학 분야에서는 이 현상을 사회경제적 논리로 풀어가고자 한 것 같다. '시간적 압박'이 우리의 이타적인 의지에 역사적 영향을 미치는 것만은 아닐 테다. 분석에 따르면 그 오랜 옛날 이미 형성돼 있던 불평등한 조건이나 지난 수십 년 동안 격차를 더 키운 불평등한 조건처럼 특정 사회 조건이 인구 집단 및 위계 구조 안에서 개인의 이타적 행동을 감소시킨다. 다음 장에서 더 들어가보겠지만, 이는 오늘날 대부분 민주주의 국가의 보수주의 진영을 괴롭히는 역설이다.[28] 선한 사마리아인의 비유가 무엇을 의미하는지 잘 알면서도, 그 윤리를 실천하라고 권하면서도, 선뜻 그렇게 행동하지 못하게 만드는 경제 논리에 대해서는 비판하지 않는다. 그저 시장은 옳을 뿐이다.

천국으로 또는 낚시터로

그렇더라도 경제만이 우리가 우려하는 위대함 추구 문제의 유일한 현장은 아니다. 우리가 관계를 바라보는 관점을 낯선 사람에게서 친구로 옮기면 다른 형태의 위대함과 관련한 압박 때문에 서로 의미 있게 소통하는 방식이 매우 복잡해진다. 작가로서 나는 글을 잘 써야 한다는 부담감이 내게 엄청난 압박이 된다는 사실을 잘 알고 있다. 글을 더 강렬하고 설득력 있게 쓰려고 글 자체에만 집착하는 나는 여러분에게 특별히 좋은 친구가 아니다. 나는 글을 통해 여러분의 삶과 세계관에 긍정적 영향을 미치고 싶다는 열망을 품고 있으나, 생각만큼 잘 써지지 않을 때는 짜증이 나면서 산만해진다. 이해심과 배려심 깊은 여러분이 이런 내 모습을 봤다면 잘하려다 보니 그런 거라고 위로와 격려를 해줬을지도 모르겠다.

가장 적절한 낱말을 쓰고자 부단히 고민하고 문장 다듬는 데 노력을 아끼지 말라고 내게 조언을 아끼지 않았던 한 선생님이 어떤 작

모든 삶은 충분해야 한다

가의 이야기를 들려준 적이 있다. 프랑스 소설가 귀스타브 플로베르(Gustave Flaubert)였던 걸로 기억하는데, 지금 와서 출처를 찾아보려고 하니 찾을 수가 없었다. 어쨌든 그가 어느 날 인터뷰에서 오늘 뭘 했는지 질문을 받고 이렇게 대답했단다.

"아침에 하이픈(hyphen, '-', 짧은 줄표, 서로 다른 낱말을 연결해 하나의 낱말로 만들 때 쓰는 문장 부호_옮긴이)을 넣었다가 오후에 뺐습니다."

나는 그때 이 이야기를 완벽함을 추구하려는 작가의 의지와 열정으로 이해했지만, 지금의 나는 위대함 추구를 풍자한 일화로 본다. 여기에서 나 또한 자유로울 수 없으나 대부분 작가가 글을 완벽하게 쓰려고 이것저것 너무 많이 시도하다가 결국 아무것도 하지 못한 하루를 보내곤 한다.

하지만 이 이야기도 그렇고, 내가 낱말이나 문장에 집착하는 것도 그렇고, 글쓰기에서 가장 중요한 본질은 그게 아닐 것이다. 하이픈에 집착하는 동안 우리 작가들은 무엇을 놓쳤을까? 어떤 통찰이 우리를 그냥 지나쳤을까? 그리고 여러분과 내가 친구들과 함께할 때 놓친 기쁨과 행복의 순간들은 무엇일까? 완벽함과 위대함을 추구하는 과정에서 부지불식간에 만들어진 불안과 부조리에는 어떤 것들이 있을까? 독자로서 여러분은 책을 읽을 때 무엇을 오해했을까? 어떤 중요한 메시지가 허무하게 무시됐을까? 하이픈을 제대로 쓰지 못한 작가들의 이야기는 무엇을 잃었을까? 하이픈이 완벽하지 않은 작가들의 의미 있는 삶의 이야기는 글 속에 어떤 방식으로 담겨야 하고 우리는 그것을 어떻게 끄집어낼 수 있을까? 글에 더 깊은 생각과 울림을 담으려면 하이픈 만지작거리기 말고 무엇을 해야 할까?

미국 사상가이자 문학자 헨리 데이비드 소로는 완벽함에 집착했던 자신을 향한 비판을 《월든(Walden)》(1854)의 한 장면에서 가슴 먹먹하게 묘사한다. 그는 월든 호숫가 오두막에 홀로 앉아서 공자의 말을 읽다가 깊은 깨우침을 얻는다.

'이 생각을 여기서 끝낸다면 그처럼 멋진 기회가 또 올까? 사물의 본질 속에 녹아든 기분이야. 내 평생 이런 느낌은 처음이군.'

그는 자신이 더 깊은 생각에 빠질 수 있다면 그런 경지에 이를 수 있다고 확신한다. 그러면 아마도 그를 괴롭혀온 삶의 불안한 격동이 가라앉을 것이고 숭고한 정신적 경험의 환영을 받게 될 터였다. 그런데 그 순간 시인 친구가 돌아와 낚시하러 갈 준비가 됐냐고 재촉한다 (모든 장면이 소로의 상념이다).

"이제는 어떤가, 은자 양반. 내가 너무 빨리 돌아왔는가? 통통한 지렁이 열세 마리하고 토막 나거나 작은놈 몇 마리를 잡아놨네."

그의 상념은 깨지고 다시 현실이 펼쳐진다.

'천국으로 갈 것인가, 낚시터로 갈 것인가?'[29]

시인의 방해가 그에게 판결을 내린다. 소로는 일상의 외출을 선고받는다. 보이기에는 그렇다. 《월든》에서 소로는 공자의 말을 자주 인용하는데 우리 논지와 가장 잘 들어맞는 문장은 이것이다.

"덕은 외롭지 않다. 반드시 이웃이 있다."[30]

나는 "사물의 본질 속에 녹아든" 소로가 마침내 얻게 된 통찰을 이 말을 인용해 표현했다고 생각한다. 그는 사물의 본질을 생각하고 또 생각하다 보면 위대한 경지에 이르리라고 기대했지만, 그러고 나면 무엇이 달라져 있었을까? 붓다와 같은 경지에 이르고 나면 우리는 더 이상 인간이 아닐까? 여전히 먹고 마시고 배설해야 하는 인간이, 삶의 기쁨과 분노와 슬픔과 즐거움을 온전히 느낄 수밖에 없는 우리가, 그 위대한 경지에서 유유히 살아갈 수 있을까? 우리의 일상적인 관계 속에서 사물의 본질을 발견하지 못한다면 위대한 경지라고 해봤자 덧없는 환상에 지나지 않는다. 현실의 온갖 사소한 것들로 가득 찬 우리 삶의 관계는 초월의 신비를 자아낼 수 없다. 그 대신 다른 경지, 세상을 바라보는 충분한 경지에는 이를 수 있다. 소로가 찾아낸 바로 그것이다. 모든 좋은 것들과 더불어 한계와 고난과 역경에도 불구하고 여전히 천국처럼 빛날 수 있는 충분한 세상에 대한 믿음과 고마움이다. 소로가 처음에 찾고 있던 경지는 아니었으나, 실제로 그는 충분한 경지에 이르렀다. 그리고 우리가 그런 통찰을 어디에서 찾을 수 있는지 공자의 말을 빌려 전했다.

"그것은 오묘한 지혜의 바다다. 위에도, 왼쪽에도, 오른쪽에도, 어디에나 있다. 사방에서 우리를 에워싸고 있다."[31]

우리에게는 친구들도 있다. 위대함의 압박을 가할 이유도 필요도 없는, 있는 그대로의 좋은 친구들이 있다. 우리가 어떤 사람이고 어떤 사람으로 성장할지는 우리의 관계에 달렸으므로 우리는 결코 혼자서 삶의 모든 문제를 해결할 수 없다.

장자와 혜자 이야기

당연히 나도 친구들이 있다. 두 사람과 가장 친한데, 그들이 내가 이 책을 쓰는 걸 마음에 들어 하는지는 잘 모르겠다. 어쩌면 워낙 정중한 성격들이라 그럴 수도 있지만, 어떤 때는 알다가도 모를 말을 하곤 한다. 분명히 내가 이 책을 쓰고 있다고 했는데도 다른 건 다 물어보면서 유독 이 책에 대해서는 거의 언급이 없다가, 내가 사람들이 위대하다고 여기는 종류의 뭔가를 하면 "그래도 넌 충분함에 관한 책을 쓰니까"라는 이상한 말을 한다. 비꼬는 것 같기도 하고 아닌 것 같기도 한데, 내가 무슨 말만 하면 또 "충분한 녀석이 왜 그리 불만이 많아" 한다. 한번은 "신체 건강한 미국 백인 이성애자 남성 학자가 여기저기 돌아다니며 충분함을 논한다네" 해서 내가 말하는 충분함이 뭔지 설명해주려는데 웃기만 하고 손사래를 치기도 했다. 나는 그래도 두 친구가 너무 좋고 그들도 내게 잘해준다. 게다가 나는 이미 알고 있다. 두 사람은 삶이란 무릇 더 낫고 더 대단하고 더 아름다워야 한다고 믿는다. 실제로도 그러기 위해 열심히 산다. 꽤 이타적이기도 해서, 다른 사람들도 그렇게 살 수 있도록 적극적으로 나서서 돕는다. 이렇게 다른 우리인데도 잘 지낸다. 하지만 궁금하다. 두 사람은 이미 충분한 삶을 사는 사람들(그들이 그렇게 보는 나를 포함)과 어울리면서 뭘 하려는 걸까?

이 질문에 답하는 데 장자(莊子)의 이야기가 도움이 될 것 같다. 그는 기원전 4세기경 중국 전국 시대 때 활동한 도가(道家) 철학자다. 그

모든 삶은 충분해야 한다

의 생각은 자신의 이름과 같은 제목의 책으로 전해지는데, 비유와 유머와 풍자로 가득한 이야기 형식을 취하면서 해석의 여지를 많이 남겨두고 있다. 그는 삶에서 옳고 그름을 따지는 것은 무의미하며, 모든 상반된 가치는 그것을 어떻게 바라보는지에 따라서 정도가 달라지므로 보편타당한 객관적 기준은 존재하지 않는다고 봤다. 그의 이런 세계관은《장자》내편(內篇) '소요유(逍遙遊)'에서 잘 드러난다. 소요유는 "한가롭고 편안하게 노닐다"는 뜻이다. 사회적 규범과 관습에 얽매이지 않은 채 참되고 즐겁게 서로 더불어 살아가는 방법을 찾는 것이다. 내가 좋아하는 이야기 중 하나는 외편(外篇) '추수(秋水, 가을의 물)'에서 장자가 혜자(惠子)와 물가를 거닐면서 대화를 나누는 대목이다. 혜자는 명가(名家) 철학의 대표적 인물로《장자》에 자주 등장하는데, 불쌍하게도 장자에게 매번 논박당하는 인물로 그려진다. 여하튼 이 장면에서 장자가 이렇게 말한다.

"물고기가 유유히 헤엄치고 있으니 이것이야말로 물고기의 즐거움이로군."

그러자 혜자가 반문한다.

"자네가 물고기가 아닌데 어찌 물고기의 즐거움을 아는가?"

이에 장자가 받아친다.

"자네는 내가 아닌데 어찌 내가 물고기의 즐거움을 아는지 모르는지 아는가?"[32]

'소요유'의 이 대목도 참 좋다. 혜자가 장자에게 이렇게 말한다.

"우리 집에 커다란 나무 한 그루가 있는데, 사람들은 쓸모없는 나무라고 한다네. 몸통은 옹이가 많아 울퉁불퉁해서 먹줄을 치기도 어렵고, 가지는 어찌나 구부러졌는지 곱자를 대서 잴 수도 없지. 길가에 서 있는데도 목수가 거들떠보지도 않더군. 이렇듯 자네의 말도 크기는 한데 쓸모가 없어서 아무도 상대해주지 않을 걸세."

장자가 대답한다.

"자네, 살쾡이를 본 적이 있나? 몸을 바싹 낮춰 들쥐가 나오기를 기다리며 이리저리 뛰어다니고 겁도 없이 덤비다가 필시 덫에 치이거나 그물에 걸려 죽지. 그런데 저 검은 소를 보게. 크기가 하늘에 드리운 구름 같아도 쥐 한 마리 잡을 필요가 없다네. 지금 자네는 커다란 나무가 있어도 쓸모없다고 걱정하는데, 끝없이 휑한 들판에 나무가 있어 그 아래에서 한동안 거닐다가 누워 낮잠이나 청해볼 생각은 왜 하지 못하는가? 쓸모가 없으니 도끼질 당할 일도 없고 누구도 해치려 들지 않을 걸세. 쓸모없다는 것이 어찌 근심거리가 될 수 있겠는가?"[33]

《장자》(영문판)를 처음 읽을 때만 해도 나는 두 사람의 논쟁에서 장자가 의심할 여지 없는 승자라고 생각했다. 하지만 《장자》를 본격적으로 연구해보고 싶은 호기심이 들어서 다른 번역본을 찾다가 중국 철학과 동서양 비교 철학으로 유명한 미국 철학자 브룩 지포린(Brook Ziporyn)의 영문 번역본을 구매해 정독했는데, 서문에서 그는 내가 이전에는 몰랐던 사항을 설명하고 있었다. 사실 장자와 혜자는 서로 둘도 없는 친구 사이였다는 것이다! 나아가 상당 부분이 소실돼서 확실한 내용은 알 수 없지만, 본래 《장자》에는 혜자와의 대화가 훨씬 더

모든 삶은 충분해야 한다

많았고, 어쩌면 이 책은 장자가 혜자의 지혜를 자신의 관점에서 소개하는 것일 수도 있다고 유추했다.[34] 마치 소크라테스의 사상을 플라톤이 대화편으로 전한 양상과 유사하다. 소크라테스와 마찬가지로 혜자도 남겨진 문헌이 없다. 다만 플라톤과 다른 점은 장자는 혜자의 논리를 전부 논박하고 있다는 것이다. 그렇다면 장자는 혜자와의 대화로 무엇을 전하고자 한 걸까? 혜자의 가르침은 《장자》가 제시하는 하나의 결론으로 요약할 수 있는데, 이는 《월든》에서 헨리 데이비드 소로가 받아들인 공자의 생각과도 일맥상통하며 올바른 가르침처럼 보인다. 혜자는 이렇게 말했다.

"만물을 두루 사랑하라. 하늘과 땅은 한몸이다."[35]

그렇지만 장자는 여기에 동의하지 않았다. 왜일까? 브룩 지포린의 설명에 따르면 장자는 이와 같은 윤리적 진실을 논리로써 증명하려는 혜자의 태도에 동의하지 않았다. 지포린은 다음과 같이 설명했다.

"그러면 그(혜자)는 그 진실을 입증하고 선포한 사람으로서 자신의 능력과 지위를 암묵적으로 주장하는 셈이 된다. 이에 장자는 그를 애정 어린 마음으로 희화하면서 그 태도를 경계한 것 같다. 사실 장자는 혜자의 논증과 그에 따른 '답을 가진 자'라는 지위를 제외하면 혜자의 모든 생각을 중요하게 받아들이고 있다."[36]

요컨대 장자가 극렬히 반대한 부분은 앎의 위계에서 최상위에 도달했다는 혜자의 오만한 태도다. 장자는 사랑하고 존경하는 친구로서 혜자가 깊은 통찰뿐 아니라 스스로 의심하는 겸손의 기쁨을 경험하길 바란 것이다.

두 사람을 우정으로 묶은 것은 먼 동질성이 아니라 가까운 이질성이었다. 우정을 참되게 해주는 요소로 이와 같은 균형감과 서로의 다름을 상쇄하는 친밀감이 있다. 우리 삶에는 정답이 없고 단 하나만 공유되는 이해도 없기 때문이다. 우정이 즐겁고 소중한 이유 중 하나는 여러분과 가장 가까운 사람이 여러분에게 동의하지 않는 모습을 볼 수 있다는 것이다. 나는 이 또한 충분함의 진실을 담고 있기에 무척 아름답다고 생각한다. 여러분이 무조건 동의할 완벽한 친구는 존재하지 않으며, 여러분 역시 친구가 무조건 동의할 만큼 완벽하지 않다. 친구는 여러분에게 좋은 사람이고, 여러분도 친구에게 좋은 사람이며, 여러분과 친구는 그렇게 충분한 관계 속에 서로 동의와 반대의 조합을 교환하는 역동적 즐거움을 계속 발견하면서 우정을 돈독히 해나가는 것이다.

친구와의 관계를 바라보는 이런 관점은 경제적 조건과 상관없이 우정의 가치를 보장해준다. 아무리 시간에 쫓기더라도, 아무리 부나 지식의 추구가 친구와의 낚시를 압도할 만큼 중요하더라도, 성공은 사물의 본질이 아니며 우리 삶을 근본적으로 해결할 수 없다. 이것이 진실이다. 아무리 혼자서 아등바등해봐야 모두가 공유하고 있는 세상의 혼란 앞에서 희석되고 만다. 공자의 말처럼 우리에겐 이웃이 있고, 오직 이웃만이 우리 삶의 가치와 기쁨을 확보해주기에, 그토록 위대하다는 물질적 가치는 우리의 기대와 달리 큰 의미를 제공하지 못한다. 친구들이 우리 생각에 동의해주지 않거나 정신없는 경쟁과 욕망에서 벗어나면 힘을 잃는 듯 느낄 수 있으나 사실은 그 반대다.

모든 삶은 충분해야 한다

정작 우리의 힘은 모두에게 똑같이 적용되는 필요와 차이의 어려움을 견디는 데서 나온다. 사랑에 관한 알랭 드 보통의 메시지 중 일부는 우정과도 관련이 있다.

"우리와 가장 잘 맞는 사람은 우리의 모든 취향을 공유할 사람이 아니라(그런 그 또는 그녀는 존재하지 않는다), 서로의 취향 차이를 지성적으로 협상할 수 있는 사람, 즉 의견 불일치에 능숙한 사람이다. 완벽한 상호 보완성이라는 개념보다 관대함으로 차이를 용인하는 능력이 있는 사람, 그리고 그마저도 과하지 않은 사람이다."[37]

이제 질문에 답할 수 있을 듯하다. 내 친구들은 내가 말하는 충분함이 마음에 들지 않아도 나를 소중한 친구로 여긴다. 그래서 무엇이든 함께할 수 있다고 믿는다. 나 역시 위대함을 추구하는 내 친구들을 소중한 친구로 생각하며 무엇이든 함께할 것이다. 우리는 생각이 달라도, 사는 환경이 달라도, 부유하든 가난하든, 잘났든 못났든, 누구와도 친구가 될 수 있다. 장자와 혜자가 그랬듯 말이다.

어디 두고 봅시다

나는 매주 한 번씩은 어머니와 전화 통화를 한다. 몇 년 전까지는 자주 통화하지 못했지만, 코로나19를 계기로 거의 매일 전화를 드리다가 나중에는 주 1회로 정착됐다. 그 시절 우리는 통제할 수 없다는 나약감이 뭔지 여실히 체감했다. 삶에서 기존 질서와 패턴이 사라지자 나는 어머니와의 전화 통화로 심리적 안정을 도모했고 어머니도 마찬가지였다. 그때 나는 앞으로 하고 싶은 것들에 관한 이야기로 한껏 수다를 떨곤 했는데, 코로나19 상황에서는 그저 농담 같은 상상에 그칠 수밖에 없었으나 언젠가 혼란이 잠잠해지면 꼭 실행할 거라고 여느 자식들처럼 어머니 앞에서 우쭐거렸다. 그때마다 어머니는 웃으면서 오래된 유대 속담을 되풀이해 들려주셨다.

"하느님(하나님)을 웃게 만들고 싶다면 네 계획을 들려드리렴."

미국 코미디 배우이자 영화감독 우디 앨런(Woody Allen)이 한 말로 더 유명한 이 속담은 원래 이런 문장이다.

"우리가 계획하면 하느님(하나님)이 웃으신다."

우리 삶은 생각대로 흘러가지 않는다는 교훈을 담은 속담이다. 오만함에 빠지지 말고 늘 겸손하라는 뜻이다. 자기 삶은 물론 타인의 삶도 통제할 수 있다는 허황한 믿음을 가진 사람이라면 꼭 귀담아들을 말이다. 나도 어머니의 조언처럼 이 말을 늘 마음에 새기고 있다.

이와 관련해 비슷한 통찰을 보여주는 이야기가 있다. 《장자》 시기보다 시간이 더 흐른 기원전 2세기경 유가(儒家), 도가, 명가, 묵가(墨家), 법가(法家) 등 전국 시대의 이른바 제자백가(諸子百家) 사상을 집대성했다고 해서 잡가(雜家)로 불린 《회남자(淮南子)》라는 책이 있다. 한(漢)나라 때 회남(淮南) 지역 왕이던 유안(劉安)이 편찬했다고 전해진다. 그중에서 도가 계열의 한 이야기가 있는데 '도(道)'에 따르는 삶을 알기 쉽게 보여준다. '도'는 '길(way)'을 의미하며 서양의 '로고스(logos)'를 떠올리면 이해가 어렵지 않을 것이다. 이 이야기는 다양한

모든 삶은 충분해야 한다

변형이 있어서 조금씩 다르지만, 내가 여러 번 들어 익숙한 구전본에서는 이런 식으로 흘러간다.

먼 옛날 중국의 한 시골 마을에 나이 많은 농부가 아들과 함께 살고 있었다. 이들에게는 가축으로 말 한 필이 있었는데, 어느 날 말이 울타리를 넘어 멀리 사라져버렸다. 이 소식을 들은 이웃들이 노인을 찾아와 얼마나 안타까운 일이냐고 위로했다. 그러자 노인은 이렇게 대꾸했다.

"어디 두고 봅시다."

그런데 며칠 뒤 사라졌던 말이 야생마 두 마리를 데리고 돌아왔다. 다시 이웃들이 찾아와 얼마나 운 좋은 일이냐고 축하했다. 하지만 노인은 이렇게 대꾸했다.

"어디 두고 봅시다."

다시 며칠 뒤 생각지도 못한 말이 두 필이나 더 생기자 신이 난 노인의 아들이 그중 한 마리를 길들이려고 올라탔다가 말이 몸부림치는 바람에 떨어져 다리가 부러지고 말았다. 이 소식에 또 이웃들이 몰려와 안타까워했다. 그래도 노인의 대답은 같았다.

"어디 두고 봅시다."

그렇게 며칠이 흘러 이번에는 마을에 군사들이 들이닥쳐 전쟁이 났다며 신체 건강한 장정들을 징집했는데, 노인의 아들은 전투는커녕 걸을 수도 없기에 징집에서 제외됐다. 역시나 이웃들이 찾아와 천만다행이라고, 너무나도 운이 좋았다고 부러워했다. 노인은 이전과 똑같이 대꾸했다.

"어디 두고 봅시다."[38]

나는 이 이야기를 삶의 불완전함을 오롯이 인정하는 태도의 가치로 읽었다. 그 순간만큼은 다행이거나 불행이었으니 노인의 이웃들이 잘못 말한 것은 아니다. 그러나 우리 삶은 그렇게 단순하지 않다. 어떤 사실이 완전히 다른 결과로 바뀌는 일도 허다하다. 따라서 그때마다 감정에 휘말리기보다 추이를 지켜보려는 마음의 여유가 필요하다. 삶에서 겪게 되는 일에는 하나의 의미만 담겨 있지 않다는 게 우리 인생의 본질이다. 에이미 추아가 둘째 딸 룰루와 대립한 일은 분명히 나빴지만, 그로 인해 그녀는 자신의 방식을 되돌아보게 됐다. 작가로서의 명성을 얻은 것도 그 덕분이었다. 나도 청년 시절 숱한 관계의 좌절을 겪었지만, 그런 경험을 계기로 나 자신을 객관화하고 타인의 관점을 헤아리는 법을 배울 수 있었다. 실패와 좌절이 꼭 나쁘지만은 않다. 그럴 때마다 쉽사리 감정을 소모하지 말고 그 경험이 언젠가 분명히 좋은 일과 연결되리라고 마음을 다잡는 것이다.

미국 시인이자 작가 헤더 래니어(Heather Lanier)는 "'좋다'와 '나쁘다'는 우리의 불완전한 이야기일 뿐('Good' and 'Bad' Are Incomplete Stories We Tell Ourselves)"이라는 제목의 감동적인 테드(TED) 강연을 통해 이 이야기를 부모의 시선에서 바라본다. 방금 내가 소개한 내용과 약간 다르나 그녀 역시 《회남자》에 등장하는 노인의 행운과 불운의 반전 이야기로 운을 뗀다. 그런데 이 이야기는 그녀에게 그저 옛날이야기가 아니었다. 그녀 자신의 이야기였다. 첫 아이를 가졌을 때 그녀는 아이가 어떤 흠결도 없이 아주 건강한 "슈퍼베이비

(superbaby)"로 태어나 성장하기를 바랐으며, "좋은 아기를 넘어 최고의 아기"를 낳고자 영양제는 물론 음식도 유기농으로만 섭취하면서 자연 분만을 위한 특별 훈련도 받는 등 자신이 할 수 있는 모든 일을 했다. 하지만 아이는 염색체에 결함이 있는 매우 희귀한 유전 질환인 울프-허쉬호른 증후군(Wolf-Hirschhorn Syndrome)을 가진 채 2.15킬로그램의 왜소한 몸집으로 태어났다. 의사는 그 원인을 "씨앗이 나쁘거나 토양이 나쁘거나" 둘 중 하나라고 말했고 그녀 또한 "명백히 나쁜" 상황으로 인식했다. 그녀는 절망했다. 그 모든 상황이 비극이라는 생각에 갇혀버렸다.

그러나 이내 마음을 다잡았다. 그녀는 오히려 딸아이를 "신비로운 아이"라고 생각했다. 그러자 단단히 박혀 있던 비극적인 생각이 사라졌다. 아이는 레게 음악을 좋아했다. 레게 "리듬에 맞춰" 방긋 웃곤 했다. 아이의 새까만 눈동자는 "타호(Tahoe) 호수의 푸른 빛"으로 변했고 다른 사람들의 눈을 골똘히 바라보기도 했다. 비록 생후 5개월에도 여느 아기들처럼 제대로 목을 가누진 못했지만, 깊이 집중하며 눈맞춤을 할 수 있었다. 아이는 스스로 작은 기적을 행하고 있었다. 아이는 남들처럼 되려고 태어난 게 아니었으며, 앞으로 특별한 삶을 살게 될 터였다. 이 사실을 온전히 이해한 그녀는 그때까지 계속해서 딸아이의 "나쁜 점"에만 집중하던 치료사들을 거부했다. 그녀는 "신경학적 차이나 발달 지연 또는 발달 장애가 나쁘다"는 생각과 "건강한 신체가 더 나은 삶"이라는 고정관념을 떨쳐냈다. 동시에 "삶에서 좋거나 나쁜 게 있다"는 자신의 편견도 내려놓을 수 있었다. 그래서

"아직 펼쳐지지 않은 아이의 삶"을 있는 그대로 지켜보기로 했다. 딸아이가 얼마든지 자신만의 좋은 삶을 살 수 있다는 사실을 깨달은 그녀는 모든 편견과 집착을 버리고 아이를 보살폈다. 이후 그녀는 자신과 똑같이 생각하는 새로운 치료사들을 만났다. 그들은 아이의 나쁜 점에 주목하지 않았고 그것을 고쳐야 할 문제점이라고 여기지도 않았다. 그들의 목표는 딸아이를 정상인처럼 보이게 하는 게 아니었다. 아이 자신이 "독립된 존재가 되도록" 돕는 것이었다. 세상에 완벽한 존재란 없다는 단순하고 명확한 진실을 그들은 잘 알고 있었다.

그렇지만 이제 그녀는 다른 방식의 완벽함 추구에 대한 편견과 맞서야 했다. 그녀의 딸이 "하느님(하나님)의 특별한 자녀"라거나 "소중한 작은 천사"라는 등 입에 발린 소리를 하는 사람들이 늘기 시작했다. 아이가 자신들에게 놀라움을 보여주는 "마법 같은 존재"라는 식이었다. 그녀는 딸아이더러 "천사 같다"고 말하는 돼먹지 못한 낭만적 찬사에 저항하는 법도 배워야 했다. 어느덧 걸어 다닐 만큼 자란 아이는 여느 아이들과 마찬가지로 "악동 짓"도 했고 "네 살 때는 두 살 동생을 밀치기도" 했다. 우리가 누군가를 끔찍하다거나, 천사 같다거나, 나쁘다거나, 좋다고 판단하고 규정하는 것은 심각한 착각이다. 아무리 듣기 좋은 표현이라도 결국에는 그녀와 딸아이에게 지나친 부담을 지우고 새로운 맥락의 완벽함에 대한 이미지를 덧씌울 뿐이다. 그 역시 편견에 불과하기에 "혼란과 복잡성"을 가중하고 나아가 "인간으로서 권리와 존엄"을 훼손하게 된다. 아이가 마침내 "화장실에서 응가"라고 말하던 때를 회상하며 그녀는 청중을 향해 "좋은지

모든 삶은 충분해야 한다

나쁜지 모를 일이죠" 하고 웃으며 이렇게 결론 내린다.

"내 아이도 사람이죠. 그뿐이에요. 그리고 많은 의미가 있죠."[39]

이 정도로 충분하다면

하지만 나는 한편으로 헤더 래니어와 같은 사람들의 이야기가 현재 비교적 편안하고 쉬운 삶을 사는 사람들에게 '충분한 삶'이라는 비전이 잘 와닿지 않는 요인으로도 작용한다고 생각한다. 쉽게 말해 이미 충분하다고 여기는 사람들에게 "모든 삶은 충분해야 한다"는 주장이 설득력 있을까? 물론 나는 그렇다고 여긴다. 충분하지 않기 때문이다. 심지어 스스로 사회 피라미드 꼭대기에 앉아 있다고 믿는 사람들의 삶도 내가 볼 때는 충분하지 않다. 모두가 그렇다고 착각하고 있을 뿐이다.

지금껏 나는 수차례에 걸쳐 이미 충분한 듯 보이는 내가 충분한 삶을 추구해야 한다고 설득하는 책을 쓰는 표면적 역설을 이야기했다. "신체 건강한 미국 백인 이성애자 남성 학자가 여기저기 돌아다니며 충분함을 논한다네"라고 나를 놀리던 친구들 이야기도 했다. 나는 이 모든 주관적 한계를 순순히 인정했고, 과거 위대함을 추구하던 시절도 고백했으며, 공익을 위해 일반적인 기대치보다 훨씬 더 많이 일하고 크게 노력하는 사람들의 노고도 이해하고 인정했다. 열심히 살고자 하는, 훌륭한 사람이 되고자 하는, 이미 충분히 위대하다고 할 만한 사람들을 일컬어 잘못이라고 하지도 않았다. 다시 한번 강조하지만 나는 우리가 "이 정도면 충분하니 만족하면서 살자" 같은 메시지를 전달하려고 이 책을 쓴 게 아니다. 이즈음에서 이 이야기를 또 꺼낸 까닭은 충분한 삶이나 충분한 관계에 대한 설명과 사례가 이어지다 보니 여러분도 모르게 여러분 개인의 충분함에 대한 고찰과 맞물리면서 자조적인 효과를 자아내는 것 같아 다시금 주의를 환기하기 위해서다. 그 덕분에 충분함이 과연 무엇인지 온전히 이해하게 됐다면 당연히 좋은 일이나, 이 책의 목표는 더 궁극적인 지점을 향하고 있다. 우리는 충분한 세상으로까지 나아가야 한다. 모두가 충분한 삶 말이다. 여러분의 충분한 삶에 대한 각성은 하나로 모여서 모두를 위한 충분한 세상을 만들어나가는 밑거름이 될 것이다.

그렇기에 여러분도 자신의 변화가 모두에게 충분한 세상을 수립한다는 필요의 절실함에 수반됨을 인식했으면 좋겠다. 2019년 아무도 예기치 못했던 코로나19는 인류 역사를 통틀어 우리가 너무나도 오랫동안 충분하고 온전한 삶을 살지 못했다는 사실을 새삼 일깨워줬다. 그러나 동시에 세기의 전염병 앞에서 만인이 평등하다는 일종의 안도감도 느끼게 했다. 누군가에게는 그저 스쳐 지나갈 불편함이 있고 누군가에게는 삶이 무너져내리는 고통 그 자체였지만, 그 위기를 견뎌냈다는 보편적 안도감은 자칫 이만하면 그럭저럭 충분하다는 개인의 자조로 이어질 수 있다. 이런 상황에서 모두를 위한 충분함을 이야기하는 것이 어떤 의미가 있을까?

간단한 질문 같아도 막상 대답하려고 하면 명쾌하게 설명하기가 어

모든 삶은 충분해야 한다

렵다. 개인의 충분함을 반드시 모두의 충분함으로 확장해야 할 까닭은 무엇일까? 우리가 왜 계속해서 이 질문을 던져야 하는지 돌아보게 해주는 몇 가지 문헌이 있다. 이탈리아계 유대인 화학자 프리모 레비(Primo Levi)는 제2차 대전 나치의 아우슈비츠(Auschwitz) 강제 수용소에서 살아남아 회고록《이것이 인간인가(Se questo è un uomo)》(1947)를 펴냈다. 영문판은《아우슈비츠에서의 생존(Survival in Auschwitz)》이라는 제목으로 1958년 초판이 출간됐다. 그는 다음과 같은 범상치 않은 문장으로 이 책을 시작한다.

"1944년에야 아우슈비츠로 이송된 것은 내게 행운이었다."

레비의 이 말은 전쟁 말기에 더 많은 일꾼이 필요해지자 늦게 이송된 수용자들이 힘든 노동에 투입돼 그나마 죽지 않고 살아남을 수 있었다는 의미다. 역설적이게도 그것이 '행운'의 원인이다. 그러나 이 말을 곧이곧대로 생각할 사람은 없을 것이다. 강제 수용소에 끌려가는 것이 어떻게 행운일 수 있을까? 레비는 이 책의 제목이 의문문으로 남아 있기를 의도적으로 바란 듯하다. "이것이 인간인가"는 아우슈비츠의 참상을 표현한 의문문이지, 대답을 요구하는 질문은 분명히 아니다.

레비가 이 책에 기록한 내용 대부분은 아우슈비츠 수용소에서 "보통의 도덕 세계"가 어떻게 무너져내렸는지에 관한 것이다.[40] 이웃의 빵 한 조각을 훔쳐야 생존할 수 있는 상황이라면 도덕적 성인으로 살지 기본적인 선량한 사람으로 살지에 관한 논쟁은 무의미할 수 있다. 그렇지만 레비는 모두가 오직 생존에만 매달리는 수용소의 현실 속에서 인간이란 어떤 존재인지 생각하고 자신이 책을 쓰게 된 이유를 되짚어본다.

"어쩌면 우리는 이 예외적인 인간 상태에 관한 기억을 간직하는 것이 필요하거나 좋은지 자문해볼 수 있을 것이다."

그리고 스스로 이렇게 답한다.

"어떤 인간 경험도 의미가 없거나 분석할 가치가 없지 않으며, 비록 긍정적인 내용이 아니더라도 우리가 묘사하고 있는 이 특정한 세계로부터 근본적인 인간의 가치를 추론할 수 있다."[41]

그는 수용소에서 일어난 온갖 참상이 인류 문명의 "근원적인 잔인함과 이기심과 어리석음"을 드러낸 것이라는 생각을 원천적으로 거부한다. 그가 볼 때는 오히려 문명 자체의 특이점을 드러낸 것이다. 레비에 따르면 썩 괜찮은 문명에서 인간은 약한 사람이 너무 약해지지 않게 하고 강한 사람이 너무 강해지지 않게 한다. 하지만 자신이 목격한 특수한 역사적 순간에는 "흉포한 법이 공공연하게 시행"됐다. 그는 이 법을 설명하면서 신약성서 '마태복음'의 한 구절을 인용한다.

"누구든지 있는 사람은 더 받아 넉넉해지고, 없는 사람은 있는 것마저 빼앗길 것이다."[42]

이것이 아우슈비츠 강제 수용소가 작동하는 방식이었다. 살아남은 소수의 개인은 이 논리로 그냥 계속 살아남았다. 그리고 살아남은 사람들은 똑같이 이 논리로 죽어가는 동포를 도울 수 없었다. 수용소에서 악은 평범한 일상이었고, 인간은 더는 사회적으로 연결된 인간이 아닌 우연한 행운과 불운의 대상일 뿐이었다.

그래도 레비는 희망을 봤다. 만약 이런 상황 속에서도 인간이 될 수 있다면, 그 사람은 어떤 은총 덕분이든 이 흉포한 법이 완전히 적용되지 않도록 행동하거나 적어도 그렇게 믿고 있다는 방증이었다. 레비는 이를 아우슈비츠 수용소에서 만나 깊은 우정을 쌓게 된 로렌초 페로네(Lorenzo Perrone)에게서 발견했다. 그는 수용소 확장 공사에 차출된 민간인 벽돌공이었다. 위험을 감수하면서까지 수용자들에게 빵이나 옷가지를 전해주고도 아무런 보답을 바라지 않았다. "선을 행하는 너무나 자연스럽고 평범한 그의 태도를 보며" 레비는 선의 희미한 가능성과 생존해야 할 가치를 찾을 수 있었다.[43] 물질적 도움을 넘어 로렌초 페로네라는 존재 자체가 레비에게 삶의 의미를 끊임없이 증명하고 있었다. 평범한 악과 대비되는 평범한 선이었다.

"이 페이지에 등장하는 인물들은 인간이 아니었다. 그들의 인간성은 다른 누군가에게 묻었거나, 죄로 인해 묻혔거나, 그들 자신이 묻어버렸다. (중략) 그러나 로렌초는 인간이었다. 로렌초 덕분에 나는 내가 인간이라는 사실을 잊지 않을 수 있었다."[44]

삶을 가치 있게 만드는 가장 기본적이고 온전하고 평범한 선이 아우슈비츠 수용소의 적나라하고 뒤틀린 악 속에서도 꿋꿋이 버틸 수 있었는지는 불분명하지만, 프리모 레비는 로렌초 페로네와의 관계에서 기어이 그 길을 찾아냈고 끝까지 자신의 인간성을 붙잡고 버텨낼 수 있었다.

우리는 다른 맥락에서도 레비가 전달하려는 메시지를 더욱 밀어붙일 수 있다. 비록 그런 끔찍한 상황들 때문에 우리 세상은 여전히 충분하지 않지만, 그렇더라도 그것들이 우리 모두의 충분한 삶을 불가능하게 만드는 요인이 되지는 못한다고 말할 수 있을 것이다. 실제로도 충분한 삶이 불가능하다고 단정하면 그런 악조건 속에서 살아가는 사람들이 성취할 삶의 온전함과 의미를 부인하는 결과를 초래하게 된다. 이는 나치의 유대인 학살에서 살아남은 아버지와 북아메리카 원주민 오지브와족(Ojibwa) 어머니 사이에서 태어난 미국 작가이자 평론가 데이비드 트로이어(David Treuer)가 자신의 책《운디드니에서 뛰는 심장(The Heartbeat of Wounded Knee)》(2019)을 통해 지적한 내용이기도 하다. 그는 이렇게 운을 뗀다.

"이 책은 단호하게, 한 점 부끄러움 없이, 인디언의 죽음보다 인디언의 삶을 다룬다. 우리에게 여전히 삶이 있다는 것, 인디언들이 이 땅에 살았고, 살아왔고, 살고 있다는 사실은 지금도 사람들에게 뉴스거리가 된다. 우리에 대한, 아니 '인디언'에 대한 일상적인 이야기들은 몰락과 죽음이다. 길들지 않았던 자유와 땅의 교감으로 시작해 영원한 고통에 지나지 않는 보호구역으로 끝난다."[45]

책 전반에 걸쳐 트로이어는 토착민들의 삶을 단정 짓는 이런 관점이 거의 모든 부분에서 왜 잘못됐는지 설명한다. 과거는 더 복잡했고 현재는 더 역동적이다. 운디드니 학살 같은 비극도 있었지만, 창의성과 독창성과 성공도 있다. 트로이어 개인의 차원에서는 오지브와족의 권리를 위해 투쟁하는 변호사 어머니가 있고, 나치의 손아귀에서 탈출해 인디언 보호구역에서 마침내 삶을 되찾은 오스트리아계 유대인 아버지가 있다. 이후 미군에 입대해 제2차 대전에 참전하고 민권

　　　　　　　　　　　모든 삶은 충분해야 한다

운동가와 작가로 활동한 그의 아버지 로버트 트로이어(Robert Treuer)는 그때를 이렇게 회상한다.

"나는 난민이었다. 외부자였다. 나는 부족했고, 충분하지 않았고, 어디에도 속하지 못했다. 하지만 이곳에 도착했을 때 나는 비로소 집에 왔다는 느낌이 들었다. 사람들이 나를 이해한다는 느낌을 받았다."[46]

그리고 사회 차원에서는 미국 워싱턴주와 국경을 접하고 있는 튤라립(Tulalip) 같은 보호구역 형태의 정치체가 있다. 이 정치체는 1855년 미국 연방 정부와 조약으로 설립된 이래 다른 원주민 정치체들처럼 수많은 사회 문제를 겪었으나, 현재에도 굳건히 민주적 의사결정을 통해 무료 의료, 교육, 보육, 연금, 기본 소득 등을 제공하는 사회민주주의 자치 정부로서 존속하고 있다. 데이비드 트로이어는 튤라립에서 "단지 부족이 될 수 있는 게 아닌 미국이 될 수 있음"을 본다.[47]

학대와 억압이 충분한 삶의 가능성을 없앤다고 단정하면 제삼자인 외부자들의 관점에서 정말로 그들의 힘과 활력을 보지 못하게 되는 현실적 문제에 직면한다. 프리모 레비와 데이비드 트로이어 같은 작가들은 이 까다로운 균형을 표현하고자 애썼다. 폭압적 상황이 주는 두려움을 그대로 직시하면서도 끝내 기운을 잃지 않는 사람들의 모습을 어떻게 하면 객관적으로 명확히 인식할 수 있을까? 미국의 노예제 역사를 연구한 역사가들도 수십 년간 이 복잡한 지형을 헤쳐왔다. 특히 1970년대 이후 역사학자들은 W. E. B. 듀 보이스 등의 연구를 토대로 노예의 삶을 살던 시기 흑인들의 수동성에 관한 일반적 가정을 깨고 과거의 수난에도 이들이 자신의 정체성과 전통을 어떻게 유지하고 발전시켜왔는지 탐구했다.[48] 아프리카계 미국 역사학자 빈센트 브라운(Vincent Brown)에 따르면 이와 같은 재구성 시도는 역사가들이 "가장 약하고 비참한 사람들의 노력이 세상을 바꾼 방식에 관한 더 풍부한 이야기"를 세상에 들려줄 수 있게 해준다.[49]

이런 일련의 작업은 무작정 노예제의 공포만을 부각하지 않는다. 우리는 몰랐거나 잊었던 노예제의 끔찍함을 환기하는 동시에 그들이 몇 세대에 걸쳐 지금도 살아있음을 담담히 드러낸다.[50] 빈센트 브라운과 다른 여러 역사가는 이 같은 과거의 참상을 애써 외면하거나 용서하지 않은 그대로 그때 그 사람들이 기필코 살아남으려고 했던 삶의 의미와 그들이 미래에 물려주고자 했던 삶의 가치를 우리가 온전히 인식하기를 바랐다. 내가 앞서 언급한 아프리카계 미국 민권 운동가 엘라 베이커 또한 자신의 올바른 세계관을 형성하는 데 이런 이야기가 매우 중요했다고 썼다. 그녀의 외할머니는 사랑 없는 강제 결혼을 거부함으로써 주인집 노예로 그나마 누릴 수 있었던 제한된 혜택을 박탈당했다. 주인은 그녀를 뜨거운 들판으로 내몰았고, 더 큰 폭행이 이어졌지만, 그녀와 그녀가 사랑해 결혼한 남편은 노예 해방 후 지역 사회의 모범적인 구성원이 됐다. 두 사람은 자신들이 도움을 줄 수 있는 한 많은 사람이 자리를 잡을 수 있도록 음식을 제공하고 함께 집을 지었다. 모두를 위한 충분할 권리와 존엄을 주장한 엘라 베이커의 민주주의 정신은 바로 이런 이야기에 바탕을 두고 있다.[51]

모든 삶은 충분해야 한다

노예제 이후의 아프리카계 미국인 문화 세계에서 역사가이자 문학 평론가로 활동 중인 사이디야 하트먼(Saidiya Hartman)도 《방랑하는 삶, 아름다운 실험: 사회 변혁의 내밀한 역사(Wayward Lives, Beautiful Experiments: Intimate Histories of Social Upheaval)》(2019)을 통해 그동안 우리 대중이 20세기 초 빈곤한 젊은 흑인 여성들의 삶을 이해한 방식에 비슷한 의문을 제기했다.[52] 그녀는 그들을 동정의 대상으로 여길 게 아니라 오히려 "사회의 선각자이자 혁신가"로 이해해야 한다고 주장했다.[53] 하트먼은 노예제의 문학적·이론적 이해에 크게 이바지했는데, 특히 노예제와 관련한 역사 기록을 해석하는 방식에서 날카롭고 깊은 통찰을 제공했다. 일례로 낡은 소파에 벌거벗고 누워서 포즈를 취하고 있는 이름 모를 흑인 소녀의 빛바랜 흑백 사진을 발견한 그녀는 단호한 어조로 이렇게 썼다.

"나는 그 모습을 보고 그저 비극적이거나 불쌍한 소녀가 아닌 평범한 어린 흑인 여자아이를 떠올렸다. 아이의 삶은 강간과 폭력으로 점철됐다. 전혀 범죄로 간주하지 않는 성폭력, 아이에게 비상사태는 예외가 아닌 일상이었다. 동시에 아이는 민주주의의 밑바닥과 진보 시대의 시작이라는 극단의 대척점에서 새로운 시대의 문턱에 선 소녀였다. 아이의 도전은 그 시대의 위협을 어떻게 견뎌내고, 거대한 잔인함 속에서 어떻게 살아가고, 가난과 궁핍 속에서 어떻게 번영할 수 있는지 알아내는 것이었다."[54]

그리고 하트먼은 노예제의 잔재로 오랫동안 남아 있던 천편일률적인 생각들을 환기하면서, 역사의 폭력을 바로잡으려면 어떤 관점을 가져야 하는지 설명했다.

"설령 마지못해 양보하더라도 그 명백함, 즉 평범한 흑인들의 아름다움을 인정해야 한다. 자유롭게 살고자 하는 의지에 깃든 아름다움이다. 아름다움은 사치가 아니다. 아름다움은 울타리 공간에서의 가능성을 만들어내는 방법이고, 존재의 급진적인 예술이며, 모든 주어진 것들의 변형이다."[55]

이런 측면을 무시하고 단순히 어둡고 비참한 측면에만 초점을 맞추면 그들을 영원히 희생시키는 셈이다. 그 아름다움의 본질은 멀리한 채 우리의 일상적 불만을 되돌아보게 만드는 정도로만 소모할 뿐이다. 그러면 그들의 삶은 우리의 현재와 미래로 연결되지 않는다.

책의 결론 부분에서 사이디야 하트먼은 동정적 감상의 상실을 마틴 루터 킹이나 마틴 딜레이니 같은 영웅적 인물들에 대한 불변의 관심과 연결한다. 어쨌든 이들은 고난을 극복하고 위대한 인간이 된 남성들이다. 그러나 위대함에만 초점을 맞추면 이 선구적 여성들의 언어와 세계를 볼 수 없다. 하트먼은 사진 속 이름 없는 어린 소녀를 가리킬 때 사용한 구절인 "울타리 공간에서의 가능성"으로 돌아간다. 그녀는 우리에게 이런 생각의 원천 중 하나가 고대 그리스어로 "울타리 안에서 춤을 추다"라는 의미를 담은 '코러스(chorus)', 즉 '합창'의 어원이라고 말한다.[56] 고대 아테네 비극에서 합창은 극이 펼쳐지는 과정에서 필연적으로 몰락을 겪게 될 위대한 영웅과 대조된다. 우리는 영웅들의 이름을 기억하고 그들의 모험을 이야기한다. 하지만 그것이 이야기 전부는 아니다. 다른 한편에서 "합창은 위대한 인물이나 비극

모든 삶은 충분해야 한다

적인 영웅의 이야기가 아닌 모든 양상이 제 역할을 하는 이야기, 머리 없는 집단이 변화를 불러일으키는 이야기, 상호 부조가 집단행동을 위한 자원을 제공하는 등의 또 다른 이야기"를 들려준다.[57]

인간은 수많은 관계 속에서 서로 연결돼 있다. 나만 충분하면 그만이라는 생각은 잘못이다. 모두가 충분하지 않으면 개인 역시 충분한 삶을 살 수 없다. 충분하지 못한 타인들의 삶이 돌고 돌아 결국 우리 삶을 불충분하게 만든다. 서로의 관계 속에서 서로에게 의미 있고 영예로운 것들을 발견하는 능력을 개발하려면 위대함을 넘어 우리의 다양한 가능성을 바라볼 줄 아는 관점의 전환이 필요하다. 학대와 억압을 당했던 사람들도 그 폭압적 현실 속에서 충분함을 찾았으며, 아무리 끔찍한 세상이라도 충분함의 씨앗은 심어 있다. 그들의 이야기를 통해 우리 개인은 충분하다는 착각에 안도할 게 아니라, 그들과 더불어 충분한 세상을 만들어가려는 의지를 키워야 한다. 우리에게는 그들의 존재를 증인으로 삼아야 할 윤리적 소명이 있다.

충분한 관계의 정치

우리 과거와 현재의 비극을 변론하려는 것도 아니며, 끔찍한 시대에서조차 충분히 잘 살 수 있으니 뭐든 괜찮다고 합리화하려는 것도 아니다. 충분함을 추구하는 세계관은 세상의 부정적 측면 또한 포용하지만, 어디까지나 부가적인 인식이지 중심은 아니다. 그 중심은 모두에게 적절하고 온전한 삶, 정서적·물질적으로 충분한 삶에 대한 규범적 지평을 굳건히 유지하고 있다. 그런데 충분함을 추구하는 세계관은 우리 개인의 철학이나 인간관계의 변화를 통해 모색할 수 있으나, 실제로 그런 세상을 이루려면 꼭 필요한 게 있다. 다름 아닌 '정치'다. 사회 체계를 개혁하려는 정치적 의지 없이 성취할 수 있는 일에는 한계가 있다. 대의(간접) 민주주의 체제에서 개인은 사회를 직접 바꿀 수 없다. 사회를 변화시키려면 정치인들이 법률, 제도, 정책 등을 마련해야 한다. 물론 개인의 생각들이 바뀌어 사회적 요구로 발전하는 게 우선이다. 그래야 정치를 움직일 수 있기 때문이다. 내가 이 책에서 할 수 있는 역할도 거기까지다. 그마저도 쉬운 일은 아니다. 여러분을 설득하지 못하면 충분한 세상은 요원한 일이 되고 만다.

내가 살고 있는 미국에 한정 지어 말하자면 역대 대통령 가운데 버락 오바마(Barack Obama)만큼 '충분한 관계의 가치'를 옹호한 정치 지도자는 없을 것이다. 정치인으로서 삶을 시작할 무렵 펴낸 회고록 《내 아버지로부터의 꿈(Dreams from My Father)》(1995)에서 오바마는 지나친 물질적 추구에 강한 거부감을 드러냈다. 대학 졸업 후 뉴욕에서 일할 때 그는 "더 비싼 레스토랑, 더 좋은 옷, 더 고급스러운 나이트클럽"을 향한 대중의 무한한 욕망을 목격하고 크게 실망했다.[58] 그러면서도 그 실망감이 비단 도덕적 문제에서 비롯된 것은 아니라고 말했다. 그에게는 정치가 더 큰 문제로 보였다.

"윙윙거리는 소리와 요동치는 움직임 속에서 나는 세상의 끊임없는 분열을 봤다. 마치 모든 중간지대가 완전히 무너진 것 같았다."[59]

212

분열된 세상에서 의미를 찾고 싶었던 버락 오바마는 충분한 관계를 떠올릴 만한 순간을 기억해냈다. 언젠가 그가 스페인을 혼자 여행하던 때였다. 고된 여정에 지친 그가 마드리드(Madrid)와 바르셀로나(Barcelona) 중간 어디쯤에서 야간 버스를 기다리는데, 허름한 옷차림의 한 남자가 다가와 커피 한 잔만 사줄 수 있는지 물었다. 영어가 통하지 않아서 두 사람은 서툰 스페인어로 짧은 대화를 나눴다. 그는 세네갈에서 계절 근로자로 가족을 부양하기 위해 스페인에 왔다고 했다. 그들은 바르셀로나행 야간 버스에 함께 탔고 날이 밝기 직전 도착했다. 오래된 버스 정류장에서 남자는 배낭을 열고 물 한 병을 꺼내 오바마에게 건넸다. 그리고 그들은 얼마간 함께 길을 걷다가 헤어졌다. 오바마는 그때를 회상하면서 그 만남이 내포했던 의미와 자신이 열망하고 그리워하는 게 무엇인지 생각했다.

"세네갈에서 온 이 남자에게 나는 커피를 사주고 그는 내게 물을 줬다는 사실, 그것은 현실이었고 아마도 우리가 기대할 수 있는 전부였을 것이다. 우연한 만남, 함께 나눈 이야기, 작은 친절…."[60]

이 사소한 관계 맺음을 통해 형성된 믿음은 그의 정치적 신념으로 이어졌다. 2004년 민주당 전당대회 연설에서 버락 오바마는 "미국의 진정한 정신"은 초고층 빌딩, 군사력, 물질적 부가 아니라 "소박한 꿈에 대한 믿음, 작은 기적에 대한 고집, 밤에 아이들에게 이불을 덮어주고, 아이들을 먹이고 입히고 위험으로부터 안전하게 지켜주는 것"이라고 힘주어 말했다."[61]

그러나 오바마도 위대함을 추구하면 충분한 삶을 보장할 수 있다고 생각한 것 같다. 이 말을 하기 직전 그는 다음과 같이 말했다.

"오늘 밤, 우리는 우리 국가의 위대함을 확인하고자 이 자리에 모였습니다."[62]

그리고 5년 뒤 대통령 취임 연설에서도 유사한 맥락으로 이렇게 말했다.

"우리 국가의 위대함을 재확인하면서 우리는 위대함이 결코 주어지는 것이 아님을 이해합니다. 그것은 반드시 얻어내야 하는 것입니다."[63]

오바마는 미국이 스스로 위대하다고 부를 수 있는 권리를 항상 얻지는 못했어도 여전히 위대함이 미국의 목표라고 믿었다. 하지만 위대함을 목표로 설정한 국가는 결국 그 위대함을 이루는 데 도움이 되지 못하는 국민, 또는 단순히 위대한 국가의 국민이 아닌 사람들을 오해하고 배제하고 탄압하게 된다. 위대한 미국을 지향하는 게 그가 그토록 극복하고 싶었던 "세상의 끊임없는 분열"을 일으키는 바로 그 원인인데도 왜 버락 오바마는 위대함의 수사에 빠져들었을까? 아마도 그 당시의 상황적 요인 때문이었을 것이다. 특히 그가 너무나 강력하지만 절대로 용인할 수 없는 인종 차별에 맞서 싸워야 했다는 사실이 그랬다. 그는 계속해서 미국인으로서의 정체성을 의심받았고 심지어 미국인이 아니라는 공격에 시달렸다. '미국 예외주의(American Exceptionalism)'를 앞세운 도널드 트럼프 등 공화당 세력은 그에게 주류 가치를 인정하고 추구하라는 교활하고도 부당한 압력을 가했다.[64] 나는 오바마의 정치적 입장을 심정적으로는 이해한다.

모든 삶은 충분해야 한다

내가 우려하는 대목은 오바마가 '위대함'이라는 용어를 사용했다는 사실이 아니다. 그의 행정부에서 표출된 위대함 개념의 양상을 문제 삼는 것이다. 마이클 샌델도《공정하다는 착각》에서 조너선 알터(Jonathan Alter), 토머스 프랭크(Thomas Frank), 닐 배로프스키(Neil Barofsky) 같은 인물들의 연구 결과를 인용해 이 문제를 언급했다.[65] 이들은 모두 아이비리그 출신 지식인과 기업계 리더들을 대거 영입한 오바마 행정부가 어떤 방식으로 능력주의를 심화했는지에 주목했다. 샌델의 지적처럼 이론적으로는 아무런 문제가 없지만, 미국 정치 역사를 반추해보면 "가장 뛰어나고 명석한(the best and the brightest)" 사람들에게 의존한 정치는 늘 어리석은 결과를 초래했다. 일찍이 이 문구는 존 F. 케네디(John F. Kennedy) 행정부 엘리트들을 지칭한 표현으로, 이들의 외교 정책이 어떻게 미국의 베트남 참전으로 이어졌는지 서술한 미국 역사가이자 저널리스트 데이비드 할버스탬(David Halberstam)의 책 제목이었다. 그 결과가 미국을 파국에 빠뜨릴 정도는 아니었어도 심각한 실수였다는 데는 이견이 없을 것이다.

버락 오바마가 대통령으로서 처음 한 일은 대침체로 인한 경제 위기를 돌파하는 것이었다. 백악관에 있는 동안 그는 선택에 직면했다. 레이건, 클린턴, 부시 행정부에서 물려받은 극도로 불평등한 경제 구조를 강화하는 데 집중할 수도 있었고, 내가 지금 이 책을 쓰는 동안 조 바이든(Joe Biden)이 시도하고 있는 것처럼 방향을 바꿔 대공황 때 프랭클린 루스벨트(Franklin Roosevelt)가 했던 것보다 더 평등한 형태로 돌릴 수도 있었다. 오바마는 불평등의 길을 선택했다.[66] 여기에는 신자유주의 경제학을 수용할 수밖에 없는 정책적 한계, 공화당의 지지를 확보하려는 정치적 의도, 그리고 가장 관대하게는 번영했던 시절로의 경제 복원 의지 등을 포함한 여러 이유가 있다.[67] 이런 모든 것들이 원인이었을 가능성이 크다. 그러나 한편으로는 위대함을 향한 그의 열망이 선택의 중심을 차지하고 있었다. 토머스 프랭크가 설명했듯이 "오바마는 투자 은행을 최상급 전문직의 표상으로 여겼기에 여러 측면에서 월스트리트(Wall Street)를 맹신"했다. 닐 배로프스키 또한 "금융계 간부들은 초자연적인 능력을 지닌 슈퍼맨들이며 엄청난 급여와 보너스를 받아도 전혀 아깝지 않은 나라의 보배들이라는 월스트리트의 허구가 오바마 재무부를 뼛속까지 물들였다"면서 "금융 위기가 그들이 벌인 짓이 얼마나 어이없었는지 아무리 드러내 보여도 재무부 사람들은 한결같이 그 믿음을 고수했다"고 비판했다.[68] 이후 8년 동안 이들은 경제 회복을 명분으로 소외 계층을 지원하지 않았고, 이는 민주당의 연이은 선거 패배로 이어져 공화당 도널드 트럼프가 급부상하는 데 일조했다. 버락 오바마는 대통령 퇴임 이후의 삶을 계획할 때도 실리콘밸리(Silicon Valley) 경영진과 맥킨지(McKinsey) 컨설팅 그룹을 찾았다.[69]

위대함은 우리 자신과 우리 관계를 위한 충분한 삶에 이르는 가장 좋은 길로 보이지만, 실제로는 이와 같은 목표 자체를 전복시킨다. 국가의 정치와 경제에서도 마찬가지다. 현대 미국의 정치적·경제적 정책 방향은 정부가 나서서 자유로운 성장을 견인해야 한다는 쪽에 초점을 맞추고 있다. 그래야만 낙수 효과로 최대한 많은 사람이 혜택을 볼 수 있다고 믿기 때문이다. 양극화나 불평등은 개의치 않는다. 어차피 최하위 계층의 삶은 똑같고, 그나마 성장이라도 하면 더 나아질 테니 좋지 않겠느냐는 논리다.

다음 장에서 논의하겠지만, 이 주장은 전적으로 사실이 아니다. 불평등이야말로 성장을 저해하고 사회를 불안정하게 만드는 요인이다. 모든 형태의 위대함 추구와 마찬가지로 성장을 통해 더 나은 세상을 만들 수 있다는 논리는 인류 역사를 통틀어 단 한 번도 증명된 적이 없다. 복잡계 경제학을 개척한 경제학자 폴 크루그먼(Paul Krugman) 은 오바마 행정부의 경제 회복 정책을 분석하면서 "오바마의 시도는 경제 안정에는 도움이 되었으나 국가와 세계를 위해 더 나은 경제적 삶을 모색하는 측면에서는 충분하지 않았다"고 결론 내렸다.[70] 그렇다면 우리의 경제적 삶에 대한 충분한 비전은 어떤 모습이어야 할까?

제4장

우리 세계를 위하여

여러분이 이 책을 회의적인 관점에서 읽기 시작했지만, 지금 제4장까지 오는 동안 조금씩 생각이 바뀌어 이제부터는 위대함이 아닌 충분함을 지향하는 삶을 살겠다고, 충분한 세상을 만드는 데 힘을 보태는 한 사람이 되리라 결심했다고 가정해보자(벌써 여러분을 설득했다고 여길 정도로 내가 오만한 사람은 아니지만, 논의를 계속 이어나가기 위함이니 부디 그렇다고 해주기를).

자, 그럼 여러분은 이제 최고가 되겠다는 열망을 멈췄고, 더 나아가 그런 게 있다는 생각조차 어리석음을 간파했다. 여러분은 피할 수 없는 고난과 존재의 한계를 있는 그대로 받아들이기로 했다. 여러분은 여러분의 행동이 타인과의 관계에서 가장 깊게 공명하는 상호 의

모든 삶은 충분해야 한다

존적 세계의 일부임을 이해했다. 여러분은 여러분과 마주하는 사람들에게 충분한 삶의 의미와 충분한 세상의 가치를 전파하고자 노력할 것이다. 여러분은 일상의 깊이와 온전함의 중요성에서 삶의 힘을 얻는 법을 배웠다. 여러분은 훈육, 사랑, 우정의 궁극적 목적에 대한 감각을 재조정해 위대함의 틈바구니를 파고들려는 욕망에서 벗어나 교감은 물론 불협화음의 가치 또한 인정하는 방향으로 나아가려고 한다.

그런데 이내 문제에 봉착한다. 여러분 주변의 모든 사람이 여전히 위대함을 위해 갖은 노력을 다하고 있다. 그래도 그들은 달라진 여러분의 모습을 보고 그런 여유와 태도를 찾게 해준 삶의 철학에 관심을 보인다. 여러분은 진지하고 열정적으로 충분함의 철학을 설명한다. 그들은 고개를 끄덕인다. 자신들도 언젠가 그렇게 살겠노라 다짐한다. 하지만 누구는 대학 종신 재직권을 얻기 위해 6년 동안 10권의 책을 써야 하고, 누구는 자녀를 가르치기 위해 첼로 연주에 숙달해야 하고, 누구는 생계 유지를 위해 하루에 세 가지 일을 해야 한다는 걸 보면 그 '언젠가'는 10년 뒤에나 올 듯하다. 이렇게 모두가 바쁘다 보니 여러분 역시 얼른 속하고 싶었던 충분한 세상을 살지 못한다. 이런 상황에서 여러분은 경쟁, 불안, 갈등의 케케묵은 습관으로 후퇴하지 않고 버틸 수 있을까?

충분한 삶의 논리는 인간관계의 근본적인 상호 의존성에 근거한다. 이는 위대함을 추구하는 사회에 아랑곳하지 않고 충분한 삶을 사는 것이 매우 어려운 일임을 의미한다. 앞 장에서 살핀, 극한의 상황에서도 충분한 삶의 단서를 찾는 데 성공한 사람들조차 마찬가지다. 나는 매년 내 교양 수업에 참여하는 1학년 학생들을 맞이할 때마다 그런 모습을 본다. 앞으로 채워나가게 될 삶의 조각들에 열의를 보이긴 하지만, '금융공학(financial engineering)'을 공부해 높은 연봉을 받겠다거나, 사회 불평등을 비판하면서도 거기에서 벗어나려면 되도록 많은 돈을 벌어야 한다고 강변하는 학생들의 이야기를 듣곤 한다. 경제적 성공을 향한 욕망은 제어하기 어렵다. 더욱이 엄청난 불평등을 양산하는 승자독식 경제라면 피라미드 꼭대기에 오르려는 노력을 게을리할 때 어떤 경제적 불이익을 받게 될지 늘 불안할 수밖에 없다. 그런데도 한편으로는 제2장에서 언급했듯이 학생들은 내가 거시 경제의 맹점이나 월스트리트의 무한 경쟁을 설명할 때보다 충분한 삶의 비전을 이야기할 때 더 신나고 즐거워 보였다. 비록 전부는 아니겠지만, 대부분의 마음은 그런 사회가 바람직하고 행복하다는 사실을 본능적으로 아는 것이다. 우리 가운데 많은 사람은 충분한 사회에서 살면 우리 모두에게 이익이 되리라는 사실을 직관적으로 인식한다. 관건은 우리가 어떻게 거기까지 도달할 수 있는지다.

이에 대한 산업화 자본주의 사회의 가장 일반적인 대답은 역설적이게도 소수를 위한 위대함을 추구하면 모두를 위한 충분함에 도달한다는 것이다. 곧 논의하겠지만 이 논리는 애덤 스미스에서부터 프리드리히 하이에크(Friedrich Hayek), 그리고 앞 장 마지막에서 언급한 버락 오바마에 이르기까지 자유주의(정치적 감성이 아닌 자유 시장 경제 측면에서) 전통의 기본적인 주장이었다. 위대한 부를 추구하는 과정에

모든 삶은 충분해야 한다

서 본의 아니게 막대한 불평등이 초래되긴 하지만, 사회 전체로 보면 시민의 일반적인 생활 수준은 향상된다는 논리다. 이 주장은 러시아 출신 미국 경제학자 사이먼 쿠즈네츠(Simon Kuznets)가 1955년에 고안한 경제 모델인 '쿠즈네츠 곡선(Kuznets curve)'으로 뒷받침됐다. 이 모델에 따르면 후진국에서 중진국으로 성장할 때는 불평등이 증가하나 선진국으로 올라서면 특정 지점에서 고점을 찍고 감소하다가 안정된다. 그리고 이때부터는 경제 성장이 지속해도 불평등은 증가하지 않는다. 쿠즈네츠 곡선은 존 F. 케네디가 1963년 10월 연설에서 차용한 다음 문구로 상징된다.

"밀물이 모든 배를 띄웁니다."

그러나 광범위한 데이터가 확보되자 이 주장은 완전히 틀린 것으로 드러났다.[1] 밀물이 모든 배를 띄우기는 했다. 문제는 요트나 군함은 그 밀물 덕분에 앞으로 잘 나아갈 수 있었지만, 가족용 고무보트나 개인용 카누는 뒤집혔다는 것이다.

반면 정치적 진보주의자들에게는 일찍이 카를 마르크스(Karl Marx) 등이 오랫동안 주장한 내용을 증명하는 데 그리 광범위한 데이터가 필요하지 않았다. 그들은 자본주의가 과거에 시도된 다른 경제 체제보다 더 나은 것은 사실이지만, 거대 자본에 접근할 수 있는 소수가 절대다수의 노력을 이용해 이익을 거의 독점하는 소외적이고 착취적이고 무자비한 체제라고 비판한다. 자본가의 목표는 어떤 대가를 치르든 경제적 이익을 얻는 데 있으므로, 자본 소유자들은 거침없이 하향 경쟁에도 뛰어든다. 할 수 있는 한 가장 낮은 임금, 가장 싼 장비,

가장 적은 책임을 지향한다. 모든 자본가가 이기적이고 탐욕스러울 까닭은 없겠으나, 만약 여러분이 기업 소유주인데 직원들에게 더 많은 임금을 챙겨주면 생산 원가가 상승해 상대적으로 경쟁사들의 제품이나 서비스가 더 저렴해지고, 그러면 여러분 회사는 업계에서 도태하고 만다(물론 경쟁사들이 계속되는 직원 이직으로 더 높은 비용을 감내하게 되거나, 여러분 회사의 직원 만족도가 높아져서 더 높은 생산성과 경쟁력을 갖춘 기업이 될 수도 있다).

성장을 추구하기 위해 자본주의 체제를 악용하다 보면 불평등, 환경 파괴, 무분별한 경쟁, 도덕적 해이 같은 치명적인 결과를 낳을 수 있다. 엑슨모빌(ExxonMobil), 베어스턴스(Bear Stearns), 퍼듀파마(Purdue Pharma) 사태를 떠올려보자.[2] 그래도 이론적으로 자본주의는 적절한 규제, 조직화한 노동, 법적 규제 등 이를 보완할 여러 장치를 갖추고 있다. 하지만 태생적인 한계가 있는데, 너무 많은 부가 소수의 손에 집중되면 정부가 발휘해야 할 영향력이 이들의 자본력으로 인해 쉽게 희석된다는 점이다. 역사가 보여주듯 경제적 금권정치는 필연적으로 정치적 민주주의를 파괴한다. 이미 수많은 정치학자가 국민 다수의 요구 사항보다 부유층의 이해관계가 정책 결정을 좌우한다는 사실을 입증했으며, 미국의 경우 상당수 국민이 민주주의보다 과두정치나 금권정치로 인식하고 있다는 연구 결과도 있다.[3] 시장 중심 경제의 다양한 형태를 설명하기에는 너무 일반적인 개념인 자본주의가 이 모든 문제의 원흉이라는 뜻은 아니다. 그렇지만 오늘날 자본주의는 대다수 사람에게 끊임없는 경쟁과 사리사욕 추구를

모든 삶은 충분해야 한다

의미하는 용어로 받아들여지고 있으며, 어쨌든 우리가 아는 이 자본주의가 소수를 위한 위대함과 다수의 불평등 사이에서 핵심적인 역할을 하고 있음은 분명하다. 따라서 현재 우리의 자본주의 체제는 충분하지 않다.⁴

그러나 불행하게도 이런 체제를 극복하고자 노력한 사람들에게 20세기 러시아에서 더 평등한 사회를 구현하려던 최초의 현대적 시도 또한 재앙적인 실패였다. 실패의 원인에 관해서는 여러 논쟁이 있다.⁵ 나아가 당시 러시아에서 일어난 일을 두고 강하게 비판한 이들이 누구보다도 평등한 경제를 지지한 사상가들이었다는 사실을 기억할 필요가 있다. 예컨대 폴란드 출신 독일 사회주의 철학자이자 혁명가 로자 룩셈부르크(Rosa Luxemburg)는 러시아 혁명의 성공에는 열광했지만, 블라디미르 레닌(Vladimir Lenin)과 레온 트로츠키(Leon Trotsky)의 독재 정권 합법화에 대해서는 거세게 비난했다. 1918년 그녀는 자유가 독재 정권을 옹호하는 사람들에게만 제한돼 있다는 사실에 격분했다.

"정부 지지자들만을 위한 자유, 한 정당의 당원들만을 위한 자유는 그들의 수가 아무리 많더라도 전혀 자유가 아니다. 자유란 언제나, 전적으로, 다르게 생각하는 사람들의 자유다."⁶

한편 자유주의와 사회주의와 평화주의 모두를 지향한 영국 철학자 버트런드 러셀(Bertrand Russell)은 이 사건의 세계사적 잠재력을 기대했으나, 혁명 직후의 소련을 방문하고는 그 궤적에 매우 실망했다. 이후 그는 소련이 제국주의 세력으로 성장하고, "오래 계속될 세계

전쟁"의 일부가 된 뒤, 종국에는 자본주의의 힘 앞에 굴복하리라고 예언했다. 결과적으로 그의 이 세 가지 예언은 모두 적중했다.[7] 룩셈 부르크와 러셀 두 사람 모두 소련이 독재의 폭정을 휘두를 뿐 평등한 경제에 대한 약속은 지키지 않으리라는 사실을 분명히 봤다.[8]

소련이 독재로 변질한 데는 여러 이유가 있겠지만, 우리 논지에서 위대함 추구 문제가 이때도 어김없이 작용했다고 보는 게 그럴듯할 수 있다. 한 가지 눈에 띄는 부분은 이것이다. 소련 등의 독재 국가를 보면 어김없이 비록 하향 평준이긴 해도 물질적 불평등은 어느 정도 줄였지만, 이에 반해 지위적 불평등은 크게 심화시켰다는 사실이다. 데이터도 이를 보여주는데, 실제로 소련의 1917년에서 1989년 사이 경제적 불평등은 확실히 감소했다. 하지만 권력에 대한 접근은 소수의 주요 인물들이 독점했고, 특정 사치품이나 휴가지나 이동의 자유 같은 특권 역시 소수 엘리트에게만 제한됐다. 너무 적은 사람들이 확보한 너무 많은 결정권은 결국 수많은 잘못된 결정으로 이어졌다.[9] 소비에트 공산주의는 사회 질서에 작용하는 위대함 추구 문제를 제대로 바라보지 못했다.[10] 오늘날 우리 세계가 위대함을 부추기는 불평등과 파괴적인 행태로 가득 차 있는지 이해하려면 경제 문제 만큼이나 사회 문제도 극복해야 한다. 현대 신자유주의 경제 사고의 중심을 이루는 사회적 비전, 즉 위대한 사회를 건설한다는 생각에서 벗어나야 한다. 우리 사회는 모두에게 충분하면 된다.

현재 우리 사회가 추구하는 위대함은 경제뿐 아니라 사회 질서와도 관련이 있다. 우리는 더 위대한 젠더, 더 위대한 인종, 더 위대한 능

모든 삶은 충분해야 한다

력이라는 이데올로기가 남아 있는 세상에 살고 있다. 이 모든 것 역시 극복돼야 한다. 그런데도 나는 젠더, 인종, 능력 측면의 불평등보다 경제에 더 초점을 맞추고 있는데, 왜냐하면 그와 같은 문제가 모두 경제적 불평들에서 기인하기 때문이다. 가장 가깝고 명확한 사례로 코로나19 범유행은 얼마나 많은 사람이 불충분한 삶을 사는지 엑스레이처럼 보여줬다. 전염병 확산 후 처음 몇 달 동안의 데이터만 보더라도 미국의 경우 유병률, 사망률, 빈곤율 등은 모두 흑인, 라틴계, 원주민 계층에서 급속도로 높아졌다.[11] 대부분 유럽 국가들에서도 유사한 인종 간 격차가 나타났다.[12] 싱가포르와 중동 여러 곳 국가에서도 바이러스 감염과 경제적 타격은 주로 방글라데시 같은 가난한 나라 출신의 이주 노동자들에게 집중됐다.[13] 전세계적으로 여성들도 이 기간에 경제적으로 심각한 피해를 봤다. 가족과 자녀를 돌보기 위해 일을 포기한 사례가 많았고, 그 일마저도 가사 노동이나 노인 간병 등 코로나19로 큰 타격을 입은 직업에 지나치게 치중돼 있었다.[14]

이런 경향은 위기로 인해 발생하는 게 아니라 위기에 의해 노출된다. 우리에게 적용되는 경제 체제는 고액 금융 같은 활동이 배달이나 간병 같은 활동보다 경제적으로 더 가치 있다는 생각에 기반을 두고 있다. 인종 차별의 역사가 오래된 나라들에서 이 가치가 더 높다는 활동이 주로 건강한 백인 남성이나 힘 있는 인종 또는 민족 집단의 영역이었다는 사실은 결코 우연이 아니다. 이 체제는 젠더 차별, 인종 차별, 장애인 차별, 가부장주의를 바탕으로 탄생했다. 미국 정치학자 세드릭 로빈슨(Cedric Robinson)은 현대 자본주의가 유럽 내부의 인종 차별 역사에서 출현했다고 주장했다. 아일랜드인(Irish), 타타르인(Tartars), 슬라브인(Slavs, '노예'의 어원)은 열등한 종족으로 여겨져 무임금 노예 노동자로 이용당했다.[15] 이 초기 인종 차별은 특히 아프리카인들에게 초점을 맞춘 식민지 시대의 노예제로 심화하고 확장할 기본 토대를 만들었다. 이들 유럽 종족과 원주민도 예외는 아니었으며, 이후 미국으로 건너가 이른바 '계약 하인(indentured servant)'이 된 아시아 이민자들도 포함됐다.[16] 물론 오늘날 경제 체제가 여전히 인종 차별을 요구하는지는 논쟁의 여지가 있다.[17] 그러나 여전히 이들은 저임금과 저평가의 대상이며, 이들의 처지는 명백한 인종 차별을 당하는 최하층 노동자들과 비교되면서 은근슬쩍 정당화된다. 현대 자본주의 체제가 인종적 분열을 통해 형성되었다는 점은 분명하다. 미국 역사학자 월터 존슨(Walter Johnson)은 이렇게 지적했다.

"노예제 없는 자본주의란 존재하지 않는다. 맨체스터의 역사는 미시시피의 역사 없이는 절대로 일어나지 않았다."[18]

여성의 무임금 노동이 없었다면 수많은 경제 성장도 이뤄지지 못했다. 마리아로사 달라 코스타(Mariarosa Dalla Costa), 셀마 제임스(Selma James), 실비아 페데리치(Silvia Federici)와 같은 여성 사상가들은 1970년대 가사 노동이나 돌봄 노동 등 무임금 노동의 가치와 역할 문제를 이론으로 정립하면서 현대 자본주의의 축적물이 여성 노동의 신비화에서 기인한다고 강조했다. 노예가 아닌 남성 육체노동자들은 적어도 생산 활동에 대한 대가를 받지만, 공장에서 일하게 될 바

모든 삶은 충분해야 한다

로 그 남성을 출산하고 양육하는 여성의 재생산 노동은 보상받지 못했다. 실비아 페데리치의 말처럼 자본주의는 여성의 노동을 "관련 노동의 무임금 조건에서 이익을 취하는 천연자원이나 사적인 서비스로 신비화"했다.[19] 이는 노동의 가시적인 가치와 잠재적 가치를 어떻게 인식하느냐의 문제다. 미국 경제학자 니나 뱅크스(Nina Banks)는 지난 세기 동안 흑인 여성의 노동이 국가가 외면하고 방치한 서비스를 제공함으로써 경제학이 배제한 비시장적 가치를 주목해야 한다고 역설했다. 그녀는 젠더, 인종, 경제를 교차 분석하면 여성의 가사 노동뿐 아니라 공동체 활동도 인정할 수밖에 없을 것이라고 꼬집었다.[20]

장애인 인권 운동은 오늘날 경제 질서가 어떻게 하면 생산성이 떨어진다고 인식되는 장애인들을 비장애인들과 동등하게 대우할 수 있을지 파고든다. 역사가들은 불안정한 요소가 더 많았던 과거 봉건 사회에서는 오히려 공동체 사회가 장애인들을 더 잘 포용했다고 지적한다. 당시에는 생산성 최대화를 당면 과제로 삼지 않았기에 장애인이든 비장애인이든 저마다 다른 역량과 다른 속도로 공동체 생산과 재생산에 참여할 수 있었다는 것이다. 그렇지만 산업화 자본주의 체제가 공고해지자 노동에서의 기대 수준이 급격히 상승하면서 노동 조건이 제도화되고 공동체 생활에 뿌리를 둔 사람들이 배제되기 시작했다.[21] 장애인 인권 운동가 마르타 러셀(Marta Russell)과 라비 말호트라(Ravi Malhotra)가 설명했듯이 이는 단순한 장애인 배제를 넘어 "손상된 신체의 상품화"였고, 제도는 납세자의 세금을 통해 돌봄과 치료를 제공하는 사업으로 확장됐다.[22] 이는 일반 시민들의 편견을 키워 장애인들을 사회적 배제와 낙인으로 몰아붙였고, 이 같은 변화와 정책의 결과 "장애인들이 빈곤하게 살 가능성은 세 배나 상승"했다.[23] 이런 상황은 비단 자본주의뿐 아니라 인간의 가치와 경제적 생산을 동일시하는 모든 '생산주의(productivism)' 사고방식과도 연결된다.[24] 이처럼 러셀과 말호트라는 장애인 문제를 통해 인간 가치를 오직 노동 가치로만 환원해 바라보는 현대 경제 체제를 강하게 비판했다. 두 사람은 이렇게 썼다.

"일이 우리 가치의 결정적 특징인가? 고용 가능성, 돈 버는 적성, 직업 등은 우리가 인류의 일부가 되는 선험적 조건이 아닐뿐더러 그 의미를 측정하는 척도도 아니다."[25]

이 분야와 관련한 다른 학자들과 활동가 대부분도 불평등 문제를 인식하는 공통적이고 단편적인 행태에 이의를 제기한다. 지금까지는 기존 경제 체제가 훨씬 더 많은 사람을 포용하면, 즉 인종이나 젠더나 장애 여부에 상관없이 모든 사람에게 승자가 될 수 있는 동일한 기회를 제공하면 이 문제를 해결할 수 있다고 여겼다. 하지만 조금 깊이 들여다보면 이 생각에 뚫려 있는 수많은 구멍을 발견하게 된다. 인종 불평등에 도전하는 일은 그저 인종 차별을 없애는 문제가 아니다. 현재의 경제 질서가 하위 계층 없이 기능할 수 있는지 타진하고, 그렇지 않다면 어떤 인종이 어떤 이유로 경제적 하위층에 내몰리는지 밝히는 문제다. 젠더 불평등에 맞서는 일은 비단 더 많은 여성에게 일자리를 제공하는 문제가 아니다. 가정을 유지하고, 아이를 키우고, 가족과 공동체를 돌보는 노동에 제대로 가치를 부여할 경제 모델

모든 삶은 충분해야 한다

이 있는지 묻는 문제다. 장애인 불평등을 해소하는 일은 단순히 장애인들의 능력에 대한 부정적 인식을 극복하는 문제가 아니다. 경제 체제가 특정 노동에 대해서만 비용을 고려하도록 설계된 경우에도 사회 질서가 모든 인간 가치에 대한 이해를 촉진할 수 있는지 살피는 문제다.

이와 같은 문제를 포함해 모든 불평등 문제에 맞서 싸우는 것은 곧 우리 개인의 정체성이나 계층적 지위와 무관하게 모든 사람의 충분한 삶을 촉구하는 일이 얼마나 가치 있는지 확인할 수 있는 또 다른 영역이다. 우리가 이 책에서 지금까지 쌓아온 '충분함'이라는 규범적 가치를 토대로 이제 우리는 경제와 사회 질서의 '충분함'을 다음과 같은 원칙에 근거해 접근할 수 있다.

- 세상에 존재하는 모든 노동은 사회의 연결 고리, 즉 다른 노동이 없으면 해당 노동도 없다는 인식에서 가치를 확보한다. 예컨대 환경미화원이 없다면 대통령도 없다.
- 모든 사람이 부 또는 생존 그 자체가 아닌 자신이 하는 일에 집중할 수 있도록 허용한다.
- 자신의 의지와는 무관하게 전통적 형태의 노동에 참여하지 못하는 사람들을 존중하고 그들의 온전한 삶을 보장한다.
- 충분한 삶으로의 통합 과정에서 상대적으로 불이익을 당한다고 여길 사람들, 즉 피라미드 꼭대기에 있던 사람들을 세심히 살펴 또 다른 형태의 착취로 여기지 않도록 그들의 공동선에 대한 기여를 최대한 인정

한다. 반대로 이전에 착취와 낙인의 대상이었던 사람들이 과도한 혜택과 배려의 수혜자로 인식되지 않도록. 그래서 평등을 이룬 뒤에도 또 한 번의 낙인이 찍히지 않도록 지속적인 캠페인을 펼친다.

- 국가의 강요나 기업의 독점에 통제되지 않은 방식으로 누구나 기꺼이 자기 고유 역량을 펼칠 수 있는 참여와 협력 체제를 마련한다.
- 모두가 더 여유로운 삶을 살 수 있도록 더 많은 분야에 새로운 과학기술을 적극적으로 도입하고 활용하고 관리한다.
- 충분한 사회 구축은 언제나 현재진행형이고 여전히 불완전하므로 크고 작은 실패에 주눅들 필요가 없음을, 그때그때 결과가 미진하거나 불평등한 요소가 남아 있더라도 계속 개선할 수 있음을 믿는다. 그리고 이 모든 과정을 모두와 공유한다. 나아가 우리 모두 그동안 이뤄진 성공과 실패에 늘 감사하면서 미래에 대한 희망을 견지한다.

당연하게도 충분한 사회를 만들어가려면 우리 개인의 세계관 변화와 더불어 정부 기관, 협력 기업, 시민 단체 등의 다원적 접근이 필요할 것이다. 물론 그들 각자도 개인이기에 넓은 의미에서의 우리가 이 모든 조건을 갖춘 뒤 그것들을 조합하고 재구성하면 된다. 아울러 현재 우리가 가진 놀라운 기술 혁명의 결과물 또한 위대함이 아닌 충분함을 위해 쓰여야 한다. 위대함으로는 절대로 공정하고 평등하고 정의로운 세상을 만들 수 없다. 우주로 가는 과학도, 우주 자원을 확보하는 기술도, 최첨단 인공지능도 모두 우리의 충분함 삶을 위한 것들이어야 한다. 제도적으로는 점진적으로 너무 높은 피라미드와 너무

모든 삶은 충분해야 한다

낮은 바닥을 설정하지 않는 규제가 있어야 한다. 전반적으로 모든 사람이 오를 수 있고 떨어지더라도 크게 다치지 않는 수준의 계단이 있으면 좋다.

모두가 똑같은 크기의 방에서 지내지는 못하더라도 최소한 똑같은 지붕에 똑같은 건물에서는 살아야 한다. 서로 인정할 수 있는 차이 내에서 서로가 만족할 만한 사회를 이뤄야 한다. 터무니없는 꿈처럼 보일지 모르겠지만 실제로는 우리가 생각하는 것보다 훨씬 더 그런 세상이 가능한 쪽으로 사회도 달라지고 있다. 주제나 맥락, 개념이나 용어가 다를 뿐 지금까지 충분한 세상을 바라보고 충분한 세상을 만들기 위해 애쓴, 우리 선대와 우리를 설득해 세계관을 바꿔서 꿈을 현실로 만들고자 노력한 사람들이 수없이 많다. 내가 이 책에서 언급한 인물들도 일부에 불과하며, 나 역시 그런 이들과 같은 한 사람일 뿐이다. 세상은 이렇게 변화해왔고 변화한다. 그러나 여전히 우리 앞을 가로막고 있는 커다란 걸림돌이 있다.

핀의 길

위대함을 추구하는 경제가 모두에게 이익이 된다는 발상은 애덤 스미스의 《국부론》에서 그 기원을 찾을 수 있다. 그는 분업을 강조하면서 이렇게 설명했다.

"잘 통치되는 사회에서는 분업의 결과로 생긴 모든 노동 분야 생산

성의 위대한 증가가 최하위 계층 사람들에게까지 보편적 풍요를 가
져다준다."26

자본가들은 애덤 스미스의 전제인 "잘 통치되는 사회"보다 "생산성
의 위대한 증가"에 더 매력을 느끼는 것 같지만, 어쨌든 기본적인 맥
락은 크게 다르지 않다. 즉, 전체 파이를 키우면 "보편적 풍요"가 커
져서 다른 사람들만큼 "최하위 계층"에게도 혜택으로 돌아갈 것이다.
스미스에 따르면 파이를 제대로 키우기 위해서는 적절한 노동 분업
과 산업 분야의 논리적 분할이 필요하다. 그가 분업을 설명하면서 든
유명한 예가《국보론》첫머리에 나오는 핀(pin) 공장이다. 한 사람의
작업자가 철사를 잡아서 늘리고, 펴고, 끊고, 뾰족하게 갈고, 핀 대가
리를 붙이는 일련의 과정을 전담하는 대신 각각의 공정을 분리해 반
복적으로 해당 작업만 하면 생산성이 비약적으로 높아질 뿐 아니라,
작업자 1명이 하루에 핀 5개를 생산하는 대신 5명이 100개를 만들
수 있으므로 노동 시간 대비 생산 단가도 절반으로 줄어든다.

그런데 이와 같은 노동 분업 체계를 갖추기 위해서는 노동자 유형
사이와 노동과 자본 사이의 구분도 필요하다. 일테면 핀이라는 아이
디어를 처음으로 떠올린 발명가 또는 발명가들이 있을 것이다. 철사
를 자르고 늘리고 가는 기계를 만든 제조자들도 있다. 핀 공장 건물
이 들어설 수 있게 해준 지주들도 있다. 핀 공장에서 기계를 구입하
고 노동자들에게 임금을 지급할 수 있도록 자금을 대준 투자자들도
있다.

더욱이 이런 분업 과정은 경제 성장의 일부분만 설명할 수 있을 뿐

모든 삶은 충분해야 한다

이다. 특히 여성들의 무임금 노동, 식민지 자원 수탈, 노예 무역 등은 무시된다. 애덤 스미스가 묘사한 핀 공장만 봐도 열심히 철사를 나르거나 분업 사이사이 다음 공정으로 미완성된 핀을 전달하는 여성들과 어린아이들의 모습은 생략됐다. 그리고 경제 성장의 요인을 설명하는 여러 논리 가운데 우리 지구 자체가 제공하는 '자연 자본(natural capital)', 즉 에너지 사용도 빼놓을 수 없다. 환경 및 생태경제학자들은 석탄이나 석유의 보이지 않는 노동이 현대 자본주의의 그 어떤 특징보다 오늘날의 부를 가장 잘 설명한다고 주장한다.[27]

애덤 스미스의 이와 같은 인과적 주장의 한계는 차치하더라도 그는 노동 분업이 긴장을 조성한다는 사실을 눈치채지 못했다. 공장 소유주들이 노동자들의 작업 일당을 후하게 쳐주면 과로로 인해 건강을 망치기 일쑤라는 생산 효율성 측면에서만 우려를 표했을 뿐이다.[28] 그러면서도 당시 노동조합과 동등한 수준의 임금을 책정하지 않고 소유주들끼리 공모해 노동자 임금을 낮출 수 있도록 허용하는 법률에 대해서는 비판했는데, 이 또한 노동 생산성을 염두에 둔 걱정이었다.[29] 노동 분업의 효율을 극대화해 전체 파이를 키우는 데 초점을 맞춘 진단이었고, 그럴 수 있는 거대 기업의 독과점이나 노동자가 기계가 아닌 사람으로서 직면하게 될 갖가지 부작용은 고려 대상이 아니었다.

실제로 분업은 생산, 비용, 가격 경쟁력을 잃게 된 소규모 기업을 시장에서 퇴출했고, 그 자리를 대량 생산이 가능한 몇몇 대기업이 차지했다. 하루 내내 똑같은 작업을 반복적으로 수행해야 하는 노동자들은 일에서 보람을 느끼지 못해 심리적 박탈감에 빠졌다. 포드(Ford) 자동차 공장 사례처럼 너무나도 지루한 분업 공정을 견디지 못한 수많은 노동자가 일을 그만뒀고, 그 때문에 생산량이 줄게 되자 이번에는 기업이 다수의 노동자를 해고해야 했다. 물론 그는 이 참담한 광경을 목격하지 못했다. "구성원 대부분이 가난하고 비참한 사회는 절대로 번영하고 행복할 수 없다"는 과거의 비장한 문장만 남았다.[30]

만약 애덤 스미스가 오늘날 살아있었다면 그의 가르침을 충실히 따른다고 주장하는 일부 신자유주의 경제학자들 부류만큼이나 사회민주주의자가 됐을지도 모르겠다. 그의 하향식 경제 성장 논리는 지금도 경제 세계의 많은 부분에 영향을 미치고 있다. 그의 논리에 따르면 평생 최저 생활 임금으로 핀이 될 철사를 잘라야 하는 기계적 노동과 이 단순한 분업 체계는 전체 파이를 키워주기에 여전히 다른 어떤 경제 구조보다 낫다. 그렇다. 어떤 이들은 풍요롭고 여유로운 삶을 살고, 어떤 이들은 보람 없고 힘들게 산다. 그래도 좋아야 한다. 소수의 풍요로움이 흘러넘쳐서 결국 우리 모두에게 이익이 될 테니까.

이 구조의 작동 원리에 관해 그가 제시한 유명한 개념이 바로 '보이지 않는 손'이다. 《국부론》에서는 이를 국내 무역과 해외 무역을 논의하는 맥락에서 설명한다. 애덤 스미스는 몇몇 중요한 예외를 제외하고 자본가들은 외국보다 국내 산업에 투자하기를 선호하는 경향이 있다고 지적한다. 상대적으로 시간이 덜 걸리고, 신뢰를 확인하기도 좋은 데다, 자국 법률을 검토하는 게 더 쉽기 때문이다.[31] 이는 자본가들의 관심이 지역 경제 활성화보다 자기 자신의 이익에 있다는 방

모든 삶은 충분해야 한다

증이다. 여기서 그는 유명한 결론을 도출한다.

"개인은 공익을 증진하려는 의도가 없고 자신이 그것을 얼마나 촉진하고 있는지도 모른다. 외국 산업보다 국내 산업을 선호함으로써 그는 오직 자신의 이익만을 도모하며, 다른 많은 경우와 마찬가지로 그는 보이지 않는 손에 이끌려 자신이 전혀 의도하지 않은 목적을 달성하게 된다. 개인에게 공익을 증진할 의도가 없다는 것이 꼭 사회에 나쁘기만 한 것은 아니다. 개인은 사리사욕을 추구함으로써 사회의 이익을 일부러 추구할 때보다 더 효과적으로 사회의 이익을 증진한다."[32]

애덤 스미스는 개인이나 국가가 공동선을 통제하려고 들면 오히려 자본 성장을 저해할 뿐이라고 여겼다. 그저 우리는 자본이 성장하면 모두의 삶이 나아진다는 그의 믿음만 따르면 되는 것이다.

하지만 제1장에서 살폈듯이 '보이지 않는 손'은 그가 도덕철학자로서 자신의 생각을 담은 《도덕감정론》에서 먼저 언급한 개념이다. 1776년에 출간된 《국부론》보다 한참 전인 1759년에 초판이 나왔고, 그가 세상을 떠난 1790년에 마지막 개정판이 출간됐다. 전반적인 논지는 크게 다르지 않지만, 우리가 가져야 할 도덕적 품위에 대한 그의 생각은 한층 강화됐다. 여러분이 《국부론》에만 익숙하다면 《도덕감정론》을 열었을 때 다음과 같은 문장을 읽고 놀라거나 의아해할 수 있다.

"인간이 아무리 이기적이라고 해도 그의 본성에는 몇 가지 원칙이 있다. 이 원칙이 그가 다른 사람들의 운에 관심을 두게 하고 그들의 행복이 자신에게 필요함을 인식하게 한다. 설령 그가 그런 모습을 보는 즐거움 외에 아무것도 얻지 못할지라도 말이다."[33]

몇 페이지 뒤에서는 이 점을 더욱 강조한다.

"우리의 이기심을 억제하고 우리의 자애로운 애착에 탐닉하는 것이야말로 인간 본성을 완벽하게 한다. 인간 사이에서 온전한 품위와 예의를 찾는 감정과 열정의 조화를 만들어낼 수 있다."[34]

이게 무슨 영문일까? 사리사욕이 모두의 더 나은 삶을 가져다준다고 말한 것으로 가장 유명한 애덤 스미스가 여기서는 정반대의 주장을 하고 있다. 이를 어떻게 이해해야 할까?

이 모순처럼 보이는 대목이 애덤 스미스가 인간 본성을 바라본 복잡한 이론의 핵심이다. 앞서 제1장에서 언급한 것처럼 우리 삶의 근본적 열망은 "사랑받는 것"이다.[35] 그렇기에 우리는 삶에서 사랑받는 방법을 알아내는 데 정신적 노력 대부분을 소비한다. 우리는 주변 세상을 관찰하면서 어떤 사람들이 사랑받는지, 우리 자신은 누구를 사랑하고 미워하는지 생각한다. 하지만 이 과정에서 우리가 보게 되는 세상은 사랑을 향한 우리의 열망에 찬물을 끼얹는다.

"우리는 세상의 존경과 관심이 지혜롭고 덕망 있는 사람들보다 부유하고 위대한 사람들에게 향하고 있음을 빈번히 보게 된다."[36]

애덤 스미스는 이를 바람직하다고 생각하지 않았다.

"부자와 권력자를 존경하고, 거의 숭배하고, 가난하고 비천한 사람들을 경멸하거나 적어도 무시하는 성향은 우리의 도덕적 감정을 부패시키는 가장 크고 보편적인 원인이다."[37]

모든 삶은 충분해야 한다

그는 이것이 인간의 일반적인 모습이고 바뀌어야 할 모습이라고 여겼다. 이 문제를 해결하고 싶었다. 모든 인간은 사랑과 존중을 바라며, 그것을 얻는 방법으로 지혜와 덕망 그리고 부와 위대함이라는 두 가지 길이 존재함을 알고 있다. 가장 이상적인 길은 전자인 지혜와 덕망이지만, 가장 잘 알려진 길은 후자인 부와 위대함이다. 그러나 지혜와 덕망을 추구하는 길은 매우 어렵고, 부와 위대함의 길은 감정과 열정의 조화 속 도덕적인 삶이라는 참된 목표에서 우리를 멀어지게 할뿐더러 사회를 하나로 묶어야 할 그 도덕적 감정을 부패시킨다.

아마도 확실히 애덤 스미스는 경제적 위대함이 우리 서로에게 절실히 요구되는 '선한 사마리아인'을 어떻게 내쫓는지 설명한 프레드 허쉬의 말에 동의했을 것이다. 그렇지만 결국 그는 '보이지 않는 손'이 우리의 도덕적 품위를 회복해주리라 믿으며 위대함의 손을 들어줬다. 그가 특별히 철학자의 통찰력이라고 표현하지는 않았으나, 위대함이 그것을 추구하는 사람들을 비롯해 사회 전체를 썩게 만드는 힘으로 작용한다는 사실을 우리가 어느 정도는 깨닫고 있다고 믿었다. 그런데도 우리는 이를 자주 망각하고 부와 권력이 맛보게 해줄 세속적 쾌락에 집중하는 경향이 있으며, 위대한 사람이 되고 싶어 한다.[38] 이와 같은 교착 상황에서 우리는 어떻게 해야 할까?

애덤 스미스는 이때 '보이지 않는 손' 개념을 떠올렸다. 위대함 추구는 개인과 사회의 도덕을 타락시키고 끝없는 불안을 초래하긴 하나 "인류의 산업을 일으키고 계속해서 움직이게" 한다.[39] 이것이《국부론》에서 일어날 일을 이해하는 열쇠다. 우리를 포함한 사회 전체를 안정적이고 편안하게 하려면 전반적인 부를 키워야 한다는 것이다. 하지만 그의 역사관과 다르게 전체 파이를 키우고 사회 구조에서 위대함의 짐을 짊어지는 데 무엇이 필요한지 알게 되자, 정작 위대함에 앞장서야 할 사람들은 그렇게 행동하지 않았다.[40] 위대함이 개인의 영혼을 오염시키고 사회를 분열시킬 테지만, 전반적인 삶의 질이 높아진다는 희망에 기댄 사람들이 온 힘을 다해 행동했다. 그가 제시한 해법은 비록 '보이는 손'이 오염과 분열을 자행할지언정 '보이지 않는 손'이 나타나 모두를 위한 진보를 선사한다는, 부자들이 어리석게 행동하고 사회의 온전함을 훼손하더라도 결국 그들이 획득한 현상금 일부는 모든 사람에게 돌아간다는 것이었다. 애덤 스미스는 그들이 끝없는 들판을 소유할 수는 있어도 그 땅에서 경작한 모든 곡식을 먹을 수는 없다고 말했다. 더욱이 '위대함의 경제'에서 그들은 자신의 성공을 과시하기 위해 생산물 중에서 가장 귀하고 좋은 것만 취한다. 따라서 소수의 부자와 위대한 사람들은 "보이지 않는 손에 이끌려 "지구가 모든 주민에게 균등하게 나뉘었더라면 이뤄졌을 생활필수품을 공평하게 분배"한다.[41]

그리고 그들은 자신들이 그렇게 했다는 사실에 뿌듯해하며 그들만의 불필요한 만족감을 얻는다. 애덤 스미스는 하위층에 호의적인 정신적 불평등으로 상위층에 쏠린 물질적 불평등을 정당화했다. 그의 청사진에서 모든 사람은 저마다 필요한 것들을 갖게 되지만, 지나치게 많은 재화를 가진 사람들은 불안감에 시달리고 재화가 적은 사람들은 "인간 삶의 진정한 행복을 구성하는" 것들을 더 많이 갖게 된

모든 삶은 충분해야 한다

다.[42]

고대 그리스를 평정한 알렉산드로스(Alexandros) 대왕이 당시 냉소주의 철학자로 유명했던 디오게네스(Diogenes)에게 찾아가 "무엇이든지 바라는 것을 말해보라"고 하자 "햇볕을 가리지 말고 비켜주시오"라고 대답했다는 유명한 이야기가 있다. 애덤 스미스는 이를 암시하면서 다음과 같이 말했다.

"몸의 평안과 마음의 평화 속에서 모든 계층의 삶은 동등해지고, 길가에서 햇볕을 쬐는 거지는 왕이 지키고 있는 그 안전을 누린다."[43]

애덤 스미스는 세상이 지금처럼 되기를 바라지는 않았다. 그는 지혜와 덕망 그리고 "자애로운 애착"이 가득한 세상을 꿈꿨다. 그러나 본연의 세상은 이것이 가능하게끔 설계되지 않았다고 봤다. 그래서 그는 다른 길을 모색했다. 위대함을 추구하려는 인간의 열망을 막지 못할 바에 차라리 그 열망이 모두에게 도움이 될 수 있도록 자유 시장이나 노동 분업 같은 체계를 설계하자고 마음먹었다. 위대함을 극복하고 싶었으나 그것이 불가능하다고 판단한 그는 되레 위대함과 파우스트식 거래를 맺는 차선책을 선택했다. '보이지 않는 손'의 회복력을 믿으면서. 그렇게 '보이지 않는 손'은 '보이지 않는 위대함의 손'이 됐다.

애덤 스미스의 '보이지 않는 위대함의 손'에 대한 마지막 요점은 잠시 생각해볼 가치가 있다. 앞서 나는 그가 《국부론》에서 설명한 자본가들이 외국보다 국내 시장을 선호하는 이유를 언급했다. 그런데 자유 시장과 자유 무역 옹호자로서 그는 조만간 국제 무역이 자본 축적에 더 유리하다고 판단할 때가 오리라고 예측했다. 이는 달리 말하면 국내에서 한때 안정적이던 일자리가 다른 일자리로 옮겨갈 수 있음을 의미했다. 그는 이 변화가 초기에 상당한 불안을 초래할 수 있다면서도 자신의 이론상 걱정할 일은 아니라고 자신했다.

"해당 국가의 자본 총량은 변하지 않으므로 노동이 기존과 다른 일터나 다른 직무에 투입되더라도 노동에 대한 수요는 같다. 같지 않더라도 그 변화 정도는 그리 크지 않다."[44]

하지만 많은 현대 정치인과 경제학자들은 그의 이런 생각이 오늘날 세계화의 부정적 영향을 우려하거나 가난한 나라에 일자리를 뺏기는데 분노하는 이들을 단순히 큰 그림을 보지 못하는 사람들로 치부하게 했다고 비판한다.[45] 북미자유무역협정(NAFTA)으로 일자리를 잃거나 중국과의 영구 무역 지위를 상실하게 된 미국 일부 지역 시민들이 도널드 트럼프에게 투표했다는 데이터가 있는데도, 심지어 반트럼프 성향의 시장주의 보수주의자들도, 그의 당선과 정책 사이의 연결 고리를 이 부분에서 찾지 않는다.[46]

그러나 2016년 이 결과에 놀라움을 금치 못했던 사람이 있다면, 그건 단지 역사를 읽지 않았거나 잠시 잊었기 때문이다. 나치즘과 파시즘의 파괴를 이끈 정치경제학의 명민한 관찰자 가운데 한 사람인 오스트리아 출신 미국 경제사학자이자 경제인류학자 칼 폴라니(Karl Polanyi)는 이미 오래전부터 동일한 역학이 작용하고 있음을 알았다.[47] 1944년 그는 이렇게 썼다.

"단순히 장기적으로 볼 때 경제적 역효과가 미미할 수 있다는 이유

모든 삶은 충분해야 한다

만으로 공동체가 재앙적 실업, 산업과 직업의 무분별한 이동, 그리고 그것들이 수반하는 도덕적·심리적 고문에 개의치 않으리라고 기대한 것은 터무니없는 가정이었다.”[48]

바로 그 “터무니없는 가정”이 제1차 및 제2차 대전 사이 권위주의 경제가 부상하게 된 핵심이었다. 이후 이뤄진 다양한 실증적·역사적 연구도 시장 주도 불평등이 문명을 파괴할 수준의 위기를 초래한다는 칼 폴라니의 발견을 일관되게 확인했다.[49] 해결책도 똑같이 드러났는데, 물질적 평등과 지위적 평등에 민주주의의 구원이 달렸다는 것이었다. 자신의 삶이 목소리를 내고, 자신의 노력이 의미 있게 보상받고, 자신의 실패가 충분히 이해되고, 자신의 이웃과 타인 모두의 온전함을 기본적으로 신뢰할 수 있다고 여기는 사람은 선동에 쉽게 말려들지 않는다. 그리고 민주주의는 모략과 선전에 물들지 않고 시민이 서로 협력할 때 번영할 수 있으므로, 평등은 국경 안에서뿐 아니라 국가 사이에서 공유될 때 가장 잘 작동한다. 이 근본적 진실을 받아들이면 개인적·관계적·사회적·경제적·정치적 위대함을 더는 추구하지 않게 되고, 모두의 온전함과 충분함에 바탕을 둔 전방위적 연대가 평화와 안녕을 위한 최선의 길임을 인식하게 된다.

노예의 길

제2차 대전이 종식되고 한동안은 진보주의 경제학이 이데올로기 투쟁에서 승리한 것처럼 보였다. 1974년 영국 보수당 대표에 당선된 마거릿 대처(Margaret Thatcher)는 자신의 보수당 동료들마저도 칼 폴라니, 특히 존 메이너드 케인스(John Maynard Keynes) 같은 진보주의 사상가들의 처방에 매료돼 있다는 사실을 발견했다. 그녀는 그런 분위기가 마음에 들지 않았다. 그러던 어느 날 보수당 정책 연구 회의 석상에서 그녀는 오스트리아 출신 영국 경제학자 프리드리히 하이에크의 《자유헌정론(The Constitution of Liberty)》(1960)을 탁자 위에 내리치면서 이렇게 외쳤다.

"이게 우리가 믿는 겁니다!"[50]

이보다 10년 전인 1964년에는 미국 공화당 상원의원 배리 골드워터(Barry Goldwater)가 존 F. 케네디 암살 사건으로 치러지게 된 대통령 선거에 극우적 가치를 내걸고 출마했다. 상대는 케네디 행정부 부통령이던 민주당의 린든 존슨(Lyndon Johnson)이었다. 그가 내건 공약인 작은 정부, 낮은 세금, 경제 우선 정책 등은 하이에크 초기 저작인 《노예의 길(The Road to Serfdom)》(1944)에서 "많은 영향"을 받았다.[51] 하지만 선거 결과는 고작 6개 주에서만 승리한 배리 골드워터의 압도적 패배였다. 그는 비록 1964년 대선에서 대패했으나, 당시 캘리포니아 선거 캠프 공동의장을 지낸 전 할리우드 스타 로널드 레이건(Ronald Reagan)은 1980년 대통령으로 선출됐다. 레이건 역시 대처나 골드워터와 마찬가지로 프리드리히 하이에크에게 상당한 영향을 받았다.

하이에크의 사상이 그토록 광범위한 영향을 미치게 될 줄 누구도

모든 삶은 충분해야 한다

확신하지 못했었다. 《노예의 길》 초판이 출간됐을 때, 정부가 민간 시장에 의해 통제될 수 있는 경제 영역에 개입하면 반드시 폭정으로 이어진다는 그의 중심 논지는 보수 진영과 진보 진영 모두에게서 공격을 받았다. 케인스는 자유를 대하는 그의 도덕적 비전에 관해 편지를 보내면서 정부 개입과 관련한 그의 주장은 증명하기 어려운 데다 위험한 생각이라고 꼬집었다. 시카고학파를 창시한 프랭크 나이트(Frank Knight) 같은 보수 진영 동료들조차 하이에크의 논지가 지나치게 단순한 탓에 결론 내리기 어렵다고 판단했다.[52] 그래도 이 책은 명망 있는 영국 작가이자 저널리스트 조지 오웰(George Orwell)의 복합적인 평가와 〈뉴욕타임스북리뷰(New York Times Book Review)〉의 서평을 포함해 주요 언론의 주목을 받았다.[53] 그러다가 1945년 요약판이 〈리더스다이제스트(Reader's Digest)〉 900만 구독자에게 배포되기 시작하면서 큰 행운을 맞았다.[54]

그러나 그 덕분에 이 책은 큰 인기를 끌었지만, 그의 학문적 명성을 높이는 데는 별 도움이 되지 못했다. 보수적인 시카고대학교 경제학부조차 그를 이리저리 피하다가 결국 대학원 내 사회사상위원회(Committee on Social Thought)에 한 자리를 마련해줬다. 말년에는 연금이 필요해져서(재정 상태가 좋지 못했다고 전해진다) 당시 서독의 프라이부르크대학교로 건너가 종신 교수로 지냈다. 오스트리아 잘츠부르크대학교에도 적을 둔 적이 있는데, 이 부분은 거의 알려지지 않았다. 1974년 마침내 노벨 경제학상을 받았지만, 주요 경제학자 대부분은 "그의 이름을 들어본 적도 없다"고 말했다.[55] 알고 보면 놀라운 일도 아닌 게, 영국 경제사학자 애브너 오퍼(Avner Offer)와 스웨덴 경제학자 가브리엘 쇠데르베리(Gabriel Söderberg)가 자세히 설명한 것처럼 노벨 경제학상은 신자유주의자들이 사회민주주의를 견제할 목적으로 제정한 상이었기 때문이다.[56] 노벨상에는 원래 경제학상이 없었다. 스웨덴 중앙은행이 노벨 재단에 거금을 지원해 1969년 처음 생긴 것이다. 더욱이 명칭도 사실은 노벨 경제학상이 아니다. '알프레트 노벨을 기리는 스웨덴 중앙은행 경제 과학상(The Sveriges Riksbank Prize in Economic Sciences in Memory of Alfred Nobel)'이다. 한마디로 스웨덴 중앙은행이 주는 상이다. 그 시절 주류는 케인스학파 중심의 진보주의 경제학이었고, 노벨 경제학상도 인지도가 없던 때라 초기에는 사회민주주의 계열의 경제 사상가들이 주로 수상했지만, 당시 널리 퍼져 있던 경제 모델을 공격한 인물들에게 수여되는 경우가 점점 잦아졌다. 이후 노벨 경제학상 수상은 엄청난 명예를 상징하게 됐다. 하이에크 역시 자신의 명예를 회복했으며, 수상 덕분에 논문이나 책에서 그를 인용하는 횟수도 기하급수적으로 늘었다.[57]

애덤 스미스와 마찬가지로 프리드리히 하이에크의 핵심 주장도 부분적으로는 위대함을 향한 마지못한 양보다. 그는 소수의 손에 권력이 축적되는 사태를 막고 싶었다. 《노예의 길》에서 그가 공격 목표로 삼은 것은 '전체주의(totalitarianism)' 국가의 부상이다. 그리고 그가 제시한 공격 전략은 국가가 경제를 장악하려는 시도를 사전에 차단해야 한다는 것이었다. 그런데 한편으로는 기업들에 수렴하고 있던 경제 권력을 해체하려는 중앙 계획의 추진력을 높게 평가했다. 이

모든 삶은 충분해야 한다

전의 다른 글에서 그는 버트런드 러셀이 주장한 자유주의적 사회주의를 공감적으로 자주 인용했고, 존 메이너드 케인스와도 평생 존중과 우정을 유지했다. 하지만 《노예의 길》에서는 러셀의 주장이 권력을 중앙 정부에 위치시키면 "권력을 소멸"할 수 있다는 "비극적 환상"에 기인한 것이라고 비판한다.[58] 그렇게 되면 강력한 기업들이 휘두를 수 있는 권력보다 더 많은 권력이 단일 실체인 중앙 정부의 손아귀에 넘어간다는 논리였다. 그의 이론상 중앙 계획을 차단하면 권력이 집중되는 사태를 막을 수 있다. 계속해서 하이에크는 "권력을 분할 또는 분권화한다는 것은 반드시 절대 권력의 크기를 감소시키겠다는 뜻이며, 이 경제 체제는 분권화를 통해 인간이 인간에게 행사하는 권력을 최소화하도록 설계된 유일한 체제"라고 강조한다.[59]

이 책에서 하이에크는 문맥이 허락할 때마다 그와 같은 경제 체제의 필요성을 강조하면서 자신의 체제가 파시즘을 막아낼 '유일한' 체제라고 주장한다. 그러나 그의 주장이 담고 있는 논리적 연결 고리를 자세히 들여다보면 잘못 끼워졌거나 견고하지 못한 부분을 곳곳에서 발견할 수 있다. 자본주의 자유 시장을 강력하게 옹호한 제이콥 비너(Jacob Viner)나 라이어널 로빈스(Lionel Robbins) 같은 전통적 의미의 동료 경제 자유주의자들조차도 전체주의가 사회 복지 정책에서 파생하지는 않으며 기업에 권력이 없다고 해서 사회가 더 자유로워지는 것은 아니라고 지적했다.[60]

《노예의 길》은 사회주의를 규탄하려는 목적도 있던 만큼 "자유방임(laissez-faire) 원리에 대해 아둔한 고집"을 부리는 일부 진보적 자유주의자들의 주장에 맞서는 책이기도 했다.[61] 사실 하이에크는 자유방임주의 자본주의자가 아니었다. 실제로도 그는 정부의 개입 없이 기업 활동이 유지돼야 한다고 여기지 않았다. 오히려 정부가 나서서 기업들이 서로 경쟁할 수 있는 여건을 마련해줘야 한다는 쪽이었다. 중앙 계획은 있어야 하지만 "경쟁을 위한 계획"이어야 하지 "경쟁에 반하는 계획"이어서는 안 된다는 의미다.[62] 또 한 번 그의 이론상 어느한쪽에 지나친 권력이 쏠리지 않게 보장하는 요소가 바로 이 '경쟁'이다. 그런데 놀랍게도, 어쩌면 모순되게도, 하이에크는 독점 해체, 특정 유독 물질 사용 금지, 노동 시간 제한, 안전 규정, "광범위한 사회 서비스 체제", 환경 보존, 오염 및 소음 감소 등에 관한 정부 기준을 수립하는 것에 대해서는 아무런 반대도 하지 않았다.[63]

그러나 비시장적 행위에 대한 그의 일관성이 되돌아오는 지점과 오늘날 삶에 비춰볼 때 그가 중요시한 요소 대부분은 위대함을 추구하는 체제를 확고히 하려는 그의 의지와 맞닿아 있다. 프리드리히 하이에크의 궁극적인 관심사는 자유 경제가 아니라 엘리트 보호였다.[64] 그가 《자유헌정론》에서 주장한 몇 가지 대목을 보면 이 사실을 알 수 있다. 그는, 내가 그 출발점을 올바르게 봤다면, 우리 인간 존재는 결코 지식의 총체성을 알지 못한다고 주장했다. 쉽게 말해 인간 개인은 영원히 지식의 총량에 도달하지 못하므로, 모든 사람에게 똑같이 적용하는 법률적 제약 내에서 개인이 자신에게 적합한 지식을 추구할 수 있도록 '자유'를 약속하는 사회를 설계하는 것 말고는 다른 선택이 없다는 것이다. 하이에크에 따르면 그래야만 사회 구성원 모두에게

모든 삶은 충분해야 한다

이익이 되는 성장과 발전을 보장할 수 있다. 여기서 그는 애덤 스미스를 아주 가까이에서 따르고 있다.

나아가 그는 보상을 제한하거나 축소하려는 시도, 또는 사회 구성원 모두에게 일정 생활 수준의 평등을 누리게 하려는 시도가 그와 같은 성장과 발전 가능성을 정면으로 가로막는다고 주장했다. 예컨대 모든 사람이 광대역 통신망을 이용하고 그것을 통해 모든 편익을 누리게 한다면, 광대역이 아닌 다른 쪽으로 뭔가를 추구하거나 만들어낼지도 모를 누군가의 창의성을 평등이라는 이름 아래 획일화시키는 것일 수도 있다. 하이에크가 보기에 사회의 더 큰 발전을 앞두고 모든 사람의 형편을 따지는 일은 그런 발전과 정상이 절대로 일어나지 않기를 바라는 것과 다르지 않았다. 이것이 그가 불평등을 결과적으로 모든 사람에게 좋은 것이라고 옹호한 기본적인 맥락이다. 위대한 어떤 사람들이 다른 사람들보다 더 나을 수 있도록 허용함으로써 그 위대함의 산출물이 우리에게 이익을 가져다주리라는 것이다. 그는 이렇게 썼다.

"우리가 기대하게 된 급속한 경제 발전은 대체로 이와 같은 불평등의 결과이며, 그것 없이는 불가능해 보인다. 이토록 빠른 속도로 진척되는 발전은 균일하게 이뤄질 수 없고, 어느 계층에서 앞서나가야 편대를 이루며 따라갈 수 있다."[65]

이 말이 사실이더라도, 사실이 아닌 이유를 곧 설명할 테지만,[66] 여기서 우리가 잠시 멈춰 확인하고 넘어갈 부분은 하이에크의 주장 속에 담긴 의도다. 아마도 가장 분통 터지는 대목은 그가 자신의 주장을 부의 세습까지 정당화하는 데 이용했다는 점이다. 그는 부유한 부모가 더 나은 자녀를 낳을 것이고, 그 자녀가 더 큰 발전을 이룰 것이며, 결국 사회의 나머지 사람들에게도 도움이 될 것이라고 주장했다.[67] 하이에크의 논리대로라면 소수를 위한 위대함 추구는 비록 그것이 끔찍하게 불공평하고 심지어 그들이 실제로는 위대함에 아무런 관심이 없더라도 이 세상을 더 나아지게 하고 우리를 행복하게 할 수 있다. 추종자들과 달리 정작 하이에크 자신은 자신의 경제학이 '기회균등'을 창출할 수 있다고 주장한 적이 없었다는 점에서는 되레 솔직한 설명이었다고도 할 수 있다.

애덤 스미스처럼 프리드리히 하이에크도 이런 게 좋은 일이라고는 주장하지 않았다. 그저 "있는 그대로의 인간"이 대물림되는 편이 우리 사회에 "가장 적은 폐해"라는 사실을 인식해야 한다고만 썼을 뿐이다.[68] 사회주의적 관점에도 자주 공감을 표하곤 했는데, 꽤 진지했다. 노벨 경제학상 수상과 관련한 어떤 인터뷰에서는 젊은 시절 자신의 모습을 보면 "사회주의자로 묘사될 것"이라고 말하기도 했다.[69] 그렇다면, 그가 사실은 평등을 확대하는 게 올바른 열망이긴 하지만 현실에서 그러려는 시도가 성장과 발전을 가로막는다고 생각했다면, 우리가 던져야 할 질문은 "정말로 그럴까?"일 것이다.

프랑스 경제학자 토마 피케티(Thomas Piketty)와 OECD(경제협력개발기구) 데이터 분석가들을 비롯한 다수의 현대 경제학자들에 따르면, 역사적 경험에 비춰볼 때 프리드리히 하이에크는 결국 경제학의 프톨레마이오스였다. 그는 모든 것을 뒤로 돌렸다. 경제가 보여준 지표는 그의 주장과 정반대였다. 불평등이 성장과 발전을 가로막았다.[70] 지표는 명확하다. 1950년부터 1990년까지 미국의 GDP(국내총생산) 성장률은 연평균 2.2%였다. 1990년부터 2020년까지는 1.1%였다. 변곡점은 1980년대였는데, 이 기간에 레이건(그 이후에는 부시와 클린턴) 행정부는 최고 소득세율을 72%에서 35%로 낮췄다. 그 결과 1990년부터 2020년까지 GNI(국민총소득)에서 상위 1%가 차지하는 비중은 12%에서 18%로 증가했다.[71] 부자가 더 부유해지자 전체 경제 성장은 둔화했다. 불평등한 사회가 성장할수록 경기 침체와 불황으로 이어지는 경향이 크게 나타났다.[72]

왜 그럴까? 미국 경제학자이자 바이든 행정부 경제자문위원회에서 활동한 헤더 부시(Heather Boushey)가 이와 관련한 몇 가지 핵심 사항을 나열한 바 있다. 첫째, 불평등은 재능과 역량을 가진 수많은 사람의 경제적 기여를 '방해'한다. 둘째, 불평등은 부자들의 손에 너무 많은 권력을 쥐여줌으로써 다수가 참여해야 할 공공 절차를 '전복'시킨다. 셋째, 불평등은 소수에게만 돌아가는 보상을 마치 모든 사람이 받는 것처럼 보이게 만들어 경제를 '왜곡'한다.[73] 흔히 인용되는 통계에 따르면 미국의 경우 지난 40년 동안 노동 생산성은 꾸준히 증가했어도 임금은 늘지 않았다. 일반적으로 고임금 노동자들은 의욕이 더 높고, 소비할 자본이 더 많으며, 정치적으로 권리를 박탈당할 가능성이 더 작아서, 올바른 성장의 토대인 안정성을 위협하는 퇴행적 정책을 지지하곤 한다.[74] 아울러 GDP 성장률은 개인의 행복이나 생활 환경과는 무관한 지표이기에 사회적·경제적 진보를 나타내는 실질적인

척도도 아니다.[75] 경제를 생각하는 방식에도 코페르니쿠스적 전환이
필요하다. 도덕적으로 그게 더 바람직할 뿐 아니라 논리적으로도 그
렇다.

더욱이 문제가 되는 것은 성장만이 아니다. 하이에크가 주장한 경
쟁적 기업 체제의 혁신적 진보에도 적용된다. 모든 사람이 광대역 통
신망에 접속할 수 있도록 더 많은 사회적 자원을 투입하는 사례를 떠
올려보자. 우리는 실리콘밸리의 혁신을 보면서 성공에는 타이밍도
중요하다는 사실, 오늘날 소프트웨어 제왕 대부분이 훗날 컴퓨팅 시
스템에 전방위적으로 먼저 접근할 수 있게 될 1955년을 전후로 태어
났다는 사실을 안다.[76] 하이에크는 이게 자신의 논리를 보여준다고
말할 것이다. 소수가 좋은 타이밍에 혁신의 기회를 발견했고, 그 덕
분에 현재 모든 사람이 혜택을 누리는 하드웨어와 소프트웨어를 개
발할 수 있었다고 말이다. 그러나 다른 시나리오를 상상할 수도 있
다. 대체로 미국 정부와 국방부를 통해 개발된 컴퓨터와 인터넷은 애
초부터 공공재였다.[77] 운 좋은 소수만 조기에 접근할 게 아니라 모든
학생이 컴퓨터를 다뤄보는 시간을 가질 수도 있었다. 그랬다면 수천
수만 명의 기술 산업 인재가 나왔을지도 모르고, 지금처럼 소수의 억
만장자가 부를 독점하는 상황이 벌어지지 않았을지도 모른다. 그 많
은 사람이 세상에 더 놀랍고 더 평등한 발전을 가져다줬을지 누가 알
겠는가? 그리고 마찬가지 맥락에서 기술 세계의 권력 집중이 초래할
재앙을 피하게 됐을지 또 누가 알겠는가? 애당초 공공재로 이해된 자
원이었기에 이익도 정부를 통해 공유될 수 있었을 테고, 그 엄청나게

모든 삶은 충분해야 한다

많은 돈이 해외 조세 회피처에 꼭꼭 숨겨져 주주들에게만 배당되는 대신 더 많은 연구 개발에 재투자될 수도 있었을 것이다.[78] 기술 산업이 보인 그간의 행태는 "우리가 먼저 올라가서 사다리를 걷어찰게"였다. 아무래도 1896년 설립된 전미흑인여성협회(NACW)의 "올라가면서 들어올릴게"에서 좀 배워야 할 것 같다.[79]

기업 경쟁과 발전 사이의 관계에 대한 하이에크의 기본 가정에 반하는 다른 증거도 있다. 달리 말하면 경쟁이 발전을 이끄는 최선의 길이라는 확실한 증거가 없다.[80] 모두가 공동의 목표를 위해 함께 노력할 때 발전은 더 빨리 이뤄진다. 경쟁은 지식을 분산하고, 유인을 문제 해결이 아닌 돈으로 왜곡하며, 잠재적 집단 역량을 파편화해 발견 속도를 늦춘다. 이에 반해 협력은 지식을 공유하고, 문제에 집중하고, 행동을 촉진하는 집단 역학을 가능케 해준다. 제2차 대전 당시 미군을 지원하기 위해 합성 고무를 공동 개발한 과학자들의 말처럼 협력은 "소규모 화학자 집단의 수천 가지 발견이 모인 결과"였고, 그들은 이때를 "이전까지 서로 다른 곳에서 일해온 사람들이 공유된 목적의식으로 협력할 수 있었던 황금기"로 기억했다.[81]

코로나19 범유행 초기에는 많은 사람이 이와 같은 역사적 교훈을 이해한 것처럼 보였다. 세계 경제 안정화와 조속한 백신 개발 등을 중심으로 글로벌 협력 분위기가 조성됐고 실제로 이뤄졌다.[82] 각국 정부와 과학자들은 일찍부터 이런 협력이 있었다면 이 재앙을 처음부터 막을 수도 있었다는 가능성에 고무된 듯했다. 미국 과학 저널리스트 제니퍼 칸(Jennifer Kahn)과의 〈뉴욕타임스〉 인터뷰에서 영국 동물학자이자 전염병 예방 전문가 피터 다삭(Peter Daszak)은 다음과 같이 말했다.

"예방은 불가능하지 않았습니다. 아주 가능했어요. 우리가 그렇게 하지 않은 겁니다. 정부는 돈이 너무 많이 든다고 생각했죠. 제약회사들은 돈이 안 벌린다고 봤고요."

이에 제니퍼 칸은 이렇게 덧붙였다.

"그리고 WHO(세계보건기구)는 대체로 그런 동기 부족에 대응하는 데 필요한 대규모 글로벌 협력을 끌어낼 자금이나 힘이 없었죠."[83]

새로운 협력은 이런 실패에 비춰 약속된 것이었다. 하지만 대다수 국가가 자국민의 안녕만을 우선시해 어떻게든 먼저 백신을 확보하고자 몸부림치고 제약회사들은 백신 판매로 거둘 이익에만 골몰하면서 경쟁이 다시 급속도로 치솟았다. 경쟁은 정보 공유를 방해하기 때문에 과학적으로 유의미한 가치를 갖지 못한다. 당시 실상도 그랬다. 효과가 의심스러운 변종 백신이 난무했고, 국경을 모르는 바이러스의 특성상 글로벌 상호 의존과 협력이 필수인데도 그저 자국 방역 정책이 월등하다는 선전에만 집착했다. 경쟁은 의료 체계 부실로 전염병에 더 취약한 빈곤국보다 부유한 나라 사람들에게 백신 접종 기회를 몰아주기에 도덕적으로도 가치가 없다. 백신 경쟁에서 승리하면 국가적 영웅이 될 수 있다는 측면에서 그나마 정치적으로는 유의미할지 모르지만, 욕심만으로 서두르다가 만든 백신의 부작용이 심각할 정도로 위험하다면 영웅은커녕 국민의 원수가 될 수도 있다.[84]

국가 간 경쟁이 WHO의 백신 계획을 완전히 앞선 것도 아니었다.

모든 삶은 충분해야 한다

비록 빈곤국이 뒤늦게 혜택을 보긴 했으나, 그래도 WHO가 반걸음 더 빠르게 움직여 150개국과 협력하면서 백신이 전세계적으로 이용될 수 있도록 힘썼다.[85] 그러나 애당초 백신을 국부 문제로 접근한 것이 잘못이었다. 핀란드 헬싱키대학교와 영국 옥스퍼드대학교의 연구에 따르면 코로나19 범유행 초기에는 백신을 저렴하게 배포할 준비가 돼 있었지만, 민간 기업과 협력하기로 하면서부터(옥스퍼드 연구팀은 빌&멀린다 게이츠 재단의 압력을 주요 원인으로 봤다) 갖가지 이해관계가 공중보건 문제를 압도했다.[86] 한편으로 미국 정부는 제약회사가 백신 판매로 막대한 이익을 얻을 수 있게끔 눈감아줬고, 여기에 특허법이 백신의 더 빠른 확산을 방해함으로써 온갖 변종 백신이 시장을 교란하는 원인으로 작용했다. 이는 고스란히 글로벌 경제 피해로 이어졌다.[87] 민간 경제 성장에 초점을 맞추는 정책 행태는 수십 년 동안 공공 영역을 악화시킨 것도 모자라 코로나19 같은 비상사태에서도 그대로 유지됐고, 백신을 충분히 보급할 여력이 있는 국가마저도 백신 접종을 억제하는 기이한 결과를 초래했다.

이 또한 경제적 위대함을 중심으로 설계된 계획들이 제공하겠다고 약속한 바로 그 가치가 어떻게 훼손되는지 드러낸 사례. 그런 계획들은 하나같이 성장과 발전을 보장하나 실제로는 저해한다. 모두에게 득이 될 거라고 하지만 사실은 소수만 혜택을 본다. 평화와 번영을 촉진한다는 사회 질서가 오히려 권위주의와 전쟁으로 이어진다. 더 어이없는 사실은 이처럼 계속 우리를 기만해온 반복적 주장 속에서도 우리에게는 이미 충분한 삶에 대한 다른 좋은 모델이 이미 있었다는 것이다. 다름 아닌 칼 폴라니의 《위대한 전환(The Great Transformation, 한국어판 제목은 '거대한 전환'_옮긴이)》(1944)이다. 흥미롭게도 이 책은 프리드리히 하이에크가 《노예의 길》로 시장 자유주의의 위대함을 역설하던 그해에 나왔다. 제목이 뭔가 위대함을 불러일으킬 것 같지만 어디까지나 풍자적인 표현이고, 사실 이 책은 위대함이 아닌 충분함으로의 전환, 즉 우리 모두의 충분한 삶을 위한 대전환을 제안하고 있다.

충분한 전환

칼 폴라니는 애덤 스미스로까지 거슬러 올라가는 시장 자유주의 주장의 중심에 본질적인 거짓이 있음을 발견했다. 경쟁 시장으로 소수의 부를 추구하는 체제를 구축하면 불평등을 상쇄할 만큼 번영할 수 있다는 주장 말이다. 이를 주장하는 이들은 일부 사람들이 다른 사람들보다 더 부유하더라도 전체적으로 보면 모든 사람에게 더 나은 삶이라는 논리를 들어 불평등을 정당화한다. 폴라니가 확실히 인식한 사실은 소수의 최상위권 계층이 가장 큰 비중을 차지하는 시장 경제가 활성화하면 그 어떤 사회 질서도 유지할 수 없다는 것이었다. 그로 인해 불거진 불평등과 환경 파괴가 너무 많은 긴장을 조성해 사회적 격변을 초래한다. 그는 시장 기반 사회 체계가 필연적으로 인간과 사회 사이의 자연적 관계를 무력화한다고 봤다. 그렇기에 관건은 경

모든 삶은 충분해야 한다

제와 사회의 관계를 올바르게 이해하는 데 있다. 시장주의자들은 경제는 물론 사회와 도덕 체제까지도 시장이 쥐고 있다고 이해한다. 반면 칼 폴라니는 경제를 사회가 내재한 것으로 이해해야 한다고 주장했다.

이게 무슨 의미인지 알려면 폴라니가 시장 주도 경제를 어떻게 바라봤는지 살필 필요가 있다. 그는 문화만큼이나 오래된 시장을 부정하거나 반대하지 않았다. 다만 그가 우려한 부분은 자유 시장 자본주의가 거의 모든 것을 상품화한다는 점이었다. 그는 특히 자신이 '허구적 상품(fictious commodities)'이라고 부른 토지, 노동, 화폐에 주목했다. 폴라니에 따르면 토지, 노동, 화폐는 본래 인류 역사를 통틀어 시장의 대상이 아닌 공동체의 기준과 규범의 대상이었고, 따라서 사회에 내재해 있었다. 어떤 규범을 적용하느냐에 따라 조금씩 개념이 달라지긴 했다. 규범이 있긴 시장도 마찬가지인데, 시장의 규범은 어떤 사람들에게는 보상을 주고 어떤 사람들에게는 보상은커녕 있던 권리마저 박탈하는 경향이 있다. 더욱이 생활필수품을 상품, 즉 시장에서 사고파는 대상으로 바꿈으로써 생존과 직결한 물품이 시장 불균형을 일으키는 문제에 대처할 사회 능력을 저해한다. 경제 호황기에도 빈곤, 노숙, 식량 불안이 끊이지 않은 이유다.

그렇지만 국가 위기 상황이 닥치면 시장의 자율 규제 기능에 관한 주장이 쏙 들어간다. 물론 일부 경제학자와 정치인들은 계속해서 경기 순환에 따른 자연스러운 현상이라거나 경쟁에서 도태한 기업은 당연히 시장에서 사라지는 게 옳다고 목소리를 높이지만, 대부분 합리적인 사람들은 칼 폴라니가 예측한 파멸에 이르지 않으려고 자신들의 경제 원칙을 일시적으로나마 포기한다. 2008년 글로벌 금융위기를 겪고서는 공화당의 큰손이자 시장주의자 찰스 코크(Charles Koch)와 데이비드 코크(David Koch) 형제조차도 주가가 곤두박질치는 모습을 보고 TARP(부실 자산 구제 프로그램)를 지지했다.[88] 게다가 미국, 영국, 호주 등 국가가 코로나19 범유행에 대응해 유휴 노동자들을 지원하고자 추가로 돈을 푼 것도 모두 보수주의 진영이 집권하던 때였다.[89] 사회의 요구를 시장의 필요보다 우선시하는 관점이 칼 폴라니가 정의한 '사회주의'였다.

"사회주의는 산업 문명이 본래부터 내재한 경향이다. 민주주의 사회는 사회주의를 의식적으로 끌어안음으로써 자율 규제 시장을 초월한다."[90]

사회주의 없는 사회란 사실상 존재할 수 없다. 오늘날 전 세계 모든 경제의 핵심은 정부 주도와 시장 주도 사이의 균형이다. 신자유주의 경제학이 득세한 이래 상당 부분 상실된 게 바로 이 균형이다. 우리 사회를 민주적으로 통제하려는 사회주의적 경향도 점점 변질해 이익의 요구에 빠져들고 있다.

사회주의를 바라본 폴라니의 관점에서 보면 오늘날 특히 보수주의 진영이 사회주의를 이해하는 방식은 대부분 잘못됐다. 어떤 이들은 모든 생산 수단을 정부가 소유해야 한다는 관점이 사회주의라고 주장한다.[91] 그러나 폴라니에게 사회주의는 생산 수단의 민주적이고 사회적인 소유였다. 그렇지 않았다면 '정부주의(governmentalism)'라고

모든 삶은 충분해야 한다

불렀을 것이다. 미국 사회주의 경제학자 리처드 울프(Richard Wolff)는 "노동자들의 생산 노동이 창출한 이익을 민주적으로 분배할 때 기업은 사회주의자가 된다"고 설명했다.[92] 정부도, 기업도, 개인도 아닌 모든 사람 각자가 자신들이 창출한 부를 민주적이고 공정하게 공유하는 것, 이것이 폴라니와 울프가 말한 사회주의다. 아쉽게도 폴라니와 울프 모두 더 명확한 사회주의 기본 원칙이나 비전을 제시하지는 않았기에 정부, 기업, 협동조합, 개인, 시장 등의 올바른 역할과 연결 고리에 관해서는 여전히 논의할 거리가 많이 남아 있다. 그래도 어쨌든 폴라니와 울프 그리고 이들의 관점에 동의하는 내가 볼 때 핵심은 사회주의, 명확하게 '민주사회주의(democratic socialism)'는 정부의 소유를 가리키는 게 아니라는 것이다(영토, 천연자원, 공익사업, 사회 기반 시설 등은 제외하고). 요컨대 민주사회주의는 전체 부를 평등하고 민주적으로 개인에게 분배하는 방법과 관련이 있다.[93]

나아가 폴라니는 이와 같은 사회적 소유가 사회적 통제를 의미하지 않는다는 점을 분명히 했다. 현대 사회를 바라보는 우리의 비전에서 매우 소모적인 논쟁 중 하나는 '자유 대 평등', 즉 사회의 정의를 개인의 자유에 종속시킬 수 있다는 주장과 개인의 자유를 사회의 정의에 종속시킬 수 있다는 주장의 대립이다.[94] 그동안 수많은 비평가가 지적했듯이, 이는 '보수 대 진보'의 가치에 일 대 일로 대응하지 못하며, 선택의 틀 자체도 성립하지 못한다.[95] '자유 대 평등'이라는 이분법은 자유를 개인의 충동으로 격하하고 평등을 집단적 악몽으로 왜곡한다. 자유와 평등은 서로 분리될 수 없는 개념이다. 모두의 온전함과 충분함을 보장하고 권력과 부의 집중을 철저히 제한하는 사회에서는 누구나 자유롭고 평등하며, 그 누구도 다른 누구보다 더 자유롭거나 우월할 수 없다.

칼 폴라니가 책을 마무리하면서 "순응하지 않을 권리"와 "자발적 자유"를 강조한 까닭이 여기에 있다.[96] 우리가 그저 살아남기 위해 효율성의 명령에 통제되거나 영구적이고 끔찍한 노동에 강제돼서는 안된다는 의미로 읽힌다. 평등한 경제를 지지하는 현대 사상가들도 이노선을 따르고 있다. 불가리아 출신 영국 정치 이론가 알베나 아즈마노바(Albena Azmanova)는 안전한 고용을 제공하고 사람들이 너무 오래 일하지 않도록 장려하는 정책을 주장해왔다. 그녀는 안정과 여가를 누구나 누려야 할 재화로 규정한 뒤, 산업 사회가 잘 조직된다면 이 재화를 충분히 제공할 수 있다고 역설했다. 현재 경제 상황 때문에 대다수 사람이 최소한의 복지를 유지하는 데도 필요 이상의 시간을 들인다. 너무 많은 사람이 미국 인류학자 데이비드 그레이버 (David Graeber)가 직설적으로 "엉터리 직업(bullshit job)"이라고 부르는 일, 단지 일하기 위한 일이거나 직업을 갖기 위한 직업 또는 세상에 아무런 이바지도 하지 못하는 일을 하고 있다. 그레이버는 오늘날 전 세계에 존재하는 직업과 업무 절반이 그런 쓸데없는 노동이라고 추정했다. 그리고 그 역시 칼 폴라니나 알베나 아즈마노바처럼 우리 사회가 기본 소득과 기본 여가를 제공하면 우리의 관심과 가치를 추구하는 데 더 많은 자유를 활용할 수 있다고 강조했다.[97]

토마 피케티는 현재 경제 제약을 고려하더라도 더 기업가적인 사

모든 삶은 충분해야 한다

고방식으로 모든 사람에게 자신의 아이디어를 추구할 경제적 여유를 제공한다면 훨씬 더 큰 자유를 누릴 수 있다고 주장했다. 그러면서 자본 소유 집중에 따른 불평등을 해소하고 자본을 순환시켜 더 많은 기회를 창출하는 강력한 공공 서비스, 일테면 부의 사적 소유에 부과하는 소유세, 상속세, 소득세를 누진세로 통합하고 거기에서 확보한 세수를 이용해 만 25세가 된 청년들에게 1인당 12만 유로(우리 돈으로 약 1억 7,000만 원_옮긴이)를 지원하자는 매우 파격적인 정책을 제안했다. 이를 통해 모두가 경제적·사회적 생활에 온전히 참여할 수 있게 되며, 불평등이 물질 경제와 지위 경제를 극단으로 몰아가는 것을 방지할 수 있다. 시간이 필요한 일이지만, 이 제도를 지속해서 유지한다면 마침내 모든 세대 모든 사람에게 진정한 의미의 기회균등을 보장할 수 있을 것이다.[98]

이와 같은 주장과 제안이 어떤 세부 내용을 담고 있든 그 핵심은 더 많은 평등이 더 많은 자유를 가져다준다는 점이다. 물론 여기에는 의심할 여지 없이 시간, 재원, 이해관계 등 온갖 문제가 여전히 남아 있을 것이다. 어떤 정책은 시작조차 하지 못할 수도 있다. 하지만 지금 우리는 유토피아를 말하고 있는 게 아니다. 모두가 충분한 삶을 살 수 있는 사회의 비전을 이야기하고 있다. 칼 폴라니가 제시한 것도 이 비전이다. 시장이 제멋대로 미쳐 날뛰는 것을 막아야 이 비전을 현실로 만들 수 있다. 사회를 움직이는 일은 쉽지 않다. 다른 사람들과 함께하면서 그들을 설득하고 수긍케 하고 확신을 주기란 무척이나 어려운 일이다. 폴라니는 우리에게 놀라운 역설을 남겼다.

"체념은 늘 우리 인간에게 새로운 힘과 희망의 샘이었다. 인간은 죽음이라는 현실을 받아들임으로써 오히려 이를 토대로 현실에서 삶의 의미를 쌓아 올리는 법을 배웠다. (중략) 사회 현실을 불평 없이 받아들이면 우리는 모든 불의와 부자유를 제거할 불굴의 용기와 힘을 갖게 된다."[99]

그렇더라도 모든 불의와 부자유를 제거할 수는 없을 것이다. 유토피아는 유토피아일 뿐이다. 우리 각자는 서로 다른 욕망과 신념으로 세상을 산다. 이는 누구도 부인할 수 없는 진실이다. 그렇기에 모두를 만족시킬 해결책은 없으며, 바로 이 이유로 완전한 시장도 없고 완전한 유토피아도 존재하지 않는다. 그래도 우리는 프리드리히 하이에크가 모두의 번영을 빌미로 '자생적 질서'라는 허울 아래 소수의 위대함을 허용하고자 저 멀리 내던진 정의를 움켜쥠으로써, 이 진실을 수용한 채 충분함에 다다를 수 있다. 이미 우리는 하이에크의 생각이 어떤 세상을 초래했는지 봤다. 그리고 우리는 사회 공동의 목표를 세우고 그곳으로 향하는 일이 아무리 복잡하고 어렵더라도 서로 포용하고 노력하면 이룰 수 있다는 칼 폴라니의 진심 어린 호소에 귀를 기울임으로써, 이 진실을 수용한 채 충분함에 다다를 수 있다. 폴라니의 생각이 구현된 세상도 우리는 잠깐이나마 봤고, 그 생각이 충실히 실현될 가능성을 높일 새로운 아이디어도 계속해서 나오고 있다. 가장 큰 걸림돌인 위대함만 넘으면 된다. 그러면 충분한 전환을 이끌어낼 수 있다.

모든 삶은 충분해야 한다

이기적 박애주의

내가 1학년 학생들을 가르치는 프린스턴대학교 언덕 쪽 강의동에서 철학자 피터 싱어(Peter Singer)도 윤리학을 가르치고 있는데, 주변 사람들 말로는 놀랍도록 개방적인 수업이라고 한다. 그런데 그가 쓴 책들을 보면 점점 더 위대함을 추구하는 세계관에 빠져들고 있는 듯하다. 《효율적 이타주의자(The Most Good You Can Do)》(2015)에서 그는 이타심이야말로 자기 자신을 돕는 최선의 길이기에 감정이 아닌 이성적 판단으로 되도록 많은 부를 다른 이들에게 기부하라고 권고한다. 나도 그의 생각에 동의한다. 하지만 석연치 않은 대목이 있다. 누군가 그에게 돈 버는 방법에도 윤리가 있는지 묻자 그는 딱 잘라 없다고 하면서, 다만 기부하려는 사람이 번 돈은 기부하지 않으려는 사람이 번 돈보다 확실히 낫다고 대답한다. 싱어는 만약 여러분이 그 돈을 벌지 못했다면 어차피 다른 사람이 벌었을 것이기에, 기부하겠다 다짐하고 돈을 벌어 기부를 실천하는 게 여러분이 할 수 있는 가장 좋은 일이라고 역설한다.

평소 피터 싱어는 자신을 진보주의자와 동일시해왔지만, 이 부분에서 그의 관점은 보수주의자였던 앤드루 카네기(Andrew Carnegie)와 무척 비슷하다. 카네기는 자본주의와 박애주의를 적극적으로 옹호했다. 자본주의 측면에서 자녀에게 최소한의 재산을 물려주겠다고 전제하면 어떤 방식으로든 원 없이 돈을 벌 수 있도록 허용해야 하며, 박애주의 측면에서 그렇게 번 돈이 세금으로 쓰이거나 더 바람직하게는 그런 부를 축적한 위대한 사람들(남성들) 스스로 공공 서비스와 교육 기관 등을 위해 기부해야 한다고 주장했다.[100]

그러나 이렇게 훌륭해 보이는 말이 거짓말이 되는 까닭은 결국 악순환만 반복하게 만들기 때문이다. 자본가 대부분이 노동자들을 압박해 엄청난 돈을 버는 현실 앞에서도 카네기는 아무런 거리낌이 없었다. 궁극적으로 자신의 길이 옳다고 여겼기 때문이다. 실제로 그는 어마어마한 돈을 기부했고 상당수는 대학들을 지원하는 데 쓰였다. 대학들은 그 돈으로 열심히 인재를 키워 노동자를 억압하는 기업에 제공했다. 악순환의 고리는 갈수록 견고해졌다. 이런 이타심은 철저히 계산된 이기심이다. 기부라는 이름으로 포장된 위대함이 자신을 정당화하는 방식이자 모든 비참함을 재생산하는 허울 좋은 위선일 뿐이다.[101]

여기서 핵심 낱말은 '정당화'다. 토마 피케티는 불평등을 자연스러우면서도 유익하게 보이도록 한, 즉 불평등을 정당화한 수많은 체제 가운데 가장 최신 버전이 자본주의라는 사실을 보여줬다.[102] 캐나다 출신 미국 경제학자 존 케네스 갤브레이스(John Kenneth Galbraith)도 불평등의 정당화를 날카롭게 지적했다.

"불평등을 정당화해온 근거는 매우 다양하지만, 주로 자신들이 가진 것들에 대한 즐거움을 포기하지 않으려는 가장 중요하면서도 아주 단순한 이유를 가리기 위해서였다."[103]

앤드루 카네기는 이 사실을 절대로 인정하지 않았다. 그는 자신의 자선 활동이 모든 이들에게 유익할뿐더러 인류의 미래 발전에 필수

모든 삶은 충분해야 한다

적이라고 주장했다.[104] 하지만 그의 주장은 왕이나 사제의 언어이며 발명가들에게나 적합한 논리다. 카를 마르크스와 프리드리히 엥겔스(Friedrich Engels)가 과장된 사례를 들었을지도 모르지만, 그 시대의 사상은 지배 계급의 사상이라고 표현한 게 완전히 틀린 말은 아닐 것이다.[105] 박애나 이타심을 얇게 덮고 있는 순수함을 걷어내면 매우 영리한 정당화 논리만 남는다. 그저 이기심과 불평등의 정당화일 뿐 모두에게 반드시 이익이 되는 것도 아니고 인류 발전에 필수적인 것도 아니다.

과거 미국과 같은 나라에서 탈세 등 심각한 문제를 초래했다는 점을 고려하면 자선 사업이 오늘날 누리고 있는 명성은 더 놀랍다. 기업의 자선 활동이 부당 이득을 감추기 위한 홍보 수단에 불과하다는 비판은 오래전부터 있었다. 1900년대 초 시어도어 루스벨트(Theodore Roosevelt) 대통령도 이렇게 열변을 토한 적이 있다.

"아무리 거액을 기부하는 기업이라도 그런 자금을 취득할 때 위법 행위가 있었다면 결코 정당화될 수 없습니다."[106]

헝가리 태생 미국 금융 투자자 조지 소로스(George Soros) 사례도 생각해보자. 그의 자선 행보는 지난 20년 동안 미국의 민주적 대의를 뒷받침하는 중요한 힘이었고, 실증 과학이라기보다 신념 체계에 가까운 시장 근본주의를 줄기차게 비판함으로써 신자유주의의 권위에 커다란 타격을 입히기도 했다.[107] 그렇더라도 어쨌든 조지 소로스의 돈은 금융 자본주의에서 나왔고, 영국 파운드화와 태국 바트화를 대상으로 한 그의 유명한 환투기는 두 나라 경제를 요동치게 만든 대가로 그에게 막대한 자산을 안겨줬다. 어떤 이들은 소로스의 행위와 브렉시트(Brexit) 사이에는 직접적인 연관이 없다고 선을 긋기도 했지만, 〈뉴욕타임스〉 분석에 따르면 그동안 그를 억만장자로 만든 금융 산업은 이제 자선가로서 소로스가 이루려고 노력해온 모든 것을 위태롭게 하는 지경에 이르렀다.[108]

기부는 피해를 보상하는 대신 피해를 덮는다. 현재 최고의 자선가로 알려진 인물은 의심할 여지 없이 빌 게이츠(Bill Gates)다. 특히 교육과 과학 분야에 이바지한 그의 공로는 이루 헤아릴 수 없을 정도다. 그러나 지금의 평판은 그의 과거 행적과 현저한 대조를 이룬다. 〈뉴욕타임스〉의 한 기사는 다음과 같이 언급했다.

> 로웬하우프트글로벌어드바이저스(Lowenhaupt Global Advisors) 최고경영자 찰스 로웬하우프트(Charles Lowenhaupt)는 20년 전까지만 하더라도 사람들은 게이츠라는 이름을 "현대판 강도 귀족(악덕 자본가)이라는 명성을 안겨준 무자비하고 약탈적인 독점 행위와 연결"했지만, 현재 마이크로소프트(Microsoft)에서 물러나 자선 활동에 전념하고 있는 게이츠는 "선을 향한 범세계적 영향력"으로 여겨진다고 말했다. 로웬하우프트는 자선 활동이 그의 이름을 "리브랜브(rebrand)"하는 데 큰 도움을 줬다고 덧붙였다."[109]

코로나19 범유행 당시 빌 게이츠가 백신으로 인류를 통제하려 한다는 음모론이 불거지기도 했으나 그를 향한 지지자들의 신뢰는 굳

모든 삶은 충분해야 한다

건했다. 그는 국가 정부 예산 규모로 연구를 지원할 수 있을뿐더러 정부 정책 방향 자체를 바꿀 힘도 갖고 있다.[110] 자신의 부를 타인을 돕는 데 사용하는 사람으로서 확보한 드높은 위상은 그가 타인이 받을 도움마저도 결정할 수 있다는 의미를 함축한다. 그가 옳았던 때도 있고 앞으로도 옳을 때가 있을 것이다. 백신 없는 충분한 삶은 상상하기 어렵다. 하지만 그의 영리 추구는 코로나19 때 백신 생산과 배포를 둔화시켰다는 이유로 큰 비판을 받았다.[111] 그가 지원하려는 좋은 정책조차 그 반대 여론이 그가 엄청난 부자라는 바로 그 사실에서 비롯될 수 있다는 사실 또한 중요하다. 미국 정치학자이자 자선 활동의 역사를 연구해온 롭 라이히(Rob Reich)에 따르면 이것이 일찍이 미국 내에서 자선 활동 반대 목소리가 높아졌던 근본적인 이유다.

"(자선 재단은) 정치적 평등을 훼손하고, 부를 통해 공공 정책을 입맛대로 바꾸고, 문서상 책임자를 제외하면 아무런 설명도 필요 없는 반민주적 집단으로 여겨지곤 했다."[112]

그러나 돈의 힘은 막강해서 이 모든 우려에도 불구하고 자선 활동은 문자 그대로 선하게 받아들여질 뿐만 아니라 사랑과 존경의 대상이 된다. 라이히는 애초에 존 D. 록펠러(John D. Rockefeller)가 세금 공제를 받기 위한 재단 설립을 떠올리지 않았더라면, 인기 없을 법안을 의회가 통과시키게 할 만큼 돈과 인맥과 정치적 영향력이 그에게 없었더라면, 아무 일도 일어나지 않았으리라고 지적했다.[113]

만약 나더러 우리의 대기를 오염시키려는 코크 형제(자선 활동가이기도 한 두 사람이 석유회사 코크인더스트리의 대주주이자 경영자임을 빗댄 것_옮긴이)와 우리를 더 건강하게 하려는 빌 게이츠 중에서 한쪽을 선택하라면 당연히 빌 게이츠 손을 들어주겠지만, 사사건건 민주적인 잔소리를 해댈 것 같다.[114] 그렇지만 피터 싱어의 논리에 따르면 우리가 게이츠나 코크 형제나 둘 다 좋은 선택지다. 기부는 좋은 것이다.

"현대 자본주의 경제 체제의 전면 타도를 외치는 사람들조차 이보다 더 나은 대안을 제시하거나 다른 체제를 구축하는 데는 여지없이 실패했다. 21세기에서 어떤 방식으로든 대안 경제 체제로 전환될 가능성도 희박하다."[115]

피터 싱어가 박애를 통해 자본주의도 얼마든지 우리를 자유롭게 해줄 수 있다고 믿는 이유는 분명하지 않다. 그의 생각과 달리 오늘날 자본주의 경제 체제에 반대하는 대부분 사람은 실행 가능한 대안들을 그려왔고 그런 체제로 전환할 방법들도 제시했다. 조지프 스티글리츠(Joseph Stiglitz)나 마리아나 마추카토처럼 자본주의의 진보를 믿는 경제학자들은 현재 체제에 기반을 두면서 최근 효과가 있었던 요소와 접목하는 대안 체제를 제안하기도 했다.[116] 정작 우리 길을 가로막는 요인은 대안 결여가 아니라, 현 체제의 허점을 이용해 현 상태를 유지하려는 현대판 앤드루 카네기들이다. 자본주의의 병폐에 맞서 싸우는 가장 좋은 방법은 다른 좋은 모델을 계속해서 상기시키는 것이다. 진보적 자본주의가 대중의 선택지이며, 이용 가능한 다른 경제 모델과 지속해서 융합한다면 모두가 충분한 삶에 한 걸음 더 나아갈 수 있다.

모든 삶은 충분해야 한다

충분한 세상을 위한 계획

여러분이 이 책을 읽는 동안 내 생각에 동의하게 됐다면, 어느 순간 부터인지는 모르겠지만 여러분 마음은 이제 살면서 어느 정도의 불화나 실패는 당연하다고 이해했을 테고, 그런 과정에서 겪는 번아웃과 불안감, 슬픔과 분노도 더는 여러분을 망가뜨리지 않는다는 사실 또한 받아들였을 것이다. 그와 더불어 여러분은 주변 사람들과의 상호 부조와 협력 속에서 느낄 평범한 기쁨에도 기꺼이 감사하겠다는 마음이 들었을 것이다. 내가 이 장에서 주장하고 싶었던 내용은 현재 나와 여러분이 생활하는 이 세상의 사회와 경제 체제가 충분한 삶에 역행하고 있다는 것이었다. 그래도 논의 중간중간 우리는 모두의 충분한 삶을 어쩌면 가능하게 만들 수 있는 사회를 조직할 몇 가지 희미한 빛을 봤다. 지금부터는 그 희미함을 반짝이게 하고 싶다.

우리가 살폈듯이 시장의 본질은 경제 성장을 강력하게 견인하지만, 그와 동시에 시장이 창출한 돈과 권력은 사회 전반에 걸쳐 지독히도 불평등하게 분배된다.[117] 그렇기에 위대함이 중심인 사회에서 고르게 충분한 사회로 넘어갈 수 있는 가장 간단한 방법은 시장의 힘을 약화하는 데 있다. 이것이 바로 '사회민주주의'라고 불린 체제의 핵심이었고, 제2차 대전 이후 유럽, 북아메리카, 오세아니아, 일본, 후기 동남아시아, 남아메리카, 아프리카 지역 등의 수많은 국가를 이끈 혼합 경제의 기본 체계였다. 미국 정치사학자 셰리 버먼(Sheri Berman)의 표현을 빌리면 단순한 자유주의의 승리가 아닌 우리가 모든 것을 파악한 '역사의 종말'이었다. 필요한 물건 대부분이 시장에 있었고 불평등도 남아 있었지만, 생존에 필요한 기본 품목은 복지를 통해 처리됐다. 공공 주택과 일자리 보장도 일부 노동과 토지 개념을 시장 체제에서 제거했다. 필수 교육, 사회 기반 시설, 공공 서비스에 투자하기 위해 이익에 따른 잉여 자본에는 무거운 세금을 부과했다. 노동조합 활성화로 충분한 임금과 공정한 노동 조건이 갖춰졌다. 보편적 의료(미국은 제외)가 제공됐고 실업보험, 자녀 돌봄, 노년층 사회보장 등 탄탄한 복지 체제가 시민들이 미처 스스로 돌볼 수 없는 순간에도 그들을 돌봤다.[118]

하지만, 물론, 역사는 끝나지 않았다. 사회민주주의는 깊은 결함을 내포한 채 여전히 광범위한 수준에서 물질적·지위적 불평등을 용인하고 있었다.[119] 그리고 때때로 이런 불평등은 인종 차별로 나타났다. 예컨대 미국의 경우 뉴딜(New Deal)로 촉발한 진보적 경제 정책은 비록 일부일지라도 아프리카계 미국인, 이민자, 원주민을 혜택에서 제외했고, 심지어 일본계 미국인들을 수용소에 가두기도 했다.[120] 아울러 사회 보장과 실업 정책도 흑인 인구 절반을 고용하던 산업에서 그들을 배제했다.[121] 공공 주택 보급과 관련한 차별도 국가 기록으로 남아 있다. 이 같은 차별은 이후 수년에 걸쳐 계속 증가했고, 오늘날 우리가 목격하는 인종 차별적 불평등으로 이어지기까지 큰 영향을 미쳤다.[122]

더욱이 부유한 사회민주주의 국가들은 자국만 챙겼을 뿐 국경 너머로까지 자신들의 풍요로움을 확장하지 못했고, 이제 갓 식민지를 벗

모든 삶은 충분해야 한다

어난 나라들에도 아무런 도움을 주지 않았다. 오히려 자국의 부를 더 늘리기 위해 그런 나라들의 발전을 방해했다. 라틴아메리카, 남아시아, 아프리카 국가들이 '개발주의(developmentalism)' 의제를 채택해 서구의 케인스주의 성장 모델을 재현하려고 시도할 때 그들은 서구 국가들 편에서 이 또 다른 개념의 새로운 식민지로부터 막대한 이익을 얻는 데만 골몰했다.[123] 자신들의 힘을 유지하고자 이들 국가의 군사 독재 정권을 지지했고, 그로 인해 미국 저널리스트 빈센트 베빈스(Vincent Bevins)가 "우리 세계를 형성한 대량 학살 캠페인"이라고 표현한 참상이 벌어졌다. 인도네시아에서만도 100만 명이 넘는 사망자가 발생했다.[124]

그들은 독재 정권에 계속해서 돈을 빌려줬고, 국민을 위해 돈을 쓸리 만무한 이들 정부는 계속해서 경제 문제를 초래했다.[125] 이런 식의 개입은 주로 전체주의적 공산주의에 맞서 싸운다는 명목으로 이뤄졌으나, 단지 국제적 경제 경쟁력 확보까지만 모색하던 사회주의 및 민주사회주의 국가도 예외는 아니었다.[126] 그 중심에 미국이 있었고, 과테말라와 이란 등에 개입한 미군이나 CIA(중앙정보국) 이야기는 비교적 널리 알려져 있다.[127] 그런데 나는 최근 한 다큐멘터리 영상에서 스웨덴 기업이 라이베리아 광업 현장에서 현지 노동자들의 노조 활동을 저지하고자 군대를 동원하는 모습을 보고 큰 충격을 받았다.[128] 스칸디나비아 국가의 시민들은 글로벌 평등주의를 지지한다지만 정작 기업들은 그렇지 않은 것이다.[129] 이와 같은 행태는 세계적 불안정을 조장하고, 사회민주주의 국가 스웨덴의 이민 정책에도 부정적 영향을 미치고 있다.

그동안 사회민주주의를 표방하는 많은 국가가 불평등한 글로벌 권력을 통해 부를 축적해왔고, 국제 경쟁과 유가 혼란에 직면해서는 자국의 불평등 심화에도 방관한 채 진보 체제를 서서히 이완시켰다. 이는 결국 글로벌 실패에 대한 반작용이었다. 경제적 정의가 국경을 초월해 확산할 책임 있는 방법을 마련하지 못했고, 그 결과 일자리와 세수 확보해도 실패했다.[130] 개발도상국에 기존에는 없던 일자리를 제공한 것도 사실이지만, 그런 직업은 저임금·고위험에 고용 안정성도 떨어지고 노동 환경 역시 열악한 경우가 많았다.[131] 사실 사회민주주의는 체제 자체의 결함보다 자신들의 권력을 강화하려는 엘리트 집단의 이기심 때문에 힘을 잃었고, 확실히 세계화의 흐름 속에서 큰 구멍이 뚫렸다. 충분한 세상은 그냥 충분한 세상이면 되는데 말이다.

2007년에서 2009년 금융 위기의 결과인 대침체에 대응해 여러 정책 입안자들이 정부의 시장 개입과 재정 지출 확대가 두 번째 대공황을 억제할 유일한 수단임을 깨달았을 때 이른바 케인스주의가 부활했다.[132] 그로부터 10년 뒤 코로나19로 경기 침체가 더 악화하자 신자유주의 사상의 강력한 보루 중 일부도 무너져내리기 시작했다. 경제적 자유주의를 옹호하는 매체 〈파이낸셜타임스(Financial Times)〉 편집위원회마저도 케인스에서 영감을 받았던 뉴딜 정책 때로 복귀하자고 촉구하면서 한 걸음 더 나아갔다.

모든 삶은 충분해야 한다

신자유주의 시대가 시작된 1980년 이후 40년 동안의 지배적 정책 방향을 뒤집는 급진적 개혁을 테이블 위에 올려야 한다. 정부는 경제에서 더 적극적인 역할을 맡아야 할 것이다. 공공 서비스를 부채가 아닌 투자로 보고 노동 시장을 안정화할 방법을 찾아야 한다. 계속해서 문제로 언급된 노인층과 부유층의 특권을 중심으로 부의 재분배가 다시 의제에 포함될 것이다. 기본 소득과 부유세 등 최근까지 괴팍하다고 여긴 정책들도 더불어 논의해야 한다.[133]

신자유주의 보수 진영에서도 이 같은 움직임이 일어나고 있음을 고려하면, 21세기 초의 경제적 격변이 민주사회주의를 향한 관심을 증대시켰다는 사실은 놀라운 일이 아니다. 그렇지만 여기에는 사회민주주의와 겹쳐 보이는 지점이 있다. 케인스 자신은 사회주의를 경제학의 적으로 바라보지 않았다. 게다가 실제로 분열은 사회민주주의와 민주사회주의 사이에서가 아닌, 전세계를 평화롭게 하고 보편적복지를 향상하려는 이들 양쪽과 "권력, 지위, 국가적·개인적 영예, 문화 강요, 유전적·인종적 편견을 추구하는" 사람들 사이에서 일어났다.[134] 사회민주주의와 민주사회주의는 모두 이런 위대함을 추구하는 세계관에 반대한다. 따라서 충분한 삶을 지향하는 관점에서 경제에 관한 합리적 논쟁은 사회민주주의와 민주사회주의 양자가 서로 대립하는 게 아니라 시선을 같은 방향으로 향해서 위대함과 대립하는 것이다.

그러나 사회민주주의와 민주사회주의는 엄연히 다르다. 물론 사회민주주의와 민주사회주의는 그 뿌리를 공유한다(다만 다소 역설적이게 도 현재 독일의 집권 여당이자 전세계에서 가장 오래된 사회민주주의 정당인 사회민주당은 20세기 초만 하더라도 마르크스주의 공식 기관이었기에 본래 더 급진적이었다). 양쪽 체제 모두 당시 유럽을 지배했던 마르크스주의에 좌절한 사회주의자들에 의해 탄생했다.[135] 당대 최고의 마르크스주 의 이론가 에두아르트 베른슈타인(Eduard Bernstein)을 위시한 사회 주의자들은 마르크스의 생각처럼 자본주의가 모순으로 이어져 혁명 을 초래하지 않는다고 결론 내렸다.[136] 되레 애덤 스미스의 예측한 대 로 일반적인 풍요가 점점 더 증가하고 있었다. 하지만 그 풍요는 불 평등하고 부당하게 쌓여갔다. 베른슈타인은 이런 추세를 막으려면 덜 혁명적이고 더 민주적인 체제를 구축하고, 계급 투쟁에 덜 의존하 며, 공동선을 위한 계급 간 협력에 더 의존해야 한다고 주장했다. 마 르크스주의자들은 그런 협력이 필연적으로 메시지를 약화할 것이라 고 경고했지만, 베른슈타인은 얼마든지 감수할 가치가 있는 위험이 라며 굴하지 않고 나아가 마침내 마르크스주의를 수정한 사회민주주 의를 제창했다.

그의 생각은 대체로 옳았다. 셰리 버먼은 양 대전이 벌어지는 동안 사회민주주의 정책은 미국, 영국, 스웨덴 같은 국가들에서 커지고 있 던 파시스트 조류를 잠재우는 데 큰 도움이 됐다고 설명했다. 기존 마르크스주의자들도 교훈을 얻었다. 민주 정치에 참여한다는 것은 더 나은 내일을 위한 타협을 의미했다. 그런 타협이 모여 오늘날 우 리가 누리는 사회민주주의적 복지 체제를 이뤄냈다.[137] 사회민주주

모든 삶은 충분해야 한다

의와 민주사회주의는 사상적 뿌리를 공유하면서도 '소유' 문제는 다르게 접근한다. 사회민주주의자들은 부를 재분배하고 공공 서비스를 보장하기 위해 세금과 규제에 집중하려는 경향이 있다. 이에 반해 민주사회주의자들은 평등한 방식으로 부를 선분배하기 위해 소유 구조 자체를 바꾸려는 경향이 있다.

미국 사회윤리학자이자 민주사회주의 이론가 게리 도리엔(Gary Dorrien)에 따르면 민주사회주의의 목표는 "국민이 경제와 정부를 통제하고, 어떤 집단도 다른 집단을 지배하지 않으며, 모든 시민이 자유롭고 평등하고 서로 포용하는 완전한 민주사회"를 만드는 데 있다.[138] 이를 위해 민주사회주의자들은 경쟁 자본주의의 본질적 논리를 뒤집는 협력 공동체로서 세상을 바꾸려고 노력한다. 경쟁 자본주의에서는 개인의 이익을 극대화한 뒤 시민에게 분배한다. 민주사회주의에서는 시민이 공유할 복지를 직접 성장시키기 위해 모두가 협력한다. 일반적인 풍요가 정말로 일반적인 복지의 열쇠라고 한다면 민주사회주의자들을 비롯한 평등주의자들은 이렇게 물을 것이다. 그렇다면 왜 소수를 먼저 부유하게 만드는 기괴한 과정을 거쳐야 하는가? 아예 처음부터 일반적인 복지를 우선 목표로 삼으면 안 되는가? 산업민주주의(industrial democracy), 경제민주주의(economic democracy), 다원주의적 연방(pluralist commonwealth), 참여사회주의(participatory socialism), 노동자 주도 기업(worker self-directed enterprise) 등 갖가지 이름으로 불리는 체제들도 기본 생각은 모두 같다.[139] 아울러 적어도 미국적인 맥락에서 '경제민주주의' 같은 용어는 공정한 경제 이상의 의미를 담은 정치적 개념으로도 유용하게 쓰일 수 있다.

그리고 우리가 민주사회에서 사는 한 민주주의는 국가와 마찬가지로 일터에도 있어야 한다. 민주주의가 일터에서 제대로 작동하지 않는 게 국가에서도 작동하지 않는 원인이다. 불평등한 경제력은 불평등한 민주주의 권력과 같은 말이다. 1944년 프랭클린 루스벨트가 정치적 권리 장전에 대한 보완책으로 '경제적 권리 장전(Economic Bill of Rights)'을 선언한 까닭도 여기에 있다. '두 번째 권리 장전'이라고도 부르는 이 조항은 일할 권리, 먹을 권리, 입을 권리, 집에 살 권리, 배울 권리, 치료받을 권리 등을 포함했다. 그저 최소한이 아니라 남부럽지 않은 집에 살고, 쓸 만큼 돈을 벌고, 괜찮은 일을 하고, 좋은 교육을 받는 충분한 경제적 권리다.[140] 경제적으로 너무 불평등한 사회에서는 자기 목소리를 내는 등의 정치적 권리 또한 보장받지 못한다는 사실을 그는 잘 알고 있었다.

완전한 민주사회를 이룩하는 방법을 두고 사회민주주의나 민주사회주의 또는 이런 이름으로 포착되지 않는 진영 사이에서 많은 논쟁이 있었고 다양한 모델도 제시했다.[141] 우리가 매일 비즈니스 뉴스 기사를 읽거나 다우 존스(Dow Jones) 산업 평균 지수를 살피느라 미처 접하지 못했을 수도 있지만 정말 많이 있다. 독일과 스웨덴의 경우 제2차 대전이 끝나자 대기업들이 주주와 경영자 그리고 노동자 3자 협의를 통한 공동 결정을 시행하기 시작해 최근까지 이어졌다. 이 체제에서는 일정량의 이사회 의석과 투표권이 노동자들에게 할당됐

　　　　　　　　　모든 삶은 충분해야 한다

다.[142] 그래도 여전히 주주들이 가장 많은 권한을 확보하고 있어서 더 확장된 체제를 마련하기 위해 제러미 코빈(Jeremy Corbyn)의 영국 노동당이나 미국 대선 경선 당시 민주당 후보 버니 샌더스와 엘리자베스 워런(Elizabeth Warren) 선거 캠프 정책 공약 자료 등을 참조하기도 했다.[143] 아마도 가장 유명한 버전은 기업의 사회적 소유 모델을 제시한 스웨덴 사회민주당의 '마이드네르 계획(Meidner plan)'일 것이다. 이 정책을 시행하면 특정 연도 영업 이익의 20%는 우리 사주 형태로 기업 주식에 재투자해 노동자들이 보유하게 된다. 그렇게 시간이 흘러 일반 주식에서 노동자가 차지하는 몫이 늘어나면 기업 소유권을 확보할 수 있다. 1976년 스웨덴 경제학자 루돌프 마이드네르(Rudolf Meidner)가 초안을 제시한 이 정책은 몇 번 수정을 거쳐 1982년 '직원 펀드(Löntagarfonder)'라는 이름으로 시행됐으나, 1991년 총선에서 사회민주당이 보수당에 패배하면서 무산됐지만, 이후 여러 정책 제안에 도움이 되는 중요한 유산을 남겼다.[144]

노동자 소유로 설립된 수많은 기업도 있는데, 가장 대표적인 곳으로 스페인 바스크(Basque) 지역 기업 연합인 몬드라곤(Mondragon) 협동조합을 들 수 있다. 2016년 기준 257개 기업과 노동자 조합원 7만 4,000여 명이 109억 유로(우리 돈으로 약 15조 7,750억 원_옮긴이)의 매출을 올렸다. 이 정도 규모는 아니더라도 해마다 소규모 협동조합들이 새롭게 떠오른다. 좋은 본보기가 노동자 소유 협동조합이 의회, 대학, 병원, 은행 등 지역 사회 핵심 기관과 연계해 통합적으로 운영되는 영국의 '프레스턴(Preston)' 모델이다.[145] 이와 마찬가지로 미국에도 '클리블랜드(Cleveland)' 모델이 있다. 클리블랜드의 에버그린 (Evergreen) 협동조합은 의료 시설 세탁 서비스를 중심으로 온실 수경 채소 생산, 태양광 발전 등 지역 산업 전반을 이끈다.[146] 두 사례 모두 지역 공동체의 압도적 지지를 받으면서 중앙 정부나 다른 지자체들 의 정책 설계에 첨병 역할을 하고 있다.

경제력은 이처럼 시민 스스로 나서서 확보할 수도 있지만, '국부 펀 드(sovereign wealth fund)' 같은 국가 차원의 기금 운용을 통해서도 민 주화할 수 있다. 물론 오롯이 국민의 이익을 위해 사용해야 한다. 가 장 유명한 사례는 국영 기업과 기금을 결합해 국가 부의 약 60%를 별 도로 운용하는 노르웨이의 방식이다. 노르웨이 정부는 이 자금을 공 공 지출 프로젝트나 경기 침체 시 손실을 보전하는 데 사용한다. 60% 라는 비중이 너무 커서 다른 국가들은 발상조차 어려운 스칸디나비 아 모델처럼 보일 수 있지만, 운용 액수가 이에 미치지 못할 뿐 사실 여러 나라에서 시행 중인 제도다.[147] 미국 정치경제학자 가르 알페로 비츠(Gar Alperovitz)는 "일상이 사회주의이고 언제나 미국식"이라고 부르고도 남을 충분한 제도가 미국에 있다고 지적했다.[148] 게다가 미 국에서 이런 프로젝트는 '알래스카' 영구 기금, '텍사스' 영구 학교 기 금 및 영구 대학 기금, '와이오밍' 영구 광물 신탁 기금 등 대부분 공화 당의 '붉은색' 지역에서 시행되고 있다. 미국 전체 전력의 25%를 이 지역 전력회사나 에너지 협동조합이 공급한다는 사실은 더 말할 것 도 없다.[149] 이 같은 '영구' 자금은 주로 석유 추출에 기반을 두고 있으 나, 소비로 인한 퇴화보다 자원의 재생에 초점을 맞춘 친환경 경제를

모든 삶은 충분해야 한다

창출하기 위한 집단적 방법도 있다.[150]

이렇듯 다양한 사회 체계는 나아가 다양한 사회적 상호 작용도 촉진한다. 협력 체제는 더 나은 의사소통, 호의, 도움, 공동 노력, 과제 성취, 질서, 생산성, 합의, 공감, 자존감과 미래의 상호 작용에 대한 기대감을 창출하는 경향이 있다.[151] 이와 더불어 평등주의와 파트너십 중심 체제는 젠더, 인종, 능력 평등을 촉진한다.[152] 이 부분이 중요한데, 20세기 내내 아프리카계 미국인들이 협동조합 설립에 앞장서 왔고 오늘날 뉴욕 같은 도시에 라틴계 가사 노동자들을 위한 좋은 정책이 마련된 것도 이 덕분이다.[153] 이런 사회 체계가 지향하는 바는 모두가 이익을 공유할 수 있는 번잔적인 목표를 위해 모든 사람이 저마다 기꺼이 할 수 있는 일을 하는 데 있다. 이익 자체는 순수하게 경제적 논리에서 함께 일하는 사회적 가치와 모두가 제공할 다양한 형태의 가치로 재정의된다.

더 많은 사람의 참여를 장려하고 보장하는 일터가 지위적 평등과 물질적 평등 모두에서 만족할 만한 결과를 이끌어내며, 생산성과 보람과 목표의식을 높인다는 사실은 이미 여러 번 입증됐다.[154] 일례로 댄 프라이스(Dan Price)가 운영하는 미국 워싱턴 시애틀(Seattle)의 신용카드 결제 시스템 기업 그래비피페이먼츠(Gravity Payments)를 떠올려보자. 2011년의 어느 날이었다. 한 직원이 찾아와 최고경영자 연봉은 100만 달러가 넘는데 직원들은 3만 5,000달러에 불과하다며 불만을 토로했다. 프라이스는 그 말에 처음에는 기분이 상했지만, 급속도로 고급화되고 있는 도시 시애틀에서 직원들이 그 연봉에 맞춰 생활하기란 어려운 일임을 알고 생각을 고쳐먹었다. 그는 비록 자신이 인생을 걸고 고생해서 회사를 세우긴 했어도 결국 기업을 유지해나가는 주체는 직원들이며, 그런 소중한 직원들이 근근이 살아가는데 자기만 풍족하게 사는 건 정당화할 수 없다는 사실을 깨달았다. 그래서 우선 모든 직원의 연봉을 20% 인상했다. 이때까지는 이번 한번만이라고 생각했다. 하지만 1년 뒤 임금 인상이 생산성 향상과 이직률 감소로 이어졌음을 체감하자 절대로 손해 보는 일이 아님을 확신했다.

그렇게 매년 직원들 연봉을 조금씩 올려주다가 2015년에는 아예 최저 연봉 자체를 3년 내로 7만 달러까지 올리겠다고 선언했다. 심리학자이자 행동경제학자 대니얼 카너먼(Daniel Kahneman)이 "인간은 연봉 7만 달러를 받을 때 가장 행복하다"고 주장한 연구 결과를 접하고 난 다음이었다. 정확히는 7만 5,000달러였지만, 어쨌든 프라이스는 카너먼의 생각을 전적으로 받아들였고 2017년 마침내 그 약속을 지켰다. 그뿐만 아니라 자신의 연봉도 삭감해 7만 달러에 맞췄다.[155] 2020년 그는 트위터에 이렇게 포스팅했다.

우리 회사가 2015년 최저 연봉 7만 달러를 시작한 이래:

*사업이 3배 성장했다.

*집을 소유한 직원이 10배 늘었다.

*401(k) 적립금이 2배 늘었다.

*70% 직원이 빚을 모두 갚았다.

모든 삶은 충분해야 한다

*아이를 둔 직원이 10배 급증했다.

*이직률이 절반으로 감소했다.

*76% 직원이 출근하고 있으며, 이는 전국 평균의 2배다.[156]

댄 프라이스 모델은 시애틀에 본사를 둔 더 유명한 기업인 아마존과 극명히 대조된다. 2017년 아마존은 시애틀 본사를 확장해 외곽 지역에 두 번째 사옥인 HQ2를 건설하고자 부지를 물색했다. 시애틀 시민들은 아마존이라는 존재가 가져올 불평등 심화와 젠트리피케이션(gentrification, 낙후한 구도시가 고급화되면서 기존 주민들이 밖으로 밀려나는 현상_옮긴이)을 경고했으나, 후보지로 거론되던 지역들은 아마존이 창출할 일자리와 세수에 대한 기대감으로 흥분했다.[157] 도시들은 앞다퉈 이미 부유할 대로 부유한 아마존에 수십억 달러의 보조금 지원을 약속했다. 엄청난 유치 경쟁 속에서 결국 아마존은 2018년 워싱턴 DC에 인접한 버지니아 알렉산드리아(Alexandria)와 뉴욕 인근 퀸즈의 롱아일랜드시티(Long Island City) 두 곳으로 나눠 프로젝트를 추진한다고 발표했다. 저널리스트 알렉 맥길리스(Alec MacGillis)에 따르면 아마존의 이 같은 행보는 "현대 경제의 승자독식과 부익부(rich-get-richer)를 보여주는 단적인 예"로, 이제 성장과 번영은 "시민의 일상을 좌우하는 거대 기술 기업들의 본거지인 몇몇 도시"에 집중되고 있었다. 맥길리스는 아마존이 발표한 공개 성명을 근거로 그들의 목표는 공동선에 있지 않다고 지적했다.

"어디에도 HQ2가 도움이 필요한 지역 사회를 돕고자 계획한 프로젝트라는 대목은 없다."[158]

이는 뉴욕 빈곤층 사회에 더 크게 다가왔다. 발표가 나오자마자 아마존을 퀸즈에 들여야 할지, 들일 수밖에 없다면 어떤 조건으로 허용해야 하는지 신경전이 펼쳐졌다. 특히 아마존이 노조에 중립적일지(반대하지 않을지)를 두고 우려의 목소리가 커졌는데, 끝내 아마존은 무노조를 고수했다. 이 과정에서 아마존은 협상도 싸움도 하지 않았고, 2019년 시민의 반대를 빌미로 롱아일랜드시티 부지를 그냥 포기했다.[159] 사실 이런 대규모 계획이 추진될 때 지역 공동체에서 반대 여론이 이는 것은 지극히 자연스러운 현상이다. 기업과 지역 당국 그리고 시민 사회가 열린 마음으로 협의해나가는 이치에 맞다. 롱아일랜드시티는 뉴욕에서 가난하기로 손꼽히는 지역이자 코로나19 범유행 당시 가장 크게 피해를 본 엘름허스트(Elmhurst) 인접 도시로, 저임금 필수 노동 종사자들이 많이 살고 있었다. 어찌 됐건 아마존은 가지 않았다. 아마존의 계획 취소로 일자리 창출과 세수 확보 가능성은 사라졌다. 아울러 시애틀이 이미 겪었던 상황과 일찍부터 뉴욕에 만연해 있던 문제, 즉 부동산 가격 폭등과 임금 격차로 인한 불평등 문제도 심화하지 않았다.

충분한 삶의 관점에서 보면 아마존과 퀸즈 이야기에 빠진 부분이 있다. 지역 사회는 아마존처럼 불평등에 관심이 없고 반노조를 고집하는 기업을 당연히 거부할 수 있다. 그러나 그것이 해당 지역의 성장과 발전을 등한시하고 계속 가난하도록 방치할 명분이 될 수는 없다. 우리는 이미 다른 방법을 봤다. 몬드라곤 협동조합이나 프레스

모든 삶은 충분해야 한다

턴·클리블랜드 모델을 그런 지역에 구현하는 방안도 있다. 제프 베이조스가 이웃집 댄 프라이스에게 조언을 얻었다면 아마존 자체가 그런 역할을 할 수도 있었을 것이다. 하지만 관성이 강한 집단적·사회적 사고방식은 언제나 위대한 창업주와 기업가 정신을 대전제로 삼기에, 아마존도 평등주의 사고방식을 가질 수 있다는 발상이나 협동조합으로 변모할 수 있다는 아이디어는 의제에 오르지 못한다.[160] 피터 싱어 같은 선도적인 철학자들이 승자독식 자본주의를 넘어설 대안은 찾을 수 없다고 지레 포기해버리는 까닭도 이 때문이다. 사회이데올로기에 큰 영향을 미치는 거물급 사상가들마저 이러면 경제민주주의와 관련한 여러 시도를 떠올릴 우리의 상상력은 더 흐려진다.

가르 알페로비츠가 주창한 '다원주의적 연방'은 부의 공적 소유와 집단적 소유 그리고 사적 소유의 결합이다.[161] 핵심은 모든 사회 문제를 해결할 완벽한 경제 체제를 만드는 게 아닌 모두의 온전함과 충분함을 도모하는 데 있다. 지난 몇 세기의 경험으로 우리는 프리드리히 하이에크를 비롯한 사상가들의 승자독식 자본주의 체제로는 이를 이룰 수 없다는 교훈을 얻었다. 승자독식 체제는 불평등한 분배를 정당화할 뿐이며 궁극적으로 모두가 혜택을 받으리라는 약속은 결코 실현되지 않는다. 기존 자본주의 체제는 우리에게 경제 성장 원리와 관련해 많은 것을 가르쳐줬지만, 분배에 관한 논리의 전제는 완전히 비논리적이다. 물이 흐르면 마침내 다 채워지리라는 희망으로 한 곳에만 물을 준다고 가정해보자. 아니면 덴마크 사업가이자 부유세 옹호자인 자파르 샬치(Djaffar Shalchi)가 말한 다음과 같은 비유를 생각해보자.

"부는 거름과 같아서, 뿌리면 모든 게 자라고 쌓아두면 악취가 납니다."[162]

물과 거름을 골고루 줘야 하듯이 성장과 분배가 균등해야 논리적으로 타당한 경제 체제라고 할 수 있다. 그리고 그 과정에서 환경을 망가뜨리지 않는다고 보장할 수 있어야 한다. 그렇더라도 인간이 수립한 체제가 완벽할 수는 없으므로 약간의 편차나 누수가 있을 것이다. 어떤 때는 햇빛이 너무 밝을 수도 있고 어떤 때는 물이 부족할 수도 있다. 아무리 애쓴다고 한들 그렇게 된다. 경제민주주의는 절대로 쉽지 않으며 완벽함을 담고 있는 개념도 아니다. 민주사회주의든 사회민주주의든 평등주의를 지향하는 무엇이든 이를 만병통치약으로 보는 관점은 대단한 착각이다.[163] 상호 의존적 인간 본성의 끝없고 복잡한 개인적·관계적·사회적 심리 변화로 나타나는 모든 문제에 완벽하게 대응하는 체제란 존재하지 않는다. 협력 체제는 완성이 아니라 과정이다. 계속 질문을 던지고 답을 찾아갈 뿐이다. 모든 사람이 똑같은 에너지를 쏟지 않더라도 모두가 동등한 몫을 받아야 하는가? 엄격한 위계 구조 없이도 인간관계 갈등을 처리할 수 있는가? 집단적 결정은 다수결로 내려져야 하는가, 아니면 합의를 통한 만장일치로 내려져야 하는가? 합의를 통해야 한다면, 예컨대 가족 돌봄이나 개인 사정으로 합의 과정에 참여하지 못한 사람들을 배제하는 것은 공정한가? 적게 일하고 적게 벌거나 많이 일하고 많이 벌려는 사람들에게는 어떻게 분배해야 하는가? 극심한 경기 불황에도 경제민주주의를

모든 삶은 충분해야 한다

위해 계속 평등을 주장해야 하는가, 아니면 다른 분배 체제를 모색해야 하는가?[164]

인간 협력 행동에 관한 선구적 업적을 남긴 미국 사회심리학자 모턴 도이치(Morton Deutsch)는 세 가지 사회적 요인이 협력을 가능케 한다고 주장했다. 한 노동자가 다른 노동자와 서로 노동을 교환할 수 있는 '대체 가능성(substitutability)', 생각과 감정을 공유하고 점유할 수 있는 '심리적 집중(cathexis)', 집단적 끌림을 이끌어낼 수 있는 '유도성(inducibility)'이 그것이다. 나아가 이 세 가지 요인은 서로 밀고 당기고 채우기도 한다. "대체 가능성이 구성원 저마다 자신이 선호하는 일을 찾게 하고, 심리적 집중이 집단을 이루게 하고, 유도성이 자연스러운 참여"로 이어지게 하는 식이다.[165] 도이치도 협력의 강력한 힘을 믿었을 테지만, 협력으로 무엇을 해결할지는 당연히 말하지 못했다. 우리가 서로 힘을 모아 문제를 찾아내고 함께 노력해나갈 수 있는 협력 체제의 원리를 제시할 따름이었다.

경제민주주의로 나아가려는 까닭은 그러면 모든 문제를 해결할 수 있어서가 아니라, 현재 우리가 직면한 '위대함'의 문제 말고 '충분함'의 문제로 눈을 돌릴 수 있어서다. 칼 폴라니를 따른다고 해서 그의 말처럼 토지, 노동, 화폐라는 '허구적 상품' 시장을 없애면 글로벌 경제의 모든 문제가 해결된다고 기대할 수는 없다. 마틴 루터 킹의 '보장 소득'도, 여러 사람이 주장한 '기본 소득'도, 무척 흥미롭고 근사한 개념이나 현재로서는 실현하기 어렵다.[166] 지금 시점에서는 그 이상도 이하도 아닌 '충분함'으로 시작하는 게 가장 현실적이다. 우리 목표는 모든 사람이 충분한 삶을 사는 충분한 세상을 단계적으로 설계하고 실행해나가는 것이므로 어떤 새로운 경제 체제도 일단 충분하기만 하면 된다. 이름을 무엇으로 부르든 아무런 상관없다. 그런 경제에서 우리는 위대한 소수의 지나친 풍요를 위해 일하는 대신 모두의 엄청난 에너지를 쌓아 올리기 위해 일할 것이다.[167] 그래도 여전히 새로운 경제 체제는 복잡하고, 어렵고, 수많은 실패도 맛보게 해줄 것이다. 자꾸 이를 강조하는 이유는 실패를 두려워하지 않고 얼마든지 실패할 수 있다고 가정해야 앞으로 맞닥뜨릴 어려움에 대비할 수 있기 때문이다.

지위 경제의 한계

나는 이 장 대부분을 모든 사람의 충분한 삶을 보장하는 연결된 세계를 개발할 거시적인 사회 역학을 살피는 데 할애했다. 이를 위해 주로 경제 이론에 집중했다. 그런데 이전 장에서도 언급했듯이 물질적 불평등만이 위대함을 추구하는 사회의 유일한 폐해가 아니다. 그렇다. 지위적 불평등도 있다. 지위적 불평등은 프레드 허쉬가 말한 '지위 경제'의 산물이다. '지위재'는 사치품, 상, 자동차, 주택 같은 유형의 재화는 물론 사회적 위치, 인맥, 연인, 배우자 등 무형의 재화까지 포괄한다. 지위 경제는 비슷한 수준의 물질적 부를 가진 사람들 사이에서도 의식적·무의식적으로 누가 더 좋은 일자리를 얻고, 승진하고, 상을 받고, 관심이나 존경을 받는지 등에 영향을 미치기 때문에 능력주의, 인종 차별, 젠더 차별의 요인이 되기도 한다.[168] 경제민주주의를 달성하는 일은 이와 같은 정체성 영역 전반에 걸친 평등을 향한 지속적인 노력과도 일치해야 한다.

로버트 노직(Robert Nozick) 같은 자유지상주의 철학자들은 물질적 평등에 대한 기대를 불식하기 위해 지위 경제 개념을 이용하기도 했다. 그는 우리가 아무리 부의 엄청난 차이를 없애더라도 "끊임없이 서로 비교하면서 저마다 새로운 힘의 중심이 될 또 다른 방법"을 찾게 될 것이라고 주장했다.[169] 인간의 공격성이나 사회적 불화를 경제적 경쟁보다 성적인 문제로 바라본 지그문트 프로이트도 유사한 맥락에서 물질적 불평등보다 지위적 불평등에 초점을 맞췄다.[170] 어떤 의미에서 보면 이 부분이 내가 이 장을 시작하면서 제기한 문제의 결론이다. 인간관계의 한계를 사회 체제에서 찾듯이, 사회 체제도 인간관계의 비극을 근거로 뒤엎을 수 있다.

《마법 왕국의 빈털터리(Down and Out in the Magic Kingdom)》(2003)의 코리 닥터로우(Cory Doctorow)와 《빼앗긴 자들(The Dispossessed)》(1974)의 어슐러 르 귄(Ursula Le Guin)을 포함한 몇몇 과학소설 작가들도 이 문제를 진지하게 파헤쳤다. 22세기 디즈니랜드(Disneyland)가 배경인 닥터로우의 소설에서 기계화로 결핍과 죽음이 해결된 사람들은 음식과 건강 걱정 없이 다양한 모험을 즐기며 영원토록 살 수 있다. 그러나 지위 경제는 여전히 남아 있어서 명성이나 평판에 기반을 둔 화폐 '우피(whuffie)'가 거래 수단이다. 우피를 더 많이 확보할수록 디즈니랜드에서 더 많은 권력을 누릴 수 있다. 르 귄의 소설은 쌍 둥이 행성 '아나레스(Anares)'와 '우라스(Urras)'가 주요 배경인데, 아나 레스에는 우라스의 경제적 불평등과 차별에 반기를 든 세력이 독립 한 무정부주의(anarchism) 공동체가 자리 잡고 있다. 개인 소유를 폐 지하고 모두가 집단으로 산다. 언어도 다시 만들었다. 계급적이거나 비교 우위적이거나 폭력적인 어휘는 없고 오직 협력이나 나눔과 관 련한 말만 있다. 남녀 이름도 없다. 육아도 공동으로 한다. 하지만 물 질적 불평등을 거의 해소한 아나레스도 지위적 불평등만큼은 없애지 못했다. 오히려 더 심화했다. 전문성, 정확하게는 전문성에 대한 평 판이 권력을 공고히 했다. 물질적 이익은 전혀 없지만, 중요한 결정 을 내릴 권한이 있다는 것만으로도 엄청난 만족감을 느낄 수 있다.

　작가이자 사회학자 피터 프레이즈(Peter Frase)는 《마법 왕국의 빈털 터리》가 물질적 풍요조차도 권력의 문제를 극복하기 어렵다는 사실 을 직관적으로 보여준다고 말한다. 명성이나 평판은 자본과 마찬가 지로 불평등하고 영속적인 방식으로 축적될 수 있다. 사회적으로 인 정받는 사람은 더 큰 관심을 받아 더 큰 일을 할 수 있는 능력을 얻게 된다. 그러나 그는 그렇더라도 새로운 지위 경제가 그저 낡은 물질 경제의 복제에 불과하다는 가정은 오류라고 지적한다. 물질 경제에 서는 돈이라는 단 하나의 가치가 모든 가치를 압도할 위험이 있지만, 적어도 우피의 세계에서는 각각의 가치가 모두 존중을 받을 수 있기 때문이다. 제2장에서 언급한 마이클 왈저의 '영역', 알래스데어 매킨 타이어는 '실천', 마이클 샌델의 '기여적 정의'가 떠오르는 이런 사회

　　　　　　　　　　　　　　모든 삶은 충분해야 한다

를 피터 프레이즈는 이렇게 표현했다.

"계급이 없는 세계가 아니라, 수많은 계급이 있되 그중 어떤 계급도 다른 계급보다 우월하지 않은 것이다."[171]

냉전 시대에 출간된 어슐러 르 귄의 《빼앗긴 자들》의 경우 그 내용을 두고 '미국(우라스) 대 소련(아나레스)' 대치 구도를 은유한 것이라는 해석도 있었으나, 이야기를 조금만 더 들여다보면 이에 해당하는 갈등은 우라스 내의 '에이-이오(A-Io)'와 '츄(Thu)'라는 두 강대국 사이에서 벌어진다는 사실을 알 수 있으며, 아나레스는 우리의 논지에서 물질적 불평등 대신 지위적 불평등이 심화하는 세상임을 인지할 수 있다. 그리고 아나레스가 보여준 한계는 우리가 풀어나가야 할 과제다.

이런 대안적인 비전들은 지위 경제가 물질 경제와 다른 이유를 어느 정도 이해하게 해준다. 그렇지만 프로이트 관점에서 성적 경쟁은 경제적 경쟁만큼 지배적 힘을 갖지는 못한다. 부는 그대로 부를 낳지만, 연인 한 사람이 있다고 해서 다른 연인이 줄줄이 생기거나 세대에 걸쳐 세습되지는 않기 때문이다. 경제적 불평등도 마찬가지다. 더 쉽게 다른 권력 차이를 초래한다. 윌리엄 셰익스피어(William Shakespeare)가 《아테네의 티몬(Timon of Athens)》을 통해 말했듯이 황금은 "검은 것도 희게, 추한 것도 아름답게, 틀린 것도 옳게, 비천한 것도 고귀하게, 늙은 것도 젊게, 소심한 것도 용감하게" 만들고, "저주받은 자에게도 축복을 내리고, 문둥병자도 사랑스럽게 만들고, 도둑들마저 영광스러운 자리에" 앉힌다.[172] 확실히 명성은 영화배우

로널드 레이건과 아널드 슈워제네거(Arnold Schwarzenegger)를 캘리포니아 주지사가 되게 해줬고, 코미디언 앨 프랭큰(Al Franken)이 상원의원이 되는 데도 큰 도움을 줬다. 그래도 어디까지나 그들이 엄청난 부자였기에 가능한 일이었다. 미국 상원의원 절반은 백만장자다.[173]

그래서 십분 양보하더라도 질문은 끝나지 않는다. 사회에서 부가 차지하는 의미가 확연히 줄어든다면 의회가 유명한 사람들로만 채워져도 괜찮을까? 여기서 충분한 삶에 대한 딜레마가 발생한다. 왜냐하면, 거듭 말하지만, 충분함이 비단 물질적인 충분함만을 가리키는 게 아니기 때문이다. 충분한 삶은 우리의 정신적·정서적·사회적 욕구 충족하는 것과도 관련이 있다. 사람에 따라서 이쪽이 훨씬 더 중요할 수도 있다. 더구나 다른 사람들이 우리를 대신해 주권을 행사하고 우리 삶을 바꿀 결정을 내리는 일에 불안감을 느낀다면 결코 충분한 삶일 수 없다.

지위 경제에서의 이런 불균형을 바로잡는 문제는 그동안 물질적 불평등보다 주목을 훨씬 덜 받았다. 그렇기에 이제 시작인 데다 해결책도 아직은 잠정적 단계에 머물러 있겠지만, 나는 오히려 이런 사정으로 더 풍부한 논의를 할 수 있다고 생각한다. 끔찍한 영역에서부터 출발해보자. 앞서 제3장 후반부에 프리모 레비가 묘사한 "흉포한 법"이 시행되던 때다. 레비는 마태복음 한 구절을 인용해 이 법을 설명했다.

"누구든지 있는 사람은 더 받아 넉넉해지고, 없는 사람은 있는 것

모든 삶은 충분해야 한다

마저 빼앗길 것이다.”

레비는 사람들이 인간성을 상실하지 않고 사회가 더 문명화하면 이 법칙이 통하지 않아서 누구도 더 많이 갖거나 더 적게 갖지 않게 되리라고 믿었다. 이후 1986년에 미국 사회학자 로버트 K. 머튼(Robert K. Merton)이 똑같은 구절을 가져와 '마태 효과(Mattew effect)'라는 개념을 창안했다(레비의 인용과는 별개로 보이긴 하지만). 그런데 머튼에게는 흉포한 법이 아니라 사회 체제에서 혜택이 어떤 식으로 한쪽에 쏠리는지 설명해주는 일반적인 원리였다. 그는 노벨상 수상 과학자들의 인터뷰를 분석하고 그들의 업적과 노벨상을 받지 못한 다른 과학자들의 업적을 비교한 끝에 다음과 같은 패턴을 발견했다.

“저명한 과학자들은 과학적 기여에 지나치게 큰 공로를 인정받고, 상대적으로 덜 알려진 과학자들은 비슷한 기여에도 지나치게 작은 공로를 인정받는 경향이 있다.”[174]

나아가 노벨상 수상 이력이 있는 교수와 그 조교가 공동 연구 결과를 논문으로 발표했을 때 설령 조교가 연구를 도맡아 했더라도 연구 책임자인 교수만 보상을 받는 현실도 지적했다. 머튼의 요점은 그래서 부당하다는 게 아니라, 일단 명성을 얻게 되면 눈덩이가 뭉쳐지듯 그쪽으로만 관심이 쏠려 다른 사람들의 공헌은 모호해지더라는 것이었다. 이런 마태 효과를 야박하게 느끼는 사람도 있을 테고 당연하다고 생각하는 사람도 있을 것이다. 어쨌든 레비의 관점과는 인용한 구절만 같을 뿐 완전히 다르다. 말하자면 레비는 가치 판단을 했고 머튼은 사실 판단을 한 셈이다. 한 가지 확실한 건 누구에게는 계속 이익을 주고 누구에게서는 계속 이익을 뺏는 체제를 레비는 분명히 나쁘다고 했으리라는 것이다.

좀 더 일상적인 맥락에서, 환경 문제 개선 아이디어 공모전을 열어 한 사람에게 상을 주는 상황을 생각해보자. 여기에 뽑히면 수백만 달러 연구 지원금을 받게 된다. 엄청나게 많은 사람이 지원할 테지만 우승자는 딱 한 사람이다. 여느 공모전이 다 그렇듯 수많은 지원서 중에서 딱히 눈에 들어오는 아이디어는 별로 없다. 상을 주긴 해야 하니 15개에서 20개를 추린다. 최종 수상작이 될 아이디어를 선정하고자 심사위원회가 열린다. 실제 연구로 이어져야 하는 만큼 아이디어가 아무리 좋아도 현실과 여건이 맞지 않으면 뽑아주기가 어렵다. 고르려다 보니 예전 연구 이력을 안 보려야 안 볼 수가 없다. 결국 하나를 선택한다. 과거 몇 번 공모전에 입상했던 아이디어다. 나중에 밝혀지지만, 당시에도 시작만 하고 더 진행하지 못했던 프로젝트다. 지금 심사위원은 다른 사람들이라 그 일을 알 수 없다. 상과 지원금이 수여되고, 그 큰돈을 받은 사람이 그걸로 뭘 했는지 모르지만 역시나 연구는 감감무소식이다. 한편으로 공모전에서 탈락한 몇몇 사람이 자금 지원을 받지 못한 채 연구를 이어가나 진전을 이루지는 못한다. 획기적인 아이디어가 빛을 보지 못하고 문서로만 남는다. 반면 우리의 우승자는 돈만 받고 실패했지만, 다음번 공모전 지원서를 빛낼 또 하나의 수상 이력이 남는다. 그때도 심사위원들이 '상도 많이 받았으니 이 사람이 잘하겠지' 생각해서 또 상을 준다. 특출난 아이디어도 있고 시원찮은 아이디어도 있겠으나, 명성이 쌓인 사람만 계속

모든 삶은 충분해야 한다

뽑히고 아닌 사람들은 계속 밀린다. 이긴 사람만 계속 이기는 경쟁도 무엇도 아닌 체제에서 더 나은 미래를 열 수도 있었던 아이디어는 사장된다.

다행히 이런 과정에 대응할 몇 가지 명확 방법이 있다. 하나는 지원서에 연구 이력을 나열하지 않도록 하고 추천서도 받지 않는 것이다. 학술지 논문 심사를 제외하면 극히 드문 경우지만, 해당 연구 아이디어에만 집중할 수 있고 프로젝트가 아닌 사람에 대한 편견만 제거하므로 바람직한 방식이라고 할 수 있다. 또 하나는 특히 과학 분야에서 주목받고 있는 이른바 '보조금 복권(grant lottery)'이다. 복권처럼 추첨해서 지원금을 무작위로 할당한다.[175] 물론 신청만 해도 운 좋게 당첨될 수 있는 건 아니다. 연구 타당성을 심사해 통과한 아이디어들에만 적용하며, 골고루 혜택이 돌아가게끔 갖가지 장치를 마련해두고 있다. 멘토링을 운용해 지원받은 연구가 잘 진행되고 있는지 관리할 수도 있고, 인용 횟수를 살피는 '영향력 지수(impact factor)'로 연구 결과를 평가할 수도 있다. 연구의 적절한 품질을 보장하고 마태 효과가 일어나지 않도록 해서 좋은 아이디어가 사장되는 일을 방지한다.[176] 이와 같은 방법들을 통하면 명성에 따른 지위 경제의 위력을 감소시킬 수 있다.

그런데 우리 논지에서 충분한 삶에 더 어울리는 급진적인 선택지는 그냥 똑같이 지원해 마태 효과의 지위 권력을 원천 봉쇄하는 것이다. 과격한 방식 같아도 이 또한 과학계에서 설득력을 얻고 있는데, 아무래도 과학 분야가 보조금 지원 딜레마를 고려하는 사고방식에서 예술이나 인문 분야보다 앞서 있는 듯 보인다.[177] 아마도 과학자들 사이에 가시화한 불만 사항이 더 많아서일 것이다. 예컨대 과학자들을 대상으로 진행한 최근 설문 조사 연구에 따르면 놀랍게도 응답자 97%가 실제 연구보다 연구 제안서를 작성하는 데 훨씬 더 많은 시간을 소비하고 있었다. 그리고 거의 같은 수치인 95%가 체제 변화를 요구했다.[178] 더욱이 연구 자격을 갖춘 모든 사람에게 골고루 자금을 지원해도 협업 프로젝트를 포함한 주요 연구 계획에 투입할 예산에는 영향이 없었다.[179] 그렇다면 굳이 지원 대상을 선별하기 위해 시간과 자원을 허비할 이유가 없다. 과학자들 편에서도 어떻게 될지 모를 제안서에 공을 들이기보다 진짜 연구에 매진하는 게 더 의미 있고 생산적이다. 더 많은 연구 계획을 추진할 수 있다는 것은 두말할 필요도 없다.

우리는 이런 방식이 성취와 관련한 다른 영역에서도 유용하리라고 상상할 수 있다. 일테면 고대 그리스 아테네의 민주주의도 누구를 행정 대표로 삼을지 추첨으로 결정했다. 이 방식은 어느 한 사람이 너무 오랫동안 권력을 쥐지 못하게 했을 뿐 아니라 모든 사람이 효과적으로 통치할 수 있도록 했다. 관심과 역량을 가진 누구에게나 충분한 기회를 보장하고 충분한 선별이 가능한 체제를 마련함으로써 지위 경제에 휘둘리지 않는 민주주의를 만들어나갈 수 있다. 이를 정치에도 그대로 적용하면 유명한 사람, 선동 잘한 사람, 돈 잘 끌어모은 사람 등을 공정하게 '컷오프(cutoff)'함으로써 선출직 관료를 제대로 뽑을 수 있다. 실제로 최근 미국 대법원 판사 선출에서 당파적 이해관계를 제거하는 방안으로 제기되기도 했다.[180]

모든 삶은 충분해야 한다

어떤 이들은 추첨제를 더 광범위하게 활용해야 한다고 주장한다. 미국 법학자이자 정치철학자 알렉산더 게레로(Alexander Guerrero)는 선거 대신 고대 아테네처럼 추첨으로 정치하는 '로토크라시(lottocracy)'를 시행하자고 제안했다.[181] 정치 권력을 엘리트들로 구성된 단일 입법 기관에 몰아주지 말고 무작위로 여러 국민 대표단을 선발해 이들에게 맡기자는 것이다. '열린 민주주의(open democracy)'를 주창한 프랑스·미국 정치학자 엘렌 랑드모어(Hélène Landemore, 영미권에서는 헬렌 랜드모어_옮긴이)가 지적했듯이, 지금의 선거제는 "영향력 높은 사람, 돈 많은 사람, 인맥 넓은 사람, 키 크고 잘생긴 사람, 카리스마 있고 말솜씨 뛰어난 사람"에게 너무 유리하다.[182] 이런 요소들은 더 나은 정책을 만드는 것과는 상관이 없다. 차라리 추첨으로 뽑으면 못생겼든 덜 배웠든 모든 사람에게 공평한 기회가 돌아간다. 사실 근대 계몽사상가들도 선거는 귀족정에 어울리고 추첨은 민주정에 알맞다는 사실을 알고 있었다. 혁명과 전쟁의 소용돌이 속에서 어느 순간 의제에 오르지 못했을 뿐이다. 다만 이런 체제가 제대로 작동하려면 시민 누구나 그리고 언제나 대표성을 충족하도록 일반적인 자질을 보장해야 할 것이다.

랑드모어는 더 많은 참여가 도덕적으로도 좋은 일이라고 강조한다. 그녀는 인도의 주민 자치 '그램 사바(gram sabha)', 브라질의 '국가 공공 정책 콘퍼런스(Conferências Nacionais de Politicas Públicas)', 프랑스의 '국가 대토론회(Grand Débat National)' 등을 추적 연구해 실질적 개선이 이뤄졌음을 찾아냈다. 나아가 그녀의 연구는 모두가 삶에서 자기 목소리를 낼 협력적 방법을 모색해왔거나 식민 지배 등으로 그럴 권리를 박탈당한 세계 지역 공동체들의 오랜 기록도 참조했다. 그 과정에서 기업 조직의 문제 해결 능력을 분석한 수학자 루 홍(Lu Hong)과 사회과학자 스콧 페이지(Scott Page)의 공동 연구에 주목했는데, 이들은 다양한 능력치를 가진 무작위 그룹이 단일 능력치에서 뛰어난 그룹보다 훨씬 더 좋은 성과를 낸다는 사실을 발견했다. 이를 쉽게 설명하고자 랜드모어는 지도 제작을 비유로 들었다. 한 분야에서 최고인 사람들이 가장 먼저 지도를 그려낼 수는 있겠지만, "무심코 지나친 지형에 중요한 자원이 숨어 있음을" 끝까지 깨닫지 못할 수도 있다.[183] 그녀는 무작위로 선발한 여러 부류 사람들을 통한 민주적 방식이 누가 봐도 잘났고 똑똑한 사람들보다 규범적으로나 실질적으로나 더 우월하다는 결론에 이르렀다. 그러면서 대표적 사례로 프랑스 엘리트 관료들이 배기가스를 억제한다는 명목으로 유류세를 인상한 직후 촉발한 '노란 조끼(Yellow Vest)' 운동을 언급했다. 환경오염을 막아야 한다는 대의는 옳았다. 그러나 기껏 생각해낸 게 기름값을 올려 자동차 이용을 줄이겠다는 것이었다. 과연 유일한 방법이었을까? 일터가 집에서 먼 사람들, 직업상 자동차가 꼭 필요한 사람들의 사정은 헤아리지 않아도 되는 걸까?

  교육 분야에 적용한 추첨 기반 모델도 있다. 일찍이 18세기 스위스 바젤대학교에서는 "최대 세 사람을 후보자로 선발한 뒤 추첨을 통해 교수로 임용"했다.[184] 이보다 최근 사례로 2005년 배리 슈워츠가 그의 표현대로 "충분한" 인재 확보 측면에서 대학의 무작위 학생 선발

　　　　　　　　　　　　모든 삶은 충분해야 한다

제도를 제안했다.[185] 마이클 샌델도 이를 강력하게 옹호했다.[186] 물론 이 체제에서도 지원자는 학업이나 교과 외 활동과 관련한 특정 기준을 충족해야 한다. 다만 그 기준은 불평등한 요소나 개인의 특별한 사정을 고려하도록 설계된다. 그리고 내 생각에는 여기에 시민의식과 지적인 열의 등도 들어가야 한다. 그렇게 기준이 만들어지면 그 기준을 충족하는 모든 지원서가 추첨 대상이 된다. 현재도 일류 대학들이 수용 가능한 인원보다 더 많은 우수 인재들이 '좁은 문' 때문에 입시에서 고배를 마신다는 점을 감안하면, "그들을 둔 채 또 어렵고 불확실한 선별 작업을 할 게 아니라 제비뽑기로 합격자를 뽑으면" 누가 되더라도 "충분히 잘할 수 있을 것"이다.[187]

추첨제의 진정한 장점은 충분한 지원자를 더 많이 찾는 데 도움이 될뿐더러 충분한 삶에도 실질적으로 이바지한다는 것이다. 대학 입시에 일정 수준의 능력만 기준으로 삼고 나머지는 무작위로 선별한다면 우리는 고등학교 시절의 건강함을 유지할 수 있다. 적어도 영혼을 탈탈 털어 점수를 채우고 강박적으로 완벽함을 추구하는 대신 친구나 가족과 좋은 시간을 보내는 데 더 많은 시간을 할애할 수 있다. 부모들에게는 아이가 하버드에 들어갈 수 있도록 에이미 추아에게서 영감을 받은 '호랑이 엄마'가 될지 말지를 애초부터 고민하지 않게 해준다. 이 체제는 능력주의적 오만함을 잠재우고 학벌로 인한 지위 권력도 약화할 수 있다. 추첨으로 대학에 들어가는 한 내가 잘나서 합격했다는 속물적인 매력은 설 자리가 없기 때문이다. 반대로 내가 못나서 떨어졌다는 자괴감에 빠질 이유도 없다.

체제 변화만 기다리지 않고 개인 차원에서 할 수 있는 일들도 있다. 오늘날 분야를 막론하고 유명하다는 엘리트들은 기회와 자리를 흡수해 다른 사람들을 밀어내는 경향이 있다. 그러지 말고 생각을 바꿔 사람들을 밀어내기보다 모으는 데 집중할 수 있다. 예를 들어 저명한 교수가 기조연설을 할 때 동료 연구자와 조교들과도 함께 연단에 오를 수 있다. 유명한 음악가가 대중적 인지도가 낮은 다른 음악인들과 함께 무대를 채울 수 있다. 대중은 그와 같은 행동에 더 큰 사회적 지지를 보낼 수 있다. 누군가 책을 한 권 더 썼거나 그림을 한 장 더 그렸다는 데만 주목하기보다 그들이 열심히 활동할 수 있도록 책을 읽고 그림을 감상하는 수많은 독자와 미술 애호가를 떠올릴 수도 있다. 이런 분위기가 일상이 되면 지위 경제의 사다리가 낮아진다. 애써 순위를 매기지 않고 모두의 공로를 인정하는 습관을 들일 수도 있다. 그러다 보면 우승자 한 사람이 아닌 공동 수상이 표준으로 자리 잡을지도 모른다. 오스카상이 정말로 올바른 영화나 인물에게 돌아간다고 생각하는 사람이 있을까? 알려지지 않았다는 이유로 배제된 많은 사람에게 고른 기회가 있으면 좋을 것이다.

공개 경연도 도움이 된다. 나 역시 철학 논평 경연대회에서 우승해 이 책을 쓰게 됐다. 공개 경연은 유명세나 인맥과 상관없이 동등한 기회가 주어지기에 좋다. 물론 내가 떨어졌을 수도 있고, 나보다 더 세상을 위해 필요한 철학적 주제를 제시한 누군가가 책을 쓸 수 있는 기반을 마련했을 수도 있다. 그랬더라도 그 덕분에 세상은 조금이라도 앞으로 나아갈 수 있었을 것이다. 아니면 상만 받고 책은 쓰지 않

모든 삶은 충분해야 한다

앉을 수도 있다. 그런 건 아무도 모른다. 어쨌든 세상에는 기회보다 재능이 늘 더 많고, 가치를 인정받는 것보다 언제나 더 많은 재능이 있기에, 되도록 더 많은 사람이 재능을 펼칠 수 있는 장이 필요하다. 그렇지만 개인적 노력에는 한계가 있다. 전반적인 체제 변화가 있어야 한다.

오래전에 프레드 허쉬가 이미 제안했듯이, 지위 경제를 무력화하는 가장 손쉬운 방법은 승자의 혜택 자체를 없애는 것이다.[188] 더 나은 공립학교가 많이 있다면 사립학교의 이점이 사라진다. 고품질 의료 서비스를 평준화하면 더 많은 돈을 내고 특권을 누릴 여지가 없어진다. 누구나 교대로 1년에 몇 주씩 해변 별장을 이용한다면 비싼 부동산을 구매할 명분이 희미해진다. 일등석을 아예 없애거나 추첨으로 배정할 수도 있고, 더 나아가 비행기 모든 좌석을 똑같이 편안하게 만들 수도 있다. 만약 누군가 "그러면 합리적인 비즈니스 모델을 저해하는 것"이라고 말한다면, "인류가 '비행'이라는 놀라운 업적을 달성하는 건 가능하다고 여기면서도 모든 사람에게 충분한 비행기를 만드는 데 실패하는 건 어떻게 가능하다고 생각하는지" 묻고 싶다. 차이가 없으면 차별도 없다. 차이를 두니 차별이 생기는 것이다. 합리적인 비즈니스 모델이 있는 게 아니라, 비즈니스 모델을 그렇게 만들어놓고 합리적이라고 강요하는 것이다. 차이가 없는 체제는 거의 모든 사람에게 더 좋다. 당연히 그보다 더 좋은 것을 누리고 싶은 사람도 있을 것이다. 엄청나게 비싼 별장을 사고 싶어서 산다는 데 누가 뭐라고 할 수 있을까? 다만 누구라도 마음껏 이용할 수 있는 별장이 곳곳에 많이 있다면, 중앙 정부와 지역 사회가 그런 시설들을 협력해서 운용한다면, 굳이 상대적 박탈감을 느끼지 않아도 된다. 일부 사람들의 주장과 달리 재화를 사회화한다고 해서 개인의 선호가 실종되는 것은 아니다. 오히려 그동안 돈이 없어 박탈당한 수십억 개인의 선호가 이 같은 사회 체계 덕분에 마침내 실현될 수 있는 것이다.

《우리의 합》에서 헤더 맥기는 사회적 지위와 관련한 또 다른 불평등인 인종 차별이 사회 모든 영역에 어떤 방식으로 부정적인 영향을 미치는지 설명한다. 제2장에서 살핀 것처럼 그녀는 어떤 인종이 다른 인종보다 우월하다는 근거 없는 믿음이 어떻게 인종 모두의 이익에 반하는 정책으로 이어졌는지 보여줬다. 한국 경제학자 이우진과 미국 정치경제학자 존 로머(John Roemer)의 공동 연구를 바탕으로 헤더 맥기는 인종 간 위계 구조로 인한 지위 경제가 미국 사회민주주의의 물질적 평등을 뒤엎는 주요 요인이었다고 지적했다.[189] 그녀는 세상이 인종 차별을 극복하면 우리 삶도 제로섬 게임 그 이상이 될 수 있다고 확신한다. 인종을 초월해 함께 협력해서 우리 개인이 할 수 없는 것을 성취한다면 '연대 배당금(solidarity dividend)'이라는 이익이 모두에게 돌아온다는 것이다. 헤더 맥기는 '우리의 일부(some of us)'를 자신의 책 제목 '우리의 합(sum of us)'으로 멋지게 치환하면서 이렇게 결론 짓는다.

"우리 사람들(We the People)의 '우리(we)'는 우리의 '일부(some)'가 아닌 우리의 '합(sum)'일 때 훨씬 더 대단하다. 우리는 우리의 합을 위해 우리보다 더 훌륭해질 수 있다."[190]

모든 삶은 충분해야 한다

여기에 나는 우리의 합이 우리의 세계보다 더 대단하다고 덧붙이고 싶다. 우리의 일부가 위대하다는 보장 대신 우리의 합이 충분하도록 우리가 모두 노력하면 이 세상은 더 나아지고 전세계가 잘 살게 될 것이다.

그러나 이 가운데 어떤 것도 완벽한 해결책은 되지 못한다. 인간이 만들어내는 체제가 완벽할 수도 없다. 분명히 결함과 위험 요소를 내포할 것이기에 항상 경계하고 바로잡고자 애써야 한다. 노직, 프로이트, 닥터로우, 르 귄 같은 사람들의 우려와 경고, 인종과 젠더 차별 등이 쉽게 사라지지 않는 현실을 끊임없이 떠올려야 한다.

우리가 목표로 하는 충분함이란 이런 것이다. 배터리를 다 채우면 오히려 위험하듯이, 그래서 80%를 완충 기준으로 세팅하듯이, 우리의 해결책은 계속해서 수정이 필요하고 수정해도 어느 순간 또 수정해야 한다는 사실을 잊지 말아야 한다. 아무리 충분한 세상이 되더라도 끝까지 만족하지 못할 개인이나 실연의 아픔 등을 경험할 사람들에게는 충분함이 할 수 있는 게 없는 것도 사실이다.

이런 본질적 문제를 해결할 개인적·관계적·사회적 수단은 영원히 존재하지 않을 것이다. 하지만 이것이 애초에 충분함의 핵심이다. 실패에도 감사하는 단단한 마음을 얻고, 존재의 피할 수 없는 번뇌를 다룰 기술을 익히고, 스스로 삶을 의미와 가치와 한계의 연결 고리로 인식하는 법을 배워나가는 것이다.

롤스의 사고 실험

어쩌면 이 시점에서 여러분 중 누군가는 이 책을 덮으려고 할지도 모르겠다. 지금까지는 여러분도 여러분의 삶과 주변 사람들의 가치를 돌아보며 내 생각에 동의한다고 고개를 끄덕여왔지만, 계속 읽다 보니 내가 너무 멀리 갔다는 생각이 들었을 수도 있다. 그저 모든 일에 만족하고 체념하는 삶, 노력과 창조의 동기가 전혀 없는 아주 불쾌한 평범함 그 자체로서의 세계가 떠올랐을 수도 있겠다. 아마도 만약 여러분이 그동안 위대함 추구 성향이 강했던 사람이라면 되레 힘들게 쌓아온 것마저 빼앗아가는 세상을 상상했을 것이다.

이 책은 아직 끝나지 않았고, 당연히 나도 그런 게 사실이라고 여기지 않으므로, 그렇게 주장할 생각도 없다. 내가 볼 때 그런 생각이 드는 까닭은 잊을 만하면 내가 자꾸 실패, 좌절, 고난, 고통 같은 부정적인 낱말을 거론해서다. 확실히 충분함이란 그런 개념이지만, 여러분이 내 이야기의 맥락을 이해하기를 바라지만, 그런데도 여전히 그 부분이 마음에 걸린다면 나로서는 그래도 이제 곧 마지막 장이니 부디 이 여정을 끝까지 함께하자고 이번에는 여러분의 감정에 호소할 수밖에 없다.

정말로 나는 믿는다. 나는 위대함을 추구해온 지금의 사회가 잠재력을 발견하고 발휘할 수 있는 사람들을 배제함으로써 인류의 현재와 미래에 치유할 수 없는 상처를 입히고 있다고 믿는다. 나는 충분한 삶이 현재 과소평가된 수많은 사람의 에너지를 해방하리라고 믿

모든 삶은 충분해야 한다

는다. 나는 사실에 근거해 합리적이고 논리적으로 헤아리면 마침내 모두가 이 결론에 도달하리라고 굳게 믿는다.

그럼에도 불구하고 충분한 삶이 성에 차지 않을 수 있다. 추첨제까지만 마음에 들 수도 있다. 그나마 현재로서는 가장 현실적인 대안이니까. 사실 우리가 사는 현재 세계 자체가 실제로 복권이다. 여러분의 재능과 성실함에 운만 따라준다면 승자독식의 상을 받을 수도 있다. 그렇지만 내가 이야기하는 충분한 세상에서 여러분은 모든 것을 혼자 갖지 못하는 대신 공정한 몫을 확실히 얻을 수 있다.

여기서 한평생 '정의'만을 파고든 미국 정치철학자 존 롤스(John Rawls)가 역저 《정의론(A Theory of Justice)》(1971)에서 수행한 사고 실험을 재현해보자.[191] 여러분이 위대함을 추구하는 세상과 충분함을 추구하는 세상 중 한 곳을 선택해야 하는 갈림길에 서 있고, 선택한 세상에서 여러분의 사회적 계급이 어디로 귀결될지 모른다고 상상해보자. 여러분이 어떻게 살든 무엇을 하든 결국 무작위 우연이 여러분 삶을 꼭대기나 밑바닥으로 이끈다는 사실을 알 때, 여러분이 정말로 살고 싶은 세상은 어디인가?

상황을 좀 더 구체적으로 만들어보자. 실제로 지금 여러분이 사회 피라미드 맨 꼭대기 계층에 앉아 있는 행운의 승자라고 생각해보자. 여러분은 집, 음식, 교육, 의료, 오락, 여가 등에서 최상의 혜택을 누리고 있다. 그러던 어느 날 여러분은 문득 하이킹 여행을 떠나고 싶어졌다. 그래서 호화로운 도시 생활을 잠시 잊은 채 친구들과 경치 좋은 자연에서 캠핑하며 맛 좋은 음식을 먹고 한껏 쉬었다.

그렇게 며칠을 보내고 있는데 갑자기 심장 마비가 왔다. 깜짝 놀란 친구들이 급히 응급실로 데려가려 했으나 아무리 찾아봐도 이렇다 할 병원이 없다. 최고 수준의 종합병원은 모두 도시에 있고 지금 있는 시골에는 아무런 의료 시설이 없다. 정부에서 시장성이 없다는 이유로 자금을 삭감해 문을 닫은 지 오래란다.

여러분은 필요하지 않을 때는 최고의 의료 서비스를 받을 수 있고 필요할 때는 받을 수 없는 세상에서 살고 싶은가, 아니면 언제 어디서나 모두에게 충분한 의료 서비스를 보장하는 세상에서 살고 싶은가? 심장 마비로 쓰러진 게 여러분이 아니더라도 그 사람이 여러분의 연인, 자녀, 친구, 사촌이라고, 하다못해 여러분과 만난 적은 없으나 운이 달랐더라면 여러분 같은 삶을 살았을 누군가라고 가정해보자. 그래도 여전히 최고가 될 기회를 위해 여러분 인생을 걸고 싶은가?

프리드리히 하이에크의 주장처럼 그건 선택의 문제가 아니라 본성의 문제라고 말할 수도 있을 것이다. 사람들은 본성에 따라 자연스럽게 피라미드 꼭대기를 찾아 나설 테고, 폭정으로 강제하지 않는 이상 이를 막을 수는 없을 것이다. 몇 번을 말했듯이 나도 더 높은 위치로 오르고자 하는 인간 본성을 부인하지는 않는다. 거기에만 집착하지 말자는 얘기다. 다른 선택지도 분명히 있다. 우리를 파괴할 수도 있는 목표에 굴복하지 않은 채 서로 일으켜 세우고 포용하는 방향으로 살 수도 있다.

그리고 이와 같은 충분한 삶과 충분한 세상은 비단 인류에게만 좋은 게 아니다. 더욱이 인류만으로도 안 된다. 우리 삶의 터전인 이 지

모든 삶은 충분해야 한다

구 자체도 충분해야 한다. 이제 다음 마지막 장에서 나는 이 논지를 끝까지 확장해 충분함이 우리와 우리 미래 세대는 물론 모든 생명체가 번영해야 할 우리 지구를 위해서도 필요하다고 주장할 것이다.

제5장

우리 지구를 위하여

지금까지 논의를 이어오면서 나는 개인적·관계적·사회적 삶에서 위대함을 추구하는 것은 자멸적인 일이라고 주장했다. 그런 목표는 절대로 달성되지 않을뿐더러 그 과정에서 우리가 할 수 있었던 여러 의미 있고 가치 있는 경험들만 파괴될 뿐이다. 이에 나는 이제부터라도 그동안 잊고 있던 경험에 다시 집중하고 설사 불완전하더라도 모두의 온전함과 충분함을 목표로 삼는 세상을 함께 만들어가자고 제안했다. 그 과정은 단계가 있고 각 단계는 다음 단계로 연결된다. 개인적 단계(우리 자신)에서 대인적 단계(우리 관계)와 사회적 단계(우리 세계)로 나아가고 충분함이 각 단계에서 의미하는 바를 구체화함으로써 충분한 삶을 구현해갈 역량이 강화된다. 이 모든 단계는 최종 단계인 지구적 단계(우리 지구)를 향하므로 전부 필요하다. 오늘날 충분한 삶을 받아들여야 할 가장 큰 이유는 우리 삶의 터전인 지구가 매우 위험하기 때문이다. 위대함을 추구하는 세계관은 인간과 모든 생명체의 존속을 위협할 만큼 우리 행성을 파괴하고 있다.

그런데 이 거대한 문제를 다루려면 우리가 인간 본성을 어떻게 바라보는지부터 살펴야 한다. 왜냐하면 위대함을 비판할 때 가장 흔히 접하게 되는 반응이 "우리 본성이 그런 걸 어쩌겠는가?"이기 때문이다. 인간의 DNA가 원래 그래서 무슨 일이 있어도 피라미드 꼭대기에 오르려는 진화 과정에 이끌린다는 논리다. 비록 모두에게 위대함 DNA가 있는 건 아니더라도 위대해질 수 있는 일부 인간, 즉 천생 리더나 알파나 영웅들은 분명히 그렇다고들 말한다. 다분히 인종 차별적인 관점에서 위대함이 특정 인종이나 문화의 운명이라고 주장하는 사람들도 있다. 나는 여러분이 이 마지막 관점부터는 결코 동의하지 않으리라고 믿기에 더 언급하지는 않겠다. 반대로 우리가 위대함을 추구하기 위해 태어난 게 아니라고 주장할 근거를 제시하는 데 집중할 것이다.

위대함을 추구할 수밖에 없다는 신경과학적 가정을 넘어서는 일은 상당히 중요하다. 그렇지 않으면 심정적으로는 우리의 충분한 삶을 실현할 온전하고 충분한 자연을 보전하는 게 옳다고 여기면서도, 본성상 위대함을 추구하려는 인간이라서 어쩔 수 없이 자연을 착취하고 훼손할 수밖에 없다는 자기합리화 늪에 빠지기 때문이다.

기후 변화가 가져온 재앙적 문제를 어떻게 충분함으로 대응할 수 있느냐고 반문할 수도 있다. '충분함'을 '그럭저럭', '적어도' 같은 구어적 의미로 생각하면 맞는 말이다. 나도 기후 재앙을 저지할 간단한 방법들이 있었으면 좋겠다. 플라스틱 사용을 줄이고, 비행기를 덜 띄우고, 전기차나 수소차를 타고, 집집이 태양광 전지판을 달고, 나무를 더 심는 것만으로도 충분하기를 바란다. 그러나 그 모든 노력도 좋은 일이긴 하나 그것만으로는 충분하지 않다. 사실 이미 너무 늦었다. 《2050 거주불능 지구(The Unhabitable Earth)》(2019)의 저자인 미국 저널리스트 데이비드 월리스 웰스(David Wallace-Wells)는 단호한 어조로 이렇게 말했다.

"우리는 인간이라는 동물이 어느 지점까지 견딜지 확신도 계획도 없는 도박이라도 하듯 애초에 인간이 진화할 수 있었던 환경적인 조건을 벗어던졌다."[1]

물론 여전히 우리는 이 지구에서 계속 살아가겠지만, 2019년 세계기상기구(WMO)의 기후 변화 보고서에 따르면 "파리 기후 협약 때 요구된 섭씨 1.5도 목표나 2도 목표를 달성하기 위한 궤도에서 크게 이탈"했다.[2] 이미 지구 평균 온도는 1.1도 상승했고 그 결과 수백만 명의 기후 난민, 자연 생태계의 대량 멸종, 예측 불가능한 기상 이변, 수십억 달러의 재산 피해가 발생했다.[3]

그리고 여기서도 인종 차별, 계급주의, 식민주의 역사가 이런 고통의 분배마저도 불평등하게 만들었다는 사실이 드러났다. 물질적 풍요가 기후 변화에 미치는 영향을 연구한 논문에 따르면 전세계 상위 10% 소득자들이 지구 환경에 25~43% 영향을 미치고 있었으며, 하

모든 삶은 충분해야 한다

위 10%가 미치는 영향은 고작 3~5%였다.[4] 그런데 정작 기후 변화로 가장 큰 피해를 보는 이들은 가난한 나라 사람들이다. 집, 생계, 생명 손실뿐 아니라 외채 상환 문제도 갈수록 심각해지고 있다. 부유한 나라들이 가난한 나라들에서 가치 있는 자원을 추출해가고 그 때문에 환경이 파괴돼 대홍수 같은 재해가 일어나는데도 빌려준 돈에 대한 이자만 계속 요구하고 있다.[5]

오늘날 이런 위기 상황은 1980년대 아프리카계 미국 민권 운동가 벤저민 차비스(Benjamin Chavis Jr.) 목사가 '인종 차별적 환경 정책'을 비판할 때부터 예견된 일이었다. 그동안 서구 세계는 폐수 처리장, 쓰레기 매립지, 화력 발전소 등 환경 문제를 일으키는 주요 시설을 소외된 공동체가 거주하는 곳들에 떠넘기며 불평등을 제도적으로 악용해왔다.[6] 환경 개선 운동에 앞장서는 유색 인종과 빈곤층이 언론 기사에 자주 노출되는 것도 이 때문이다.[7] 실제로 미국인 가운데 백인은 25%만 기후 변화 위기를 인지하는 데 반해, 흑인은 그 숫자가 두 배고 라틴계는 거의 세 배에 달한다.[8]

그래서인지 기후 재앙이라는 전례 없는 상황을 극복하기 위해서라도 위대함에 의지하는 게 더 논리적으로 느껴지기도 한다. 어떤 이들은 세상에서 가장 똑똑한 사람들에게 이 문제를 맡겨서 최대한 보상을 받게끔 하면 그들이 새로운 친환경 에너지 등을 개발할 테고, 그러면 우리 모두에게 이익이 될 거라고 믿는다. 또 어떤 이들은 위대한 리더를 찾아 능력을 펼치게 하면 대중이 나서야 할 일은 없다고 믿는다. 이해할 수 있는 믿음이다. 기후 재앙에 대한 현재 대응이 너무 굼떠서 더 신속한 변화가 필요하다는 사실을 고려하면 뛰어난 실행자에게 어느 정도는 의존해야 한다. 하지만 절대로 잊어서는 안 된다. 위대한 소수에게 의존할 때의 문제는 언제나 그렇듯 충분히 많은 다수의 에너지와 능력을 배제한다는 것이다. 통제할 수 없는 체제에 점점 의존하게 되고, 점점 더 불안해지며, 세상에 긍정적 영향을 미칠 힘을 포기하게 된다. 아울러 탐욕스럽고 권력에 굶주린 냉소주의자들을 양산해 그동안 부지런히 온당한 정책을 추진해온 사람들을 밀어낸 뒤 엘리트들의 싸움판을 펼쳐놓게 된다. 위대함을 추구하면 이런 일이 반복될 뿐이다.

이른바 '좋은 엘리트들'이 이겨서 친환경 에너지 기술 개발에 성공하더라도, 그들의 의도와 상관없이 그 기술의 경제적 이익을 둘러싼 수많은 분열이 생겨난다. 최근 20명 이상의 전문가가 참여한 연구 결과에 따르면 '탈탄소(decarbonize)' 경제를 구축할 글로벌 모델은 생각처럼 엄청나게 새로운 기술을 필요로 하지 않는다. 연구팀은 획기적인 기술 변화에만 집착하면 정작 절실히 요구되는 것들, 즉 낭비적 소비를 줄인다거나 이미 존재해온 '녹색 기술(green technology)'로 전환할 정치적 의지 같은 중요한 사실을 망각하게 된다고 지적한다.[9] 있는 것들부터 제대로 챙기자는 의미다. 녹색 경제가 특정 기술 기업가들 배만 불리는 게 아니라 모두에게 충분히 좋은 삶을 선사할 수 있다는 홍보도 필요하다. 그래야 더 많은 사람이 대의에 동참하도록 설득할 수 있다.

우리의 구원을 위해 위대한 리더와 혁신가에게만 초점을 맞추는

모든 삶은 충분해야 한다

것은 지금의 상황을 초래한 위대함 이데올로기에 면죄부를 던져주는 셈이기도 하다. 몇몇 철학자와 역사가들이 이 사실을 파고든 바 있다. 예를 들어 독일 철학자 테오도르 아도르노(Theodor Adorno)와 막스 호르크하이머(Max Horkheimer)는《계몽의 변증법(Dialektik der Aufklärung)》(1944)에서 자연을 지배할 수 있다는 인간의 오만한 믿음이 인간도 서로 지배할 수 있다는 믿음을 초래했다고 주장했다.[10] 1967년 미국 역사가 린 화이트(Lynn White Jr.) 또한 '자연을 지배하는 인간'이라는 성서적 사고방식이 현대의 생태적 위기를 가져왔다고 분석했다.[11] 최근 몇 년 동안 심리학, 사회학, 생태학을 교차 연구한 학자들도 기후 변화에 대한 무관심과 '사회 지배 지향성(social dominance orientation)' 사이의 놀라운 유사성을 발견했다. 사회 지배 지향성이란 사회 계급을 선호하고 낮은 지위 사람들을 차별하는 성향을 말하는데, 사회에 위계 구조와 불평등이 있어야 한다고 믿는 정도를 나타내는 척도다. 인간 사회에 계급이 있어야 한다고 여기는 사람일수록 기후 변화에 둔감한 경향이 있다는 것이다.

확실히 위계라는 개념과 자연에 대한 지배라는 개념 사이에는 상관관계가 있다. 타인을 지배하는 지위에 있거나 지배해야 한다는 의식을 공공연히 표현하는 사람들은 자연 역시 통제하고 제압할 수 있다고 믿는 경향이 있다. 헤더 맥기를 비롯한 여러 사람은 또 다른 해석을 제시한다. 그런 경향이 단순한 지배의식을 넘어 보호받아 마땅한 사람들, 다시 말해 위계 구조 최상층에 있는 사람들은 기후 변화의 영향에서 벗어날 수 있다는 믿음에 근거한다는 주장이다.[12] 어떤 측면에서는 그럴 것 같다. 할 수 있는 모든 수단을 동원해 자신들을 보호할 수 있을 테니까. 그러나 헤더 맥기의 표현처럼 그들에게도 한계가 있다. 우리 모두 "같은 하늘 아래에서" 살고 있기 때문이다.[13] 해마다 일어나는 홍수와 화재가 보여주듯 그 누구도 기후 변화의 재앙으로부터 안전할 수 없다. 모두의 충분함이 일부의 위대함보다 나은 것이다.

누군가는 아직 인류의 지배력과 통제력이 낮은 수준이라서 그렇다고 반박할 수도 있다. 인간도 위대하고 자연도 위대하기에 그 위대함이 합쳐지면 언젠가 위대한 세상이 탄생하리라고, 그때까지는 계속 밀어붙일 수밖에 없다고 말이다. 이 논리로 보면 우리는 시시포스(Sisyphos) 신화에서처럼 가파른 언덕 위로 거대한 바위를 밀어 올리는 존재다. 포기하는 순간 바위는 아래로 굴러떨어지고 지금껏 이룬 모든 발전은 물거품이 될 것이다.

현대 인류가 이를 믿고 싶어 한 최초의 존재들은 아니다. 5세기 무렵 오세아니아 동쪽 폴리네시아(Polynesia) 지역을 탐험한 사람들이 갖가지 동식물로 가득하고 토양이 비옥한 섬 '라파누이(Rapa Nui)'를 발견하고는 그곳에 정착했다. 라파누이는 8세기 동안 번영을 이루며 인구도 1만 명에 이르렀다. 그런데 어떤 이유에서인지(아마도 위대한 뭔가를 기리기 위해) 바위를 쪼아 '모아이(Moai)'라는 조각상을 만들기 시작했다. 높이 9미터에 무게가 80톤에 달하는 거대한 석상이었다. 그들은 섬의 풍부한 숲을 베어내 중앙 채석장에서 가장자리 언덕까지 조각상을 운반할 복잡한 운송 체계를 구축했다. 해가 갈수록 점점

모든 삶은 충분해야 한다

더 많은 나무를 베어냈다.

그렇게 숲은 사라지고 베어낸 나무 사이로 배고픈 쥐만 돌아다녔다. 1722년 부활절에 네덜란드 야코프 로헤베인(Jacob Roggeveen) 탐험대 선박이 그곳에 도착했을 때, 그들은 황무지에 사는 수백 명의 깡마른 사람들을 발견했다. 부활절에 발견했다고 해서 그때부터 그곳은 '이스터(Easter)' 섬으로 불렸다.[14] 이 이야기를 소개한 캐나다 역사가이자 인류학자 로널드 라이트(Ronald Wright)는 이런 종류의 역사를 '진보의 덫(progress trap)'이라고 말한다.

"진보는 이성 너머 재앙을 부르는 내적 논리에 빠질 수 있다. 유혹적인 성공의 자취는 덫으로 끝나곤 한다."[15]

라이트와 여러 학자가 지적했듯이 라파누이의 놀라운 점은 그들이 진보의 덫에 걸렸다는 사실을 알았을지도 모른다는 데 있다. 조그마한 섬이라 마지막 나무가 쓰러지는 모습도 봤을 것이다. 그런데도 그들은 끝까지 강행했다. 선조들이나 위대한 어떤 존재를 기리는 게 숲을 지키는 일보다 더 중요하다는 신념 체계가 있었을 것이다. 아니면 쥐가 얼마나 빨리 나무 밑동을 갉아 먹는지도 알지 못했고, 마지막 나무를 베고 있다는 사실조차 몰랐을 수도 있다. 오늘날 아마존 열대우림 지역처럼 생태계가 조금씩 망가지다가 어느 순간 갑작스러운 '티핑 포인트(tipping point)'로 허물어졌는지도 모를 일이다.[16] 그래도 섬의 파괴를 독점하는 강력한 계급을 빼면 모두가 무슨 일이 일어나고 있는지 알고 있었을 것이다. 어느 것 하나 확실하진 않지만, 끔찍한 결과로 귀결됐다는 사실만큼은 분명하다. 언덕 꼭대기로 바위를 밀어 올리는 마지막 순간에는 그동안 우리 생명을 간신히 지탱해준 땅에 무슨 짓을 했는지 보게 될 것이다.

두 마리 유인원

초기 인류의 삶이 어땠을지 두 가지 상반된 설명이 있다. 한쪽은 더럽고, 잔인하고, 짧았다고 말한다. 폭력으로 점철됐고, 법은 없었으며, 지긋지긋한 질병이 있었다. 다른 한쪽의 설명은 목가적이다. 사람들은 자연과 더불어 조화롭게 살았다. 수명은 짧았지만 사는 내내 평화롭고 즐거웠다. 17세기 철학자 토머스 홉스(Thomas Hobbes)가 설명한 전자에 공감한다면 이후 수천 년은 법과 의학 그리고 문명을 확립해나간 진보의 시간이었다고 여길 것이다. 현재에도 보이는 일부 특징이 아무리 불쾌하고 불평등해도 과거에 비하면 훨씬 나아졌기에, 인류가 여기까지 오게 된 모든 과정을 인정해야 한다는 관점이다. 캐나다 심리학자이자 인지과학자 스티븐 핑커(Steven Pinker)가 오늘날 이 세계관을 대표하는 인물이다.[17] 반면 18세기 철학자 장 자크 루소의 후자에 공감한다면 진보가 피상적으로 느껴질 것이다. 우리가 더 건강해지고 더 오래 살게 된 건 맞지만, 전쟁과 분노는 가라앉지 않고 있는 데다 근본적으로 고상했던 인간 본성을 잊고 살기 때문이다. 오늘날에는 네덜란드 역사가이자 저널리스트 뤼트허르 브레흐만(Rutger Bregman)의 세계관이 대표적이라고 할 수 있다.[18]

모든 삶은 충분해야 한다

하지만 두 설명 중 어느 쪽도 정확하지는 않다. 제1장에서 언급했듯이 초기 인류의 삶이 행복과 여유로 가득했다는 많은 증거가 있다. 반대로 수많은 전쟁과 폭력과 불안도 있었을 것이다. '홉스 대 루소' 구도로만 인간을 바라보면 우리의 경험상 관대함과 잔인함 두 가지 본성이 모두 있는데도 인류를 그저 선하거나 악하다는 이분법적 세계관으로 보게 된다. 이 부분을 제대로 파악한 사상가가 그들 모두를 계승했다고 할 수 있는 독일 철학자 임마누엘 칸트(Immanuel Kant)였다. 그는 인간 본성을 정의하는 요소는 선도 악도 아닌 어떤 방식으로든 행동할 수 있는 '자율적 선택의 힘'이라고 주장했다. 칸트에게 이 선택은 반드시 '도덕적'이어야 했고, 자율도 우리가 선천적으로 자유롭다는 뜻이 아니라 '도덕률', 즉 우리의 행위가 우리 자신은 물론 모든 사람에게 옳을 때 정당화되는 자유를 의미했다.[19] 나는 칸트의 철학에 전적으로 동의하지는 않지만, 여기서 그의 기본적인 개념은 옳다고 생각한다. 우리는 선하거나 악한 존재로 살 게 아니라 경쟁적인 충동을 돌아보고 헤아릴 줄 아는 존재로 살아야 한다. 관대함과 잔인함을 모두 가진 존재인 우리는 어느 쪽도 극단에 치우치지 않도록 우리 자신과 세계를 다시 만들어나갈 수 있다.[20] 우리의 본성은 우리가 더 나아질 수 있는 자원을 제공함과 동시에 우리 스스로 파괴할 씨앗도 품고 있다. 우리는 완전히 선하지도 악하지도 않고, 위대하지도 비천하지도 않지만, 충분히 선하다고는 할 수 있다.

프랑스 영장류학자 프랑스 드 발(Frans de Waal)은《내 안의 유인원(Our Inner Ape)》(2005)에서 우리가 이렇듯 다양한 잠재력을 가졌다는 추가적인 증거를 제공했다. 그에 따르면 인간으로서 우리를 구성하는 것 중 일부는 '침팬지(chimpanzee)'에서 유래한 유전적 유산이다. 인간과 가장 유전자 구조가 비슷한 침팬지 사회에는 수컷 중심의 권력과 지위로 구축된 강력한 위계가 있다. 홉스주의자라면 더는 논의를 이어가지 않고 "따라서 인간은 내면의 폭력과 권력 추구에서 결코 벗어날 수 없다"고 결론 내렸겠지만, 프란스 드 발은 계속해서 "그런데 우리는 내면에 한 마리가 아니라 두 마리 유인원을 갖는 행운을 누리고 있다"고 설명한다. 인간은 침팬지만큼이나 많은 유전자를 보노보(bonobo)와도 공유하고 있다는 것이다. 보노보는 모계적이고 협동적이며 우호적인 유인원이다. 결국 우리 내면에는 권력을 즐기는 침팬지와 평화를 사랑하는 보노보가 함께 살고 있다. 드 발은 이렇게 말했다.

"그러므로 우리는 지난 25년 동안 생물학에서 들었던 것보다 훨씬 더 복잡한 우리 자신의 이미지를 만들 수 있다."[21]

나아가 그는 우리가 "가장 비천한 것에서부터 가장 고귀한 것까지 광범위한 성향"을 갖추고 있다고 덧붙였다.[22] 개인과 종으로서 우리가 어떤 존재인지는 본성으로 결정되는 게 아니다. 우리가 누구였고 누가 될 수 있으며 어떻게 될 수 있는지 그 과정을 성찰하고, 그에 대응하는 사회를 어떻게 구축해나가느냐에 따라 결정되는 것이다.

인지과학 분야의 최근 연구도 우리가 누구이고 누구일 수 있는지 보여주는 복잡한 이미지를 더욱 강조한다. 누군가가 누군가보다 더 야심적이거나, 더 게으르거나, 더 관대하거나, 더 인색한 성향을 타

모든 삶은 충분해야 한다

고날 수 있다는 것도 확실히 사실이지만, 우리가 어떤 사람이 되는지 인지과학자들이 '인지생태(cognitive ecology)'라고 부르는 것, 즉 우리의 사고방식이 상징적이고 문화적이고 생태적인 요인과 불가분의 관계에 있다는 것도 똑같이 사실이다.[23] 인지생태학 모델은 한때 표준으로 자리 잡았던 우리 뇌의 '표상과 계산' 모델에 저항한다. 그동안은 뇌를 일종의 컴퓨터로 보고 정보 처리 및 분배 기능에만 초점을 맞췄다. 이에 반해 인지생태학 모델은 뇌를 '체화되는(embodied)', '내장되는(embedded)', '확장되는(extended)', '실행되는(enacted)' 이른바 '4E' 인지 기관으로 규정하는 인지과학과 궤를 함께한다. 이 모델에 따르면 우리는 뇌, 즉 마음을 그 자체로는 이해할 수 없으며 오직 우리 몸과 자연 생태계와의 상호 작용적 관계로만 이해할 수 있다.[24] 이런 까닭에 우리는 충분함을 쉽게 인식하지 못한다. 인지 과정에 너무 많은 층이 있기 때문이다. 그렇지만 오히려 그래서 충분한 삶에 더 다가설 수 있다. 우리 뇌는 특정 DNA나 신경세포에 규정되지 않은 채 언제나 불확정적이고 역동적이며 늘 진행 중인 과정에 있으므로, 위대함이나 위계가 우리 본성의 일부를 차지한다고 해서 굳이 두려워하거나 털어버리려고 애쓰지 않아도 된다. 우리 운명을 좌우하는 요소가 아니라 갖가지 가능성을 담고 있는 범위 중 하나일 뿐이다.

이는 앞서 제4장에서 논의한 문제와도 연결된다. 애덤 스미스와 프리드리히 하이에크가 위대함을 놓지 못한 이유 중 하나는 "있는 그대로의 인간", 달리 말해 인간은 본래 그런 존재라는 생각 때문이었다.[25] 그들의 논리를 따른다면 우리는 모두가 온전하고 충분한 세상을 꿈꿀 수는 있어도 그런 세상을 만들지는 못한다. 보수 성향의 미국 정치철학자 토머스 소웰(Thomas Sowell)은 인간 존재를 바라보는 양분화한 관점이 보수주의와 진보주의 사이의 이데올로기적 분열이라고 주장하면서, 이 분열을 '제약적' 비전과 '무제약적' 비전의 충돌이라고 표현했다. 스미스와 하이에크처럼 '제약적' 비전을 제시한 사상가들은 일반적으로 작동하는 체제를 만들어 우리의 결점을 보완하려는 경향이 있다. 루소나 마르크스 같은 '무제약적' 비전을 내세운 사상가들은 완전한 정의가 통치할 수 있도록 우리의 모습을 혁신하려고 한다. 소웰은 양자 사이의 결정적 차이점이 "인간의 내재적 한계를 비전의 핵심 요소로 포함하는지"에 있다고 설명했다.[26] 그의 이 개념은 지금도 상당한 파급력을 갖고 있다. 〈뉴욕타임스〉 칼럼니스트 데이비드 브룩스(David Brooks)와 같은 온건한 보수주의자들도 정책을 제안할 때 이 용어를 즐겨 사용하곤 한다. 브룩스는 미국의 팁(tip) 관행을 옹호하면서 다음과 같이 썼다.

"무제약적 비전에서 당신은 이렇게 묻는다. 해결책은 무엇인가? 제약적 비전에서 당신은 이렇게 묻는다. 우리가 실제로 달성할 수 있는 가장 좋은 절충안과 개혁안은 무엇인가? 제약적 비전이 더 현명하다."[27]

나도 여러 측면에서 충분한 삶이란 현실에 대해 어느 정도 제약적 비전을 갖는 것과 관련이 있다고 생각한다. 모든 문제에 완벽한 해결책이 있다고 여기지 않으며, 한계를 인식하는 것도 지혜로운 태도라고 믿는다. 그러나 내가 우려하는 점은 이처럼 보수적 사고방식에 기

모든 삶은 충분해야 한다

반을 둔 제약적 비전과 무제약적 비전에 대한 정의가 인간 본성 문제를 오해하게 만든다는 것이다. 그들은 인간 존재가 특정한 방식으로 살아가기 때문에 거기에 맞는 정책을 만들어야 한다고 말한다. 이것이 스미스와 하이에크가 반대한다고 주장했던 그 권력 집중을 그들이 결국 지지하게 된 요인이었다. 하지만 우리가 살폈듯 인간 본성은 매우 유연하기에 이 대목에서 올바른 질문은 제약적이거나 무제약적이거나가 아니라 "우리 내면의 어떤 부분에 어느 정도의 제약을 가해야 하는가?"여야 한다. 한쪽은 위계와 지위를 추구하고 한쪽은 협력과 평등을 지향하는 우리 내면의 두 마리 유인원이 있다면, 제약적(위대함) 비전은 후자를 제약하고 무제약적(충분함) 비전은 전자를 제약한다. 물론 두 비전 모두 완전한 제약은 아니다. 위대한 세상에도 협력과 평등이 존재하지만 그렇지 않은 경우보다 적을 뿐이며, 충분한 세상에도 위계와 지위가 존재하지만 지금 우리 세상보다는 훨씬 적은 것이다. 그렇기에 보수주의가 인간의 본성과 한계를 더 잘 헤아릴 수 있다는 데이비드 소웰의 생각은 잘못이다. 그는 제약적일지 무제약적일지 선택의 문제라고 했는데, 방금 내가 설명한 것처럼 그 역시 무엇을 어느 정도 제약할지를 선택하고 있던 것이다.

적자생존의 진실

누군가는 우리 내면의 두 유인원 중 한 마리가 더 지배적이라고 주장할 수도 있을 것 같다. 생존 경쟁은 어디에나 있으니까. 그렇지 않아도 이는 위대함이 '현대성(modernity)'을 담고 있다는 주장 가운데 하나다. 현대성이 진화의 논리에 녹아 있다는 것이다. '진화론의 아버지' 찰스 다윈(Charles Darwin)에 따르면 삶은 '생존을 위한 투쟁'이다. 그 밑바탕인 '자연 선택'은 "매일 그리고 매시간 전세계 구석구석의 모든 변이를, 심지어 아주 미세한 것이라도 세심히 살피면서 나쁜 것은 버리고 좋은 것은 보존하고" 있다.[28] 이렇게만 보면 끊임없는 발전은 당연한 일일뿐더러 생존의 필수 조건이다.

다윈은 동시대 영국 철학자이자 사회학자 허버트 스펜서(Herbert Spencer)가 쓴 "적자생존(survival of the fittest)"이라는 문구를 자연 선택의 동의어로 허용함으로써 본의 아니게 이 같은 진화론적 관점에 더 큰 신빙성을 부여했다.[29] 사실 다윈은 '선택'이 자연의 의도적인 활동을 암시할까 봐 염려해 스펜서의 용어를 차용했다. 다윈이 말하고자 한 자연 선택은 자연이 의지를 갖고 어떤 객체를 선택하는 게 아니라, 생존 투쟁에서 성공한 객체의 특성이 지속적 번식을 가능하게 하므로 자연에 선택받은 것처럼 보인다는 의미였다. 스티븐 제이 굴드가 이를 간결하고 재치 있게 표현했다.

"털북숭이 매머드의 덥수룩한 털이 진화하기 전에는 날이 더 추웠다."[30]

그렇더라도 한 가지 이유만 있진 않았을 것이다. 털이 덥수룩했던 매머드는 인간, 기후 변화, 근친 교배 때문에, 그리고 아마도 담수가 모자라 멸종했을 것이다.[31] 적자가 영원히 적자일 수는 없다. 진화는

모든 삶은 충분해야 한다

발전이 아니며 정해진 방향도 없다. 진화에는 우월이나 열등이라는 개념도 없다. '적자생존'이라는 말이 오해를 초래하는 것뿐이다. '적자'는 스펜서나 다윈 모두에게 절대적인 용어가 아니었다. 적자라서 살아남은 게 아니라 살아남아서 적자다. 환경에 적응한 유기체가 적자인 것이다. 《종의 기원(On the Origin of Species)》(1859)에서 다윈은 이렇게 당부하고 있다.

"모든 생물은 서로 그리고 물리적 조건과 한없이 복잡하고 밀접한 관계를 맺고 있으며, 따라서 무한히 다양한 구조의 다양성은 변화하는 생활 조건 아래서 특정 생물에 유리하게 작용할 수 있음을 유념해 주기 바란다."[32]

이런 맥락에서 보면 '적자'는 헬스클럽에서 열심히 근육을 뽐내는 건장한 사람이 아니다. 적자는 가장 잘 생기거나, 가장 힘이 세거나, 가장 윤리적이거나, 가장 권력이 강한 존재가 아니다. 복잡한 환경에서 살아남는 데 가장 적합한 존재가 적자다. 드넓은 초원처럼 포식자들을 피해 도망치려면 더 멀리 봐야 하는 환경에서는 키가 큰 동물이 더 잘 생존할 수 있다. 포식자들이 덤불 위로 키 큰 동물을 사냥하는 환경이라면 키가 작은 게 더 나을 것이다. 그런데 때로는 구어적 의미에서 '적합한' 것이 문제가 되기도 한다. 일테면 코로나19에 오히려 건강한 사람들이 목숨을 잃기도 했는데, 면역 체계가 너무 강해서 바이러스는 물론 정상 세포까지 공격하는 면역 과잉 반응인 '사이토카인 폭풍(cytokine storm)'이 일어났기 때문이다.[33] 평상시라면 매우 유리하고 적합한 특성이 극단적인 상황에서 되레 해가 되는 경우도 많

다. 예컨대 가뭄이 들면 평소 가장 많이 먹는 가장 키가 큰 기린이 가장 빨리 죽는다.[34]

환경은 계속 변하기 때문에 지금껏 진화를 가능케 했던 적합한 특성이 어느 순간 부적합해지기도 한다. 미국 진화생물학자 제리 코인(Jerry Coyne)이 이에 대해 알기 쉽게 설명했다. 인류 진화가 가장 명백한 사례다. 우리 뇌는 성장하면서 커졌지만 "이족 보행을 효율적으로 하려면 골반이 계속 좁아야" 했다.[35] 그 결과 출산 시 끔찍한 고통이 발생한다. 번식에 유리하게 작용하는 다른 적합한 특성도 비슷한 맥락의 어려움을 겪게 만든다. 남성에게 생식 능력을 부여하는 유전자가 훗날 전립선 비대증을 유발하는 요인이 되곤 한다.[36] 진화가 아닌 인류가 이룩해온 과학, 문화, 기술 등의 발전이 우리의 발목을 잡기도 한다. 특히 건강에 성가신 그림이 그려졌다. 본래 인간은 달거나 지방이 많은 음식을 좋아하도록 진화했는데, 달고 기름진 음식이 열량이 높아서 많이 먹지 않아도 생존할 수 있기 때문이다. 그러나 이제는 이 똑같은 메커니즘이 우리 건강을 위협하고 있다. 어린 시절의 행복감은 둘째 치더라도, 당분과 지방의 섬뜩한 대가는 보통 "인간의 생식 능력을 발휘해야 할 시점 이후에" 나타나므로, 달고 기름진 음식에 대한 욕구는 여간해선 사라지지 않는다.[37]

이쯤 되면 '자연 선택'과 '적자생존'이 부정확한 용어라는 게 이상하지 않을 것이다. '진화'도 마찬가지여서, 진화의 개념을 올바르게 이해하면 가장 강하고 위대한 것만 살아남으리라는 생각은 더이상 들지 않을 것이다. 진화는 오히려 충분함의 철학에 걸맞은 개념이다.

모든 삶은 충분해야 한다

문제가 해결책을 만들고, 해결책이 문제를 만든다. 삶의 복잡성과 환경적 상호 작용은 완벽한 적합이란 없음을 보여준다. 이 불완전한 세상에서 생존하려면 우리에게는 서로가 필요하다. 다윈도 이렇게 설명했다.

"여기서 내가 생존 투쟁이라는 용어를 넓은 의미 그리고 비유적 의미로 사용하고 있음을 미리 말해둬야겠다. 즉, 이 용어는 한 존재가 다른 존재에 의존한다는 뜻도 포함하며, 아마도 이것이 더 중요한 사실인데, 개체의 생존뿐 아니라 자신을 남기는 데 성공하는 것도 포함한다."[38]

계속해서 그는 이렇게 썼다.

"사막에 돋아난 식물은 생존하고자 가뭄과 투쟁한다고 할 수 있으나, 더 적절하게는 습기에 의존한다고 해야 할 것이다."[39]

나아가 상호 의존으로서 '생존 투쟁'은 개인이 아닌 집단의 노력이다. 부족한 자원을 두고 동물과 식물이 경쟁하는 사례도 많이 있지만, 다윈의 말을 오롯이 이해한다면 투쟁은 인간 본성과 마찬가지로 운명이 아닌 선택이다. 우리는 인간의 생존 투쟁을 자연에 대한 어쩔 수 없는 착취 과정이라고 이해할 수도 있고, 지구의 많은 부분이 최대한 많이 살아남아 우리와 더불어 잘 생존할 수 있도록 돕는 공동의 노력으로 이해할 수도 있다.

진화가 투쟁보다 상호 의존이나 부조에 가깝다는 사실 말고도 우리가 인간 삶을 자연과 연결해 이해해야 할 이유는 많다.[40] 모름지기 권력을 키우고 싶어 하는 집단이나 국가는 언제나 자신들의 행동을 정당화할 수단을 찾는다. 다윈은 다른 민족을 노예로 삼고, 강간하고, 약탈하고, 죽이는 행위를 적자생존이나 생존 투쟁과 단 한 번도 연관 짓지 않았다. 그러나, 그럼에도 불구하고, 그의 생각은 생존 투쟁에서 절대로 패배해서는 안 될 '위대한 종'이 있다는 믿음과 지구상에 우월한 유전자만을 남겨야 한다는 '우생학(eugenics)'에 이데올로기적 빌미를 제공했고, 19세기와 20세기 최악의 잔혹 행위를 정당화하는 데 제멋대로 악용됐다. 실제로 이런 이중적인 움직임이 수많은 인종주의적 공포의 핵심으로 작용했다. 어떤 집단이 자신들을 '위대한' 종이라고 믿는 문제를 넘어, 다른 집단의 유전자를 희석해 '덜 위대한' 종으로 만들어버리겠다는 비논리적이고 증오 어린 두려움의 원천이 되기도 했다.

인종 간 '혼혈'을 '퇴화'로 보는 두려움도 여기서 비롯했다. 어떤 이들은 나치즘과 미국 인종주의의 연결 고리 역시 여기서 찾았다.《히틀러의 비밀 서재(Hitler's Private Library)》를 쓴 미국 역사학자 티머시 W. 라이백(Timothy W. Ryback)은 다음과 같이 설명했다.

"히틀러가 미국을 평가할 때 가장 중요하게 여긴 책은 매디슨 그랜트(Madison Grant)의《추월당한 위대한 종(The Passing of the Great Race)》(1916)이었다. 그랜트는 우월한 북유럽 혈통을 지닌 건국의 아버지들이 세운 미국의 위대함이 이민자들과 하류 백인들의 열등한 혈통에 잠식당했다고 주장했다. 히틀러는 연설에서 그랜트의 말을 즐겨 인용했고, 그의 책을 '나의 성서'라고 묘사한 편지를 그에게 보내기도 했다."[41]

모든 삶은 충분해야 한다

매디슨 그랜트는 북유럽 백인 우월주의 우생학 옹호자로, 그의 책은 미국의 이민 제한과 인종 간 결혼 금지법 등에 결정적 영향을 미쳤다. 그리고 《파시즘(Fascism)》(1995)을 편집한 영국 역사학자이자 정치 이론가 로저 그리핀(Roger Griffin)에 따르면 위대함을 상실할지도 모른다는 두려움이 파시즘의 본질이었다.

"파시즘의 핵심은 국가를 몰락시킬 것처럼 보이는 열등한 세력에 맞서 개인 존재를 희생함으로써 영광스럽고 위대한 국가로 다시 일으켜 세우는 데 있었다."[42]

이는 그대로 도널드 트럼프 대선 캠페인의 기본 논리가 됐다. 물론 나는 당시 "미국을 다시 위대하게!"라고 외친 수많은 사람이 단순히 공화당과 미국의 위대함을 동일시했을 뿐 그런 구호로 인종주의 역사를 반복할 의도는 없었다고 확신한다. 그렇지만 적어도 트럼프 본인은 자신이 오랜 인종주의적 발언과 행동의 역사를 썼기에 이 슬로건으로 선거를 치르겠다고 한 것이다. 아니나 다를까 그는 이민자들을 향한 인종 차별적 표현을 서슴지 않았고, 대통령 임기 내내 주기적으로 인종 차별적 발언을 쏟아냈으며, 갈수록 증가하는 증오 범죄를 알량한 말장난으로 가볍게 무시했다. 코로나19 범유행 때는 미국 내 반아시아 정서를 자극해 임기 마지막 해 이들에 대한 혐오와 폭력 범죄를 두 배로 늘렸다. 아울러 그는 가능한 모든 수단을 다 동원해 버락 오바마와 전임 행정부를 흠집 내는 데 골몰했다.[43] 각종 데이터가 명확하게 보여주듯이, 설령 트럼프 지지자들은 인종주의를 지지하지 않았더라도 그는 줄기차게 반이민과 인종주의를 정책 기조로 삼았다.[44] 결국 미국을 다시 위대하게 만들겠다는 그의 말과 행동은 '위대함 상실'에 대한 공포의 역사 일부로 남았다.[45]

그렇더라도 우리는 이 역사를 되새기는 과정에서 문제가 공화당에만 있다고 생각해서는 안 된다. 아랍계 미국 역사학자 칼릴 지브란 무함마드(Khalil Gibran Muhammad)가 보여줬듯이 '더 위대한 인종'이 있다는 발상은 미국 국가 기관 전반에 걸쳐, 특히 형사 사법 체제를 감염시켰다. 무함마드의 지적대로 20세기 미국 형사 사법 체제는 범죄를 다룰 때 백인은 '사회봉사' 흑인은 '수감'이라는 두 가지 접근법을 따랐다. 어쩌다가 이런 말도 안 되는 일이 벌어졌을까? 비록 가난할지언정 백인 이민자들은 올바르게 일깨우면 개선할 여지가 있지만, 흑인들은 뭘 어떻게 해도 열등해서 안 된다는 뿌리 깊은 전제가 있었기 때문이다.[46] 따라서 인종주의를 아예 종식하려면 '위대한 인종'이라는 개념 자체가 성립하지 않아야 한다.[47]

나는 버락 오바마처럼 '미국의 위대함'이나 '미국 예외주의'가 아닌 미국이 모든 시민의 좋은 삶을 창출할 또 다른 역사를 쓸 수 있다는 생각에 공감한다. 하지만 나아가 모든 국가가 서로 대립하면서 누가 더 위대한지 경쟁하지 않았으면 좋겠다. 우리 세상을 자연의 생존 투쟁과 연결하지 않으면 우리는 더 잘 살 수 있다. 자연의 수많은 창조물과 달리 우리 인간은 자연의 다원성 가운데 어떤 요소를 배양하고 체화하고 싶은지 선택할 수 있기 때문이다. 더욱이 오늘날 우리 세계는 어떤 국가, 민족, 문화, 인종이 다른 국가보다 더 나은 성과를 거둔다고 해서 이익을 얻을 게 거의 없다. 경쟁적인 욕망은 지금 우리

모든 삶은 충분해야 한다

에게 심각한 기후 재앙 같은 글로벌 문제에서 멀어지게 만드는 빈곤과 전쟁과 실패만을 낳을 뿐이다. 적자가 돼야 이런 어려움을 극복할 수 있는 것이 아니라, 어려움을 극복해서 살아남아야 적자가 될 수 있는 것이다.

충분함으로의 진화

이렇듯 우리는 자연의 적자생존이나 생존 투쟁 모델을 바탕으로 사회를 설계해서는 안 된다. 다윈이 제시한 진화 개념도 시간이 흐르면서 현대 진화론에 따라 조금씩 바뀌었다. 이스라엘·프랑스 과학철학자 다니엘 S. 밀로(Daniel S. Milo)는 《굿 이너프(Good Enough)》에서 진화 과정을 최적화로 향하는 추세처럼 표현한 다윈의 개념을 인간 사회의 위계 구조와 연결해 왜곡하는 행태를 우려하며 '충분함'이 진화를 더 잘 설명한다고 주장했다.

"실제 진화 이야기에서는 미진한 개체들도 살아남아 번식한다. 비효율적이고 낭비적인 부분이 있다면 분명히 적자가 아니지만, 죽지 않을 만큼 충분하다."[48]

밀로는 진화와 관련한 그간의 모든 과학 문헌을 꼼꼼하게 조사한 결과 다윈의 이론에 몇 가지 중요한 변화가 있었음을 발견했다. 진화 자체에는 아무런 문제가 없었다. "변이를 동반한 유전(descent with modification, 다윈이 《종의 기원》 초판에서 제시한 진화의 본래 개념_옮긴이)", 즉 모든 종이 수십억 년에 걸쳐 변이를 통해 진화해왔다는 개념은 이미 옳다고 입증됐다. 그런데 다윈이 설명한 자연 선택과 적자생존은 모든 진화 과정을 설명하지 못했다. 이에 밀로는 돌연변이 유전자가 무작위로 유전되는 '유전적 부동(genetic drift)', 개체가 분리 서식한 이후 교배가 일어나지 않는 '지리적 격리(geographic isolation)', 분리 서식한 개체군에 서로 다른 유전적 부동이 일어나는 '창시자 효과(founder effect)' 이 세 가지 요인이 기존 연구보다 진화에 관한 훨씬 더 많은 실마리를 제공한다고 설명했다. 현대 진화론에서 특별히 논쟁의 여지가 있는 개념은 아니나 진화를 이해하는 방식에서 과소평가되고 있다는 것이다. 자연 선택의 완성 과정에만 집중한 나머지 실제 기록에서 나타난 무작위적이고 기이하고 불행한 결과는 곧잘 무시되곤 한다(앞서 언급한 출산의 고통이나 전립선 비대증도 이런 사례다). 게다가 진화의 최종 목적은 번식이므로, 일단 번식의 기본 요건을 충족하고 나면 별다른 진화 과정은 일어나지 않는다. 그렇다면 생존한 이후에도 계속해서 진화를 열망해야 할 이유가 있을까?

밀로가 우려한 부분은 자연 선택의 생존 투쟁 과정을 지나치게 강조하면 이와 유사한 도덕적 가치로 획일화한 사회를 설계하게 된다는 점이다. 최적의 존재만 살아남는 게 아니다. 사실 진화는 생존과 번식을 충분히 할 수 있도록 하는 데 있지 다른 존재의 번식을 방해하는 게 아니기에, 그 과정을 경쟁이라고 보는 관점도 자꾸 자연에 대한 오해를 불러일으킨다. 밀로는 진화를 제대로 이해하면 이미 우리가 치열한 생존 투쟁에서 벗어난 존재, 요컨대 진화 게임에서 진즉에

모든 삶은 충분해야 한다

승리한 존재임을 인식할 수 있다고 강조한다. 현재 우리는 인류 모두를 위한 충분한 의식주와 의약품을 생산하는 데 어려움이 없다. 생존하려면 경쟁해야 한다는 사고방식을 버리지 못해 충분히 분배하지 않고 있을 뿐이다.

책 전반에 걸쳐 밀로는 과학이 곡해되는 부분에 철학적 설명을 제공하고 있다. 호모 사피엔스(Homo Sapiens) 최초의 탐험가 집단은 왜 아프리카를 떠났을까? 그는 자연적 조건 등에 초점을 맞춘 다양한 이론을 일축하고 그들이 "다른 쪽을 추구하는 바이러스"의 희생자라고 말한다.[49] 그가 은유적으로 표현한 이 '바이러스'는 특정 유전자의 돌연변이에서 나왔고, 한쪽에서는 잘못되더라도 다른 쪽에서는 또 다른 삶의 방식으로 해결될 미래를 상상하게 해줬다. 밀로는 더 나은 미래를 상상할 수 있는 인간의 능력이 자연에 얽매이지 않고 자연을 인간에게 유리한 쪽으로 바꿀 수 있다는 믿음을 가져왔다고 설명한다. 인간이 풍요로운 사회를 만들 수 있던 것도 우리 뇌의 이 같은 진화 덕분이었다.

그러나 진화의 특성이 그렇듯 미래를 상상하는 능력은 미래를 향한 중독으로까지 이어졌다. 밀로는 그 대표적인 결과로 우리 뇌의 '탁월성 음모(excellence conspiracy)'를 꼽는다. "모두의 참여를 강요하고 집단이 서로 함정에 빠뜨리는" 체제다.[50] 더는 생존에 열을 올리지 않아도 되자 우리 뇌의 신경세포 일부는 그냥 놀기보다 다른 쪽으로 활성화했다. 밀로에 따르면 이 신경세포가 탁월성 음모의 주체가 돼서 지금이 인류 모습을 만들었다.

"이들은 탁월성 음모를 꾸미는 비밀결사단이다."[51]

이 놀라운 뇌의 연금술은 진화 자체를 위한 진화, 경쟁 자체를 위한 경쟁, 탁월성 자체를 위한 탁월성을 초래했다. 우리가 탁월함을 추구하는 까닭은 그것이 최선의 이익을 가져다줘서가 아니라 그저 이 비밀결사단이 우리를 그렇게 몰아가는 것이다. 자연은 탁월함을 좇지 않는다.

하지만 밀로는 그러면서도 자연의 안전망처럼 우리 사회에도 "안전망을 유지하고 필요에 따라 확대"할 "소수의 필수 엘리트"는 있어야 한다고 이야기한다.[52] 이 대목은 극소수 엘리트만 탁월함을 추구하면 되니 평범한 나머지 사람들은 애쓰지 않아도 된다는 식으로 읽힌다. 우리 같은 대부분 사람은 탁월성 음모에 휘둘릴 필요 없고, 불완전함을 받아들이고, 충분히 생존할 수 있다는 데 감사하고, 탁월성 경쟁에 괜히 뛰어들었다가 피라미드 밑바닥에 깔리지 말라는 의미 같다.

나는 다니엘 S. 밀로가 '충분함'을 옹호한 데 깊은 고마움을 느낀다. 진화론에서 신경과학으로 이어지는 그의 설명도 매우 좋았다. 그러나 나는 그가 굽히지 않고 더 나아갔어야 했다고 생각한다. 그는 '충분함'과 '탁월함(위대함)' 사이에 다리를 놓으면서 "소수의 필수 엘리트"가 누군지, 그들을 어떻게 구분할 수 있는지는 명확히 설명하지 않았다. 내가 앞서 지적한 것처럼 '엘리트' 개념을 남겨두면 사회는 엘리트를 훈련해야 하고, 그 소수 엘리트가 권력과 지위를 비롯한 모든 이점을 가져가기에, 결국 그런 특권을 누리고 싶은 모든 사람이 그 체제로 뛰어들고자 할 것이다. 다시금 탁월성 음모에 휘말리게 되는 것이다.

정말로 우리 뇌의 신경세포 일부가 탁월성 음모를 꾸미는 비밀결사단인지 어떤지는 모르겠지만, 만약 그렇다면 탁월함 대신 충분함과 놀아도 되지 않을까? 내가 진화생물학자나 과학철학자는 아니어서 '탁월성 음모'를 '충분성 회합' 같은 개념으로 바꿀 엄두는 못 내지만, 지루해하는 신경세포를 모두의 충분한 삶을 장려하는 데 참여하게 할 수는 없을지 생각해본다. 우리가 계속해서 진심으로 충분함을 추구한다면 신경세포도 지금과 "다른 쪽"으로 돌연변이를 일으키지 않을까?

우리는 충분함에 집중해야 한다. 우리는 결코 완벽한 사회를 이루지는 못할 것이다. 그래도 우리는 단순히 "죽지 않을 만큼" 충분한 사회 이상으로 충분히 좋은 사회를 만들 수 있다. 내가 계속해서 반복하고 강조하는 방식을 통하면, 평범하고 온전하고 충분한 삶에 감사하며 피하지 못할 한계와 고난을 수용하면서 서로 협력해 대처해나간다면, 이 세계관을 점점 더 많은 사람이 공유하고 나아가 이렇게 공유된 세계관이 정치를 움직여 정책과 제도를 마련해나간다면, 우리는 충분한 삶과 충분한 사회를 이룰 수 있다. 인류는 이미 이런 세상을 만들 수 있는 진화적 수단을 갖추고 있다.

위대한 녹색 혁명의 위험

기후 재앙과 지구 생태계 붕괴 위험은 충분한 삶으로의 전환을 더 시급하게 만들었다. 특히 경제 분야에서 기존의 위대함 추구 모델은 과학자들이 경고하는 '지구 위험 한계선', 즉 "인류가 지속해서 안전하게 살아갈 수 있는 환경적 한계"와 양립할 수 없다.[53] 지구 위험 한계선의 척도가 되는 항목은 모두 아홉 가지다. '기후 변화', '성층권 오존층 파괴', '대기 중 과다 오염 물질', '해양 산성화', '생물권과 해양 생태계에 질소(N) 및 인(P) 과잉 공급', '담수 과잉 사용', '토지 황폐화', '생물 다양성 감소', '인공 화학물질'이 그것이다. 이 한계선 설정에 논란의 여지가 없지는 않으며, 오히려 이를 명분 삼아 인구 통제나 긴축 등을 시도하려는 정치적 거버넌스 변화가 더 문제라는 의견도 있다.[54]

물론 지구는 그 자체로 거대하고 역동적인 체제인 데다 인류 기술이 때로는 놀라운 방식으로 자연과 긍정적 상호 작용을 하기에 이 아홉 가지 항목이 절대적이라고는 할 수 없을 것이다.[55] 그렇더라도 이미 우리는 지구 평균 기온이 섭씨 2도(아니면 정말로 1.5도) 이상 올라가면 어떤 일이 벌어질지, 지구 멸망은 아니어도 최소한 우리가 이 행성에서 살아가는 게 훨씬 어렵고 힘들어지리라는 사실쯤은 명확히 알고 있다. 어쨌든 핵심은 지구의 버틸 수 있는 능력에 관한 절대적 지식이 아니라 특정 생태적 조건이 유지될 때 지구가 안전할 수 있다는 상대적 지식이므로 '지구 위험 한계선'보다는 '안전한 지구 조건'을

모든 삶은 충분해야 한다

말하는 편이 더 현실적일 것이다. 지금 우리 행성은 수십억 인류와 모든 생명체를 의미 있게 지탱할 만큼 충분히 안전할까?

안전한 지구 조건 관점에서 보면 '기후 변화'와 '생물 다양성 감소'가 지구 위험 한계선의 나머지 항목을 통제하는 두 가지 핵심 특성이다. 현재 후자보다는 전자에 더 많은 관심을 두고 있지만 둘 다 서로 관련이 있고 똑같이 중요하다. 자연 세계 생물 다양성의 전례 없는 감소 역시 안전한 지구 조건에 문제로 떠올랐다.[56]

기후 재앙과 코로나19 등 동물 매개 전염병이 지구 안전의 지속 가능성과 관련이 있다는 사실은 놀라운 일이 아니다. 그리고 급격한 천연자원 소비와 남용은 기후 변화와 자원 고갈을 몰고 올뿐더러 다른 위험 영역으로 확대해 다른 생물 종을 바이러스에 더 많이 접촉하게 함으로써 생물학적 위험도 초래한다.[57] 양자는 무관하지 않다. 세계 곳곳에서 일어나는 화재, 홍수, 태풍 등의 재앙적인 기상 이변과 신종 바이러스로 인한 피해가 파괴적 추세의 원인이 인간에게 있음을 점점 더 깨닫게 해주고 있다.[58]

현대 상황이 우리를 벼랑 끝으로 몰아넣었다는 가정은 잘못이다. 라파누이 말고도 인간이 지구 자연 파괴의 원인이었던 역사적 사례는 많이 있다. 4만 5,000년 전 기후 변화 흐름 속에서 오스트레일리아 대륙에 도착한 인류는 그보다 훨씬 오래전부터 서식해온 디프로토돈(diprotodon)과 프로콥토돈(procoptodon) 같은 거대 동물군을 멸종시켰고, 그로부터 3만 년 뒤에는 아메리카 대륙에서도 같은 일이 반복됐다.[59] 인간은 경제적으로는 문화적으로든 상관없이 자연 서식지를 완벽하게 파괴하는 데 매우 능숙했다.

그렇지만 그와 동시에 시간이 흐르면서 전세계 수많은 인류가 그들의 정착지에서 자연과 더불어 더 잘 사는 방법을 배운 것도 사실이다. 인류는 경험과 실험을 통해 자연에 관한 포괄적인 지식을 발전시켰고, '전통 생태 지식(traditional ecological knowledge)'이라고 부르는 이 지식은 오늘날 우리가 자연 속에서 더 잘 살아가는 법을 배우기 위한 기본 자산이 됐다.[60] 그러나 이 지식이 자연과 함께 살며 자연을 이해한 성과이지 토착민이 본래부터 더 '자연적'이어서가 아니라는 점을 기억하는 게 중요하다. 어떤 민족이 다른 민족보다 자연에 더 가깝다는 근거 불명 선입견이 '고결한 야만인(noble savage)'이라는 오랜 인종 차별적 오해를 불러일으켰고, 이는 다양한 인류 민족이 자연과 관계를 맺어온 갖가지 방식에 차등적 가치를 부여하는 악습을 용인했다.[61]

기후 변화 대응 정책이 지역 사회에 어떤 영향을 미치고 공동체의 지식 및 삶의 방식과 얼마나 어우러지는지 세심한 관심을 기울여야 한다. 기후 변화 문제의 범세계적 관심을 유도하는 지구공학(geoengineering) 같은 일부 해결책도 지구 온난화 저지 약속과 함께 다른 영역, 일테면 국가별로 고르지 않게 영향을 미칠 기후 패턴의 급속한 변동에도 유의해야 한다.[62] 진화 과정에서 더 잘 적응한 종이 다른 종의 생존에 부정적 영향을 미치기도 했듯이, 자연을 향한 인간의 모든 기술적 개입 역시 본의 아니게 위협적인 결과를 낳을 수 있다.[63] 일부는 통제 범위를 벗어나겠지만 가능한 모든 부분은 부수적 피해를 최소화하기 위해 우선순위와 원칙을 확실히 마련하고 이행해야 할 것이다.

이른바 '녹색 혁명(Green Revolution)'은 1940년대에 시작해 1960년대부터 1980년대까지 미국을 중심으로 가속한 농업 혁신을 일컫는 말이다. 인구 증가에 따른 식량 확보 차원에서 농업 분야에 많은 개혁을 이뤄냈다. 국가 공동 품종 개량 연구, 공공 지원, 화학비료 및 살충제 개발, 유전자 변형 기술 등으로 전세계 식량 생산량이 비약적으로 증가하는 결실도 있었지만, 한편으로 탄소 배출 증가, 토양 침식, 독성 화학물질 확산 등 환경 악화도 초래했다.[64] 아울러 노동이나 분배 불평등 문제는 제쳐두고 대규모 농업 생산에만 치중해 사회적으로 매우 부정적인 인식을 수반하기도 했다.[65] 나아가 기본 취지와는 다르게 "녹색 혁명을 일으킨 국가에서만 식량 생산이 증가했고 세계 평균 생산량은 감소"했다.[66] 그런데 역설적이게도 세계 평균 기아율은 오히려 줄었다.

무슨 일이 일어났던 걸까? 음식 역사가이자 저널리스트 마크 비트먼(Mark Bittman)은 다른 지역에서는 큰 차이가 없고 녹색 혁명이 없었던 중국에서만 기아율이 대폭 감소한 현상을 지적했다. 그 이유는 이랬다. 중국 정부는 자작농 대상 국가 지원에만 초점을 맞췄는데, 목표는 농작물 수확량을 늘리는 게 아닌 빈곤을 줄이는 것이었다. 곡물 생산량이 늘어났다고 해서 제대로 된 분배로 이어지지는 않았다. 녹색 혁명 동안 기하급수적으로 증가한 옥수수 생산량 대부분은 술에 쓰일 주정과 고과당 옥수수 시럽을 만드는 데 사용됐다. 중국은 녹색 혁명에서 제시한 내용을 그들 나름의 방식으로 달성했다. 비트먼은 이렇게 썼다.

"마오쩌둥 이후 생산이 세 배 증가한 것도 있으나, 그보다 중요한 사실은 전세계에서 가장 극적인 빈곤 감소가 이뤄졌다는 것이다."[67]

기술 변화만으로 이룬 성과가 아니었다. 기술과 투자 그리고 경제 규제가 복합적으로 작용해 나타난 결과였다. 기후 변화 정책도 녹색 혁명의 사례를 염두에 둬야 한다. 위대함의 내용이 무엇이든 위대함을 지향하는 정책은 똑같은 사회 문제를 반복하거나 악화할 위험이 있다. 사회적 영향력을 무시하고 기업 중심의 기술적 해결책에만 집중하지 않으려면 늘 역사에서 교훈을 얻어야 한다. 역사가 이미 다 보여주고 있는데도 아직 이 교훈을 배우지 못한 것 같다. 예를 들어 BEV(Breakthrough Energy Ventures) 재단 같은 곳이 지구 환경을 정화하고 지속 가능한 발전을 추구할 수 있는 실행 가능 프로세스를 개발한다고 생각해보자. BEV 또한 빌 게이츠가 설립했으며 제프 베이조스, 마윈(馬雲), 리처드 브랜슨(Richard Branson), 마이클 블룸버그(Michael Bloomberg) 등 전세계 억만장자 엘리트들이 자금을 후원하는 곳이다. BEV는 핵융합 기술, 배터리 용량 증대 기술, 화학비료(녹색 혁명이 초래한 문제 중 하나)를 미생물 비료로 대체하는 방안, 탄소 절감 계획과 더불어 '녹색 성장(green growth)'을 촉진하고 온실가스 배출량을 줄이기 위한 프로젝트에 투자하고 있다. 어디까지나 '투자'다. 그동안 인류가 지구에 끼친 끔찍한 영향마저도 이들에 의해 주목받고 자금을 지원받고 해결책이 모색된다. 그것이 나쁘다는 게 아니다.

모든 삶은 충분해야 한다

방향키를 쥔 그들의 손이 어디로 향하는지 주의 깊게 지켜봐야 한다는 의미다. 부와 지위를 모두 갖춘 BEV 구성원들은 이런 프로젝트에 돈을 댈 능력뿐 아니라 이를 규제하는 정부에 영향력을 행사할 능력도 갖고 있다.[68] 더욱이 BEV는 그들의 돈 외에도 국제핵융합실험로(ITER)처럼 220억 달러 규모의 공공 자금이 투입된 사업과 설비를 거침없이 이용할 수 있다.[69]

핵융합이라는 기념비적인 위업을 달성하면 인류에게 큰 혜택이 되리라는 데는 의심의 여지가 없다. 하지만 문제는 그것이 불러올지 모를 악영향, 해로운 부작용을 일으키고 불평등을 악화시킨 녹색 혁명과 같은 결과를 어떻게 피할 수 있느냐는 것이다. BEV가 획기적인 성공을 거두면 그저 우리는 좋기만 할까? 기존 억만장자들로부터 우리를 그들의 사업 관행에 반하는 기술로 구원해준 억만장자들에게 감사해야 할까? 여전히 불충분한 세상이어도 앞으로 계속 열심히 일하면 잘될 거라고 또 한 번 기대하면서, 이제는 낯설지도 않은 또 다른 억만장자들의 출현에 감사할 준비나 하면 되는 걸까?

게이츠가 쓴 책《빌 게이츠, 기후 재앙을 피하는 법(How to Avoid a Climate Catastrophe)》(2021)을 보면 그가 역사에서 교훈을 얻은 것 같은 단서는 나오지 않는다. 이 책의 요점은 부유한 국가들이 녹색 기술을 개발할 가능성이 가장 크며, 그렇게 확보된 기술을 나머지 세계에 팔 수 있다는 것이다. 비록 그동안 부유한 국가들이 지구 온난화 문제 대부분을 초래했다는 점은 인정하지만, 그에 대한 책임에 따로 관심을 두지는 않는다. 그들이 가져온 위기에서 세상이 벗어나도록 도와줌으로써 계속 부유해야 한다고 믿는 것 같다. 그가 제시한 해결책은 부유한 국가들이 앞장서 모든 나라를 끌어당기기 위해 노력하기보다 그저 선두의 이점을 잘 활용해 성공한 뒤 나머지를 계속 보살펴야 한다는 건데, 글로벌 경제의 악순환 따위는 신경 쓸 게 없다는 것처럼 들린다.[70]

적은 것으로 더 많이 vs. 적은 것에서 더 많이

기후 변화 대응과 관련한 잠재적 사회 문제는 환경 공동체 내에서도 상당한 분열을 초래했다. 한쪽에는 오스트리아 출신 프랑스 철학자이자 저널리스트 앙드레 고르스(André Gorz)가 주창한 '탈성장(degrowth)'이라는 개념에서 영감을 얻은 사상가 진영이 있다. 그들은 현재의 기후 재앙은 자본주의, 끝없는 성장, 과잉 소비, 불평등이 지속 가능한 환경과 양립할 수 없음을 여실히 보여주는 결과라고 주장한다. 이 견해에 따르면 기후 변화에서 살아남으려는 시도는 부유한 사람들이 더 적게 소비하고 더 적게 가져가는 세상으로 유도한다. 그렇다고 이 비전이 종종 상상되곤 하는 일종의 생태적 조화나 숲으로의 회귀 같은 환상을 의미하지는 않는다. 캐나다 정치평론가이자 환경 운동가 나오미 클라인(Naomi Klein)은 이 점을 분명히 했다.

"비추출적으로 산다고 해서 추출이 일어나지 않는 것은 아니다. 모든 생명체는 생존하기 위해 자연에서 뭔가를 채취해야 한다. 그

모든 삶은 충분해야 한다

러나 땅과 사람을 재생과 재건에 기초한 존엄한 존재 권리를 가진 복잡한 실체로 여기지 않고 고갈할 자원으로 취급하는 추출주의(extractivism) 사고방식의 종말을 의미한다."[71]

영국 경제인류학자이자 대표적인 탈성장 옹호자 제이슨 히켈(Jason Hickel)에 따르면 '탈성장'은 진보, 발전, 풍요의 부재를 의미하는 개념이 아니다. 그는 '물'과 같은 공공재를 추출해 '생수'로 만들어 제품화함으로써 사적인 부를 창출하는 게 문제라고 지적한다. 그 과정을 되돌려 공공재를 신중하게 관리한다면 우리는 공적으로 이용 가능한 풍부한 자원을 가질 수 있다. 애덤 스미스 이론을 정면으로 공격하는 그의 주장에서 우리는 일반적인 풍요를 창출하기 위해 개인적인 성장을 필요로 하지 않는다. 오히려 성장보다 일반적인 풍요가 필요하다. 요컨대 우리는 본래 그랬듯이 적게 써서 '적은 것으로 더 많이(more with less)' 얻을 수 있다.[72]

반면 스스로 '에코모더니스트(ecomodernist)'라고 칭하는 생태근대주의 진영에 이런 '탈성장' 시나리오는 별로 인기가 없다.[73] 에코모더니스트들은 탈성장이나 경제적 평등이라는 수사가 오늘날 요구되는 것과는 정반대라고 꼬집는다. 그들은 기후 위기를 극복할 최선의 길은 자본주의 경쟁을 더 적극적으로 활용해 기술적 돌파구를 마련하는 것이라고 주장한다. 그들의 논리에 따르면 비록 과소비는 문제이나 탈성장은 불필요할뿐더러 실제로 해롭다. 우리가 세상에서 필연적으로 그 같은 큰 변화를 겪게 되는 이상 대규모 태양광이나 풍력 발전 등 여러 친환경 에너지 프로젝트를 추진하기 위해서라도 기존 자본주의 구조에 의존해야 한다. 그들은 원자력 발전 옹호자들이기도 한데, 그동안 지나치게 나쁜 평가를 받았을 뿐이라고 변호한다.[74]

에코모더니스트들은 인간이 자연과 조화를 이루는 존재라는 생각에 반대한다. 그들은 인간이 자연 세계를 발전시켜 경제 성장으로부터 더 큰 번영을 이루는 존재라고 말한다. 그 믿음의 핵심에는 기술적 효율을 통해 더 적은 자원으로 더 많이 생산하면서도 찌꺼기를 남기지 않는 '탈물질화(dematerialization)'에 성공하면 지구 환경과 경제 성장을 '디커플링(decoupling)', 즉 '분리'할 수 있다는 발상이 숨어 있다. 이것이 디지털 비즈니스 전문가이자 대표적인 에코모더니스트 앤드루 맥아피(Andrew McAfee)가 표현한 '적은 것에서 더 많이(more from less)' 얻을 수 있는 가능성이다.[75] 아마도 이 같은 생태근대주의적 시나리오가 지금 누리는 풍요와 즐거움을 포기하지 않아도 된다는 점에서 더 매력적으로 다가올 것이다. 그렇다면 이제 질문을 던져보자. 정말로 효과가 있을까? 누구도 미래를 볼 수는 없지만, 몇 가지 의문은 제기해볼 수 있다.

이를 위해 앤드루 맥아피가 에코모더니스트로서 자기 생각을 담아낸 책 《적은 것에서 더 많이(More from Less, 한국어판 제목은 '포스트 피크'나 저자의 논지 전개상 걸맞지 않아 원제를 그대로 옮김_옮긴이)》(2019)를 살필 필요가 있다. 이 책에서 맥아피는 우리가 천연자원 사용에 관해 잘못 이해하고 있다고 지적한다. 그는 인류가 이 '자연 자본'을 다 쓰고 있다는 우리의 예상과 달리 실제로는 점점 더 적은 양의 자원으로 점점 더 많은 재화를 얻고 있다고 주장한다. 다름 아닌 '탈물질

모든 삶은 충분해야 한다

화' 덕분이다. 맥아피는 탈물질화의 치어리더 역할을 톡톡히 하고 있는데, 그 자신도 새롭게 발견한 개념으로서 탈물질화 과정을 매우 설득력 있게 제시한다. 이 책을 쓰기 전까지만 해도 그 또한 인류가 점점 더 많이 소모하고 있다고 생각했단다. 그랬는데 어느 날 컴퓨터와 인터넷을 비롯한 디지털 기술 덕분에 탈물질화가 가능해져 "지구로부터 점점 덜 취하면서도 점점 더 많이 소비할 수 있는" 새로운 상황을 설명한 연구 결과를 접하게 된다.[76] 이에 신선한 충격을 받은 그는 그 과정을 연구하기 시작했고 마침내 커다란 확신에 이른다. 그리고 그 핵심에 그가 "낙관주의자의 네 기수(four horsemen of the optimist)"라고 표현한 '자본주의', '기술 발전', '대중의 인식', '반응하는 정부'가 있다고 설명한다.[77] 이 네 가지를 갖추면, 즉 인류가 자본주의와 기술 발전의 길을 계속 걸으면서 대중의 인식이 높아지고 정부가 이에 반응하는 정책을 내놓으면, 기후 재앙도 극복하고 인간의 조건과 자연의 상태를 모두 개선할 수 있다는 것이다. 여기서 확실히 해둬야 할 부분은 그가 우리의 미래를 "나쁜 것과 재앙적으로 나쁜 것" 사이로 규정하면서 우리의 도전 과제를 확실히 하고 있다는 점이다.[78] 그렇기에 현재 체제를 조금만 손보면 우리가 최선의 길로 갈 수 있다고 생각한 것이다. 간단히 말해 맥아피는 지금 인류의 대응이 충분하지 않은 까닭은 너무 많이 쓰려고 해서가 아직 그만큼 기술적으로 위대해지지 못해서다.

맥아피에 따르면 관건은 '탈물질화'다. 이를 보여주기 위해 그는 미국과 영국의 일반적 자원 사용이 경제 성장과 분리되는 추세를 그래

프로 제시한다. 경제가 성장했는데도 자원 사용률은 낮아졌다. 그는 이를 '위대한 역전(great reversal)'이라고 부른다.[79] 그는 자본주의와 기술 발전으로 이 같은 역전이 일어났다면서 재활용 가능한 얇은 알루미늄 캔을 예로 든다. 처음에는 음료수 캔을 두껍고 무거운 강철에 주석을 입혀 만들었으나 이후 알루미늄으로 바꾸면서 자원 사용률이 대폭 줄어들었다. 그가 자본주의와 기술 발전을 높게 평가하는 핵심이 여기에 있다. 맥아피는 자신의 책을 소개한 인터뷰에서 이렇게 말했다.

"이 사례는 낙관주의의 처음 두 기수인 자본주의와 기술 발전을 결합한 것입니다. 그리고 자본주의를 이루는 요소 중에는 경쟁이 있으니 독점 기업은 일단 자본주의 기수가 아닙니다. 만약 전세계에 맥주 회사가 단 한 곳뿐이라면 그 회사는 알루미늄 캔을 개발해 자원 사용을 절감할 이유가 없겠죠. 그냥 비용을 소비자에게 전가하면 될 겁니다. 따라서 기술 발전으로 비용을 절약하고 자원 사용을 줄이는 동기를 제공하려면 아주 치열한 경쟁이 필요합니다."[80]

그렇지만 맥아피는 그 경쟁이 어떤 식으로 이뤄지는지, 알루미늄 광석은 어떻게 추출되는지, 그곳 환경은 어떤지, 추출 작업을 수행하는 노동자들은 어떤 조건에서 일하는지, 그 밖에 관련된 사안으로는 무엇이 있는지는 자신의 개념에 반영하지 않았다. 실제로 이뤄지는 많은 혁신이 "치열한 경쟁"이 아닌 공공 자금과 과학 협력을 통한 기술에 얼마만큼 의존하고 있는지도 고려하지 않았다.

게다가 앤드루 맥아피가 제시한 사례는 경쟁에 초점을 맞춘 그

모든 삶은 충분해야 한다

의 해결책을 뒷받침하기는커녕 오히려 더 많은 환경 문제를 초래하는 원인이다.[81] 왜 그런지는 책에서 그가 알루미늄에 관한 정보 출처로 명시하고 있는 문헌을 잠깐만 살펴보면 알 수 있다. 《현대 세계를 만든 것들: 물질과 탈물질화(Making the Modern World: Materials and Dematerialization)》(2014)는 체코 출신 캐나다 환경과학자 바츨라프 스밀(Vaclav Smil)이 인류의 천연자원 사용과 그 역사를 연대기적으로 기록한 책이다. 맥아피는 캔 하나를 제작하는 데 사용된 알루미늄이 점점 감소했다는 데이터를 이 책에서 인용했다. 그러나 맥아피는 스밀의 최종 결론이 자신과 달랐다는 사실은 언급하지 않았다. 스밀은 알루미늄 한 캔에 소모되는 알루미늄의 양이 줄어든 대신 음료수 소비가 늘어난 현상을 "적어짐은 많아짐을 의미한다"는 경제학 경구로 표현했다.[82] 실제로 그랬다. 스밀이 지적한 것처럼, 캔이 더 가벼워진 만큼 소비도 더 많아져 그 효과가 상쇄됐다. 1979년부터 2011년(데이터 확보 시점)까지 "알루미늄 캔 무게는 25% 감소했지만, 1인당 알루미늄 캔 소비량은 연간 149개에서 246개로 두 배 증가"했다.[83] 더구나 알루미늄 캔은 원재료 품질에 따라 제작하는 데 네 배에서 열 배 에너지가 더 든다. 스밀은 이렇게 썼다.

"요컨대 강철을 알루미늄으로 대체하는 데 따른 중량 감소가 제작 공정 전체의 에너지 소모량을 높였다."[84]

스밀도 알루미늄 사용에 반대하지는 않았다. 그는 일테면 고속 열차에 무거운 강철보다 알루미늄을 사용하는 게 훨씬 더 바람직하다고 여겼다. 그러나 그것이 지구를 구하리라고 확신하진 않았다.

스밀의 또 다른 예는 맥아피가 자원 소비 억제를 위해 강조한 "치열한 경쟁"이 왜 결국에는 또 다른 기수인 '기술 발전'과 상충하게 되는지 이해하는 데도 도움이 된다. 승용차와 트럭을 떠올려보자. 스밀은 포드(Ford)의 세계 최초 대량 생산 자동차 '모델 T(Model T)'에서 현재 인기 승용차 '퓨전(Fusion)'으로의 진화 과정을 살폈다. 이 기간을 거치는 동안 확실히 맥아피의 주장대로 탈물질화 추세가 나타났다. 그런데 승용차 전체 무게 대비 전력 사용률은 무려 93%나 증가했다. 그리고 퓨전은 포드가 생산하는 자동차 가운데 가장 많이 팔리는 기종도 아니다. 픽업트럭 'F150'이 압도적이다. 하지만 F150은 화물 운반에 특화한 실제 기능보다 신분의 상징, '부자들을 위한 장난감'으로 팔리는 경우가 대부분이다.[85] 전세계적인 자동차 사용률 증가와 SUV 및 픽업트럭 시장의 폭발적 성장까지 따져볼 때 더 멋진 자동차를 원하는 소비 욕구와 더 많은 차량을 판매하려는 기업들의 "치열한 경쟁"으로 가벼운 소재와 탈물질화 이점은 사실상 무효가 됐다.[86] 기술 발전도 이익 추구 앞에서는 맥을 못 추는 것이다.

　　그렇기에 바츨라프 스밀과 앤드루 맥아피는 각각 다른 결론에 도달한다. 스밀은 전체 GDP 대비 자원 사용을 고려하면 '디커플링'이 일어난다는 부분은 인정하면서도, 큰 도움이 될 것인지 측면에서는 의문을 표했다. 그도 그럴 것이 GDP 대비 사용량 감소는 실제로 얼마나 많은 자원을 소모하는지와는 별다른 관련이 없다. 스밀도 인터뷰에서 이 점을 분명히 했다.

　　"사람들은 항상 상대적인 탈물질화와 절대적인 탈물질화 사이에서 근본적인 실수를 저지릅니다. 무엇보다 중요한 부분은 절대적인 에너지 집약도와 자재의 양입니다."[87]

일부 원재료를 예전보다 효율적으로 사용할 뿐 모든 원재료가 그렇지는 않다. 스밀은 자신이 찾을 수 있는 만큼 최대한 자료를 뒤져서 1986년부터 2006년까지 모든 생산 경제에 투입된 원재료 양을 조사했는데, 그 결과는 전체 소모량 34% 증가였다.[88] 알루미늄 채굴은 줄었더라도 플라스틱을 사용량이 더 많아졌기 때문이다. 스밀에 따르면 확실히 탈물질화는 이뤄지고 있으나 모든 곳이 그렇지는 않으며, 우리 지구의 현재 상태에 비춰 충분히 빨리 진행되고 있지도 않다. 더구나 미국 사례는 이야기 일부일 뿐이다. 맥아피도 인정했듯이 탈물질화는 주로 "미국을 비롯한 부유한 국가들"의 이야기다.[89] 한편으로는 미국이 상대적으로 더 나은 기술과 효율적인 생산 방법에 접근할 수 있기 때문이고, 한편으로는 미리 만들어진 부품 등은 제외하고 원재료 사용량이나 수입량만 기록하기에 수치가 어느 정도 왜곡되기 때문이다. 다른 한편으로는 엄청난 양의 강철과 콘크리트가 필요한 제조 기반 시설이 이미 완성돼 있기 때문이다. 그리고 정작 세계적 추세는 탈물질화보다 제조 속도 가속화를 향하고 있다. 이런 형편인데도 앤드루 맥아피는 소수의 천재성과 위대함의 결합에 지금의 위기를 극복할 희망이 있다고 역설한 것이다.

나는 이 희망이 문제라고 생각한다. 설령 맥아피가 제시한 수치가 맞더라도 규범적 가치에서 틀린 것이다. 아무리 에둘러서 설명했어도 결국 인류가 모든 것을 바로잡을 때까지 나쁜 일을 계속할 수 있다는 생각은 도덕적으로도 잘못일 뿐 아니라 실현 가능성도 없다. 언젠가 우리가 이 거대한 호의 반대편 끝에 도달할 수 있다는 그 오만한 생각 자체가 그동안 우리가 쌓아온 문명의 근간을 갉아먹는다. 이에 대해 일갈한 칼 폴라니의 말을 되짚어봐야 할 것이다.

"그런 제도는 아주 잠시도 존재할 수 없으며, 만에 하나 실현된다면 사회를 이루는 인간과 자연이라는 내용물은 아예 씨가 마를 것이다."[90]

맥아피 같은 영향력 있는 인물들이 그날 거기에 없을 인류를 그리며 자꾸 환상을 품게 하고, 그래서 사람들이 보이지 않는 절벽 너머를 무모하게 바라보는 것 같아 서글프다. 그래도 나는 걱정하지 않는다. 우리가 이 모든 것을 되돌릴 수 있다. 우리 지구는 우리가 해야 할 일을 알고 따라올 때까지 기다려줄 것이다. 우리 사회는 휘어질지언정 부러지지는 않을 것이다. 하지만 경쟁을 멈추지 않는 위대함 추구 체제가 계속 유지된다면 수많은 사람이 관성적으로 그들의 논리에 수긍하게 된다. 맥아피의 "낙관주의자의 네 기수" 비유가 섬뜩하고 역설적인 까닭도 여기에 있다. 낙관주의자들이 네 기수를 따라 절벽 위로 향한다. 그러면서 틈만 나면 뒤를 돌아보며 우리에게 이렇게 외친다.

"좋아요! 지금까지는 아주 좋아요. 앞으로도 좋을 겁니다!"

소수에게는 아주 좋게 들릴지도 모르지만, 모두에게는 충분하지 않다. 위대함을 생각하는 사람들은 이 점을 좀처럼 인정하려고 들지 않는다.

모든 삶은 충분해야 한다

부담과 보상의 공유

그렇다면 기술로는 절대로 문제를 해결할 수 없으니 '탈성장'에 의존해야 할까? '사회주의 모더니스트(socialist modernist)'라고 불리기도 하는 진보 진영 일부는 이와 같은 긴축적 사고방식에 문제를 제기했다. 사회주의 모더니스트들은 자본주의의 생태적 파괴를 극복해야 온전한 미래를 맞이할 수 있다는 제이슨 히켈 등 탈성장 옹호자들의 의견에 동의한다. 그런데 한편으로는 에코모더니스트들의 더 나은 미래를 위한 기술적 약진 비전도 공유한다. 그들은 모두의 풍요를 보장하는 기술이 사회주의의 핵심과 맞닿아 있다고 여긴다.[91] 미국 마르크스주의 정치 이론가이자 문화평론가 프레드릭 제임슨(Fredric Jameson)은 사회주의 모더니스트의 주장을 이렇게 요약했다.

"자유 시장 보수주의자들은 혁신과 '근대성'의 화려한 수사를 점령했다. 그러나 오직 마르크스만이 홀로 반란의 정치와 '미래의 시'를 결합하고자 했고, 사회주의가 자본주의보다 더 현대적이고 더 생산적이라는 사실을 증명하기 위해 자신을 내던졌다."[92]

하지만 사회주의 모더니스트들의 비전은 기술이 덜 불평등한 방식으로 쓰이도록 압박할 수는 있어도 바츨라프 스밀이 제기한 물질적 문제를 해결하지는 못한다. 아무리 그 혜택이 균등하게 공유되더라도 여러 측면에서 성장, 생산, 소모는 여전히 이어진다. 그리고 나오미 클라인과 가르 알페로비츠가 지적한 것처럼 권위주의적 사회주의는 역사적 경험에 비춰볼 때 생태적 지속 가능성과는 전혀 양립할 수 없다.[93] 《성장: 미생물에서 거대 도시까지(Growth: From Microorganisms to Megacities)》(2019)를 통해 스밀은 정치적 선택권조차 남아 있지 않은 암울한 미래를 예견했다. 그는 인간 사회가 안전하게 살 수 있는 지구 조건을 극한까지 착취해 사상이나 경제 체제와 상관없이 "선택이 아닌 누적된 과잉에 의한 반작용으로 원하지 않던 탈성장을 겪게 될 것"이라고 봤다.[94] 이 말이 지금 당장 의도적으로 탈성장을 이뤄야 한다는 의미일까? 지역 공동체에서부터 개발 반대 운동에서부터 네덜란드 같은 국가의 자원 소비 감소 전략에 이르기까지 의도적인 탈성장 또는 비성장 사례는 이미 심심치 않게 찾을 수 있다.[95] 스밀의 말은 그런 뜻이 아니다. 오랜 주식 투자 격언을 인용하자면 "모든 달걀을 한 바구니에 담지 말라"는 것이다. 소비 감소와 더불어 정치적인 변화와 기술적인 변화도 함께 이뤄져야 한다.[96]

이는 겸손을 강조하는 충분함의 세계관과 일치하며, '탈성장 대 기술 약진' 논쟁을 뛰어넘어 어느 한쪽에 치우친 주장은 아무것도 해결해주지 못한다는 진실을 상기시킨다.[97] 우리 지구는 황금알을 낳는 거위가 아니다. 풍요로우려면 적게 쓰고 덜 낭비해야 한다. 그와 동시에 지구에 덜 해로운 새로운 재생 에너지 기술을 개발해야 한다. 충분함의 도덕적 비전이 이 두 가지 길 모두에 고루 영향을 미치도록 해야 한다. 탈성장은 모두의 온전함과 충분함을 보장하는 선에서 이뤄져야 하고, 정치적으로는 더 못 가져서 불행한 게 아니라 그러는 것이 모두에게 훨씬 낫다는 사실을 분명히 해야 한다. 수많은 연구 결과가 일관되게 보여주듯 부유한 사람들이 더 많은 에너지를 소비한다는 점을 고려하면 근본적으로는 부의 불평등과 과잉 풍요가 기후 변화의 주요 원인이다.[98] 비록 누군가는 흘러넘치던 부의 일부를 포기해야 할 수도 있지만, 그보다 더 중요한 우리 행성의 생명 지속력을 얻게 될 것이다. 결코 나쁜 거래가 아니다. 점점 더 많은 과학 논문이 우리가 "적절한 생활 수준"을 충족하면 정서적·사회적 행복이 증진된다는 사실을 입증하고 있다. 이를 실현하려면 그 전에 충분함으로 보정된 탈성장, 기술 발전, 불평등하고 지나친 소비 감소, 그리고 아마도 가장 중요한 정치 변화가 필요할 것이다.[99]

이는 기술 발전을 바라보는 우리의 사고방식에도 마찬가지로 적용된다. 위대함을 추구하는 세계관은 소수의 적자에게 보상을 내걸고 거기에 기대면서 현재의 생태적 문제를 해결하고자 한다. 그것만이 모두를 구원할 유일한 길이라고 큰소리친다. 역사가 이미 다 보여줬는데도, 이런 방식으로는 모두가 번영을 이루는 세상에 다가설 수 없는데도, 정말이지 끈질기게 관성을 유지하며 21세기 현재까지 우리 뇌리를 자극하고 있다. 충분함은 모두가 부담과 보상을 공유할 수 방법을 찾도록 독려함으로써 이 세계관에 대응한다. 책임 있는 기술 발전이 있어야 한다는 맥아피의 주장은 확실히 옳지만, 그것이 "치열한 경쟁"을 통할 필요는 없다. 금융 자본 영역에서조차 협력이 더 유용하다. 본래 벤처 정신에는 이윤 극대화를 요구하는 본질적인 요소가 없다. 사실 빌 게이츠와 친구들도 자신들의 투자가 스스로에게는 손실일지언정 공공 영역에서는 반드시 이익이 됨을 완벽하게 보장할 수 있다. 어차피 그런 '모험'을 할 만한 재력이 있기에 그들은 이런 식으로 이윤 극대화를 목표로 삼지 않고 인류에게 필요한 기술 개발에 집중할 수 있다.[100] 나아가 자신들의 지원을 받는 조직이나 기관이 그들의 위치에서 경제적 불평등을 받지 않아야 한다고 주장할 수 있다. 그들이 그렇게 하지 않는다는 것은 인간 본성이나 경제 본질이 그래서가 아니라 그냥 생각을 그렇게 하지 않아서다.

경제를 지속 가능한 모델로 정의롭고 안전하게 전환할 거버넌스가 없는 것이 아니다.[101] 정치적 의지가 부족할 뿐이다. 2020년 미국 대선 캠페인에서 버니 샌더스 상원의원은 세계 정부가 할 수 있는 역할에 대한 비전을 제시했다. 그는 기후 재앙에 대응하려면 나라마다 군비 지출을 중단하고 그 예산을 기후 변화를 저지하는 데 써야 한다고 말하곤 했다. 그렇지만 눈치가 보였는지 자신 있게 밀어붙이지는 못하고 상당히 조심스럽게 말했다.

"기후 변화 위기를 고려할 때 세계 각국이 서로 죽이는 데 필요한 파괴 무기에 연간 1조 8,000억 달러를 지출하는 대신, 어쩌면 함께 자원을 모아서 공공의 적인 기후 변화와 싸울 수도 있다는 사실을 이해할 수도 있을 것 같습니다."[102]

글로벌 협력은 불가능하지 않다. 코로나19 범유행 초기만 하더라도 치료법과 대처 방안에 관한 지식을 공유하는 국제 협력이 활발히 진행됐고, 그 덕분에 국제관계를 바라보는 사고방식에도 변화 가능성이 보였다. 애쓰면 된다. 공동의 글로벌 노력이 우리 지구가 현재 세대와 미래 세대의 충분함을 보장하는 안전한 터전이 되는 데 큰 도움을 줄 수 있다.

모든 삶은 충분해야 한다

자연과의 충분한 관계

생태적 위기에 맞설 해결책은 분야마다 다양하겠지만, 충분함의 관점에서 한번 생각해보자. 철학적으로 충분함이라는 개념이 구체적인 실행 방법을 제시할 수는 없으나, 자연과의 관계로 존재를 생각하는 일반적인 윤리의 틀은 제공할 수 있다.

첫째, 어떤 해결책이 인류를 지구에서 번영하도록 돕든 간에 그 목적은 반드시 모든 사람이 번영의 혜택을 체감해야 한다는 사실에서 비롯해야 한다. 다수보다 소수를 우선시하고 소수만을 위한 이익이 결과적으로 다수를 위한 것이라고 얼버무리는 시대는 끝나야 한다. 우리가 진정으로 충분한 세상에서 살고 싶다면 공평한 지구를 위한 생태적 복지를 창출해야 할 것이다. 이는 미국이나 유럽의 대기 온도를 낮추려고 생산 시설 등을 적도 아래에 몰아넣는 지구공학적 환상이 사라져야 함을 의미한다. 진작부터 기후 재해로 피해를 본 국가, 특히 온실가스를 훨씬 적게 배출했는데도 나쁜 결과를 떠안은 가난한 국가들을 챙겨야 한다. 우리가 의지하게 될 해결책의 조합이 무엇이든 모두가 충분함을 누릴 자격이 있으며 누구도 타인보다 더 많은 혜택을 받을 수 없다는 사고방식과 연결돼야 한다. 불평등을 완전히 소멸시키지는 못해도 최대한 그 간격을 줄여야 한다.

둘째, 기후 재앙에서 벗어날 방법을 혁신할 수 있다고 해도 생태 발자국(ecological footprint, 자원 소비나 폐기물 배출 등 인간이 자연에 끼친 영향을 토지 면적으로 환산한 수치_옮긴이)을 넓혀서는 안 된다. 생물 다양성 감소는 우리 행성의 유일무이한 생명 유지 능력을 위협한다. 앞서 살폈듯이 '탈물질화'는 현재 소비 속도가 유지되는 한 생태계 붕괴를 막을 만큼 빠르게 일어날 가능성이 없다. 우리가 풍요로운 세상에서 누려온 특권 일부를 제한해서라도 생태계 파괴를 막아야 한다. 희생한다 여기지 말고 오히려 이득이라고 생각하자. 스트레스, 불안, 과로, 남용, 불의가 줄어들고 기쁨, 평등, 존중, 평범함에 대한 감사가 늘어나는 세상을 한껏 반기자. 너무 많은 제한이 있기를 바라진 않지만, 특권을 조금씩만 내려놓는다면 모두가 행복한 세상을 만들수 있다. 심지어 특권을 많이 내려놓은 사람들에게도 그 혜택이 되돌아온다.

셋째, 자연을 위대하게 바라보려는 생각도 버려야 한다. 자연도 그저 충분할 수 있을 뿐이다. 우리 행성은 완벽하지 않다. 자신을 파괴하고 있는 종을 생성한 것만 봐도 전혀 위대하지 않다. 하지만 인간 없이는 자연도 조화를 이룰 수 없다. 인간도 자연이기에 그렇다. 지구는 매일매일 경이로움과 잔혹함이 뒤섞인 복잡한 체제다. 인간 본성과 마찬가지로 자연도 특별한 무엇과 연결돼 있지 않다. 자연은 많은 자원을 품고 있지만, 그 가운데 하나라도 무한히 이용할 수 있는 것은 없다. 우리는 자연 안에 있고, 자연도 우리 안에 있다. 우리 자신이 이 행성에서 번영하는 생태계 일부다. 우리는 자연의 생명에 위협이 되는 존재이면서 동시에 생명의 구원자가 될 수 있는 존재다. 소행성이 충돌했을 때 공룡은 아무것도 할 수 없었고 기후 변화는 그들을 멸종시켰다. 지금 우리가 그런 소행성이라도 할지라도 우리는

모든 삶은 충분해야 한다

뭔가를 할 수 있다. 우리 행성은 우리가 지금껏 진화할 수 있을 만큼 충분히 좋았다. 이제 우리가 지구에 충분히 좋은 존재가 될 차례.

충분한 숭고함

이 마지막 장을 구상할 때 나는 이모와 외삼촌이 사는 곳에 머물렀다. 한적한 작은 주립공원이 근처에 있어서 공원 벤치에 앉아 이 책을 어떻게 마무리할지 생각하거나 주변을 천천히 산책했다. 따스한 햇볕과 약간의 추위가 공존하는 이른 봄이었다. 어느 날엔가는 공원 연못 기슭, 며칠 전부터 마음에 들기 시작한 나무 아래 섰다. 나뭇가지에 촘촘히 새순이 돋아난 모습을 보고 나는 전에 없던 놀라운 감정을 느꼈다. 지구가 여전히 재생되고 있다는 사실에 갑자기 소름이 돋았다. 기후 붕괴에 관한 모든 끔찍한 예측은 역설적이게도 이 세상이 날마다 그리고 해마다 계속된다는 단순한 사실을 이해하게 해줬다.

나는 이 느낌을 '숭고함' 말고는 다른 말로 표현할 수 없다. 임마누엘 칸트라면 내가 이 낱말을 선택한 데 동의하지 않을 수도 있겠다. 칸트는 자연이 우리를 성장시켜서가 아니라 파괴할 수 있어서 우리가 숭고함을 느낀다고 했다. 거대한 암벽, 폭포, 번개 폭풍, 화산처럼 우리를 죽일 수 있는 뭔가에 직면했으나 죽지는 않았을 때 우리는 숭고함을 느끼면서 인간성의 독특한 뭔가를 깨닫게 된다. 그렇지만 이는 단순히 상황을 인식하는 능력이다. "신체적 무력감"을 느끼는 "동시에" 우리는 "자연으로부터 독립된 자신을 판단하는 능력"을 인식한다.[103] 칸트에게 숭고함이란 무엇이었던가? 그에게 숭고함은 자연이 아니라, 자연이 비록 내 육신을 죽일지언정 나는 이 자연 세계보다 더 위대한 무엇이라는 깨달음이었다.

나 역시 이런 숭고함의 감정을 이해한다. 그것이 자연의 위대함과 인간 능력의 위대함을 어떻게 갖고 놀았는지 안다. 그러나 내가 느낀 숭고함은 그렇지 않았다. 새순이 돋아난 모습을 본 순간 내게 밀려온 숭고함은 자연이 위대한지 내가 위대한지의 문제가 아니었다. 그 숭고함은 우리가 위대함을 향한 생각을 멈췄을 때 우리가 느낄 수 있는 온갖 절묘한 감정이 있다는 사실을 내가 새삼 깊이 깨닫는 순간 찾아왔다. 숭고함은 지구가 지금 있다는 사실 자체, 내가 지금 있다는 사실 자체에서 온 것이었다. 좀 더 정확하게는 자연과 내가 함께 존재하고 작용한다는 사실이었다. 숭고함은 지구와 우리가 더할 것도 뺄 것도 없이 서로에게 충분하다는 진실, 완전히 무작위적인 우주에서 서로의 생명을 유지할 만큼 충분히 좋다는 진실에 있었다. 그 순간 나는 지구가 우리에게 준 삶이라는 엄청난 선물에 부응해 살아갈 가능성을 떠올리며 순수한 기쁨과 설렘을 느꼈고, 자연과 우리에게 모두 충분한 삶을 만들어감으로써 그 호의에 보답할 수 있다는 확신이 들었다.

하지만 그렇게 한동안 연둣빛 새순을 바라보고 있는데 갑자기 숭고한 느낌을 잃었다. '몇 년이나 이럴 수 있을까?' 하는 생각을 하던 찰나였다. 위대함을 추구하는 행태가 사라지지 않는다면, 언젠가 새순

모든 삶은 충분해야 한다

을 볼 마지막 날이 올 것이다. 생각만 해도 너무 끔찍하다. 꼭 그 지경에 이르러야 할까? 아니, 우리는 그러지 않을 것이다.

나는 이 책 곳곳에서 인류가 문화를 초월한 수천 년 역사에 걸쳐 충분함을 추구하고 충분하게 살아가는 삶의 방식을 발전시켜왔다고 말했다. 나는 이 책을 시작하면서 우리 개인이 완벽함에 대한 부담 없이도 번영할 수 있다고 주장했다. 우리는 얼마든지 창의적일 수 있고, 적응할 수 있고, 겸손할 수 있고, 다른 사람들과 협력할 수 있다. 자신의 위대함을 위해 애쓰기보다 모두의 충분함을 위해 참여하는 사람이 되고자 노력하면 더 의미 있는 삶을 영위할 수 있다. 나는 우리 관계에서 위대함에 대한 열망이 실제로는 우리를 더 나쁜 가족, 연인, 친구로 만들기에 서로의 불완전함을 온전히 인정하고 함께할 때 빛나는 관계를 이룰 수 있다고 주장했다. 나는 우리 사회와 정치 체제가 다수의 공헌을 무시하고 소수에게만 보상함으로써 우리 세계에 엄청난 피해와 불평등을 초래하고 있으므로 모두의 충분함을 촉진하는 정책을 마련하고 시행해야 정의롭고 행복한 사회를 이룩할 수 있다고 주장했다. 그리고 마지막으로 나는 우리가 자연에 충분한 존재가 될 수 있고 자연도 우리에게 충분하다고 주장했다.

우리 인간은 위대해질 운명을 타고나지 않았다. 더구나 자연은 우리가 영원히 파먹어도 끄떡없는 끝없고 위대한 자원이 아니다. 여러분도 내가 느꼈던 충분한 숭고함을 느꼈으면 좋겠다. 모두가 충분한 삶을 살 수 있는 충분한 지구를 위해 함께 노력하면서 그 충분한 숭고함을 계속해서 널리 나눴으면 좋겠다.

충분한 삶을 위하여

부분을 아우르는 통합적인 주제는 삶에서 우리를 곤란하게 만드는 다양한 요소를 뭉뚱그린다. 위대함도 일종의 통합적인 주제다. 어떤 사람은 다른 사람보다 나은 존재로 여겨지기고 하고, 인류가 자연보다 위대하다고 여겨지기도 하며, 인간 개인으로서 우리의 과업은 권력과 특권을 누릴 자격이 있는지 증명하는 것으로 여겨지기도 한다. 위대함을 추구하는 세계관은 우리에게 스트레스, 불안, 불평등, 생태적 훼손 등의 질병을 안겨줬다. 이 세계관을 옹호하는 사람들 대부분은 위대함을 충분함과 모순되는 것으로 바라보지 않는다. 실제로도 수많은 사람이 위대한 소수에 기대고 그들의 건투를 비는 것이 모두의 충분함을 성취할 가장 좋은 방법이라고 믿는다.

그렇지만 나는 이 책에서 끝까지 희망을 버리지 않고 소수만을 위하는 체제가 왜 우리의 온전함과 충분함을 보장하지 못하는지, 우리가 삶의 터전을 공유하는 지구의 복잡하고 다원적인 가치를 이해하고 존중하지 못하는지 설명하려고 부단히 애썼다. 그럼에도 불구하고 우리는 모든 위계 구조를 없애거나 완벽한 평등을 창출해낼 수 없으며, 아마도 그렇게 해서는 안 될 것이다. 우리는 각자가 너무나도 개성이 다르고 복잡한 데다, 언뜻 비억압적인 것처럼 보이는 위계 구조가 사회적 지위에 제한을 두지 않기 때문에, 재능을 펼치고자 하는 사람이라면 얼마든지 이런 체제를 활용해 자신의 위대함을 탐색해나갈 수 있다.

　하지만 그렇더라도 우리가 남들과 다른 재능을 갖고 있거나 딱히 뛰어난 재능이 없다고 해서 우리 목소리가 묻힐 수밖에 없는 합리적 이유는 될 수 없다. 방법이 없다면 모르겠지만, 모두가 서로 삶의 부담과 보상을 의미 있게 공유할 대안은 많이 있다. 그렇게만 하면 목소리를 내지 못했던 사람들도 고양될 수 있고 현재 너무 많이 갖고 있어서 고달픈 사람들의 압박과 불안도 줄일 수 있다.

　모두가 충분히 좋은 삶을 누리기란 쉽지 않다. 그래도 다양한 개인들과 사회 집단이 우리 종의 올바른 진화를 위해 노력하고 있다. 우리는 우리 자신, 우리 관계, 우리 세계, 우리 지구를 대하는 방식을 변화시킴으로써 이와 같은 진화를 계속할 수 있다. 그러면서도 완벽하지 않은 과정이 계속되리라는 건강한 이해를 유지할 수 있다. 그래도 우리는 여전히 위대함에 빠져들 수 있다. 자신을 위해 더 많은 것을 원할 수도 있다. 서로에게 너무 많은 것을 요구할 수도 있다. 잘못된 정치적 선택을 할 수도 있다. 원래 그렇게 가는 것이다. 충분함은 원래 그런 것이다. 충분함은 늘 공간과 여지를 남기므로 우리 자신을 너무 혹사하지 않도록 해준다. 우리 가운데 누구도 위대하지 않으며, 사회적·정치적·문화적·경제적 현실이 아직 주도하는 세상이기에 우리 중 그 누구도 온전히 충분할 수 없다. 그와 동시에 충분함은 불완전함도 굴복하지 않게 해준다. 충분함의 세계관을 받아들인다는 것은 모두에게 충분한 세상으로 향하고자 매일 조금씩 더 충분하려고 노력한다는 것을 의미한다.

이 생각이 유토피아적이고 비현실적이라는 사람도 있을 테고, 디스토피아적이고 과거에 이미 실패한 실험을 떠올리는 사람도 있을 것이다. 소수의 위대함이 모두의 충분함과 양립할 수 없다고 의심하는 사람도 있을 것이다. 계속해서 위대한 소수만을 추종하는 사람도 있을 것이다. 내가 경제 문제와 사회 문제를 혼동해서 그렇지, 경제적 불평등만 해소되면 다 해결된다는 사람도 있을 것이다. 마찬가지로 내가 사회 문제와 경제 문제를 혼동해서 그렇지, 소수가 더 많이 가졌을 뿐 우리도 이미 충분히 살 만큼 살지 않느냐는 사람도 있을 것이다.

이제 몇 페이지 남지 않은 시점에서 여러분은 과연 어떤 결론을 낼지 나로서는 알 수 없으나, 지금까지 나는 이런 의견에 답변하면서 내 논리를 보여줬고, 그것이 효과가 있는 이유와 우리 삶의 전반적인 영역에서 위대함을 버리는 게 더 나은 이유를 설명하고 설득하기 위해 최선을 다했다. 곧 이 책을 다 읽을 여러분만은 조금이라도 내 생각에 수긍하기를 바란다. 그래서 충분함의 세계관을 관계와 사회와 지구로 확장해나갈 첫 번째 그룹이 되길 바란다. 누군가가 누군가보다 훨씬 많은 부와 권력을 가지는 한 그들은 필연적으로 타인의 삶에 과도한 통제권을 갖게 되며, 그 우월함에 사로잡혀 자신들의 삶이 바람직하다는 인식으로 다원적 가치와 능력을 왜곡하게 된다. 더욱이 바로 앞 장에서 살펴본 바와 같이 사회 계급이 있어야 한다고 믿는 사람들은 자연도 지배의 대상으로 여기는 경향이 강하며, 기후 변화의 재앙마저도 자신들은 피해갈 수 있다고 아무렇지도 않게 확신한다.

위대함의 지배 체제를 넘어서면 우리는 편협하고 불공평한 경쟁 과정에 가려진 세상의 더 많은 가치와 다양성을 즐길 수 있다. 이 새로운 비전은 건전한 경쟁의 활력을 없애거나, 기술을 배우는 기쁨을 배제하거나, 하고 싶은 일을 방해하지 않는다. 다만 어떤 재능과 능력이 뛰어나다고 물질 경제나 지위 경제에서 차별적 보상은 누리지 못한다. 우리에게는 협력적인 경제적 거버넌스 체제 그리고 사회적 지위와 정치적 목소리를 제대로 분배할 수단이 필요하다. 어떤 사람도 자신의 재능이 무엇이든 경쟁에서 밀렸다는 이유만으로 자괴감이 빠지거나 협력에서 배제돼서는 안 된다. 어떤 사람들에게는 가진 것을 내놓아야 하는 것처럼 보일 수 있지만, 실제로는 그동안 잊혔던 수십억 인류가 인정받고 역량을 펼침으로써 놀라운 발전이 이뤄진다.

위대함에 이르는 새로운 길이 아니다. 우리는 여전히 자신이 잘하지 못하는 일에 재능이 있기를 바랄 것이다. 질병은 여전히 우리가 사랑하는 사람들을 고통스럽게 할 것이다. 홍수와 허리케인은 여전히 들이닥칠 것이다. 우리가 좋아하는 사람이 여전히 다른 사람에게 빠질 수도 있을 것이다. 어떤 발명품은 여전히 관심받지 못하고 사라질 것이다. 우리에게 정말로 중요한 일에 여전히 목소리가 닿지 않을 수도 있을 것이다. 다 잘될 거라는 상상 또한 위대함의 기만이다. 우리를 호의호식하게 해줄 경제적 혁신이 일어나리라는 상상도 멈춰야 한다. 나아가 우리는 이렇게 뭔가 안 될 수도 있을 것 같다는 생각이 변변찮은 짧은 노력으로 삶을 관통할 성공을 바라지 않는 마음가짐에 큰 도움이 된다는 사실도 인정해야 한다. 오히려 그렇기에 우리는 인간으로서 불완전함과 성장 가능성 전부를 오롯이 수용하고 최선을 다해 살아갈 수 있다.

이것이 지금까지 내가 여러분을 설득하고자 시도해온 주장의 결론이다. 인간이 죽을 수밖에 없는 이유보다 살아야 하는 이유를 설명하기가 더 복잡한 것처럼, 위대해져야 하는 이유보다 충분해져야 하는 이유를 설득하기가 더 어렵기에 이토록 많은 이야기를 하지 않을 수 없었다. 우리는 충분하면 된다. 정말로 충분하기만 하면, 모두가 다 충분하기만 하면, 모든 것이 평화롭고 정의롭고 평등하고 행복하다. 내가 여러분과 연결되고 여러분이 다른 사람과 연결돼 이 충분함의 세계관을 계속해서 심화해나갔으면 좋겠다. 사람이 쓴 어떤 책도 모든 질문에 답할 수 없고, 모든 사람에게 똑같이 강력할 수 없다. 어떤 사람도 개인의 힘으로 모든 문제를 해결할 만큼 세상을 완벽하게 이해하지 못한다. 우리 세계는 명백하게 상호 의존적이고, 복잡하고,

　　　　　　　　　　　　　모든 삶은 충분해야 한다

차이로 가득 차 있다. 한탄할 이유가 아니라 겸손해질 수 있다고 축하받을 명분이다. 이 책에서 나는 내가 할 수 있는 최대한의 확신과 근거로 내 주장을 충분히 펼쳤지만, 당연히 완벽하지 않음을 잘 알고 있다. 다만 내가 여러분을 설득하기 위해 노력한 것처럼 여러분도 자신의 생각을 녹여서 충분함의 세계관을 견고히 다듬어나가기를 바라며, 여러분의 이야기를 들은 다른 사람들도 그렇게 하기를 희망한다.

좀 아쉽긴 하다. 그러나 아쉬움도 충분함의 일부라고 생각한다. 나도 계속해서 더 좋은 답을 찾으려고 노력할 것이다. 나는 진심으로 충분한 삶을 지향하는 사고방식이 우리의 사회적 삶을 헤아리는 가장 강력하고 중요한 방식이라고 믿는다. 이 충분히 좋은 지구에서 충분히 좋은 삶을 사는 게 우리의 생존을 위한 길일뿐더러 모두의 온전함, 충분함, 불완전함을 만끽하는 인간으로서 번영하는 길이다.

우리의 충분한 삶을 위하여!

모두의 충분한 세상을 위하여!

들어가며

1 다음 보고서를 참조할 것. Anthony Shorrocks, James Davies, Rodrigo Lluberas, "Global Wealth Report 2020", *Credit Suisse*(October 2020). 다음 웹사이트 링크에서 보고서 전문을 내려받을 수 있다. https://www. credit-suisse.com/media/assets/corporate/docs/about-us/research/ publications/global-wealth-report-2020-en.pdf. 세계은행의 다음 보도 자료도 참조할 것. "Nearly Half the World Lives on Less than $5.50 a Day", World Bank(October 17, 2018). https://www.worldbank.org/en/news/ press-release/2018/10/17/nearly-half-the-world-lives-on-less-than-550-a-day. 다음 논문을 참조할 것. Ramon Martinez 외, "Trends in Premature Avertable Mortality from Non-Communicable Diseases for 195 Countries and Territories, 1990-2017: A Population-Based Study", *The Lancet Global Health* 8, no. 4(April 1, 2020), e511-e523. https://doi. org/10.1016/S2214-109X(20)30035-8. "How Many People Die from Hunger Each Year?", The World Counts(March 22, 2021, 최종 접속일). 기아로 죽어가는 사람들의 실시간 통계는 다음 웹사이트 링크를 참조할 것. https:// www.theworldcounts.com/challenges/people-and-poverty/hunger-and-obesity/how-many-people-die-from-hunger-each-year.

2 다음 논문을 참조할 것. Spencer L. James 외, "Global, Regional, and National Incidence, Prevalence, and Years Lived with Disability for 354 Diseases and Injuries for 195 Countries and Territories, 1990-2017: A Systematic Analysis for the Global Burden of Disease Study 2017",

The Lancet 392, no. 10159(November 10, 2018), pp. 1789-1858. https://doi.org/10.1016/S0140-6736(18)32279-7. 다음 칼럼을 참조할 것. Anne Helen Petersen, "How Millennials Became the Burnout Generation", *BuzzFeed News*(January 5, 2019). https://www.buzzfeednews.com/article/annehelenpetersen/millennials-burnout-generation-debt-work. Shannon Palus, "Burnout Is Real, but It's Not an Exclusively Millennial Condition", *Slate*(January 8, 2019). https://slate.com/human-interest/2019/01/burnout-millennials-capitalism-buzzfeed-essay.html. 다음 보고서를 참조할 것. "Americans Say They Are More Anxious than a Year Ago; Baby Boomers Report Greatest Increase in Anxiety", American Psychiatric Association(May 7, 2018). https://www.psychiatry.org/newsroom/news-releases/americans-say-they-are-more-anxious-than-a-year-ago-baby-boomers-report-greatest-increase-in-anxiety.

3 다음 보고서를 참조할 것. David Lin 외, "Calculating Earth Overshoot Day 2020: Estimates Point to August 22nd", *Global Footprint Network*(June 5, 2020). https://www.overshootday.org/content/uploads/2020/06/Earth-Overshoot-Day-2020-Calculation-Research-Report.pdf. 다음 논문을 참조할 것. Partha Dasgupta, "The Economics of Biodiversity: The Dasgupta Review", *HM Treasury*(February 2021), p. 123. 다음 웹사이트 링크에서 논문 전문을 열람할 수 있다. https://assets.publishing.service.gov.uk/media/602e92b2e90e07660f807b47/The_Economics_of_Biodiversity_The_Dasgupta_Review_Full_Report.pdf.

4 '좋음'과 '충분함'에 해당하는 것들의 목록이 방대한 데다 우리에게 필요한 것들은 시간과 장소에 따라 계속해서 달라지기에 '포함'이라고 표현했다. 일테면 공기 좋은 곳에서는 굳이 필요하지 않더라도, 공기 청정기는 스모그가 심한 곳

에서 '좋음'과 '충분함'을 충족하기 위한 필수품일 수 있다.

5 업무 시간과 생산성이 무작정 비례하지 않는다는 증거는 차고 넘치며, 코로나 19 범유행 이후 제대로 일하려면 적게 일해야 한다는 주장이 갈수록 힘을 얻고 있다. 다음 칼럼을 참조할 것. Bryce Covert, "8 Hours a Day, 5 Days a Week Is Not Working for Us", *The New York Times*(July 20, 2021). https://www. nytimes.com/2021/07/20/opinion/covid-return-to-office.html.

6 다음 칼럼을 참조할 것. Avram Alpert, "The Good-Enough Life", *The New York Times*(February 20, 2019). https://www.nytimes.com/2019/02/20/opinion/the-good-enough-life-philosophy.html.

7 다음 칼럼을 참조할 것. Edith Zimmerman, "I'm Calling Hypocrisy on These 'Good-Enough Life' Advocates", *The Cut*(February 20, 2019). https://www.thecut.com/2019/02/calling-hypocrisy-on-these-good-enough-life-advocates.html.

8 세계 질서와 관련한 여론을 주도해온 〈파이낸셜타임스(Financial Times)〉조차 이 사실을 인정한 것은 주목할 만한 일이다. 다음 기사를 참조할 것. "Virus Lays Bare the Frailty of the Social Contract", *Financial Times*(April 3, 2020). https://www.ft.com/content/7eff769a-74dd-11ea-95fe-fcd274e920ca. 다음 기사도 참조할 것. Amina Mohammed, "COVID-19 Pandemic Exposes Global 'Frailties and Inequalities': UN Deputy Chief", *UN News*(May 3, 2020). https://news.un.org/en/story/2020/05/1063022. Keeanga-Yamahtta Taylor, "Reality Has Endorsed Bernie Sanders", *The New Yorker*(March 30, 2020). https://www.newyorker.com/news/our-columnists/reality-has-endorsed-bernie-sanders. "The America We Need", *The New York Times*(April 17, 2020). https://www.nytimes.com/interactive/2020/opinion/america-inequality-coronavirus.html. Jeffrey Sachs 외, "Letter from Economists: To Rebuild Our World, We

Must End the Carbon Economy", *The Guardian*(August 4, 2020). https://www.theguardian.com/commentisfree/2020/aug/04/economists-letter-carbon-economy-climate-change-rebuild.

9 다음 책에서 인용. Walter Benjamin, *Illuminations: Essays and Reflections*, Hannah Arendt 엮음, Harry Zohn 옮김(Schocken, 2019), p. 257.

10 제4장에서 이 논의를 구체화하겠지만 이에 관한 문제의식은 다음 책에서 비롯했다. Hélène Landemore, *Open Democracy: Reinventing Popular Rule for the Twenty-First Century*(Princeton University Press, 2020). 요지는 집단 협력이 개인의 역량보다 모든 면에서 월등하게 작용했다는 뜻이 아니라 무시해도 될 만한 요소가 아니라는 의미다. 집단 협력은 규범화할 때 가장 큰 힘을 발휘한다. 더 다양하고 많은 사람의 참여는 그 자체로 좋은 것이다.

11 다음 책을 참조할 것. Geoff Mulgan, *Big Mind: How Collective Intelligence Can Change Our World*(Princeton University Press, 2017).

12 유대계 미국 철학자 사이먼 라비도비치(Simon Rawidowicz)는 이렇게 말하고 있다. "우리 영혼은 국가 사이의 관계를 지배하고, 거의 모든 세대에 걸쳐 인간 학살을 초래하고, 생명과 자연을 상실의 구렁텅이로 내모는 관념적 현실주의에 진저리가 났다. 오늘의 현실주의는 내일의 재앙으로 돌아온다." 다음 책을 참조할 것. David N. Myers, *Between Jew and Arab: The Lost Voice of Simon Rawidowicz* 중 Simon Rawidowicz, "Between Arab and Jew"(Brandeis University Press, 2009), pp. 135-180.

13 다음 트위터 링크를 참조할 것. https://twitter.com/JustMeTurtle/status/1238682510579478528. 다음 기사도 참조할 것. "San Francisco garbage collector staying positive while city shelters in place during coronavirus outbreak", *ABC7 Chicago*(March 20, 2020). https://abc7chicago.com/aaron-meier-coronavirus-in-san-francisco-covid-19-sf/6025874.

제1장: 위대함만으로는 충분하지 않은 이유

1 더 일반적인 구분은 다음 논문을 참조할 것. W. G. de Burgh, "Greatness and Goodness: The Presidential Address", *Proceedings of the Aristotelian Society* 32(1932), pp. 1–18.

2 다음 책에서 인용. John Milton, *Paradise Lost*, David Scott Kastan 엮음 (Hackett Publishing, 2005), p. 91.

3 "선량하니까 위대하다"는 능력주의 세계관의 배경에 관해서는 다음 책을 참 조할 것. Michael J. Sandel, *The Tyranny of Merit: What's Become of the Common Good?*(Farrar, Straus and Giroux, 2020).

4 이 문제가 왜 커다란 도전 과제인지, 그리고 물질적 진보만으로는 왜 불평등을 해소하기 어려운지는 다음 보고서를 참조할 것. Pedro Conceicao 외, "Human Development Report 2019: Beyond Income, Beyond Averages, Beyond Today: Inequalities in Human Development in the 21st Century"(United Nations Human Development Programme, 2019). 다음 웹사이트 링크에서 보고서 전문을 내려받을 수 있다. https://hdr.undp.org/system/files/documents/hdr2019pdf.pdf

5 다음 책에서 인용. Michael Young, *The Rise of the Meritocracy, 1870-2033: An Essay on Education and Equality*(Penguin Books, 1961), p. 179.

6 다음 책에서 인용. D. W. Winnicott, *Playing and Reality*(제2판, Routledge, 2005), p. 187. 이 용어는 그가 살았던 시대 분위기와 그의 성장 배경이 된 특정 계층의 편견을 반영한다고도 할 수 있다(그는 유모 손에서 자랐다). 어쨌든 그가 말한 충분함은 완벽함이 아닌 모나지 않은 평범함에 가까웠으며, 이후 그는 "충분히 촉진되는 환경"이라는 개념을 제시하면서 대인 관계와 사회적 이상 사이의 연관성을 보여줬다.

7 위대함을 향한 유혹은 오래도록 반복된 주제다. 예를 들면 그리스도의 세 가지 유혹, 즉 자연법보다 강력한 권위, 무한한 영광, 죽음의 거부는 가장 위대한 유

혹으로 여겨져왔다. 그러나 존 밀턴이 지적했듯이 그리스도는 위대함이 아닌 선함으로 선택받은 신의 아들이었다. *The Holy Bible: New Revised Standard Version*, Luke 4.1–13. Milton, Paradise Lost, p. 91.

8 다음 책에서 인용. D. W. Winnicott, *Playing and Reality*, p. 14.

9 다음 논문에서 인용. Roy F. Baumeister, Mark R. Leary, "The Need to Belong: Desire for Interpersonal Attachments as a Fundamental Human Motivation", *Psychological Bulletin* 117, no. 3(May 1995), p. 497. https://doi.org/10.1037/0033-2909.117.3.497.

10 위 논문, p. 498.

11 다음 책을 참조할 것. Martha C. Nussbaum, *Creating Capabilities: The Human Development Approach*(Harvard University Press, 2013), pp. 33–34. 다음 논문도 참조할 것. Katharina Lima de Miranda, Dennis J. Snower, "Recoupling Economic and Social Prosperity", *Global Perspectives* 1, no. 1(February 20, 2020), pp. 1–34. https://doi.org/10.1525/001c.11867.

12 나는 이런 설명이 이른바 '자기완성(self-perfection)'을 끝없이 종용하는 사회 체계를 환기해준다는 점에서만큼은 고맙게 여기고 있다. 세간에 만연해 있는 자기계발 유행에 대한 유머러스하고 신랄한 비판은 다음 책을 참조할 것. Carl Cederström, André Spicer, *Desperately Seeking Self-Improvement: A Year inside the Optimization Movement*(OR Books, 2017).

13 다음 두 책에서 인용. Ada Calhoun, *Why We Can't Sleep: Women's New Midlife Crisis*(Grove Press, 2020), p. 219. Mark Manson, *The Subtle Art of Not Giving a F*ck: A Counterintuitive Approach to Living a Good Life*(Harper, 2016).

14 덴마크 심리학자이자 철학자 스벤 브링크만(Svend Brinkmann)이 여러 저서에서 우리가 위대함을 추구하도록 종용하는 경제적 압력을 이해하기 쉽게 설명한 바 있다. 그 또한 초기 연구에서는 충분함을 개인 윤리와 연결 지

어 바람직한 삶의 태도를 모색했으나 최근에는 정치적 변화를 촉구하는 쪽으로 전환했다. 다음 두 책을 참조할 것. Svend Brinkmann, *Stand Firm: Resisting the Self-Improvement Craze*, Tam McTurk 옮김(Polity, 2017). Svend Brinkmann, *The Joy of Missing Out: The Art of Self-Restraint in an Age of Excess*, Tam McTurk 옮김(Polity, 2019). 사회심리학자 베리 슈워츠(Barry Schwartz)의 추천으로 브링크만의 책을 읽게 됐는데, 충분함의 정치적·심리적 맥락에 대한 내 관점을 수립하는 데 큰 도움을 받았다. 베리 슈워츠의 다음 책과 논문도 참조할 것. Barry Schwartz, *The Battle for Human Nature: Science, Morality, and Modern Life*(Norton, 1986). Barry Schwartz, "Top Colleges Should Select Randomly from a Pool of 'Good Enough'", *The Chronicle of Higher Education*(February 25, 2005). https://www.chronicle.com/article/Top-Colleges-Should-Select/14215. Barry Schwartz, *The Paradox of Choice*(개정판, Ecco Press, 2016).

15 다음 기사를 참조할 것. Elsie Chen, "These Chinese Millennials Are 'Chilling,' and Beijing Isn't Happy", *The New York Times*(July 3, 2021). https://www.nytimes.com/2021/07/03/world/asia/china-slackers-tangping.html.

16 인기 있는 자기계발서 작가들이 정치나 정책적 문제와 연관된 질문을 피하려는 경향은 다음 책을 참조할 것. Anand Giridharadas, *Winners Take All: The Elite Charade of Changing the World*(Vintage, 2018), pp. 87-128.

17 다음 책을 참조할 것. Robert Michels, *Political Parties: A Sociological Study of the Oligarchical Tendencies of Modern Democracy*, Eden Paul 및 Cedar Paul 옮김(Dover Publications, 1959).

18 다음 책에서 인용. Christopher Boehm, *Hierarchy in the Forest: The Evolution of Egalitarian Behavior*(Harvard University Press, 1999), p. vii.

19 다음 책에서 인용. Adam Smith, *The Theory of Moral Sentiments*, Ryan

모든 삶은 충분해야 한다

Patrick Hanley 엮음(Penguin Classics, 2010), p. 136. 여기서 '인간'은 애덤 스미스가 젠더를 구분해 사용한 용어인 'man(남성)'이다.

20 앞의 인용문을 포함해 위 책, p. 64.

21 위 책, p. 73.

22 위 책, p. 215.

23 세계화의 경제적 기원에 대한 모든 호의적 관점을 불식하는 역사적 설명은 다음 책을 참조할 것. Quinn Slobodian, *Globalists: The End of Empire and the Birth of Neoliberalism*(Harvard University Press, 2018). 신자유주의 세계화의 문제점을 조목조목 파헤친 다음 두 책도 참조할 것. Ha-Joon Chang, *Bad Samaritans: The Myth of Free Trade and the Secret History of Capitalism*(Bloomsbury Press, 2007). Vijay Prashad, *The Poorer Nations: A Possible History of the Global South*(Verso, 2014).

24 다음 책에서 인용. Donald Justice, *Oblivion: On Writers and Writing*(Story Line Press, 1998), p. 55.

25 다음 책을 참조할 것. Thomas Piketty, *Capital and Ideology*, Arthur Goldhammer 옮김(Belknap Press, 2020), pp. 584-585.

26 다음 책에서 인용. Aristotle, *The Politics*, Ernest Barker 옮김(재출간, Oxford University Press, 1998), p. 58.

27 다음 책에서 인용. Fred Hirsch, *Social Limits to Growth*(Harvard University Press, 1978), p. 6.

28 위 책, p. 26.

29 위 책, p. 6. 이는 문화평론가 로런 벌런트(Lauren Berlant)의 '잔혹한 낙관주의(cruel optimism)', 즉 사회적이고 문화적인 거대한 문제를 개인의 문제로 축소해 그럴듯한 언어로 개인적 해결책을 제시하는 행태와도 관련이 있다. 개인의 노력으로 쉽게 해결할 수 있다는 발상은 낙관적으로 들리지만, 그런 노력은 너무 제한적이고 문제의 핵심을 꿰뚫지 못해서 전혀 도움이 되지 않는 데다 자

칫 자신과 사회에 해를 끼칠 수 있다는 점에서 잔혹하다. 다음 책을 참조할 것.
Lauren Berlant, *Cruel Optimism*(Duke University Press, 2011).

30 다음 책에서 인용. W. E. B. Du Bois, *Black Reconstruction in America, 1860-1880*(Free Press, 1998), p. 700.

31 다음 책에서 인용. Fred Hirsch, *Social Limits to Growth*, p. 190.

32 다음 인터뷰 기사를 참조할 것. Mathias Döpfner, Jeff Bezos, "Jeff Bezos interview with Axel Springer CEO on Amazon, Blue Origin, family", *Business Insider*(April 30, 2018). https://www.businessinsider.com/jeff-bezos-interview-axel-springer-ceo-amazon-trump-blue-origin-family-regulation-washington-post-2018-4.

33 다음 기사를 참조할 것. Karen Weise, "Jeff Bezos Commits $10 Billion to Address Climate Change", *The New York Times*(February 17, 2020). https://www.nytimes.com/2020/02/17/technology/jeff-bezos-climate-change-earth-fund.html.

34 다음 칼럼을 참조할 것. Tim Fernholz, "How to Build a Space Economy That Avoids the Mistakes of Terrestrial Capitalism", *Quartz*(December 20, 2019). https://qz.com/work/1767415/can-nasa-build-a-space-economy-that-leaves-capitalisms-problems-behind.

35 다음 인터뷰 기사를 참조할 것. Mathias Döpfner, Jeff Bezos, "Jeff Bezos interview with Axel Springer CEO on Amazon, Blue Origin, family".

36 다음 논문을 참조할 것. Raj Chetty 외, "Who Becomes an Inventor in America? The Importance of Exposure to Innovation"(The Equality of Opportunity Project, 2018), The Quarterly Journal of Economics 134, no. 2(May 2019). https://doi.org/10.1093/qje/qjy028. 다음 웹사이트 링크에서 논문 전문을 내려받을 수 있다. http://www.equality-of-opportunity.org/assets/documents/inventors_paper.pdf.

37 다음 책에서 인용. Stephen Jay Gould, *The Panda's Thumb: More Reflections in Natural History*(W. W. Norton & Company, 1992), p. 151.

38 다음 칼럼을 참조할 것. Albert Einstein, "Why Socialism?", *Monthly Review* 1(May, 1949/창간 50주년 기념 재게재, May, 2009). https://monthlyreview. org/2009/05/01/why-socialism.

39 내 연구 조교인 프린스턴대학교 대학원생 제이슨 바달(Jayson Badal)과 마이클 김(Michael Kim) 그리고 시아 디마펠레스(Thea Dimapeles)가 이 부분을 반드시 정리하고 넘어가야 한다고 조언했다. 세 사람 모두 이 책의 초안을 검토하면서 우려를 표명했는데, 다름 아닌 위대함을 바라보는 일반적 인식, 즉 '숭고함'이 나 '희생정신'과 연결될 수 있는 긍정적 의미가 위대함을 부정적으로 다루는 내 논지와 정면으로 충돌할 수 있다는 것이었다. 예를 들면 보상과 무관하게 기꺼 이 자신을 희생해 세상을 변화시켰거나 변화시키려는 사람들의 위대함조차 부 정하고 경시한다는 오해를 받을 수 있다는 우려였다. 나도 이 지적이 매우 적 절하고 타당하다고 생각하지만, 내가 이에 동의하면서도 왜 주저할 수밖에 없 는지 설명하고자 노력했다.

40 다음 칼럼을 참조할 것. Marie Solis, "When Dismantling Power Dismantles You Instead", *Vice*(December 7, 2018). https://www.vice.com/en_us/ article/3k95kk/when-dismantling-power-dismantles-you-instead-v25n4.

41 앞의 인용문을 포함해 다음 블로그에서 인용. Adrienne Maree Brown, "Stagger"(June 12, 2017). http://adriennemareebrown.net/2017/06/12/ stagger.

42 다음 책에서 인용. Charles M. Payne, *I've Got the Light of Freedom: The Organizing Tradition and the Mississippi Freedom Struggle, with a New Preface*(제2판, University of California Press, 2007), p. 101.

43 위 책, p. 76. 다음 책도 참조할 것. Barbara Ransby, *Ella Baker and the*

Black Freedom Movement: A Radical Democratic Vision(University of North Carolina Press, 2003) 중 제6장.

44 다음 책에서 인용. Adam Smith, *The Theory of Moral Sentiments*, p. 215.

45 다음 책에서 인용. Isaiah Berlin, *The Crooked Timber of Humanity: Chapters in the History of Ideas*, Henry Hardy 엮음(제2판, Princeton University Press, 1990), p. 15.

46 다음 책에서 인용. Toni Morrison 엮음, *James Baldwin: Collected Essays* 중 James Baldwin, "Notes of a Native Son"(New York: Library of America, 1998), p. 84.

제2장: 우리 자신을 위하여

1 이 문제와 관련한 구체적 설명은 다음 책을 참조할 것. Albena Azmanova, *Capitalism on Edge: How Fighting Precarity Can Achieve Radical Change without Crisis or Utopia*(Columbia University Press, 2020), pp. 50−59.

2 이는 AI 자동화를 통해 상당 부분 해소할 수 있는데, 이때는 힘든 노동이 사라짐으로써 발생하는 이익을 고루 분배하는 일이 새로운 과제로 떠오를 것이며, 설령 인간으로서 우리 역할이 축소되더라도 기술 혁명의 긍정적 효과에 감사해야 할 것이다. AI 기술이 바꿔놓을 미래 모습은 다음 인터뷰 대화록을 참조할 것. Ezra Klein and Sam Altman, "Transcript: Ezra Klein Interviews Sam Altman", *The New York Times*(June 11, 2021). https://www.nytimes.com/2021/06/11/podcasts/transcript−ezra−klein−interviews−sam−altman.html.

3 다음 책에서 인용. Mark Manson, *The Subtle Art of Not Giving a F*ck*, p. 8.

4 위 책, p. 16.

5 '행복의 과학'으로 유명한 미국 인지심리학자 로리 산토스(Laurie Santos)의 다음

칼럼을 참조할 것. "Laurie Santos, Yale Happiness Professor, on 5 Things That Will Make You Happier", *Newsweek*(December 20, 2020). https://www.newsweek.com/2021/01/08/laurie-santos-yale-happiness-professor-5-things-that-will-make-you-happier-1556182.html. 그녀의 주장을 뒷받침하는 또 다른 연구는 다음 책과 논문을 참조할 것. Corey L. M. Keyes 및 Jonathan Haidt 엮음, *Flourishing: Positive Psychology and the Life Well-Lived* 중 Jane Allyn Piliavin, "Doing Well by Doing Good: Benefits for the Benefactor"(American Psychological Association, 2003), pp. 227–247. https://doi.org/10.1037/10594-010. Elizabeth W. Dunn, Lara B. Aknin, Michael I. Norton, "Spending Money on Others Promotes Happiness", *Science* 319, no. 5870(2008), pp. 1687–1688.

6 '창세기' 1장을 참조할 것. *The Holy Bible: New Revised Standard Version*, Genesis 1.

7 다음 논문을 참조할 것. Sandor Goodhart, "Opening Genesis 1", *Prose Studies* 34, no. 1(April 2012), p. 23. https://doi.org/10.1080/01440357.2012.686209. '이사야' 40장 20절에서도 비슷한 방식으로 쓰였다. "아, 너희가 비참하게 되리라. 지혜 있는 자로 자처하는 자들아! 유식한 자로 자처하는 자들아!" 41장 7절에서는 '잘'이라는 부사로 쓰이기도 했다. "대장장이는 은장이를 부채질하여 '잘한다' 하고 마치질하는 자는 모루에 대고 두드리는 자를 칭찬하여 '그 쇠 참 잘 붙였다' 하며, 움직이지 못하게 못을 단단히 박은 우상과는 다르다!"

8 다음 책을 참조할 것. Marshall Sahlins, *Stone Age Economics*(Routledge, 2004). 같은 논지를 다음 책에서도 찾을 수 있다. James C. Scott, *Against the Grain: A Deep History of the Earliest States*(Yale University Press, 2017). 이를 비판적으로 바라보는 견해는 다음 칼럼을 참조할 것. Daniel Immerwahr, "Paleo Con", *The New Republic*(March 24, 2021). https://newrepublic.com/article/161593/prehistoric-myth-work-james-suzman.

9 다음 책을 참조할 것. James C. Scott, *Against the Grain*, p. 10, p. 75.

10 '창세기' 3장 17절. *The Holy Bible: New Revised Standard Version*, Genesis 3:17.

11 다음 책을 참조할 것. James C. Scott, *Against the Grain*, p. 10, p. 75.

12 1992년 미국 제42대 대통령 선거 당시 민주당 대선 후보 빌 클린턴(Bill Clinton) 의 선거 캠페인 전략가 제임스 카빌(James Carville)이 캐치프레이즈로 내세운 "바보야, 문제는 경제야"를 비틀어 표현한 것이다.

13 다음 논문을 참조할 것. Kenneth E. Boulding, "Economics as a Moral Science", *The American Economic Review* 59, no. 1(1969), pp. 1~12.

14 다음 책을 참조할 것. Wendy Brown, *Undoing the Demos: Neoliberalism's Stealth Revolution*(Zone Books, 2015).

15 다음 책에서 인용. Binyamin Appelbaum, *The Economists' Hour: False Prophets, Free Markets, and the Fracture of Society*(Little, Brown and Company, 2019), p. 199.

16 위 책, 제7장.

17 다음 책을 참조할 것. Max Weber, *The Protestant Ethic and the "Spirit" of Capitalism and Other Writings*, Peter Baehr 및 Gordon C. Wells 옮김 (Penguin Classics, 2002), pp. 11-28.

18 이런 생각을 벤저민 프랭클린이나 애덤 스미스만 한 것은 아니었다. 독일 경제학자 알베르트 O. 허쉬만(Albert O. Hirschman)이 지적했듯이 몽테스키외 (Montesquieu) 같은 계몽주의 사상가들도 인간의 이성적 이익(금전적·상업적 이익)이 인간의 다루기 힘든 열망(폭력적·권력적 욕망)에 대항해 더 나은 사회 체제를 만들 수 있다고 주장했다. 허쉬만은 몽테스키외가 사리사욕의 잠재적인 정치적 이익에 초점을 맞췄다면, 애덤 스미스는 경제 성장 그 자체에 집중했다고 설명했다. 다음 책을 참조할 것. Albert O. Hirschman, *The Passions and the Interests: Political Arguments for Capitalism before Its Triumph*(Princeton

University Press, 2013).

19 다음 기사를 참조할 것. Christine Hauser, "West Virginia Teachers, Protesting Low Pay, Walk Out", *The New York Times*(February 23, 2018). https://www.nytimes.com/2018/02/23/us/west-virginia-teachers-strike.html.

20 다음 보고서를 참조할 것. Sylvia Allegretto and Lawrence Mishel, "The Teacher Pay Penalty Has Hit a New High", *Economic Policy Institute*(September 5, 2018). https://www.epi.org/publication/teacher-pay-penalty-2022/

21 다음 칼럼을 참조할 것. E. Tammy Kim, "Can Arizona's Teachers Still Consider Themselves Middle Class?", *The New Yorker*(May 2, 2018). https://www.newyorker.com/news/dispatch/can-arizonas-teachers-still-consider-themselves-middle-class.

22 역설적이게도 공교육은 지난 2세기 동안 경제 성장을 견인해온 한 축으로 평가받는다. 그렇기에 장기적 관점에서 공교육 약화는 경제에 악영향을 미친다. 다음 책을 참조할 것. Thomas Piketty, *Capital and Ideology*, pp. 517-523.

23 다음 설명을 각각 참조할 것. National Center on Education and the Economy, "Finland: Teacher and Principal Quality", Top Performing Countries(2018). http://ncee.org/what-we-do/center-on-international-education-benchmarking/top-performing-countries/finland-overview/finland-teacher-and-principal-quality. Dick Startz, "Teacher Pay around the World", *Brookings*(June 20, 2016). https://www.brookings.edu/blog/brown-center-chalkboard/2016/06/20/teacher-pay-around-the-world. 다음 책도 참조할 것. Anu Partanen, *The Nordic Theory of Everything: In Search of a Better Life*(Harper Paperbacks, 2017).

24 다음 칼럼을 참조할 것. Ilari Kaila and Tuomas Kaila, "Finland, We Hardly

Knew Ye", *Jacobin*(August 16, 2017). https://jacobinmag.com/2017/08/
finland-welfare-state-true-finns-centennial.

25 다음 세 책을 참조할 것. Alasdair MacIntyre, *After Virtue*(제2판, University of Notre Dame Press, 1984). Michael Walzer, *Spheres of Justice: A Defense of Pluralism and Equality*(Basic Books, 1983). Michael J. Sandel, *Justice: What's the Right Thing to Do?*(Farrar, Straus and Giroux, 2009). 나는 특히 배리 슈워츠가 쓴 다음 책을 통해 '경제학 제국주의'에 대한 대안으로서 덕윤리가 가진 힘에 주목할 수 있었다. Barry Schwartz, *The Battle for Human Nature*, p. 268, pp. 274-275, pp. 301-304.

26 다음 책에서 인용. Aristotle, *The Nicomachean Ethics*, Lesley Brown 엮음, David Ross 옮김(Oxford University Press, 2009), p. 23.

27 위 책, p. 25.

28 앞의 인용문을 포함해 위 책, p. 36.

29 위 책, p. 195.

30 다음 두 책을 참조할 것. Michael Walzer, *Spheres of Justice*. Alasdair MacIntyre, *After Virtue*.

31 다음 책에서 인용. Michael Walzer, *Spheres of Justice*, p. 319.

32 다음 책을 참조할 것. Michael J. Sandel, *Justice*, pp. 186-195.

33 다음 책에서 인용. Michael Walzer, *Spheres of Justice*, p. 320.

34 다음 논문을 참조할 것. Brooke N. Macnamara, David Moreau, David Z. Hambrick, "The Relationship between Deliberate Practice and Performance in Sports: A Meta-Analysis", *Perspectives on Psychological Science* 11, no. 3(May 1, 2016), pp. 333-350. https://doi.org/10.1177/1745691616635591.

35 다음 책을 참조할 것. Alfie Kohn, *No Contest: The Case against Competition*(Houghton Mifflin, 1986). 나온 지 한참 됐으나 경쟁의 문제점

을 이 만큼 설득력 있게 제시한 책도 없다. 저자인 미국 사회학자이자 심리학자 알피 콘은 이후로도 경쟁에 반대하는 자신의 주장을 새로운 증거와 함께 다양한 저술 활동으로 이어나갔다. 최근 교육학자 두 사람이 승패를 겨루는 경연과 관련해서는 그의 생각이 옳아도 아이들이 서로 의미 있는 관계 속에서 역량을 키워나가는 경쟁에 대해서는 틀렸다고 주장했는데, 나는 이 같은 지적이 일리가 있으면서도 여전히 경쟁을 사회 체제가 아닌 개인의 문제로 축소한다는 점에서 많은 것들을 놓치고 있다고 생각한다. 교육을 통해 건전하지 못한 승자 위주 사고방식을 바로잡을 수 있다는 이들의 주장도 비록 가치 있는 시도이긴 하나 궁극적 대안은 되지 못한다. 경쟁이 아닌 듯 포장한 또 다른 경쟁 체제의 도전에 직면할 뿐이다. 다음 논문을 참조할 것. David Light Shields, Brenda Light Bredemeier, "Competition: Was Kohn Right?", *The Phi Delta Kappan* 91, no. 5(2010), pp. 62−67. https://doi.org/10.1177/003172171009100516.

36 다음 책을 참조할 것. Alfie Kohn, *No Contest*, p. 54.

37 다음 책에서 인용. Ralph Waldo Emerson, *Essays and Poems*(Library of America, 1996), p. 263.

38 다음 칼럼을 참조할 것. Jane E. Brody, "How to Avoid Burnout in Youth Sports", *The New York Times*(May 7, 2018). https://www.nytimes.com/2018/05/07/well/how-to-avoid-burnout-in-youth-sports.html.

39 다음 책을 참조할 것. Daniel Markovits, *The Meritocracy Trap: How America's Foundational Myth Feeds Inequality, Dismantles the Middle Class, and Devours the Elite*(Penguin Press, 2019), pp. 111−156. 반면 이 책의 저자 대니얼 마르코비츠의 예일대학교 법학전문대학원 동료 법학자 앤서니 크론먼(Anthony Kronman)은 긍정적 차원에서 덕윤리와 귀족주의와의 연결 고리를 찾았다. 그는 "인간의 위대함을 존중하는 귀족주의적 전통"의 상실을 한탄했다. 앤서니 크론먼은 자신의 주장을 고등교육과 전문성의 가치에 대한 옹

호라고 설명했으나 대니얼 마르코비츠가 추적해 밝힌 부정적 효과, 즉 최고를 추구하는 행태가 인간 잠재력을 악화시키는 효과를 가져온다고 여기지 않았다. 그가 볼 때 귀족주의의 전문성을 평가절하하면 공공선을 위한 지식 추구를 저해하는 불편한 구별을 만들어낼 수밖에 없기 때문이다. 다음 책에서 인용. Anthony T. Kronman, *The Assault on American Excellence*(Free Press, 2019), p. 9.

40 일찍이 프레드 허쉬는 "기회균등이라는 개념을 무분별하게 받아들이면 결과의 평등을 위한 자연스러운 장벽이 사라진다"고 우려했다. 다음 책에서 인용. Fred Hirsch, *Social Limits to Growth*, pp. 162-163. 그의 지적처럼 공정한 경제적 자유주의자들이라면 누구나 이에 공감할 것이다. 대표적인 신자유주의 경제학자 프리드리히 하이에크(Friedrich Hayek)도 기회균등을 내세우는 능력주의를 비판했다.

41 다음 두 논문을 참조할 것. Karina Limburg 외, "The Relationship between Perfectionism and Psychopathology: A Meta-Analysis", *Journal of Clinical Psychology* 73, no. 10(2017), pp. 1301-1326. https://doi.org/10.1002/jclp.22435. Martin M. Smith 외, "Perfectionism and the Five-Factor Model of Personality: A Meta-Analytic Review", *Personality and Social Psychology Review*(January 6, 2019). https://doi.org/10.1177/1088868318814973.

42 다음 칼럼에서 인용. Andrew P. Hill, Thomas Curran, "How Perfectionism Became a Hidden Epidemic among Young People", *The Conversation*(January 3, 2018). http://theconversation.com/how-perfectionism-became-a-hidden-epidemic-among-young-people-89405.

43 완벽주의의 심각한 폐해는 다음 칼럼을 참조할 것. Christie Aschwanden, "Perfectionism Is Killing Us", *Vox*(November 27, 2019). https://www.vox.

모든 삶은 충분해야 한다

com/the-highlight/2019/11/27/20975989/perfect-mental-health-perfectionism.

44 다음 칼럼을 참조할 것. Tiana Clark, "This Is What Black Burnout Feels Like", *BuzzFeed News*(January 11, 2019). https://www.buzzfeednews.com/article/tianaclarkpoet/millennial-burnout-black-women-self-care-anxiety-depression.

45 다음 책에서 인용. Michael J. Sandel, *The Tyranny of Merit*, p. 155.

46 위 책, p. 208.

47 위 책, p. 224.

48 다음 책을 참조할 것. Oren Cass, *The Once and Future Worker: A Vision for the Renewal of Work in America*(Encounter Books, 2018), 제5장 및 제7장.

49 마이클 샌델이 복잡한 경제 문제는 충분히 고려하지 못했다는 주장은 다음 칼럼을 참조할 것. Elizabeth Anderson, "What Comes after Meritocracy?", *The Nation*(February 23, 2021). https://www.thenation.com/article/society/sandel-tyranny-merit. 이 칼럼을 쓴 미국 정치철학자 엘리자베스 앤더슨은 샌델이 능력주의 문제만 지나치게 부각했다고 비판했는데, 나는 마찬가지로 그녀 역시 자본주의 문제만 지나치게 부각했다고 생각한다. 위대함 이데올로기를 공유하기는 능력주의나 자본주의나 매한가지다. 위대함은 거의 모든 사회 체계에 깊이 뿌리 박혀 있다.

50 다음 책에서 인용. Michael J. Sandel, *The Tyranny of Merit*, p. 227.

51 다음 책에서 인용. Michael Young, *The Rise of the Meritocracy, 1870-2033*, p. 169.

52 다음 책에서 인용. Kwame Anthony Appiah, *The Lies That Bind: Rethinking Identity*(Liveright, 2019), p. 177.

53 위 책, p. 178.

54 위 책, p. 180.

55 위 책, p. 182.

56 앞의 인용문을 포함해 위 책, pp. 183-184.

57 다음 책에서 인용. Donald Justice, *Oblivion*, p. 55.

58 다음 책에서 인용. Hélène Landemore, *Open Democracy*, p. 89.

59 다음 인터뷰 기사를 참조할 것. Jeremy Egner, "'The Good Place' Finale Finds the Meaning of Life: 'Yep, Nailed It'", *The New York Times*(January 28, 2020). https://www.nytimes.com/2020/01/28/arts/television/the-good-place-michael-schur.html.

60 그렇지만 다른 측면에서 나는 스포츠 분야의 무한 경쟁 행태를 좋게 바라보지는 않는다. 우리 삶에서 더 확장적인 역할을 할 수 있는 협동 게임도 있다. 의자 놀이처럼 승자와 패자라는 경쟁에만 초점을 맞추면 충분한 재능이 있어도 그보다 더 뛰어난 사람들에게 밀려 번아웃에 빠지고, 심지어 그토록 좋아하던 운동을 그만둘 수도 있다. 알피 콘의 다음 블로그 포스팅을 참조할 것. Alfie Kohn, "Fun and Fitness without Competition"(July 3, 1990). https://www.alfiekohn.org/article/fun-fitness-without-competition. 다음 칼럼도 참조할 것. Jane E. Brody, "How to Avoid Burnout in Youth Sports".

61 다음 칼럼을 참조할 것. Adam Harris, "Who Do You Have to Know to Get a Coronavirus Test?", *The Atlantic*(March 15, 2020). https://www.theatlantic.com/politics/archive/2020/03/coronavirus-testing-rich-people/608062.

62 앞의 인용문을 포함해 다음 칼럼을 참조할 것. Mychal Denzel Smith, "LeBron James Is No Socialist, But His New Nike Ad Makes a Good Case for Socialism", *Esquire*(December 23, 2019). https://www.esquire.com/news-politics/a30316187/lebron-james-nike-ad-humble-beginnings-i-promise-school-socialism.

63 다음 책을 참조할 것. Mariana Mazzucato, *The Entrepreneurial State:*

모든 삶은 충분해야 한다

Debunking Public vs. Private Sector Myths(개정판, PublicAffairs, 2015), pp. 93-119.

64 그야말로 엄청난 성장이다. 다음 칼럼을 참조할 것. Eliza Barclay, "The Growth of Yoga and Meditation in the US since 2012 Is Remarkable", *Vox*(November 8, 2018). https://www.vox.com/2018/11/8/18073422/yoga-meditation-apps-health-anxiety-cdc.

65 다음 책을 참조할 것. Erik Braun, *The Birth of Insight: Meditation, Modern Buddhism, and the Burmese Monk Ledi Sayadaw*(University of Chicago Press, 2013).

66 다음 책에서 인용. Alan W. Watts, *The Wisdom of Insecurity: A Message for an Age of Anxiety*(제2판, Vintage Books, 2011), p. 9.

67 다음 책에서 인용. Mark Manson, *The Subtle Art of Not Giving a F*ck*, p. 10.

68 위 책, pp. 10-11.

69 다음 책에서 인용. Slavoj Žižek, *On Belief*(Routledge, 2001), p. 13.

70 불교와 카스트의 관계는 다음 설명을 참조할 것. Greg Bailey, "Buddhism and Caste", *Oxford Bibliographies*(2014). https://doi.org/10.1093/OBO/9780195393521-0191.

71 다음 책에서 인용. Johannes Bronkhorst, *Buddhism in the Shadow of Brahmanism*(Brill, 2011), p. 36.

72 다음 책을 참조할 것. Bhikkhu Ñāṇamoli 및 Bhikkhu Bodhi 옮김, *The Middle Length Discourses of the Buddha: A New Translation of the Majjhima Nikaya, Teachings of the Buddha*(Wisdom Publications, 1995), pp. 763-770.

73 다음 책에서 인용. Steven Collins, *Selfless Persons: Imagery and Thought in Theravada Buddhism*(Cambridge University Press, 1990), p. 191. 다음

책도 참조할 것. Steven Collins, *Nirvana and Other Buddhist Felicities: Utopias of the Pali Imaginaire*(Cambridge University Press, 1998), pp. 249-250. 이 두 책의 저자인 영국 불교학자 스티븐 콜린스는 이렇게 결론 내리고 있다. "인류 전체의 불교 드라마에는 결말이 없다. 개인의 시간만이 끝날 뿐이지 공적인 시간은 계속되기 때문이다."

74 다음 책에서 인용. Aristotle, *The Nicomachean Ethics*, p. 187.

75 위 책, p. 189.

76 다음 책에서 인용. Bhikkhu Bodhi 옮김, *The Connected Discourses of the Buddha: A New Translation of the Saṃyutta Nikāya*(Wisdom Publications, 2000), p. 98.

77 다음 책을 참조할 것. Maurice O'C. Walshe 옮김, *The Long Discourses of the Buddha: A Translation of the Dīgha Nikāya, The Teachings of the Buddha*(Wisdom Publications, 1995), pp. 346-347.

78 다음 책을 참조할 것. Robert Wright, *Why Buddhism Is True: The Science and Philosophy of Meditation and Enlightenment*(Simon and Schuster, 2017). 로버트 라이트의 생각에 비판적인 견해는 다음 책을 참조할 것. Evan Thompson, *Why I Am Not a Buddhist*(Yale University Press, 2020), pp. 56-85.

79 다음 책을 참조할 것. David McMahan 및 Erik Braun 엮음, *Meditation, Buddhism, and Science*, 중 David McMahan, "How Meditation Works: Theorizing the Role of Cultural Context in Buddhist Contemplative Practices"(Oxford University Press, 2017), pp. 21-46. 이에 대한 부정적 관점은 다음 책을 참조할 것. Evan Thompson, *Why I Am Not a Buddhist*, pp. 118-139.

80 다음 책에서 인용. Maurice O'C. Walshe 옮김, *The Long Discourses of the Buddha*, p. 349.

81 다음 책을 참조할 것. Steven Collins, *Selfless Persons*, pp. 191–192.

82 다음 인터뷰 기사에서 인용. bell hooks, Helen Tworkov, "Agent of Change: Helen Tworkov Interviews bell hooks", *Tricycle*(Fall 1992). https://tricycle.org/magazine/bell-hooks-buddhism.

83 레너드 해리스의 이 표현은 아프리카계 미국 정치가이자 민권 운동가 프레드릭 더글러스(Fredrick Douglass)의 연설에서 착안한 것이다. "개혁의 철학에 대해 한마디 하겠습니다. 인간의 자유가 진보해온 모든 역사는 그녀(자유의 여신을 말함_옮긴이)의 존엄한 주장이 열렬한 투쟁에서 탄생했음을 알 수 있습니다. (중략) 투쟁이 없으면 진보도 없습니다. 자유를 지지한다면서도 선동을 비난하는 사람들은 땅을 갈아엎지 않고 작물을 바라는 자들입니다. 천둥과 번개가 없는 비를 바라는 자들입니다. 비바람과 파도가 없는 바다를 바라는 자들입니다." 다음 책에서 인용. Leonard Harris, *A Philosophy of Struggle: The Leonard Harris Reader*, Lee A. McBride III 엮음(Bloomsbury Academic, 2020), p. 13.

84 다음 책에서 인용. bell hooks, *Belonging: A Culture of Place*(New York: Routledge, 2009), p. 5.

85 다음 발제문을 참조할 것. W. E. B. Du Bois, "Criteria of Negro Art", *The Crisis*(October 1926), pp. 290–297. 다음 웹사이트 링크에서 발제문 전문을 내려받을 수 있다. https://allisonbolah.com/site_resources/reading_list/DuBois.pdf

86 다음 책에서 인용. Booker T. Washington, W. E. B. Du Bois, Paul Laurence Dunbar, *The Negro Problem: A Series of Articles by Representative American Negroes of Today* 중 W. E. B. Du Bois, "The Talented Tenth"(James Pott & Company, 1903), p. 75.

87 다음 책에서 인용. Henry Louis Gates Jr., Cornel West, *The Future of the Race* 중 W. E. B. Du Bois, "The Talented Tenth Memorial Address"(Knopf Doubleday Publishing Group, 2011), p. 174.

88 위 책, p. 177, p. 174.

89 내 연구 조교 시아 디마펠레스(Thea Dimapeles)와 이 책의 편집자 앤 새버리스 (Anne Savarese) 그리고 내 어머니 레베카 알퍼트(Rebecca Alpert)가 이 부분을 반드시 지적하라고 조언했다.

90 다음 책에서 인용. Keeanga-Yamahtta Taylor, *From #BlackLivesMatter to Black Liberation*(Haymarket Books, 2016), p. 28. 다음 칼럼도 참조할 것. Ta-Nehisi Coates, "Black Pathology and the Closing of the Progressive Mind", *The Atlantic*(March 21, 2014). https://www.theatlantic.com/ politics/archive/2014/03/black-pathology-and-the-closing-of-the-progressive-mind/284523.

91 다음 책을 참조할 것. Heather McGhee, *The Sum of Us: What Racism Costs Everyone and How We Can Prosper Together*(One World, 2021), p. 26.

92 다음 책에서 인용. Toni Morrison 엮음, *Collected Essays* 중 James Baldwin, "The Fire Next Time"(Library of America, 1998), p. 342.

93 앞의 인용문을 포함해 다음 책에서 인용. Anna Julia Cooper, *The Voice of Anna Julia Cooper: Including "A Voice from the South" and Other Important Essays, Papers, and Letters*, Charles Lemert 및 Esme Bhan 엮음(Rowman & Littlefield, 1998), p. 63.

94 다음 책에서 인용. Gerda Lerner 엮음, *Black Women in White America: A Documentary History* 중 Ella Baker, "Gerda Lerner Interview with Ella Baker"(Vintage Books, 1973), p. 351.

95 위 책, p. 351.

96 위 책, p. 352.

97 다음 책에서 인용. Adrienne Maree Brown, *Emergent Strategy: Shaping Change, Changing Worlds*(AK Press, 2017), p. 101.

98 위 책, p. 99.

99 위 책, p. 54.

100 다음 책에서 인용. Dr. Martin Luther King Jr., *Where Do We Go from Here: Chaos or Community?*(Beacon Press, 2010), p. 174. 1968년 생애 마지막 해에서 마틴 루터 킹이 오늘날에도 여전히 만연해 있는 능력주의가 자신의 시대에 극복된 것처럼 말한 대목을 주목할 필요가 있다. "세기 초만 하더라도 이 제안은 개인의 주도성과 책임을 파괴한다고 온갖 비난과 조롱을 당했습니다. 당시에는 경제적 지위를 개인의 능력과 재능의 척도로 간주했습니다. 당시의 단순한 사고방식에서 세속적 재화의 부재는 곧 근면한 습관과 도덕적 기질의 결여를 뜻했습니다." 같은 책, p. 171

100 나는 최근 저널리스트이자 정치평론가 에즈라 클라인(Ezra Klein)과 정치학자 자밀라 미체너(Jamila Michener)의 팟캐스트 인터뷰를 듣고 신선한 충격을 받았다. 미체너는 삶의 불완전성이 우리를 투쟁이 아닌 연대로 이끈다는 사상적 전통과 정확히 일치하는 세계관을 분명히 말하고 있었다. 다음 〈뉴욕타임스〉 팟캐스트 대화록을 참조할 것. Ezra Klein, Jamila Michener, "Transcript: Ezra Klein Interviews Jamila Michener", *The New York Times*(June 8, 2021). https://www.nytimes.com/2021/06/08/podcasts/transcript-ezra-klein-interviews-jamila-michener.html.

제3장: 우리 관계를 위하여

1 다음 책에서 인용. Kimberley Brownlee, *Being Sure of Each Other: An Essay on Social Rights and Freedoms, Being Sure of Each Other*(Oxford University Press, 2020), p. 2.

2 위 책, pp. 125-132.

3 더 깊고 구체적인 논증은 위 책 제4장에서 제6장을 참조할 것.

4 능력주의가 이미 엘리트인 사람들조차 집어삼키는 과정에 관해서는 다음 책을

참조할 것. Daniel Markovits, *The Meritocracy Trap*.

5 가상의 상황이 아니다. 실제로 벌어지고 있는 일이다. 다음 책을 참조할 것. Michael J. Sandel, *The Tyranny of Merit*, 제6장.

6 다음 책에서 인용. Walter Benjamin, *Illuminations*, p. 30.

7 다음 칼럼을 참조할 것. Alain de Botton, "Why You Will Marry the Wrong Person", *The New York Times*(May 28, 2016). https://www.nytimes. com/2016/05/29/opinion/sunday/why-you-will-marry-the-wrong-person.html.

8 다음 책을 참조할 것. Plato, *The Symposium*, Alexander Nehamas 및 Paul Woodruff 옮김(Hackett, 1989), pp. 25-31.

9 다음 책을 참조할 것. Ovid, *Metamorphoses*, E. J. Kenney 엮음, A. D. Melville 옮김(Oxford University Press, 2008), pp. 190-193.

10 다음 칼럼에서 인용. Lori Gottlieb, "Marry Him! The Case for Settling for Mr. Good Enough", *The Atlantic*(March 1, 2008). https://www.theatlantic. com/magazine/archive/2008/03/marry-him/306651. 이 칼럼은 미국에서 엄청난 반향을 불러일으켰고 그녀가 같은 제목의 책을 쓰게 된 계기가 됐다.

11 다음 책을 참조할 것. Lori Gottlieb, *Marry Him: The Case for Settling for Mr. Good Enough*(Dutton, 2011), pp. 273-282.

12 다음 칼럼에서 인용. Lori Gottlieb, "Marry Him! The Case for Setting for Mr. Good Enough".

13 다음 책을 참조할 것. Richard Schwartz, Jacqueline Olds, *Marriage in Motion: The Natural Ebb and Flow of Lasting Relationships*(Da Capo Lifelong Books, 2002).

14 다음 책에서 인용. Erich Auerbach, Mimesis: The Representation of Reality in Western Literature, Willard Trask 옮김(Princeton University Press, 1953), p. 19.

15 꼭 일부일처제를 기준으로 말한 대목은 아니다. 일부다처제나 일처다부제인 문화권도 있다. 그러나 어떻든 관계를 맺고 있다는 점에서 본질은 같으며, 반려자가 한 사람이든 더 많든 마찬가지로 충분한 관계를 위해 노력해야 한다.

16 다음 책을 참조할 것. Todd May, *A Decent Life: Morality for the Rest of Us*(University of Chicago Press, 2019).

17 다음 책에서 인용. Amy Chua, *Battle Hymn of the Tiger Mother*(Penguin, 2011), p. 4.

18 다음 책을 참조할 것. Edward N. Zalta 엮음, *The Stanford Encyclopedia of Philosophy* 중 John Morreall, "Philosophy of Humor"(Metaphysics Research Lab, Stanford University, 2016). 다음 설명도 참조할 것. https://plato.stanford.edu/archives/win2016/entries/humor.

19 다음 책을 참조할 것. Sigmund Freud, *Jokes and Their Relation to the Unconscious: The Standard Edition*, James Strachey 엮음(W. W. Norton & Company, 1990), p. 286.

20 다음 책에서 인용. Naomi Shihab Nye, *Words under the Words: Selected Poems*(Eighth Mountain Press, 1995), p. 80.

21 다음 논문에서 인용. John Darley, Daniel Batson, "From Jerusalem to Jericho: A Study of Situational and Dispositional Variables in Helping Behaviour", *Journal of Personality and Social Psychology* 27, no. 1(1973), p. 101. https://doi.org/10.1037/h0034449

22 위 논문, p. 105.

23 다음 책에서 인용. Fred Hirsch, *Social Limits to Growth*, p. 77. 다음 논문도 참조할 것. Paul K. Piff 외, "Having Less, Giving More: The Influence of Social Class on Prosocial Behavior", *Journal of Personality and Social Psychology* 99, no. 5(2010), pp. 771–784. https://doi.org/10.1037/a0020092.

24 다음 책을 참조할 것. Fred Hirsch, *Social Limits to Growth*, 제5장.

25 다음 책을 참조할 것. Barry Schwartz, T*he Paradox of Choice*.

26 다음 책에서 인용. Fred Hirsch, *Social Limits to Growth*, p. 79.

27 위 책, p. 79.

28 로스 다우댓(Ross Douthat) 같은 보수주의 저널리스트도 이 문제를 인식하고 있다. 하지만 그는 이를 역동적인 사회 변화에 따른 지엽적 문제로 보는 듯하다. 게다가 보수든 진보든 정치적 진영과 상관없이 답을 찾아야 할 문제로는 생각하지 않는 것 같다. 나는 다음 장에서 이에 대한 답으로 '협력 경제(cooperative economy)'를 제시한다. 다음 칼럼을 참조할 것. Ross Douthat, "Is Capitalism Killing Conservatism?", *The New York Times*(May 8, 2021). https://www.nytimes.com/2021/05/08/opinion/sunday/capitalism-conservatism.html.

29 앞의 인용문을 포함해 다음 책에서 인용. Henry David Thoreau, *Walden*(Princeton University Press, 2004), p. 224.

30 위 책, p. 134[《논어(論語)》 제4편 '이인(里仁)' 제25장_옮긴이].

31 위 책, p. 134[《중용(中庸)》 제26장_옮긴이].

32 앞의 인용문을 포함해 다음 책에서 인용. Zhuangzi, *Zhuangzi: The Essential Writings with Selections from Traditional Commentaries*, Brook Ziporyn 옮김(Hackett Publishing, 2009), p. 76.

33 위 책, p. 8.

34 다음 책을 참조할 것. Zhuangzi, *Zhuangzi: The Essential Writings with Selections from Traditional Commentaries* 중 Brook Ziporyn, "Introduction"(Hackett Publishing, 2009), pp. xv-xvi.

35 위 책, p. 124. 《장자》에서는 공자도 안타까울 정도로 조롱을 당하는데, 누가 옳고 그르냐의 문제가 아닌 관점의 차이를 나타낸 것이다. 장자는 모든 질문에 답이 있고 논리적으로 따질 수 있다는 생각을 어리석고 오만한 위선으로 봤다.

모든 삶은 충분해야 한다

36 위 책, p. xvi.

37 다음 칼럼에서 인용. Alain de Botton, "Why You Will Marry the Wrong Person".

38 내가 참조한 《회남자》 영문판에서는 "두고 봅시다(We'll see)"가 "행운일지 불운일지 누가 알겠소?(Good luck, bad luck, who knows?)"로 번역돼 있다. 아마도 그것이 원문에 가까울 테지만 이야기의 메시지는 다르지 않다. 우연히 벌어진 일을 함부로 규정하기보다 겉보기에 좋거나 나쁜 일이 어떤 식으로 그 반대가 될 수 있는지 계속 관찰하다 보면 '도'가 무엇인지 이해하게 된다. "행운이 불운이 되고, 불운이 행운이 된다. 그 변화는 끝이 없고 심오하기에 헤아릴 수 없다." 다음 책에서 인용. Liu An, *The Huainanzi: A Guide to the Theory and Practice of Government in Early Han China*, John S. Major 옮김(Columbia University Press, 2010), p. 729.

39 앞의 인용구를 모두 포함해 다음 테드 강연 영상에서 인용. Heather Lanier, "'Good' and 'Bad' Are Incomplete Stories We Tell Ourselves", TED@BCG Milan(TED(October 2017). https://www.ted.com/talks/heather_lanier_good_and_bad_are_incomplete_stories_we_tell_ourselves.

40 다음 책에서 인용. Primo Levi, *Survival in Auschwitz*, Stuart Woolf 옮김(Simon and Schuster, 1996), p. 86.

41 앞의 인용문을 포함해 위 책, p. 86.

42 앞의 인용문을 포함해 위 책, p. 88. '마태복음' 인용문은 25장 29절.

43 위 책, p. 121.

44 위 책, pp. 121-122.

45 다음 책에서 인용. David Treuer, *The Heartbeat of Wounded Knee: Native America from 1890 to the Present*(Riverhead Books, 2019), p. 1.

46 위 책, p. 13.

47 위 책, p. 404.

48 다음 책을 참조할 것. Cedric J. Robinson, *Black Marxism: The Making of the Black Radical Tradition*(제2판, University of North Carolina Press, 2000), pp. 123–166.

49 다음 논문에서 인용. Vincent Brown, "Social Death and Political Life in the Study of Slavery", *The American Historical Review* 114, no. 5(2009), p. 1249.

50 아프리카계 미국 작가이자 인문학자 클린트 스미스(Clint Smith)가 과거 노예로 살았던 사람들의 생활상을 서술한 방식도 참조할 만하다. "노예제를 묘사한 이야기 가운데 대부분은 노예 생활의 공포, 즉 등이 찢겨나가고 뼈가 으스러질 정도로 두들겨 맞거나 가족이 뿔뿔이 흩어지는 등의 참혹함을 강조하지만, 토요일 저녁 휴식을 취하면서 서로 어울려 춤추던 이야기, 뜨겁게 사랑에 빠지고 폭력이 멈춘 잠깐이나마 서로를 지극히 돌보던 이야기, 아이들이 개울에서 돌멩이를 거르거나 참나무 숲에서 숨바꼭질하며 힘껏 뛰어노는 즐거움 외에 어떤 것에도 지배받지 않던 순간들에 관한 이야기도 있다. 이런 작은 순간들, 우리에게도 자유가 있음을, 그 자유가 우리에게도 당연함을 받아들일 수 있었던 그런 순간들이 우리와 늘 함께해왔다." 다음 칼럼에서 인용. Clint Smith, "Stories of Slavery, From Those Who Survived It", *The Atlantic*(March 2021). https://www.theatlantic.com/magazine/archive/2021/03/federal-writers-project/617790.

51 다음 두 책을 참조할 것. Charles M. Payne, *I've Got the Light of Freedom*, pp. 79–80. Barbara Ransby, *Ella Baker and the Black Freedom Movement*, pp. 21–22.

52 다음 칼럼도 참조할 것. Imani Perry, "Racism Is Terrible. Blackness Is Not", *The Atlantic*(June 15, 2020). https://www.theatlantic.com/ideas/archive/2020/06/racism-terrible-blackness-not/613039.

53 다음 책에서 인용. Saidiya Hartman, *Wayward Lives, Beautiful*

모든 삶은 충분해야 한다

Experiments: Intimate Histories of Social Upheaval(W. W. Norton & Company, 2019), p. xv.

54 위 책, *Wayward Lives, Beautiful Experiments*, pp. 31-32.

55 위 책, p. 33.

56 위 책, p. 347.

57 위 책, p. 348.

58 다음 책에서 인용. Barack Obama, *Dreams from My Father: A Story of Race and Inheritance*(Crown, 2007), p. 120.

59 위 책, pp. 120-121.

60 위 책, p. 303.

61 다음 책에서 인용. Barack Obama, *We Are the Change We Seek: The Speeches of Barack Obama*, E. J. Dionne Jr. 및 Joy-Ann Reid 엮음 (Bloomsbury, 2017), p. 7.

62 위 책, p. 7.

63 위 책, pp. 98-99.

64 다음 칼럼을 참조할 것. Mugambi Jouet, "The Real Story behind 'Make America Great Again,'" *Mother Jones*(January 2017). https://www. motherjones.com/politics/2017/01/american-exceptionalism-maga-trump-obama.

65 다음 책을 참조할 것. Michael J. Sandel, *The Tyranny of Merit*, pp. 89-91.

66 다음 책을 참조할 것. Adam Tooze, *Crashed: How a Decade of Financial Crises Changed the World*(Viking, 2018), pp. 291-301. 버락 오바마 행정부의 경제 정책에 대한 비판은 다음 두 책을 참조할 것. Eddie S. Glaude Jr., *Democracy in Black: How Race Still Enslaves the American Soul*(Broadway Books, 2017), 제7장. Keeanga-Yamahtta Taylor, From #BlackLivesMatter to Black Liberation, 제5장.

67 다음 책을 참조할 것. Paul Krugman, *Arguing with Zombies: Economics, Politics, and the Fight for a Better Future*(W. W. Norton & Company, 2020), pp. 115-117.

68 앞의 인용문을 포함해 다음 책에서 인용. Michael J. Sandel, *The Tyranny of Merit*, pp. 90-91.

69 다음 칼럼과 책을 참조할 것. Michael D. Shear, Gardiner Harris, "With High-Profile Help, Obama Plots Life after Presidency", *The New York Times*(August 16, 2015). https://www.nytimes.com/2015/08/17/us/politics/with-high-profile-help-obama-plots-life-after-presidency.html. Anand Giridharadas, *Winners Take All*, pp. 32-33.

70 다음 책에서 인용. Paul Krugman, *Arguing with Zombies*, p. 120.

제4장: 우리 세계를 위하여

1 다음 책을 참조할 것. Kate Raworth, *Doughnut Economics: Seven Ways to Think Like a 21st-Century Economist*(Chelsea Green Publishing, 2018), pp. 144-145.

2 자본주의가 내포한 일반적인 문제를 더 살피고 싶다면 다음 책을 참조할 것. Erik Olin Wright, *Envisioning Real Utopias*(Verso, 2010), 제3장.

3 다음 논문을 참조할 것. Martin Gilens, Benjamin I. Page, "Testing Theories of American Politics: Elites, Interest Groups, and Average Citizens", *Perspectives on Politics* 12, no. 3(September 2014), pp. 564-581. https://doi.org/10.1017/S1537592714001595. 다음 책도 참조할 것. Ganesh Sitaraman, *The Crisis of the Middle-Class Constitution: Why Economic Inequality Threatens Our Republic*(Knopf Doubleday, 2017), 제5장.

4 더 정의롭고 공정한 자본주의에 대한 비전을 살펴보려면 다음 두 책을 참

조할 것. Mariana Mazzucato, *Mission Economy: A Moonshot Guide to Changing Capitalism*(Harper Business, 2021). Joseph E. Stiglitz, *People, Power, and Profits: Progressive Capitalism for an Age of Discontent*(W. W. Norton & Company, 2019).

5 성공과 실패 두 가지 측면에서 '소련의 실험'을 다룬 연구는 다음 책을 참조할 것. Ronald Suny, *The Soviet Experiment: Russia, the USSR, and the Successor States*(제2판, Oxford University Press, 2010). 양극화와 불평등에 관한 탁월한 해석은 다음 책을 참조할 것. Thomas Piketty, *Capital and Ideology*, 제12장.

6 다음 책에서 인용. Rosa Luxemburg, *The Russian Revolution and Leninism or Marxism?*(University of Michigan Press, 1961), p. 23.

7 다음 책에서 인용. Bertrand Russell, *The Practice and Theory of Bolshevism*(George Allen & Unwin Limited, 1921), p. 6.

8 독재 정권 수립으로 이어지지 않을 수 있었던 러시아 혁명의 가능성에 관해서는 다음 책을 참조할 것. Massimiliano Tomba, *Insurgent Universality: An Alternative Legacy of Modernity*(Oxford University Press, 2019), 제4장. 내가 제시한 부분과 유사하면서 더 구체적인 논증은 다음 책을 참조할 것. James C. Scott, *Seeing like a State: How Certain Schemes to Improve the Human Condition Have Failed*(Yale University Press, 1999), 제5장.

9 다음 책을 참조할 것. Thomas Piketty, *Capital and Ideology*, pp. 584–585.

10 마르크스주의를 깊게 분석한 영국 사상가이자 역사학자 게레스 스테드먼 존스(Gareth Stedman Jones)에 따르면 이 문제는 일찍이 마르크스가 자신을 신격화할 때부터 이미 태동했고, 이는 그의 맹목적인 추종자들이 세계를 이해하려는 그의 이론적 복잡성보다 유토피아적 세상의 위대함에 대한 환상에 집착하게 만들었다. 다음 책을 참조할 것. Gareth Stedman Jones, *Karl Marx: Greatness and Illusion*(Belknap Press, 2016).

11 〈뉴욕타임스〉의 다음 세 칼럼을 참조할 것. Jeanna Smialek, Jim Tankersley, "Black Workers, Already Lagging, Face Big Economic Risks", *The New York Times*(June 1, 2020). https://www.nytimes.com/2020/06/01/business/economy/black-workers-inequality-economic-risks.html. Richard A. Oppel Jr 외, "The Fullest Look Yet at the Racial Inequity of Coronavirus", *The New York Times*(July 5, 2020). https://www.nytimes.com/interactive/2020/07/05/us/coronavirus-latinos-african-americans-cdc-data.html. Kate Conger, Robert Gebeloff, Richard A. Oppel Jr., "Native Americans Feel Devastated by the Virus Yet Overlooked in the Data", *The New York Times*(July 30, 2020). https://www.nytimes.com/2020/07/30/us/native-americans-coronavirus-data.html.

12 다음 논문을 참조할 것. Tony Kirby, "Evidence Mounts on the Disproportionate Effect of COVID-19 on Ethnic Minorities", *The Lancet Respiratory Medicine* 8, no. 6(May 10, 2020), pp. 547-548. https://doi.org/10.1016/s2213-2600(20)30228-9. 다음 두 기사도 참조할 것. Benjamin Berteau, Barbara Wojazer, Emma Reynolds, "From Private Testing for the Rich to Unrest in Banlieues, Coronavirus Is Highlighting France's Stark Divide", *CNN*(April 26, 2020). https://www.cnn.com/2020/04/26/europe/coronavirus-france-inequality-intl/index.html. BBC Wales Investigates, "Coronavirus: 'Institutional Racism Left Minorities Exposed,'" *BBC News*(August 3, 2020). https://www.bbc.com/news/uk-wales-53539577.

13 다음 두 칼럼을 참조할 것. John Geddie, Joe Brock, Koustav Samanta, "Singapore's Migrant Workers Fear Financial Ruin after Virus Ordeal", *Reuters*(June 9, 2020). https://www.reuters.com/article/us-health-

모든 삶은 충분해야 한다

coronavirus-singapore-migrants-idUSKBN23G1PG. Rima Kalush, "In the Gulf, Migrant Workers Bear the Brunt of the Pandemic", *Al Jazeera*(June 1, 2020). https://www.aljazeera.com/indepth/opinion/gulf-migrant-workers-bear-brunt-pandemic-200529102238233.html.

14 다음 두 칼럼을 참조할 것. Neeta Lal, "The COVID-19 Economic Crash Could Set Indian Women Back Decades", *Foreign Policy*(August 4, 2020). https://foreignpolicy.com/2020/08/04/covid-19-economic-crash-india-jobless-women. Amanda Holpuch, "The 'Shecession': Why Economic Crisis Is Affecting Women More than Men", *The Guardian*(August 4, 2020). https://www.theguardian.com/business/2020/aug/04/shecession-coronavirus-pandemic-economic-fallout-women. 다음 논문도 참조할 것. Talha Burki, "The Indirect Impact of COVID-19 on Women", *The Lancet Infectious Diseases* 20, no. 8(August 1, 2020), pp. 904-905. https://doi.org/10.1016/S1473-3099(20)30568-5.

15 다음 책을 참조할 것. Cedric J. Robinson, Black Marxism, pp. 26-28.

16 위 책, pp. 74-80.

17 세드릭 로빈슨과 비슷한 시기에 활동한 남아프리카공화국 지식인들은 '인종 자본주의(racial capitalism)'가 아파르트헤이트(apartheid) 국가에서만 일어난 현상이라고 분석하기도 했다. 다음 세 칼럼을 참조할 것. Peter James Hudson, "Racial Capitalism and the Dark Proletariat", *Boston Review*, (February 20, 2018). http://bostonreview.net/forum/remake-world-slavery-racial-capitalism-and-justice/peter-james-hudson-racial-capitalism-and. Adolph L. Reed Jr., "The Surprising Cross-Racial Saga of Modern Wealth Inequality", *The New Republic*(June 29, 2020). https://

newrepublic.com/article/158059/racial-wealth-gap-vs-racial-income-gap-modern-economic-inequality. Matt Bruenig, "The Racial Wealth Gap Is about the Upper Classes", People's Policy Project(June 29, 2020). https://www.peoplespolicyproject.org/2020/06/29/the-racial-wealth-gap-is-about-the-upper-classes. 다음 논문도 참조할 것. Julian Go, "Three Tensions in the Theory of Racial Capitalism", *Sociological Theory*(December 24, 2020). https://doi.org/10.1177/0735275120979822.

18 다음 칼럼에서 인용. Walter Johnson, "To Remake the World: Slavery, Racial Capitalism, and Justice", *Boston Review*(February 20, 2018). http://bostonreview.net/forum/walter-johnson-to-remake-the-world.

19 다음 책에서 인용. Silvia Federici, *Caliban and the Witch: Women, the Body and Primitive Accumulation*(Autonomedia, 2004), p. 8.

20 다음 논문을 참조할 것. Nina Banks, "Black Women in the United States and Unpaid Collective Work: Theorizing the Community as a Site of Production", *The Review of Black Political Economy* 47, no. 4(December 1, 2020), pp. 343-362. https://doi.org/10.1177/0034644620962811.

21 다음 책을 참조할 것. Michael Oliver, *The Politics of Disablement: A Sociological Approach*(St. Martin's Press, 1990), pp. 27-29.

22 다음 논문에서 인용. Marta Russell, Ravi Malhotra, "Capitalism and Disability", *Socialist Register* 38(2002), p. 212. https://socialistregister.com/index.php/srv/article/view/5784.

23 위 논문, p. 212.

24 다음 논문을 참조할 것. Teodor Mladenov, "From State Socialist to Neoliberal Productivism: Disability Policy and Invalidation of Disabled People in the Postsocialist Region", *Critical Sociology* 43, no. 7-8(2017), pp. 1109-1123.

25 다음 논문에서 인용. Marta Russell, Ravi Malhotra, "Capitalism and Disability", p. 223.

26 다음 책에서 인용. Adam Smith, *The Wealth of Nations*(Modern Library, 2000), p. 12.

27 지구 환경과 에너지 측면에서 경제를 생태학적으로 들여다본 독창적 연구는 다음 책을 참조할 것. Kate Raworth, *Doughnut Economics*, pp. 222-224. 경제 성장을 특정하기 어려운 피드백 체제의 산물로 보는 것 말고는 구체적 결론을 도출하지 못한 수많은 논쟁 사례는 다음 책을 참조할 것. Vaclav Smil, *Growth: From Microorganisms to Megacities*(MIT Press, 2019), pp. 419-436. 젠더, 능력주의, 식민주의, 노예제 등이 경제에 미친 영향을 깊게 파고든 다음 책도 참조할 것. Jason Hickel, *The Divide: A Brief Guide to Global Inequality and Its Solutions*(Norton, 2018), 제3장. 우리 지구 자체의 인간 경제 기여도를 정량화한 설명은 다음 논문을 참조할 것. Partha Dasgupta, "The Economics of Biodiversity: The Dasgupta Review".

28 다음 책을 참조할 것. Adam Smith, *The Wealth of Nations*, pp. 93-94.

29 위 책, p. 75-76.

30 위 책, p. 90.

31 위 책, p. 483.

32 위 책, p. 485.

33 다음 책에서 인용. Adam Smith, *The Theory of Moral Sentiments*, p. 13.

34 위 책, p. 31.

35 위 책, p. 52.

36 위 책, p. 74.

37 위 책, p. 73.

38 위 책, pp. 213-214.

39 위 책, p. 214.

40 애덤 스미스의 주장은 일부 자본주의 역사 연구자들에게 널리 비판을 받았다. 그의 생각과 달리 위대함을 위해 가장 열심히 일한 사람들은 부자가 아니라 자신의 터전이던 공유지가 사유지로 변해 땅을 몰수당하고 공장 노동으로 내몰린 힘없고 가난한 사람들이었다. 다음 논문을 참조할 것. Jason Hickel, "Degrowth: A Theory of Radical Abundance", *Real-world Economics Review* 1, no. 87(March 2019), pp. 59–61. http://www.paecon.net/PAEReview/issue87/Hickel87.pdf.

41 다음 책에서 인용. Adam Smith, *The Theory of Moral Sentiments*, p. 215.

42 위 책, p. 215.

43 위 책, p. 215.

44 다음 책에서 인용. Adam Smith, *The Wealth of Nations*, p. 500.

45 다음 책을 참조할 것. Anand Giridharadas, *Winners Take All*, pp. 201–244. 이 밖에도 여러 경제학자가 이 문제를 제기했지만, 주류 경제학 내에서 무시당하기 일쑤였다. 다음 책도 참조할 것. Dani Rodrik, *Straight Talk on Trade: Ideas for a Sane World Economy*(Princeton University Press, 2017), ix–xiii.

46 다음 기사를 참조할 것. Andrea Cerrato, Francesco Ruggieri, Federico Maria Ferrara, "Trump Won in Counties That Lost Jobs to China and Mexico", *Washington Post*(December 2, 2016). https://www.washingtonpost.com/news/monkey-cage/wp/2016/12/02/trump-won-where-import-shocks-from-china-and-mexico-were-strongest.

47 이를 깨우친 지식인은 칼 폴라니뿐만이 아니었다. 불평등과 정치적 불안 사이의 연관성은 적어도 아리스토텔레스 때부터 인식돼왔고, 20세기 초 영국 경제학자 존 메이너드 케인스(John Maynard Keynes)도 이를 광범위한 차원에서 분석했다. 케인스는 불평등이 사회 전반의 경제적 번영과 관련이 있다고 여

모든 삶은 충분해야 한다

겼지만, 역사적 우연에 가까울 뿐 필연적인 경제 법칙은 아니라고 생각했다. 다음 두 책을 참조할 것. Aristotle, *The Nicomachean Ethics*, pp. 58-59. Elizabeth Johnson 및 Donald Moggridge 엮음, *The Collected Writings of John Maynard Keynes* 중 제2권 John Maynard Keynes, *The Economic Consequences of the Peace*(Cambridge University Press for the Royal Economic Society, 2013), pp. 11-13.

48 다음 책에서 인용. Karl Polanyi, *The Great Transformation: The Political and Economic Origins of Our Time*(Beacon Press, 2001), p. 224.

49 다음 책을 참조할 것. Sheri Berman, *The Primacy of Politics: Social Democracy and the Making of Europe's Twentieth Century*(Cambridge University Press, 2006). 국가 권위주의의 사회적 기원을 연구한 다음 논문도 참조할 것. Frederick Solt, "The Social Origins of Authoritarianism", *Political Research Quarterly* 65, no. 4(December 2012), pp. 703-713. https://doi.org/10.1177/1065912911424287.

50 다음 책에서 인용. Nicholas Wapshott, *Keynes Hayek: The Clash That Defined Modern Economics*(W. W. Norton & Company, 2012), p. 258. 내가 케인스와 하이에크의 삶과 영향력을 이해하는 데 큰 도움을 준 책이다.

51 위 책, p. 251.

52 위 책, p. 198-205.

53 평론에서 조지 오웰은 '집산주의(collectivism)'를 경계한 하이에크의 생각을 지지하면서도 칼 폴라니와 같은 우려를 표명했다. "하지만 대중의 관점에서 '자유' 경쟁으로 복귀하는 것은 더 나쁜 폭정을 의미할 수 있다. 왜냐하면 자유 경쟁의 폭정이 국가의 폭정보다 더 무책임하기 때문이다. 그는 이 점을 알려고도 인정하려고도 하지 않을 것이다. 경쟁의 문제는 경쟁에서 이긴 누군가가 독식한다는 데 있다. 하이에크 교수는 자유 자본주의가 반드시 독점으로 이어진다는 점을 부인하지만, 현실에서 자유 경쟁이 다다르게 되는 곳은 결국 독점이

다. 침체와 실업보다 국가의 엄격한 통제가 훨씬 더 낫다는 사람들이 압도적으로 많을 것이기에, 이 문제에서 대중의 의견이 뭉쳐지면 집산주의로의 움직임은 계속될 수밖에 없다." 다음 책에서 인용. George Orwell, *George Orwell: As I Please, 1943-1946*(Nonpareil, 2000), p. 118.

54 다음 책을 참조할 것. Friedrich Hayek, *The Road to Serfdom: Text and Documents—The Definitive Edition*, Bruce Caldwell 엮음(University of Chicago Press, 2007), pp. 18−23.

55 다음 책에서 인용. Nicholas Wapshott, *Keynes Hayek*, p. 256.

56 다음 책을 참조할 것. Avner Offer, Gabriel Söderberg, *The Nobel Factor: The Prize in Economics, Social Democracy, and the Market Turn*(Princeton University Press, 2016).

57 위 책, pp. 127−131.

58 다음 책에서 인용. Friedrich Hayek, *The Road to Serfdom*, p. 165.

59 위 책, pp. 165−166.

60 다음 책을 참조할 것. Nicholas Wapshott, *Keynes Hayek*, pp. 221−223.

61 다음 책에서 인용. Friedrich Hayek, *The Road to Serfdom*, p. 71.

62 위 책, p. 90.

63 위 책, pp. 86−87.

64 구체적인 사례는 다음 책을 참조할 것. Corey Robin, *The Reactionary Mind: Conservatism from Edmund Burke to Donald Trump*(제2판, Oxford University Press, 2017), pp. 157−164.

65 다음 책에서 인용. Friedrich Hayek, *The Constitution of Liberty: The Definitive Edition*(The University of Chicago Press, 2011), p. 96.

66 프리드리히 하이에크의 책을 다 읽고 나서 〈뉴욕타임스〉 음식 저널리스트 마크 비트먼(Mark Bittman)이 식량 생산 역사에 나타난 문제점을 서술한 책을 읽었다. 이 책에서 그는 보편적이고 평등한 복지를 목표로 삼지 않았던 농업 기

모든 삶은 충분해야 한다

술 혁신이 어떻게 더 많은 사람을 불행하게 만들었는지(대규모 생산자들을 따라

잡지 못해 부채와 빈곤의 악순환에 빠진 영세 농민 등), 어떤 과정에서 환경 문제와 동

떨어지고 오늘날 인류를 위험 속에 몰아넣고 있는지 구체적으로 설명한다. 나

아가 왜 자본 친화적 발전이 모두에게 나쁜 결과를 초래하는지, 왜 평등주의적

인 발전만이 우리를 구원할 수 있는지 역설한다. 다음 책을 참조할 것. Mark

Bittman, *Animal, Vegetable, Junk: A History of Food, from Sustainable

to Suicidal*(Houghton Mifflin Harcourt, 2021).

67 다음 책을 참조할 것. Friedrich Hayek, *The Constitution of Liberty*, pp.

152-154.

68 위 책, p. 154.

69 다음 책에서 인용. Friedrich Hayek, *Nobel Prize-Winning Economist

Oral History Transcript*(University of California, 1983), p. 11. 다음 웹사

이트 링크에서 책 전문을 열람할 수 있다. http://archive.org/details/

nobelprizewinnin00haye.

70 다음 논문을 참조할 것. Federico Cingano, "Trends in Income Inequality

and Its Impact on Economic Growth", *OECD Social, Employment

and Migration Working Papers*, no. 163(December 2014). https://doi.

org/10.1787/5jxrjncwxv6j-en. 다음 두 책도 참조할 것. Thomas Piketty,

Capital and Ideology, pp. 543-547. Heather Boushey, *Unbound:

How Inequality Constricts Our Economy and What We Can Do about

It*(Harvard University Press, 2019). 불평등 문제와 상관없이 성장 자체가 점점 더

어려워지고 있다는 주장도 있다. 이를 근거로 불평등이 성장을 방해하는 게 아

니라면서 여전히 하이에크를 옹호하는 의견도 있다. 하지만 양쪽 모두 불평등

을 배제함으로써 오히려 이를 반드시 해결해야 할 규범적 문제로 확대하고 있

다. 다음 책을 참조할 것. Robert J. Gordon, *The Rise and Fall of American

Growth: The U.S. Standard of Living since the Civil War*(Princeton

University Press, 2017).

71 다음 책에서 인용. Thomas Piketty, *Capital and Ideology*, p. 544. 물론 성장 둔화에는 불평등 말고도 다양한 원인이 있다. 하이에크의 일반적 관점을 옹호하는 사람들 가운데 글로벌 투자운용사 모건스탠리(Morgan Stanley) 총괄사장인 루치르 샤르마(Ruchir Sharma)는 우리 시대의 실질적 문제가 정부의 통화 공급 개입 증가에 있다고 주장하면서 금융 완화가 주식 시장을 들끓게 하고 불평등을 심화했다고 진단했다. 그런데 레이건과 대처 혁명의 영향력이 유효했던 1980년에서 2020년이 그보다 훨씬 이전의 뉴딜 시대보다 정부가 더 적극적이었다는 생각에 마음을 열기란 어려울 것 같다. 이 주장을 수용하려면 부자 감세 등 불평등에 기여한 다른 모든 요인도 무시해야 한다. 그리고 성장 부진은 공교육을 강화하기보다 계속해서 전쟁을 치르는 등 국가 재정을 제대로 할당하지 못한 데서도 찾을 수 있다. 더욱이 마리아나 마추카토의 지적처럼 정부는 기술 혁신의 배후에서 국민 세금으로 막대한 연구 자금을 지원하고도 그들이 대부분 민영화하도록 내버려뒀나. 다음 칼럼을 참조할 것. Ruchir Sharma, "Dear Joe Biden, Deficits Still Matter", *Financial Times*(January 20, 2021). https://www.ft.com/content/d49b537a-95f8-4e1a-b4b1-19f0c44d751e.

72 다음 논문을 참조할 것. Heather Boushey, "Unbound: Releasing Inequality's Grip on Our Economy", *Review of Radical Political Economics* 52, no. 4(December 2020), p. 602. https://doi.org/10.1177/0486613420938187.

73 위 논문, pp. 604-605.

74 다음 책에서 인용. Thomas Piketty, *Capital and Ideology*, p. 499. 다음 책과 논평도 참조할 것. Barry Schwartz, *Why We Work*(Simon & Schuster/TED, 2015). Arash Kolahi, "A Participatory Workplace Is a More Fulfilling One, Too", *Inequality.org*(March 2, 2020). https://inequality.org/research/

모든 삶은 충분해야 한다

participatory-workplace-more-fulfilling.

75 GDP 지표의 맹점 등 비판적 견해는 다음 두 책을 참조할 것. Ronald Colman, *What Really Counts: The Case for a Sustainable and Equitable Economy*(Columbia University Press, 2021). Kate Raworth, *Doughnut Economics*.

76 영국 출신 캐나다 작가이자 저널리스트 말콤 글래드웰(Malcolm Gladwell)이 이 부분을 흥미롭게 다뤘다. 다음 책을 참조할 것. Malcolm Gladwell, *Outliers: The Story of Success*(Back Bay Books, 2011), pp. 50-68.

77 다음 책을 참조할 것. Mariana Mazzucato, *The Entrepreneurial State*.

78 마리아나 마추카토가 비판했듯이 시민 세금을 통한 공적 투자가 사적 성과로 이어지는 문제는 반드시 공론화해 담론의 평가를 받아야 한다. 위 책, pp. 2-4.

79 일부 아프리카계 미국 여성 역사가들은 이 문구조차도 "올라가는 사람과 올려지는 사람 사이의 불쾌한 계층 구조"를 만들어낼 수 있다고 지적했다. 다음 책에서 인용. Barbara Ransby, *Ella Baker and the Black Freedom Movement*, p. 379.

80 미국 사회심리학자 모턴 도이치(Morton Deutsch)의 연구에 따르면 만약 어떤 일에 데이터 분석 같은 독립적인 작업만 요구되고 협력은 필요하지 않은 경우, 보상이 이뤄지는 방식은 평등주의든 성과 기반이든 승자 독식이든 중요한 문제가 아니다. 반면 그 일이 일테면 도시 지역 공중위생과 관련해 청소업체 세 곳이 일정 영역을 분담하는 협력을 요구한다면, 승자 독식이나 성과에 기반한 보상은 평등주의 방식보다 더 낮은 생산성 또는 더 나쁜 결과를 낳는다. 다음 책을 참조할 것. Morton Deutsch, *Distributive Justice: A Social-Psychological Perspective*(Yale University Press, 1985), pp. 151-163.

81 다음 책에서 인용. Daniel Immerwahr, *How to Hide an Empire: A History of the Greater United States*(Farrar, Straus and Giroux, 2019), p. 269.

82 코로나19 백신 개발이 글로벌 과학 협력을 이끌어낸 과정은 다음 기사를 참조할 것. Matt Apuzzo, David D. Kirkpatrick, "Covid-19 Changed How the World Does Science, Together", *The New York Times*(April 1, 2020). https://www.nytimes.com/2020/04/01/world/europe/coronavirus-science-research-cooperation.html. 협력이 필요한 줄 알면서도 무시하는 경향에 관해서는 다음 칼럼을 참조할 것. Heather Hurlburt, "The World Is Helping Americans Who Don't Always See It", *The New York Times*(May 4, 2020). https://www.nytimes.com/2020/05/04/opinion/coronavirus-global-cooperation-cities.html. 글로벌 경제 협력과 관련한 논의는 다음 대담과 보고서를 참조할 것. Adam Tooze, "In This Together: Global Cooperation on a Global Crisis", *Reason to Be Cheerful*, 팟캐스트(April 6, 2020). https://www.cheerfulpodcast.com/rtbc-episodes/in-this-together. Peterson Institute for Economics, "How the G20 Can Hasten Recovery from COVID-19", *PIIE*(April 13, 2020). https://www.piie.com/publications/piie-briefings/how-g20-can-hasten-recovery-covid-19.

83 다음 칼럼을 참조할 것. Jennifer Kahn, "How Scientists Could Stop the Next Pandemic Before It Starts", *The New York Times*(April 21, 2020). https://www.nytimes.com/2020/04/21/magazine/pandemic-vaccine.html.

84 다음 기사를 참조할 것. Sharon LaFraniere 외, "Scientists Worry About Political Influence over Coronavirus Vaccine Project", *The New York Times*(August 2, 2020). https://www.nytimes.com/2020/08/02/us/politics/coronavirus-vaccine.html.

85 WHO에서 발표한 다음 보도자료를 참조할 것. "More than 150 Countries Engaged in COVID-19 Vaccine Global Access Facility", World Health

Organization(July 15, 2020). https://www.who.int/news-room/
detail/15-07-2020-more-than-150-countries-engaged-in-covid-
19-vaccine-global-access-facility.

86 다음 세 칼럼을 참조할 것. Ilara Kaila, Joona-Hermanni Makinen, "Finland
Had a Patent-Free COVID-19 Vaccine Nine Months Ago—But Still
Went with Big Pharma", *Jacobin*(February 28, 2021). https://jacobinmag.
com/2021/02/finland-vaccine-covid-patent-ip. Alexander Zaitchik,
"How Bill Gates Impeded Global Access to Covid Vaccines", *The New
Republic*(April 12, 2021). https://newrepublic.com/article/162000/bill-
gates-impeded-global-access-covid-vaccines. Jay Hancock, "They
Pledged to Donate Rights to Their COVID Vaccine, Then Sold Them to
Pharma", *Kaiser Health News*(August 25, 2020). https://khn.org/news/
rather-than-give-away-its-covid-vaccine-oxford-makes-a-deal-
with-drugmaker.

87 다음 기사를 참조할 것. Selam Gebrekidan, Matt Apuzzo, "Rich Countries
Signed Away a Chance to Vaccinate the World", *The New York
Times*(March 21, 2021). https://www.nytimes.com/2021/03/21/world/
vaccine-patents-us-eu.html.

88 다음 책을 참조할 것. Jane Mayer, *Dark Money: The Hidden History of the
Billionaires behind the Rise of the Radical Right*(Doubleday, 2016), pp.
27-28.

89 코로나19가 글로벌 경제에 미친 악영향은 다음 두 칼럼을 참조할 것. Adam
Tooze, "Shockwave", *London Review of Books*(April 4, 2020). https://
www.lrb.co.uk/the-paper/v42/n08/adam-tooze/shockwave. Adam
Tooze, "How Coronavirus Almost Brought Down the Global Financial
System", *The Guardian*(April 14, 2020). https://www.theguardian.com/

business/2020/apr/14/how-coronavirus-almost-brought-down-the-global-financial-system.

90 다음 책에서 인용. Karl Polanyi, *The Great Transformation*, p. 242.

91 다음 두 칼럼을 참조할 것. Emily Ekins, Joy Pullman, "Why So Many Millennials Are Socialists", *Cato Institute*(February 15, 2016). https://www.cato.org/publications/commentary/why-so-many-millennials-are-socialists. Andreas Kluth, "OK Boomer, We're Gonna Socialize You", *Bloomberg.Com*(July 25, 2020). https://www.bloomberg.com/opinion/articles/2020-07-25/ok-boomer-coronavirus-is-turning-millennials-into-socialists.

92 다음 칼럼을 참조할 것. Richard D. Wolff, "Socialism Means Abolishing the Distinction between Bosses and Employees", *Truthout*(June 27, 2015). https://truthout.org/articles/socialism-means-abolishing-the-distinction-between-bosses-and-employees.

93 사회주의를 더 유토피아적인 개념으로 정의하고 사회주의, 민주사회주의, 사회민주주의로 세분화한 설명은 다음 책을 참조할 것. Nathan J. Robinson, *Why You Should Be a Socialist*(All Points Books, 2019), pp. 133-142.

94 다음 칼럼을 참조할 것. George F. Will, "Freedom vs. Equality", *Washington Post*(February 1, 2004). https://www.washingtonpost.com/archive/opinions/2004/02/01/freedom-vs-equality/63bddf0b-6089-4bab-8663-f61571578e57.

95 다음 두 칼럼을 참조할 것. David Harvey, "Anti-Capitalist Politics in the Time of COVID-19", *Jacobin*(March 20, 2020). https://jacobinmag.com/2020/03/david-harvey-coronavirus-political-economy-disruptions. Corey Robin, "The New Socialists", *The New York Times*(August 24, 2018). https://www.nytimes.com/2018/08/24/opinion/

모든 삶은 충분해야 한다

Sunday/what-socialism-looks-like-in-2018.html. 다음 책도 참조할 것.
Anu Partanen, The Nordic Theory of Everything, pp. 320-327.

96 다음 책에서 인용. Karl Polanyi, *The Great Transformation*, p. 264.

97 다음 두 책을 참조할 것. David Graeber, *Bullshit Jobs*(Simon & Schuster, 2019). Albena Azmanova, *Capitalism on Edge*.

98 다음 책을 참조할 것. Thomas Piketty, *Capital and Ideology*, pp. 979-991.

99 다음 책에서 인용. Karl Polanyi, *The Great Transformation*, p. 268.

100 다음 에세이를 참조할 것. Andrew Carnegie, "The Gospel of Wealth", Carnegie Corporation of New York(June 1889). https://www.carnegie.org/about/our-history/gospelofwealth.

101 이른바 '원조' 명분으로 이뤄지는 국제적 자선 활동도 마찬가지다. 이때의 박애주의는 외국인 이민자 유입을 차단하기 위한 미봉책의 또 다른 이름이다. 영국 경제인류학자 제이슨 히켈(Jason Hickel)은 이렇게 설명한다. "사실 가난한 나라들은 원조가 필요하지 않다. 그들은 자신들을 가난하게 만들기를 멈추기 위해 부유한 나라들이 필요할 뿐이다." 다음 책에서 인용. Jason Hickel, *The Divide*, p. 31.

102 다음 책을 참조할 것. Thomas Piketty, *Capital and Ideology*.

103 다음 책에서 인용. John Kenneth Galbraith, *The Affluent Society*(Houghton Mifflin, 1958), p. 69.

104 다음 에세이를 참조할 것. Andrew Carnegie, "The Gospel of Wealth".

105 다음 책을 참조할 것. Karl Marx, Friedrich Engels, *The German Ideology*(1845). 다음 웹사이트 링크에서 책 전문을 열람할 수 있다. https://www.marxists.org/archive/marx/works/1845/german-ideology/ch01b.htm.

106 다음 책에서 인용. Rob Reich, *Just Giving: Why Philanthropy Is Failing*

Democracy and How It Can Do Better(Princeton University Press, 2018), p. 4.

107 다음 책을 참조할 것. George Soros, *The Crisis of Global Capitalism: Open Society Endangered*(PublicAffairs, 1998).

108 다음 칼럼을 참조할 것. Michael Steinberger, "George Soros Bet Big on Liberal Democracy. Now He Fears He Is Losing", *The New York Times*(July 17, 2018). https://www.nytimes.com/2018/07/17/magazine/george-soros-democrat-open-society.html.

109 다음 기사를 참조할 것. Randall Smith, "As His Foundation Has Grown, Gates Has Slowed His Donations", *The New York Times*(May 26, 2014). https://dealbook.nytimes.com/2014/05/26/as-his-foundation-has-grown-gates-has-slowed-his-donations. 다음 칼럼도 참조할 것. Rob Larson, "Bill Gates's Philanthropic Giving Is a Racket", *Jacobin*(April 5, 2020). https://jacobinmag.com/2020/04/bill-gates-foundation-philanthropy-microsoft.

110 2016년 기준 빌&멀린다 게이츠 재단은 "국가 GDP 규모로 세계 65위" 수준의 방대한 자산을 관리하고 있다. 다음 책에서 인용. Rob Reich, *Just Giving*, p. 9.

111 다음 칼럼을 참조할 것. Alexander Zaitchik, "How Bill Gates Impeded Global Access to Covid Vaccines".

112 다음 책에서 인용. Rob Reich, *Just Giving*, p. 5.

113 위 책, pp. 1-7.

114 자선 활동이 내포한 더 광범위한 논의는 다음 세 책을 참조할 것. Jane Mayer, *Dark Money*. Anand Giridharadas, *Winners Take All*. Rob Reich, *Just Giving*.

115 다음 책에서 인용. Peter Singer, *The Most Good You Can Do: How Effective Altruism Is Changing Ideas about Living Ethically*(Yale

모든 삶은 충분해야 한다

University Press, 2016), p. 50.

116 다음 두 책을 참조할 것. Joseph E. Stiglitz, *People, Power, and Profits*. Mariana Mazzucato, *Mission Economy*.

117 확실한 맥락을 알고 싶다면 다음 책을 참조할 것. Thomas Piketty, *Capital in the Twenty-First Century*, Arthur Goldhammer 옮김(Belknap Press, 2014).

118 다음 두 책을 참조할 것. Sheri Berman, *The Primacy of Politics*. Gabriel Söderberg, Avner Offer, *The Nobel Factor*.

119 다음 책을 참조할 것. Thomas Piketty, *Capital and Ideology*, pp. 486-577.

120 이에 대한 반박은 다음 칼럼을 참조할 것. Adolph Reed Jr., "The New Deal Wasn't Intrinsically Racist", *The New Republic*(November 26, 2019). https://newrepublic.com/article/155704/new-deal-wasnt-intrinsically-racist.

121 다음 책을 참조할 것. Ira Katznelson, *When Affirmative Action Was White: An Untold History of Racial Inequality in Twentieth-Century America*(W. W. Norton, 2005), pp. 42-49.

122 다음 칼럼을 참조할 것. Ta-Nehisi Coates, "The Case for Reparations", *The Atlantic*(June 2014). http://www.theatlantic.com/magazine/archive/2014/06/the-case-for-reparations/361631. 대출이 약탈 수단으로 변질한 것도 문제였다. 다음 책을 참조할 것. Keeanga-Yamahtta Taylor, *Race for Profit: How Banks and the Real Estate Industry Undermined Black Homeownership*(University of North Carolina Press, 2019).

123 서구 세계가 세상의 나머지 곳들을 발전시킨다는 명분으로 어떤 일을 했는지는 다음 책을 참조할 것. Jason Hickel, *The Divide*, pp. 99-239. 이 시기

의 자세한 정황에 관해서는 다음 책을 참조할 것. Vijay Prashad, *The Poorer Nations*, 제1장.

124 다음 책을 참조할 것. Vincent Bevins, *The Jakarta Method: Washington's Anticommunist Crusade and the Mass Murder Program That Shaped Our World*(PublicAffairs, 2020).

125 다음 책을 참조할 것. Jason Hickel, *The Divide*, 제5장.

126 다음 두 책을 참조할 것. Vincent Bevins, *The Jakarta Method*. Jason Hickel, *The Divide*.

127 다음 책을 참조할 것. Noel Maurer, *The Empire Trap: The Rise and Fall of U.S. Intervention to Protect American Property Overseas, 1893-2013*(Princeton University Press, 2013).

128 다음 책을 참조할 것. Göran Hugo Olsson, *Concerning Violence: Nine Scenes from the Anti-Imperialistic Self-Defense*(Kino Lorber, Inc, 2014).

129 이 흐름이 역사적 배경과 이 시기 스웨덴의 역할에 관한 학문적 개요는 다음 논문을 참조할 것. Karl Bruno, "The Technopolitics of Swedish Iron Mining in Cold War Liberia, 1950−1990", *The Extractive Industries and Society* 7, no. 1(January 1, 2020), pp. 39−49. https://doi.org/10.1016/j.exis.2019.06.008. 당시 스칸디나비아 국가들의 상황은 다음 책을 참조할 것. Vijay Prashad, *The Poorer Nations*, p. 26, p. 29, p. 49.

130 다음 책을 참조할 것. Emmanuel Saez, Gabriel Zucman, *The Triumph of Injustice: How the Rich Dodge Taxes and How to Make Them Pay*(W. W. Norton & Company, 2019).

131 이에 맞선 풀뿌리 민주주의 운동이 있었기에 우리가 이 같은 상황을 인지하게 된 것이다. 다음 책을 참조할 것. Naomi Klein, *No Logo: 10th Anniversary Edition with a New Introduction by the Author*(Picador, 2009). 이런 일자리가 세계화 맥락에서 어떤 의미를 띠는지, 특히 여성들에게 어떤 영향

모든 삶은 충분해야 한다

을 미치는지에 관한 견해는 다음 칼럼을 참조할 것. Hester Eisenstein, "The Sweatshop Feminists", *Jacobin*(June 17, 2015). https://jacobinmag. com/2015/06/kristof-globalization-development-third-world.

132 다음 기사를 참조할 것. Chris Giles, Ralph Atkins, Krishna Guha, "The Undeniable Shift to Keynes", *Financial Times*(December 29, 2008). https://www.ft.com/content/8a3d8122-d5da-11dd-a9cc-000077b07658. Paul Samuelson, "An Interview with Paul Samuelson, Part One", *The Atlantic*(June 17, 2009). https://www.theatlantic.com/business/archive/2009/06/an-interview-with-paul-samuelson-part-one/19586.

133 다음 기사를 참조할 것. Financial Times Editorial Board, "Virus Lays Bare the Frailty of the Social Contract". 글로벌 경제의 변화 양상에 맞춰 케인스주의와 신자유주의를 신중히 결합해야 한다는 관점은 다음 칼럼을 참조할 것. James K. Galbraith, "The Death of Neoliberalism Is Greatly Exaggerated", *Foreign Policy*(April 6, 2021). https://foreignpolicy. com/2021/04/06/death-neoliberalism-larry-summers-biden-pandemic.

134 다음 책에서 인용. Zachary D. Carter, *The Price of Peace: Money, Democracy, and the Life of John Maynard Keynes*(Random House, 2020), p. xvii.

135 다음 두 책을 참조할 것. Gary Dorrien, *Social Democracy in the Making: Political and Religious Roots of European Socialism*(Yale University Press, 2019). Sheri Berman, *The Primacy of Politics*.

136 게레스 스테드먼 존스에 따르면 카를 마르크스 자신도 결국 이를 인정했다. 다음 책을 참조할 것. Gareth Stedman Jones, *Karl Marx*.

137 다음 책을 참조할 것. Sheri Berman, *The Primacy of Politics*.

138 다음 책에서 인용. Gary Dorrien, *Social Democracy in the Making*, p. 1.

139 다음 여러 책에서 언급하는 용어를 가져온 것이다. Robert Alan Dahl, *A Preface to Economic Democracy*(University of California Press, 1986). Gary Dorrien, *The Democratic Socialist Vision*(Rowman & Littlefield, 1986). Gar Alperovitz, *Principles of a Pluralist Commonwealth*(The Democracy Collaborative, 2017). Richard Wolff, *Democracy at Work: A Cure for Capitalism*(Haymarket Books, 2012). Thomas Piketty, *Capital and Ideology*. 이와 같은 체제가 추진하고 있는 다양한 실험은 다음 두 책을 참조할 것. Jessica Gordon Nembhard, *Collective Courage: A History of African American Cooperative Economic Thought and Practice*(The Pennsylvania State University Press, 2014). Adrienne Maree Brown, *Emergent Strategy*. 이 밖에도 민주주의 협동조합(Democracy Collaborative), 차세대 체제 프로젝트(Next System Project), 정책연구소(Institute for Policy Studies) 등에서 진행 중인 흥미로운 시도와 여러 좋은 아이디어가 있다.

140 다음 보고서를 참조할 것. Henry J. Kaye, "FDR's Second Bill of Rights: 'Necessitous Men Are Not Free Men,'" *Roosevelt Institute*(January 11, 2011). https://rooseveltinstitute.org/fdrs-second-bill-rights-necessitous-men-are-not-free-men.

141 다음 보고서를 참조할 것. The Next System Project, "New Systems: Possibilities and Proposals", *TheNextSystem.org*(June 28, 2017)., https://thenextsystem.org/learn/collections/new-systems-possibilities-and-proposals.

142 다음 책을 참조할 것. Thomas Piketty, *Capital and Ideology*, pp. 493-513.

143 영국 노동당의 다음 보고서를 참조할 것. Labour Party(UK), "Alternative Models of Ownership"(2017). 다음 웹사이트 링크에서 보고서 전문을 내

모든 삶은 충분해야 한다

려받을 수 있다. https://labour.org.uk/wp-content/uploads/2017/10/ Alternative-Models-of-Ownership.pdf. 2020년 미국 대선 민주당 경선 후보였던 버니 샌더스와 엘리자베스 워런 선거 캠프의 다음 자료도 참조할 것. "Corporate Accountability and Democracy", 버니 샌더스 캠프 공식 웹사이트(May 24, 2020, 최종 접속일). https://berniesanders.com/issues/corporate-accountability-and-democracy. "Empowering Workers through Accountable Capitalism: Elizabeth Warren", 엘리자베스 워런 캠프 공식 웹사이트(May 24, 2020, 최종 접속일). https://elizabethwarren.com/plans/accountable-capitalism.

144 다음 논문을 참조할 것. Joe Guinan, "Socialising Capital: Looking Back on the Meidner Plan", *International Journal of Public Policy* 15, no. 1/2(2019), p. 38. https://doi.org/10.1504/IJPP.2019.099049.

145 다음 두 기사를 참조할 것. Matthew Brown, "Preston Is a Lesson for Labour: Show Communities You Can Deliver Change", *The Guardian*(May 18, 2021). http://www.theguardian.com/commentisfree/2021/may/18/preston-labour-communities-change-voters-uk.

146 다음 기사를 참조할 것. Gar Alperovitz, Thad Williamson, Ted Howard, "The Cleveland Model", *The Nation*(February 11, 2010). https://www.thenation.com/article/archive/cleveland-model.

147 다음 설명을 참조할 것. Matt Bruenig, "Social Wealth Fund for America", People's Policy Project(May 7, 2020, 최종 접속일). https://peoplespolicyproject.org/projects/social-wealth-fund.

148 다음 책에서 인용. Gar Alperovitz, *What Then Must We Do? Straight Talk about the Next American Revolution*(Chelsea Green Publishing, 2013), p. 58.

149 위 책, p. 58.

150 다음 책을 참조할 것. Kate Raworth, *Doughnut Economics*, 제6장.

151 다음 책을 참조할 것. Morton Deutsch, *Distributive Justice*, pp. 114-116.

152 다음 논문을 참조할 것. Riane Eisler, "Whole Systems Change", *TheNextSystem.org*(2020). 다음 웹사이트 링크에서 논문 전문을 열람할 수 있다. https://thenextsystem.org/sites/default/files/2017-08/NewSystems_RianeEisler.pdf. 다음 책도 참조할 것. Adrienne Maree Brown, *Emergent Strategy.*

153 다음 칼럼을 참조할 것. Gordon Nembhard, *Collective Courage.* Michaela Haas, "'When Someone Hires Me, They Get the Boss Herself,'" *The New York Times*, (July 7, 2020), https://www.nytimes.com/2020/07/07/opinion/gig-economy-immigrants-fair-wage.html.

154 다음 책과 논평을 참조할 것. Barry Schwartz, *Why We Work.* Arash Kolahi, "A Participatory Workplace Is a More Fulfilling One, Too".

155 다음 기사를 참조할 것. Paul Keegan, "Here's What Really Happened at That Company That Set a $70,000 Minimum Wage", *Inc.com*(October 21, 2015). https://www.inc.com/magazine/201511/paul-keegan/does-more-pay-mean-more-growth.html.

156 다음 트위터 링크를 참조할 것. https://twitter.com/DanPriceSeattle/status/1297583024587104262.

157 다음 두 칼럼을 참조할 것. Lydia DePillis, "For Amazon HQ2 Hopefuls, Seattle Serves as a Cautionary Tale", *CNN*(May 13, 2018). https://money.cnn.com/2018/05/13/news/companies/amazon-hq2-seattle/index.html. Paul Roberts, "This Is What Really Happens When Amazon Comes to Your Town", *POLITICO Magazine*(October 19, 2017). https://www.politico.com/magazine/story/2017/10/19/amazon-

모든 삶은 충분해야 한다

headquarters-seattle-215725.

158 다음 논평을 참조할 것. Alec MacGillis, "Amazon and the Breaking of Baltimore", *The New York Times*(March 9, 2021). https://www.nytimes.com/2021/03/09/opinion/amazon-baltimore-dc.html.

159 다음 다큐멘터리 영상을 참조할 것. James Jacoby, "Amazon Empire: The Rise and Reign of Jeff Bezos", *PBS*(February 2, 2020). https://www.pbs.org/wgbh/frontline/film/amazon-empire.

160 막대한 이익이 장기적으로 기업 발전에 불리하게 작용했다는 사실도 중요하다. 다음 책을 참조할 것. Gar Alperovitz, *What Then Must We Do?*, pp. 28-32.

161 다음 책을 참조할 것. Gar Alperovitz, *Principles of a Pluralist Commonwealth*.

162 다음 인터뷰 기사를 참조할 것. Anand Giriharadas, Djaffar Shalchi, "The American Dream Is Now in Denmark", *The.Ink*(February 23, 2021). https://the.ink/p/the-american-dream-is-now-in-denmark.

163 올바른 사회주의 관점을 가진 사람이라면 대부분 이 점을 인식한다. 일테면 미국 사회주의 계간지 〈자코뱅(Jacobin)〉을 창간한 저널리스트이자 급진적 사회주의자 바스카 순카라(Bhaskar Sunkara)도 이렇게 썼다. "인류의 상황을 완전히 해결할 수는 없겠지만, 적어도 극도의 비참함이 가득 채운 세상을 평범한 불행이 지배하는 세상으로 바꿀 수는 있다." 다음 책에서 인용. Bhaskar Sunkara, *The Socialist Manifesto: The Case for Radical Politics in an Era of Extreme Inequality*(Basic Books, 2019), p. 29.

164 경제적 정의를 달성하는 게 어려운 이유와 더불어, 그렇더라도 그 어려움이 경제적 정의 추구를 가로막지 못하는 이유는 다음 책을 참조할 것. G. A. Cohen, *Why Not Socialism?*(Princeton University Press, 2009), pp. 53-82.

165 다음 책에서 인용. Morton Deutsch, *Distributive Justice*, p. 246.

166 다음 책과 논문을 참조할 것. Dr. Martin Luther King Jr., *Where Do We Go from Here*. Bernard Friot, "Le salaire universel: Un déjà-là considérable à généraliser", *Mouvements* 73, no. 1(March 14, 2013), pp. 60-69. https://doi.org/10.3917/mouv.073.0060.

167 노파심에 짚고 넘어가자면 이 대목은 미국 자유지상주의 철학자 로버트 노직 (Robert Nozick)의 노동자 소유 및 운영 기업에 대한 터무니없는 가정을 옹호 하기 위한 게 전혀 아니다. 다음 책을 참조할 것. Robert Nozick, *Anarchy, State, and Utopia*(재출간, Basic Books, 2013). 노직의 주장은 그가 비판한 기 업들이 실제로 어떻게 작동하는지 이론적 가정에서 경험적 연구로 옮겨가면 한 줄 한 줄 전부 반박이 가능하다. 다음 두 책에서 노직의 가정과 도이치의 연구를 비교하면 이를 확인할 수 있다. Robert Nozick, *Anarchy, State, and Utopia*(Basic Books, 2013), pp. 250-253. Morton Deutsch, Distributive Justice, pp. 222-233.

168 다음 두 책을 참조할 것. Mary Pattillo, *Black Picket Fences: Privilege and Peril among the Black Middle Class*(제2판, University of Chicago Press, 2013). Karyn Lacy, *Blue-Chip Black: Race, Class, and Status in the New Black Middle Class*(University of California Press, 2007).

169 다음 책에서 인용. Robert Nozick, *Anarchy, State, and Utopia*, p. 243.

170 다음 책을 참조할 것. Sigmund Freud, *Civilization and Its Discontents*, James Strachey 옮김(Norton, 1962), pp. 60-61.

171 다음 칼럼을 참조할 것. Peter Frase, "Four Futures", *Jacobin*(December 13, 2011). https://jacobinmag.com/2011/12/four-futures.

172 다음 책에서 인용. William Shakespeare, *Timon of Athens*, Anthony Dawson 및 Gretchen E. Minton 엮음(제3판, The Arden Shakespeare, 2008), p. 275.

173 다음 칼럼을 참조할 것. Samuel Stebbins, "Here's How Rich Every US

모든 삶은 충분해야 한다

Senator Is", *MSN*(September 12, 2019). https://www.msn.com/en-us/money/markets/heres-how-rich-every-us-senator-is/ss-AAH9wWI.

174 다음 논문에서 인용. Robert K. Merton, "The Matthew Effect in Science", *Science* 159, no. 3810(January 5, 1968), p. 57. https://doi.org/10.1126/science.159.3810.56.

175 다음 세 논문을 참조할 것. Margit Osterloh, Bruno S. Frey, "How to Avoid Borrowed Plumes in Academia", *Research Policy* 49, no. 1(February 1, 2020). https://doi.org/10.1016/j.respol.2019.103831. David Adam, "Science Funders Gamble on Grant Lotteries", *Nature* 575, no. 7784(November 20, 2019), pp. 574-575. https://doi.org/10.1038/d41586-019-03572-7. Ferrie Fang, Arturo Casadevall, "Grant Funding: Playing the Odds", *Science* 352, no. 6282(April 2016), p. 158. https://doi.org/10.1126/science.352.6282.158-a.

176 다음 논문을 참조할 것. Margit Osterloh, Bruno S. Frey, "How to Avoid Borrowed Plumes in Academia".

177 2020년 캐나다의 소비예술상(Sobey Art Award)은 예외다. 코로나19 상황에서 예술가들의 경제적 어려움을 고려해 기존의 우승 1명과 준우승 4명이 아닌 결선 진출자 25명에게 상금을 똑같이 분배했다. 다음 기사를 참조할 것. "Canada's 2020 Sobey Art Award to Divide Grand Prize among Longlisted Artists", *Artforum*(April 16, 2020). https://www.artforum.com/news/canada-s-2020-sobey-art-award-to-divide-grand-prize-among-longlisted-artists-82748.

178 다음 논문을 참조할 것. Danielle L. Herbert 외, "The Impact of Funding Deadlines on Personal Workloads, Stress and Family Relationships: A Qualitative Study of Australian Researchers", *BMJ Open* 4, no. 3(March 1,

2014), e004462. https://doi.org/10.1136/bmjopen-2013-004462.

179 다음 두 논문을 참조할 것. Krist Vaesen and Joel Katzav, "How Much Would Each Researcher Receive If Competitive Government Research Funding Were Distributed Equally among Researchers?", *PLOS ONE* 12, no. 9(September 8, 2017), e0183967. https://doi.org/10.1371/journal. pone.0183967. John P. A. Ioannidis, "Fund People Not Projects", *Nature* 477, no. 7366(September 2011), pp. 529-531. https://doi. org/10.1038/477529a.

180 다음 칼럼을 참조할 것. Matt Ford, "Rebuilding the Constitution", *The New Republic*(May 15, 2020). https://newrepublic.com/article/157690/ rebuilding-constitution.

181 다음 칼럼을 참조할 것. Alexander Guerrero, "Forget Voting—It's Time to Start Choosing Our Leaders by Lottery", *Aeon*(January 23, 2014). https:// aeon.co/essays/forget-voting-it-s-time-to-start-choosing-our-leaders-by-lottery.

182 다음 책을 참조할 것. Hélène Landemore, *Open Democracy*, p. 89.

183 위 책, p. 42.

184 다음 논문에서 인용. Margit Osterloh, Bruno S. Frey, "How to Avoid Borrowed Plumes in Academia", p. 6.

185 다음 논문을 참조할 것. Barry Schwartz, "Top Colleges Should Select Randomly from a Pool of 'Good Enough.'"

186 마이클 샌델은 이른바 '대학 입학 추첨제'를 매우 자세히 논의했다. 다음 책을 참조할 것. Michael J. Sandel, *The Tyranny of Merit*, pp. 184-189.

187 위 책, p. 184.

188 다음 책을 참조할 것. Fred Hirsch, *Social Limits to Growth*, pp. 182-185.

189 다음 책을 참조할 것. Heather McGhee, *The Sum of Us*, pp. 38-39.

190 위 책, p. 289.

191 다음 책을 참조할 것. John Rawls, *A Theory of Justice*(개정판, Belknap Press, 1999).

제5장: 우리 지구를 위하여

1 다음 책에서 인용. David Wallace—Wells, *The Uninhabitable Earth: Life after Warming*(Tim Duggan Books, 2019), p. 20.

2 다음 보고서에서 인용. World Meteorological Organization(WMO), *WMO Statement on the State of the Global Climate in 2019*, WMO(WMO, 2020), p. 4. https://library.wmo.int/idurl/4/56228.

3 다음 책을 참조할 것. David Wallace—Wells, *The Uninhabitable Earth*, pp. 1—40.

4 다음 논문을 참조할 것. Thomas Wiedmann 외, "Scientists' Warning on Affluence", *Nature Communications* 11, no. 1(June 19, 2020). https://doi.org/10.1038/s41467-020-16941-y.

5 다음 기사를 참조할 것. Somini Sengupta, Julfikar Ali Manik, "A Quarter of Bangladesh Is Flooded. Millions Have Lost Everything", *The New York Times*(July 30, 2020). https://www.nytimes.com/2020/07/30/climate/bangladesh-floods.html. 다음 책도 참조할 것. Jason Hickel, *The Divide*, pp. 137—173.

6 다음 책을 참조할 것. Suzanne Oboler 및 Deena J. Gonzálezin 엮음, *The Oxford Encyclopedia of Latinos and Latinas in the United States* 중 Rubén O. Martínez, "Environmental Racism"(Oxford University Press, 2005).

7 다음 두 책을 참조할 것. Heather McGhee, *The Sum of Us*, pp. 193—218. Rob Nixon, *Slow Violence and the Environmentalism of the Poor*(Harvard

University Press, 2013).

8 다음 책에서 인용. Heather McGhee, *The Sum of Us*, p. 198.

9 다음 논문을 참조할 것. Mark Z. Jacobson 외, "100% Clean and Renewable Wind, Water, and Sunlight All-Sector Energy Roadmaps for 139 Countries of the World", *Joule* 1, no. 1(September 6, 2017), pp. 108-121. https://doi.org/10.1016/j.joule.2017.07.005. 체코 출신 캐나다 환경과학자이자 공공 정책 이론가 바츨라프 스밀(Vaclav Smil)의 발언이 돋보이는 다음 인터뷰 기사도 참조할 것. Nathan Gardels, Vaclav Smil, "Want Not, Waste Not", *Noema*(February 25, 2021). https://www.noemamag.com/want-not-waste-not.

10 다음 책을 참조할 것. Max Horkheimer, Theodor W. Adorno, *Dialectic of Enlightenment*, Gunzelin Schmid Noerr 엮음, Edmund Jephcott 옮김 (Stanford University Press, 2007).

11 린 화이트의 논문과 그 내용을 둘러싼 여러 논쟁은 다음 논문을 참조할 것. Elspeth Whitney, "Lynn White Jr.'s 'The Historical Roots of Our Ecologic Crisis' After 50 Years", *History Compass* 13, no. 8(August 2015), pp. 396-410. https://doi.org/10.1111/hic3.12254.

12 다음 책을 참조할 것. Heather McGhee, *The Sum of Us*, pp. 201-203. 다음 논문도 참조할 것. Taciano L. Milfont 외, "On the Relation between Social Dominance Orientation and Environmentalism: A 25-Nation Study", *Social Psychological and Personality Science* 9, no. 7(September 1, 2018). https://doi.org/10.1177/1948550617722832.

13 다음 책에서 인용. Heather McGhee, *The Sum of Us*, p. 205.

14 다음 책을 참조할 것. Ronald Wright, *A Short History of Progress*(House of Anansi Press, 2004), pp. 57-64.

15 위 책, p. 5.

16 라파누이에 관한 고민족식물학(paleoethnobotany) 연구를 근거로 이를 반박할 증거가 있는지는 모르겠다. 아마존 지역의 상황은 다음 논문을 참조할 것. Thomas E. Lovejoy, Carlos Nobre, "Amazon Tipping Point", *Science Advances* 4, no. 2(February 1, 2018). https://doi.org/10.1126/sciadv.aat2340.

17 다음 책을 참조할 것. Steven Pinker, *The Better Angels of Our Nature: Why Violence Has Declined*(Penguin Books, 2012).

18 다음 책을 참조할 것. Rutger Bregman, *Humankind: A Hopeful History*, Elizabeth Manton 및 Erica Moore 옮김(Little, Brown and Company, 2020).

19 다음 책을 참조할 것. Immanuel Kant, *"Religion within the Boundaries of Mere Reason" and Other Writings*, George di Giovanni 및 Allen Wood 엮고 옮김(Cambridge University Press, 1998), p. 58.

20 나는 루소와 칸트가 말한 인간 본성을 비교적 자세히 살핀 바 있다. 다음 책을 참조할 것. Avram Alpert, *Global Origins of the Modern Self, from Montaigne to Suzuki*(SUNY Press, 2019), 제2장.

21 다음 책을 참조할 것. Frans de Waal, *Our Inner Ape: A Leading Primatologist Explains Why We Are Who We Are*(Penguin, 2005), pp. 249-250.

22 위 책, p. 250.

23 다음 논문을 참조할 것. Edwin Hutchins, "Cognitive Ecology", *Topics in Cognitive Science* 2, no. 4(April 1, 2010), pp. 705-715. https://doi.org/10.1111/j.1756-8765.2010.01089.x.

24 다음 책을 참조할 것. Albert Newen, Leon de Bruin, Shaun Gallagher, *The Oxford Handbook of 4E Cognition*, Oxford Handbooks Online(Oxford University Press, 2018).

25 다음 책에서 인용. Friedrich Hayek, *The Constitution of Liberty*, p. 154.

26 다음 책에서 인용. Thomas Sowell, *A Conflict of Visions: Ideological Origins of Political Struggles*(Basic Books, 1987), p. 34.

27 다음 칼럼을 참조할 것. David Brooks, "The Tipping System Is Immoral", *The New York Times*(October 24, 2019). https://www.nytimes.com/2019/10/24/opinion/tipping.html.

28 다음 책에서 인용. Marston Bates 및 Philip S. Humphrey 엮음, *Charles Darwin: An Anthology* 중 Charles Darwin, "The Origin of the Species"(Transaction Publishers, 2009), p. 146.

29 다음 책에서 인용. Herbert Spencer, *Principles of Biology*(New York, 1893), p. 444. 다음 웹사이트 링크에서 책 전문을 열람할 수 있다. http://hdl.handle.net/2027/nyp.33433010812422. 다음 책에서도 인용. Charles Darwin, "The Origin of the Species", p. 132.

30 다음 칼럼을 참조할 것. Stephen Jay Gould, "Darwin's Untimely Burial", *Natural History* 85, no. 8(October 1976), p. 26. https://www.marxist.com/darwins-untimely-burial.htm

31 다음 두 논문을 참조할 것. Erin Fry 외, "Functional Architecture of Deleterious Genetic Variants in the Genome of a Wrangel Island Mammoth", *Genome Biology and Evolution* 12, no. 3(March 1, 2020), pp. 48-58. https://doi.org/10.1093/gbe/evz279. Russell W. Graham 외, "Timing and Causes of Mid-Holocene Mammoth Extinction on St. Paul Island, Alaska", *Proceedings of the National Academy of Sciences* 113, no. 33(August 16, 2016). https://doi.org/10.1073/pnas.1604903113.

32 다음 책에서 인용. Charles Darwin, "The Origin of the Species", p. 143.

33 다음 칼럼을 참조할 것. Apoorva Mandavilli, "The Coronavirus Patients Betrayed by Their Own Immune Systems", *The New York Times*(April 1, 2020). https://www.nytimes.com/2020/04/01/health/coronavirus-

모든 삶은 충분해야 한다

cytokine—storm—immune—system.html.

34 다음 책에서 인용. Daniel S. Milo, *Good Enough: The Tolerance for Mediocrity in Nature and Society*(Harvard University Press, 2019), p. 51.

35 다음 책에서 인용. Jerry A. Coyne, *Why Evolution Is True*(Penguin Books, 2010), p. 85.

36 위 책, pp. 120—121.

37 위 책, p. 218.

38 다음 책에서 인용. Charles Darwin, "The Origin of the Species", p. 132.

39 위 책, p. 132.

40 다음 책과 칼럼을 참조할 것. Daniel S. Milo, *Good Enough*, p. 5. Stephen Jay Gould, "Kropotkin Was No Crackpot", *Natural History* 97, no. 7(July 1988), pp. 12—21.

41 다음 논평을 참조할 것. Timothy W. Ryback, "A Disquieting Book from Hitler's Library", *The New York Times*(December 7, 2011). https://www.nytimes.com/2011/12/08/opinion/a—disquieting—book—from—hitlers—library.html. 더 자세한 내용은 다음 책을 참조할 것. James Q. Whitman, *Hitler's American Model: The United States and the Making of Nazi Race Law*(Princeton University Press, 2017).

42 다음 책에서 인용. Roger Griffin 엮음, *Fascism* 중 "General Introduction"(Oxford University Press, 1995), p. 3.

43 다음 기사를 참조할 것. David A. Graham 외, "An Oral History of Trump's Bigotry", *The Atlantic*(June 2019). https://www.theatlantic.com/magazine/archive/2019/06/trump—racism—comments/588067.

44 다음 논평을 참조할 것. Vanessa Williamson, Isabella Gelfand, "Trump and Racism: What Do the Data Say?", *Brookings*(August 14, 2019). https://www.brookings.edu/blog/fixgov/2019/08/14/trump—and—racism—

what-do-the-data-say.

45 다음 칼럼을 참조할 것. Mugambi Jouet, "The Real Story behind 'Make America Great Again.'"

46 다음 책을 참조할 것. Khalil Gibran Muhammad, *The Condemnation of Blackness: Race, Crime, and the Making of Modern Urban America*(제2판, Harvard University Press, 2019).

47 '인종 차별적 관행'이 형사 사법 체제뿐 아니라 백인과 흑인의 삶 자체에서 어떤 '가치 격차'를 초래했는지는 다음 책을 참조할 것. Eddie S. Glaude Jr., *Democracy in Black*.

48 다음 책에서 인용. Daniel S. Milo, *Good Enough*, p. 13.

49 위 책, p. 197.

50 위 책, p. 236.

51 위 책, p. 244.

52 위 책, p. 247.

53 다음 논문을 참조할 것. Will Steffen 외, "Planetary Boundaries: Guiding Human Development on a Changing Planet", *Science* 347, no. 6223(February 13, 2015). https://doi.org/10.1126/science.1259855.

54 다음 칼럼을 참조할 것. Ted Nordhaus, "The Earth's Carrying Capacity for Human Life Is Not Fixed", *Aeon*(July 5, 2018). https://aeon.co/ideas/the-earths-carrying-capacity-for-human-life-is-not-fixed. 다음 논문도 참조할 것. Katrina Brown, "Global Environmental Change II: Planetary Boundaries—A Safe Operating Space for Human Geographers?", *Progress in Human Geography* 41, no. 1(February 1, 2017), pp. 118–130, https://doi.org/10.1177/0309132515604429.

55 다음 논문을 참조할 것. Fridolin Krausmann 외, "Long-Term Trajectories of the Human Appropriation of Net Primary Production: Lessons from

모든 삶은 충분해야 한다

Six National Case Studies", *Ecological Economics* 77(May 1, 2012), pp. 129–138. https://doi.org/10.1016/j.ecolecon.2012.02.019.

56 다음 논문을 참조할 것. Partha Dasgupta, "The Economics of Biodiversity: The Dasgupta Review". Partha Dasgupta, "Include the True Value of Nature When Rebuilding Economies after Coronavirus", *Nature* 581, no. 7807(May 12, 2020), p. 119. https://doi.org/10.1038/d41586-020-01390-w.

57 다음 두 기사를 참조할 것. Partha Dasgupta, "The Economics of Biodiversity: The Dasgupta Review". Inger Andersen, "First Person: COVID-19 Is Not a Silver Lining for the Climate, Says UN Environment Chief", *UN News*(April 5, 2020). https://news.un.org/en/story/2020/04/1061082. 다음 두 보고서도 참조할 것. United Nations Environment Programme, "UNEP Frontiers 2016 Report: Emerging Issues of Environment Concern"(2016), pp. 18–31. https://www.unep.org/resources/frontiers-2016-emerging-issues-environmental-concern. Inger Andersen, "Preventing the Next Pandemic: Zoonotic Diseases and How to Break the Chain of Transmission", *UN Environment*(July 6, 2020). http://www.unenvironment.org/news-and-stories/statement/preventing-next-pandemic-zoonotic-diseases-and-how-break-chain.

58 다음 기사를 참조할 것. "Cyclone Amphan Live Updates: Storm Strikes Coast as India and Bangladesh Take Shelter", *The New York Times*(May 20, 2020). https://www.nytimes.com/2020/05/20/world/asia/cyclone-amphan.html.

59 다음 논문을 참조할 것. Graham W. Prescott 외, "Quantitative Global Analysis of the Role of Climate and People in Explaining Late Quaternary

Megafaunal Extinctions", *Proceedings of the National Academy of Sciences* 109, no. 12(March 20, 2012). https://doi.org/10.1073/pnas.1113875109. 다음 책도 참조할 것. Yuval N. Harari, *Sapiens: A Brief History of Humankind*(Harper Perennial, 2015), pp. 63–74.

60 다음 설명을 참조할 것. Pamela McElwee 외, "Indigenous Ecologies", *Oxford Bibliographies*(February 2018). https://www.oxfordbibliographies.com/view/document/obo−9780199830060/obo−9780199830060−0199.xml.

61 다음 논문을 참조할 것. Paul Nadasdy, "Transcending the Debate over the Ecologically Noble Indian: Indigenous Peoples and Environmentalism", *Ethnohistory* 52, no. 2(April 1, 2005), pp. 291–331. https://doi.org/10.1215/00141801−52−2−291.

62 다음 책을 참조할 것. Naomi Klein, *This Changes Everything: Capitalism vs. the Climate*(Simon & Schuster, 2015), pp. 269–276.

63 다음 책이 이를 상세히 다루고 있다. Elizabeth Kolbert, *Under a White Sky: The Nature of the Future*(Crown, 2021).

64 다음 논문을 참조할 것. Fridolin Krausmann 외, "Long−Term Trajectories of the Human Appropriation of Net Primary Production".

65 다음 논문을 참조할 것. Prabhu L. Pingali, "Green Revolution: Impacts, Limits, and the Path Ahead", *Proceedings of the National Academy of Sciences* 109, no. 31(July 31, 2012). https://doi.org/10.1073/pnas.0912953109.

66 다음 책에서 인용. Mark Bittman, *Animal, Vegetable, Junk*, p. 206.

67 위 책, p. 205.

68 다음 기사를 참조할 것. Akshat Rathi, "Bill Gates−Led Energy Fund Is Expanding Its Portfolio of Startups Fighting Climate Change", *Quartz*(August 23, 2019). https://qz.com/1402301/bill−gatess−1−billion−

energy-fund-is-expanding-its-portfolio-of-startups-fighting-climate-change.

69 다음 기사를 참조할 것. Akshat Rathi, "In Search of Clean Energy, Investments in Nuclear-Fusion Startups Are Heating Up", *Quartz*(June 29, 2019). https://qz.com/1402282/in-search-of-clean-energy-investments-in-nuclear-fusion-startups-are-heating-up.

70 다음 책을 참조할 것. Bill Gates, *How to Avoid a Climate Disaster: The Solutions We Have and the Breakthroughs We Need*(Knopf, 2021), pp. 48-49. 빌 게이츠의 정치적 책임 회피와 그것이 그가 제시한 해결책을 어떻게 저해하는지는 다음 칼럼을 참조할 것. Bill McKibben, "How Does Bill Gates Plan to Solve the Climate Crisis?", *The New York Times*(February 15, 2021). https://www.nytimes.com/2021/02/15/books/review/bill-gates-how-to-avoid-a-climate-disaster.html. 글로벌 공동선이라는 명분 아래 기술 발전이 어떻게 가난한 사람들을 희생시켜 부자들에게 이익을 몰아줬는지는 다음 책을 참조할 것. Mark Bittman, *Animal, Vegetable, Junk*, p. 105.

71 다음 책에서 인용. Naomi Klein, *This Changes Everything*, p. 447.

72 다음 논문을 참조할 것. Jason Hickel, "Degrowth: A Theory of Radical Abundance".

73 다음 선언문을 참조할 것. "An Ecomodernist Manifesto"(May 21, 2020, 최종 접속일). http://www.ecomodernism.org.

74 다음 기사를 참조할 것. Ted Nordhaus, "Decarbonization and Its Discontents", *The Breakthrough Institute*(May 5, 2020). https://thebreakthrough.org/issues/energy/decarbonization-and-discontents. 일부 사회주의자들은 원자력 발전을 옹호한다. 다음 칼럼을 참조할 것. Bhaskar Sunkara, "If We Want to Fight the Climate Crisis, We Must Embrace Nuclear Power", *The Guardian*(June 21, 2021). http://www.

theguardian.com/commentisfree/2021/jun/21/fight-climate-crisis-clean-energy-nuclear-power.

75 다음 책을 참조할 것. Andrew McAfee, *More from Less: The Surprising Story of How We Learned to Prosper Using Fewer Resources—and What Happens Next*(Scribner, 2019).

76 위 책, p. 4.

77 위 책, p. 4.

78 위 책, p. 243.

79 위 책, pp. 75–86.

80 다음 인터뷰 서평을 참조할 것. Andy Fitch, "Much Lighter: Talking to Andrew McAfee", *BLARB*(November 1, 2019). https://blog.lareviewofbooks.org/interviews/much-lighter-talking-andrew-mcafee.

81 이와 관련한 구체적인 비판은 제이슨 히켈의 다음 서평을 참조할 것. Jason Hickel, "The Myth of America's Green Growth", *Foreign Policy*(June 18, 2020). https://foreignpolicy.com/2020/06/18/more-from-less-green-growth-environment-gdp. 이를 필두로 두 사람 사이에서 논쟁이 펼쳐졌는데, 앤드루 맥아피의 반박은 다음 칼럼을 참조할 것. Their debate has continued: Andrew McAfee, "Why Degrowth Is the Worst Idea on the Planet", *Wired*(October 6, 2020). https://www.wired.com/story/opinion-why-degrowth-is-the-worst-idea-on-the-planet. 답변과 재반박은 제이슨 히켈의 블로그 포스팅을 참조할 것. Jason Hickel, "A Response to McAfee: No, the 'Environmental Kuznets Curve' Won't Save Us", Jason Hickel, 블로그(October 10, 2020). https://www.jasonhickel.org/blog/2020/10/9/response-to-mcafee.

82 다음 책에서 인용. Vaclav Smil, *Making the Modern World: Materials and*

Dematerialization(John Wiley & Sons, 2014), p. 131.

83 위 책, p. 136.

84 위 책, p. 136.

85 다음 칼럼을 참조할 것. Drew Harwell, "How America's Truck, the Ford F-150, Became a Plaything for the Rich", *Washington Post*(July 30, 2015). https://www.washingtonpost.com/news/wonk/wp/2015/07/30/how-americas-truck-the-ford-f-150-became-a-plaything-for-the-rich.

86 다음 책을 참조할 것. Vaclav Smil, *Making the Modern World*, pp. 132-135.

87 다음 인터뷰 기사를 참조할 것. Nathan Gardels, Vaclav Smil, "Want Not, Waste Not".

88 다음 책에서 인용. Vaclav Smil, *Making the Modern World*, p. 82.

89 다음 책에서 인용. Andrew McAfee, *More from Less*, p. 107.

90 다음 책에서 인용. Karl Polanyi, *The Great Transformation*, p. 3. 흥미로운 지점은 앤드루 맥아피가 유대감 악화가 불러온 '사회적 단절' 증가에 한 장 전체를 할애하면서 그간의 사회적 실패를 인정하고 있다는 것이다. 그는 슬프게도 경제학은 아직 이 문제를 해결할 만한 교범을 마련하지 못했다고 말한다. 하지만 그의 생각과 달리 이 문제의 책임을 경제학에 돌리는 것은 성급한 판단이다. 사회적 단절은 대부분 정치 부패와 분배 불평등으로 촉발한 사회적 신뢰 하락과 관련이 있다. 스칸디나비아 국가들의 사회적 결속력은 전세계에서 가장 높다. 다음 보고서를 참조할 것. OECD Development Centre, "Perspectives on Global Development 2012"(November 2011). https://doi.org/10.1787/persp_glob_dev-2012-en.

91 이 때문에 사회주의자들 사이에서 맹렬한 논쟁이 벌어졌다. 다음 칼럼을 참조할 것. John Bellamy Foster, "The Long Ecological Revolution", *Monthly Review* 69, no. 6(November 1, 2017), https://monthlyreview.

org/2017/11/01/the-long-ecological-revolution.

92 다음 책에서 인용. Fredric Jameson, *Representing Capital: A Commentary on Volume One*(New York: Verso, 2011), p. 90.

93 다음 두 책을 참조할 것. Naomi Klein, *This Changes Everything*, pp. 178-179. Gar Alperovitz, *Principles of a Pluralist Commonwealth*, p. 95.

94 다음 책에서 인용. Vaclav Smil, *Growth*, p. 498.

95 다음 책과 논평을 참조할 것. Thomas Princen, *The Logic of Sufficiency*(MIT Press, 2005). James Traub, "Our 'Pursuit of Happiness' Is Killing the Planet", *The New York Times*(March 6, 2020). https://www.nytimes.com/2020/03/06/opinion/our-pursuit-of-happiness-is-killing-the-planet.html.

96 다음 인터뷰 기사를 참조할 것. Nathan Gardels, Vaclav Smil, "Want Not, Waste Not".

97 다음 논문을 참조할 것. Paul Robbins, "Is Less More… or Is More Less? Scaling the Political Ecologies of the Future", *Political Geography* 76(January 1, 2020). https://doi.org/10.1016/j.polgeo.2019.04.010. 다음 책도 참조할 것. Gar Alperovitz, *Principles of a Pluralist Commonwealth*, pp. 94-95.

98 다음 논문을 참조할 것. Thomas Wiedmann 외, "Scientists' Warning on Affluence".

99 다음 두 논문을 참조할 것. Narasimha D. Rao, Jihoon Min, "Decent Living Standards: Material Prerequisites for Human Wellbeing", *Social Indicators Research* 138, no. 1(July 1, 2018), pp. 225-244. https://doi.org/10.1007/s11205-017-1650-0. Joel Millward-Hopkins 외, "Providing Decent Living with Minimum Energy: A Global Scenario", *Global Environmental Change* 65(November 1, 2020). https://doi.

모든 삶은 충분해야 한다

org/10.1016/j.gloenvcha.2020.102168.

100 마리아나 마추카토의 설명처럼 정부 재정이 필연적으로 해결책 일부가 될 수 있는 이유가 여기에 있으며, 그렇기에 기술 발전이 창출하는 경제 성장에서 모두가 동등한 혜택을 누려야 한다. 다음 책을 참조할 것. Mariana Mazzucato, *Mission Economy*.

101 다음 논문을 참조할 것. Mark Z. Jacobson 외, "100% Clean and Renewable Wind, Water, and Sunlight All-Sector Energy Roadmaps for 139 Countries of the World".

102 다음 칼럼을 참조할 것. Umair Irfan, "Democratic Candidates Want to Use Trade to Make Other Countries Act on Climate Change", *Vox*(February 7, 2020). https://www.vox.com/2020/2/7/21128928/2020-democratic-debate-new-hampshire-climate-change-trade-sanders-steyer-warren.

103 다음 책에서 인용. Immanuel Kant, *Critique of the Power of Judgment*, Paul Guyer 엮음, Paul Guyer 및 Eric Matthews 옮김(Cambridge University Press, 2000), p. 145.

찾아보기

모든 삶은 충분해야 한다

모든 삶은 충분해야 한다

모든 삶은 충분해야 한다

모든 삶은 충분해야 한다

모든 삶은 충분해야 한다

옮긴이 **조민호**

안타레스 대표. 연세대학교 철학과를 졸업한 뒤 단행본 출판 편집자로 일하면서 인문 및 경제경영 분야 150여 종의 책을 기획·편집했고 저작권 에이전트로도 활동했다. 옮긴 책으로 《지루할 틈 없는 경제학》(2022년 세종도서 교양 부문 선정), 《과학이 권력을 만났을 때》, 《이코노믹 허스토리》, 《세네카가 보내온 50통의 편지》, 《가난한 리처드의 달력》, 《15분 만에 읽는 아리스토텔레스》, 《리더십의 심리학》 등이 있다.

모든 삶은 충분해야 한다

초판 1쇄 인쇄 2024년 4월 19일
초판 1쇄 발행 2024년 4월 26일

지은이 아브람 알퍼트
옮긴이 조민호

펴낸곳 안타레스 유한회사
출판등록 2020년 1월 3일 제2020-000005호
주소 경기도 광명시 양지로 21, 유플래닛 티타워 2315호
전화 070-8064-4675 팩스 02-6499-9629
이메일 antares@antaresbook.com
블로그 blog.naver.com/antaresbook 포스트 post.naver.com/antaresbook
페이스북 facebook.com/antaresbooks 인스타그램 instagram.com/antares_book

한국어판 출판권 ⓒ 안타레스 유한회사, 2024
ISBN 979-11-91742-20-6 03100

안타레스는 안타레스 유한회사의 단행본 전문 출판 브랜드입니다. 삶의 가치를 밝히는 지식의 빛이 되겠습니다. 이 책의 한국어판 출판권은 EYA(Eric Yang Agency)를 통해 Princeton University Press와 독점 계약한 안타레스 유한회사에 있습니다. 저작권법에 따라 보호를 받는 저작물이므로 무단 전재와 복제를 금합니다. 이 책 내용의 전부 또는 일부를 이용하려면 반드시 저작권자와 안타레스 유한회사의 서면 동의를 받아야 합니다.

*책값은 뒤표지에 있습니다. 잘못 만들어진 책은 구입하신 곳에서 바꿔드립니다.

The Good-Enough Life